CTA
재무회계
객관식 문제집

세무사 1차

끝까지 책임진다! 시대에듀!

QR코드를 통해 도서 출간 이후 발견된 오류나 개정법령, 변경된 시험 정보, 최신기출문제, 도서 업데이트 자료 등이 있는지 확인해 보세요! **시대에듀 합격 스마트 앱**을 통해서도 알려 드리고 있으니 구글 플레이나 앱 스토어에서 다운받아 사용하세요.

또한, 파본 도서인 경우에는 구입하신 곳에서 교환해 드립니다.

편집진행 박현지 | **표지디자인** 김도연 | **본문디자인** 김기화·고현준

2026 시대에듀 세무사 1차 객관식 재무회계

Always **with you**

사람의 인연은 길에서 우연하게 만나거나 함께 살아가는 것만을 의미하지는 않습니다.
책을 펴내는 출판사와 그 책을 읽는 독자의 만남도 소중한 인연입니다.
시대에듀는 항상 독자의 마음을 헤아리기 위해 노력하고 있습니다. 늘 독자와 함께하겠습니다.

머리말 PREFACE

세무사 1차 시험은 2024년을 기점으로 응시생이 대폭 급증함과 동시에 2025년에는 회계학개론, 세법학개론의 과락률이 약 60%에 이르러 많은 수험생들이 어려움을 겪고 있습니다.

특히 회계학개론은 40문제 중 재무회계는 약 24문제 내외, 원가관리회계는 16문제 내외로 출제되고 있으며 방대한 범위와 까다로운 계산문제로 시간 관리의 중요성이 더욱 강조되고 있습니다.

회계학개론에서는 재무회계가 약 60~70%라는 높은 비중을 차지하고 있으며, 선택법 과목과 함께 제한된 80분의 시간 안에 문제를 해결해야 하기 때문에 속도와 정답률의 균형이 무엇보다 중요합니다. 단순히 이론을 이해하는 것에 그치지 않고, 실전 상황에서 신속하게 정답을 도출할 수 있는 문제 해결 능력을 기르는 것이 핵심입니다. 이를 위해서는 먼저 재고자산, 유형자산, 금융자산 등과 같은 빈출 단원의 핵심 논점을 정확히 숙지하고, 자주 등장하는 문제유형의 구조와 접근 틀을 암기하여 자동적으로 적용할 수 있도록 훈련해야 합니다. 이러한 유형화된 접근은 문제를 마주했을 때 불필요한 사고 과정을 줄이고, 계산 과정에서의 오류를 최소화하여 빠른 시간 내 정확한 정답을 도출하는 데 큰 도움이 됩니다. 또한, 모든 문제를 완벽하게 풀겠다는 욕심보다는 문제 선별 능력을 키워야 합니다. 출제 경향상 계산이 복잡하거나 이례적으로 출제되는 응용문제가 포함되기도 하는데, 이러한 문제에 지나치게 시간을 소모하면 전체 점수에 불리하게 작용할 수 있습니다. 따라서 실전에서는 풀어야 할 문제와 넘겨야 할 문제를 신속히 구분하고, 낯선 유형이나 과도한 계산이 요구되는 문제는 과감히 포기하는 전략적 판단이 고득점의 관건이라 할 수 있습니다.

시대에듀는 이러한 변화에 맞춰 학습의 효율을 극대화할 수 있도록 객관식 문제집을 구성하였습니다. 본서의 전체적인 특징은 아래와 같습니다.

---

❶ 시험에 꼭 나오는 핵심이론 수록
❷ CTA 기출문제 10개년과 CPA 기출문제 5개년 챕터별 수록
❸ 자세한 해설과 함께 실전에서 빠르게 풀어낼 수 있는 실전풀이도 함께 제시
❹ 일관된 계산문제 풀이로 문제 유형별 틀을 학습할 수 있도록 해설

끝으로 이 책이 세무사 시험을 준비하는 모든 수험생들에게 도움이 되는 책이 되길 바라며, 2026년 제63회 세무사 1차 시험에 합격하기를 진심으로 기원합니다.

시대세무회계연구회

이 책의 구성과 특징 STRUCTURES

1 주요 핵심이론 정리

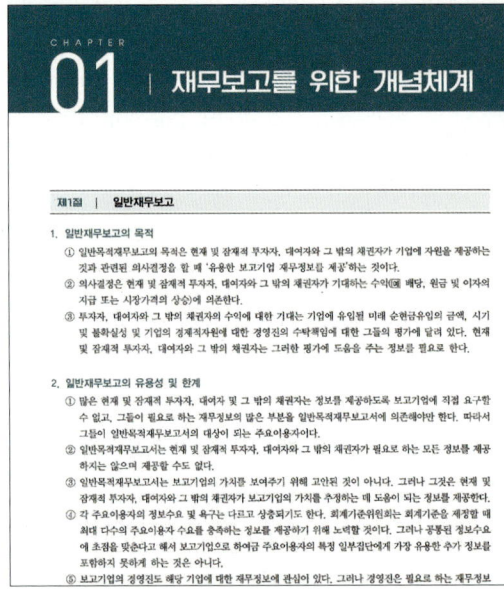

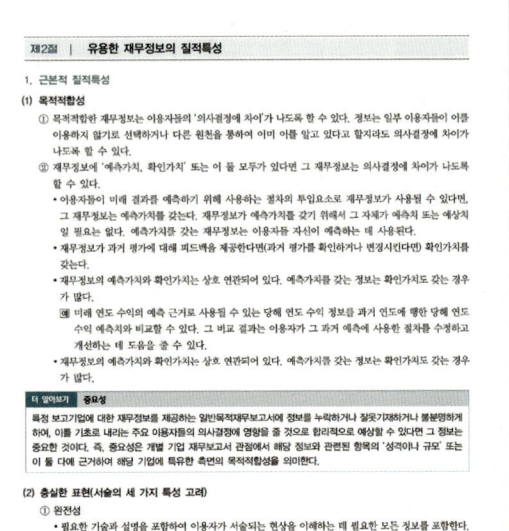

▶ 문제를 풀면서 잊었거나 헷갈리는 개념을 한번 더 빠르게 확인하고 정리할 수 있습니다.

2 핵심기출과 정답 및 해설 분리 구성

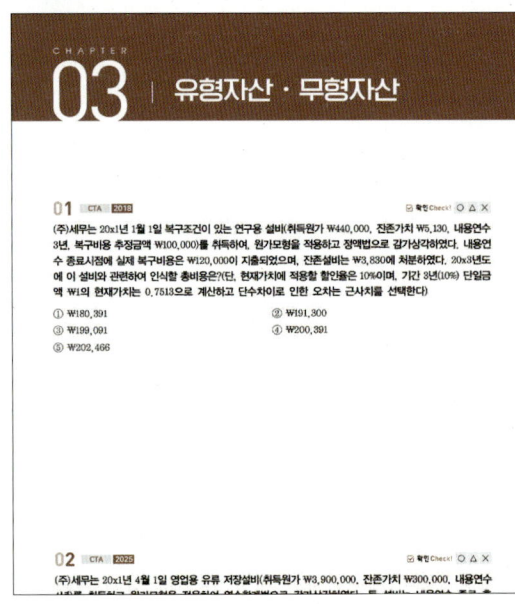

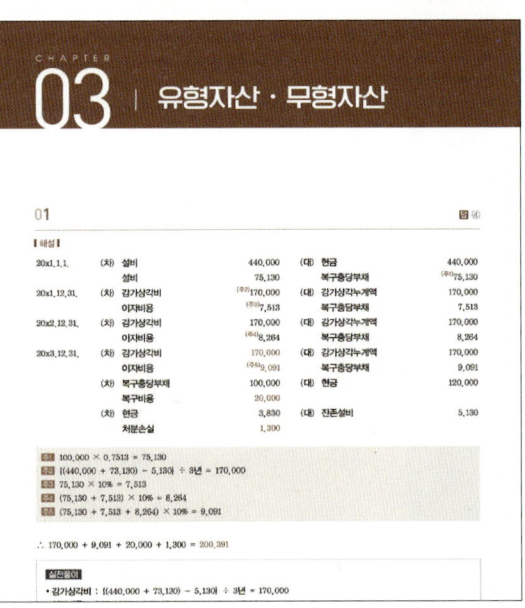

▶ 직접 문제를 풀어보며 해결할 수 있도록 핵심기출과 정답 및 해설을 분리하여 구성하였습니다.

3 ▶ CTA & CPA 최근 기출문제 수록

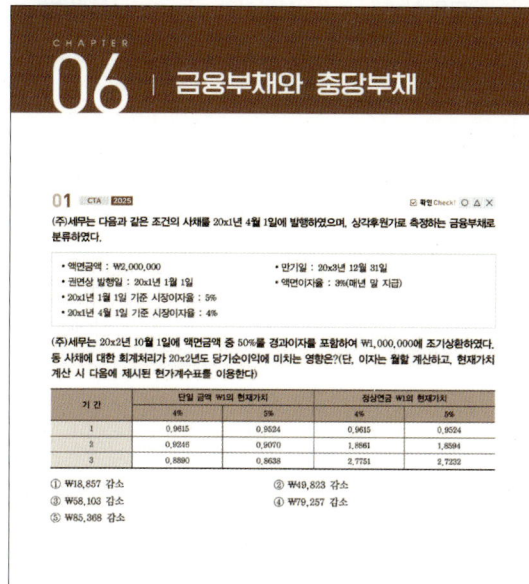

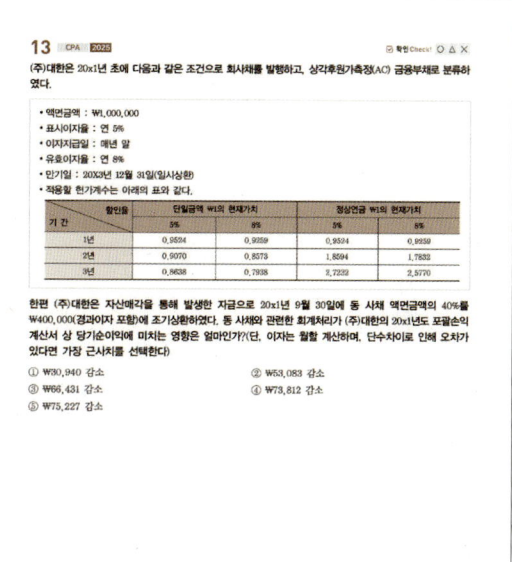

▶ 최근에 출제된 CTA & CPA 기출문제를 챕터별로 수록하여 문제풀이 연습에 도움이 되도록 했습니다.

4 ▶ 상세한 해설 & 실전풀이

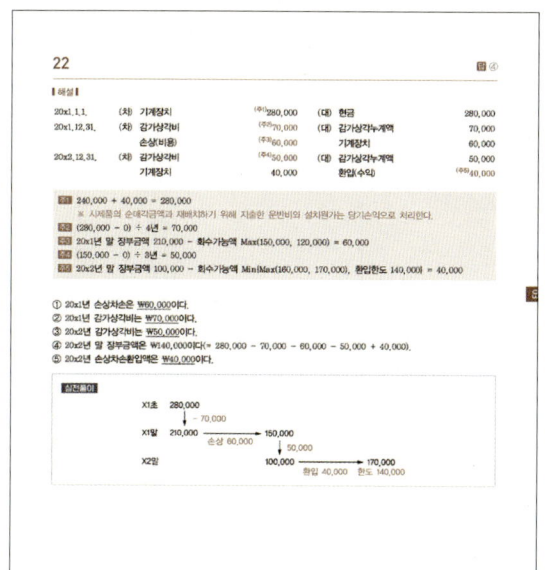

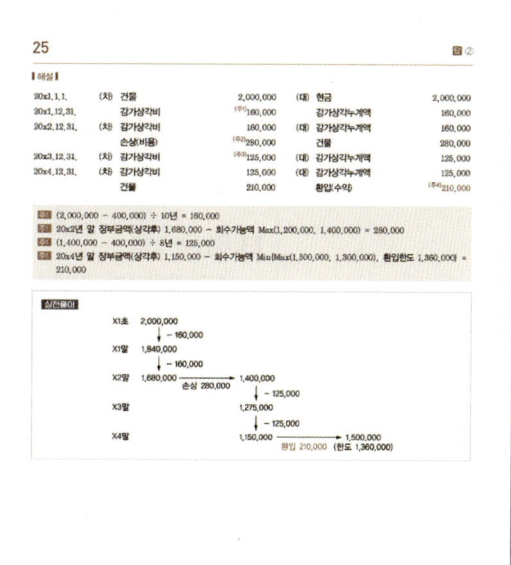

▶ 혼자서도 학습이 가능한 상세한 해설과 실제 시험에서 문제를 푸는 과정을 설명하는 실전풀이를 통해 학습의 효율을 높일 수 있도록 하였습니다.

세무사 자격시험 소개 INFORMATION

◈ 시험과목 및 배점

구 분	교 시	시험과목	문항수	시험시간	시험방법
1차 시험	1	**1** 재정학 **2** 세법학개론 (법인세법, 소득세법, 부가가치세법, 국세기본법, 국세징수법, 국제조세조정에 관한 법률, 조세범처벌법)	과목당 40문항 (총 80 문항)	80분 (09:30~10:50)	객관식 5지택일형
	2	**3** 회계학개론 **4** 상법(회사편), 민법(총칙), 행정소송법(민사소송법 준용규정 포함) 중 택 1 **5** 영어(공인어학성적 제출로 대체)		80분 (11:20~12:40)	
2차 시험	1	**1** 회계학1부(재무회계, 원가관리회계)	각 4문항	90분 (09:30~11:00)	논술형
	2	**2** 회계학2부(세무회계)		90분 (11:30~13:00)	
	3	**3** 세법학1부 (국세기본법, 소득세법, 법인세법, 상속세 및 증여세법)		90분 (14:00~15:30)	
	4	**4** 세법학 2부 (부가가치세법, 개별소비세법, 지방세법, 지방세기본법, 지방세징수법 및 지방세특례제한법 중 취득세, 재산세 및 등록에 대한 등록면허세, 조세특례제한법)		90분 (16:00~17:30)	

※ 시험과 관련하여 법률, 회계처리기준 등을 적용하여 정답을 구하여야 하는 문제는 해당 시험일 현재 시행 중인 법률, 기준 등을 적용하여 그 정답을 구하여야 함

※ 회계학 과목의 경우 한국채택국제회계기준(K-IFRS)만 적용하여 출제

◇ 공인어학성적

시험명	TOEFL		TOEIC	TEPS	G-TELP	FLEX
	PBT	IBT				
일반응시자	530	71	700	340	65(level-2)	625
청각장애인	352	–	350	204	43(level-2)	375

※ 공인어학성적의 인정범위는 2022년 1월 1일 이후 실시된 시험으로 1차 시험 전날까지 성적발표 및 성적표가 교부된 시험
  (단, 영어시험의 시행기관에서 정한 성적의 유효기간이 만료되기 전에 사전등록하여 진위가 확인이 된 성적에 한해 인정)

◇ 합격결정기준

구 분	합격결정기준
1차 시험	영어 과목을 제외한 나머지 과목에서 과목당 100점을 만점으로 하여 각 과목의 점수가 40점 이상이고, 전 과목 평균점수가 60점 이상인 사람을 합격자로 결정
2차 시험	과목당 100점을 만점으로 하여 각 과목의 점수가 40점 이상이고, 전 과목 평균점수가 60점 이상인 사람을 합격자로 결정(단, 최소 합격인원에 미달하는 경우에는 그 미달하는 범위에서 순차적으로 전 과목의 평균점수가 다른 사람보다 높은 사람을 합격자로 결정)

※ 더 자세한 사항은 큐넷 홈페이지에서 확인할 수 있습니다.

◇ 1차 시험 회계학개론 10개년 통계

연도 및 회차	응시자수	평균점수	과락자수	과락률
2025년 제62회	18,583명	36.43점	10,959명	58.9%
2024년 제61회	18,714명	33.71점	12,626명	67.5%
2023년 제60회	13,673명	37.08점	8,116명	59.4%
2022년 제59회	12,563명	37.52점	7,624명	60.7%
2021년 제58회	9,997명	31.33점	6,568명	65.7%
2020년 제57회	9,506명	36.57점	5,593명	58.8%
2019년 제56회	8,716명	33.35점	5,695명	65.3%
2018년 제55회	8,973명	33.15점	5,861명	65.3%
2017년 제54회	7,504명	38.83점	4,213명	56.1%
2016년 제53회	7,651명	40.35점	3,962명	51.8%

이 책의 차례 CONTENTS

제1편

핵심이론

제1절 | 일반재무보고

1. 일반재무보고의 목적

① 일반목적재무보고의 목적은 현재 및 잠재적 투자자, 대여자와 그 밖의 채권자가 기업에 자원을 제공하는 것과 관련된 의사결정을 할 때 '유용한 보고기업 재무정보를 제공'하는 것이다.

② 의사결정은 현재 및 잠재적 투자자, 대여자와 그 밖의 채권자가 기대하는 수익(㉔ 배당, 원금 및 이자의 지급 또는 시장가격의 상승)에 의존한다.

③ 투자자, 대여자와 그 밖의 채권자의 수익에 대한 기대는 기업에 유입될 미래 순현금유입의 금액, 시기 및 불확실성 및 기업의 경제적자원에 대한 경영진의 수탁책임에 대한 그들의 평가에 달려 있다. 현재 및 잠재적 투자자, 대여자와 그 밖의 채권자는 그러한 평가에 도움을 주는 정보를 필요로 한다.

2. 일반재무보고의 유용성 및 한계

① 많은 현재 및 잠재적 투자자, 대여자 및 그 밖의 채권자는 정보를 제공하도록 보고기업에 직접 요구할 수 없고, 그들이 필요로 하는 재무정보의 많은 부분을 일반목적재무보고서에 의존해야만 한다. 따라서 그들이 일반목적재무보고서의 대상이 되는 주요이용자이다.

② 일반목적재무보고서는 현재 및 잠재적 투자자, 대여자와 그 밖의 채권자가 필요로 하는 모든 정보를 제공하지는 않으며 제공할 수도 없다.

③ 일반목적재무보고서는 보고기업의 가치를 보여주기 위해 고안된 것이 아니다. 그러나 그것은 현재 및 잠재적 투자자, 대여자와 그 밖의 채권자가 보고기업의 가치를 추정하는 데 도움이 되는 정보를 제공한다.

④ 각 주요이용자의 정보수요 및 욕구는 다르고 상충되기도 한다. 회계기준위원회는 회계기준을 제정할 때 최대 다수의 주요이용자 수요를 충족하는 정보를 제공하기 위해 노력할 것이다. 그러나 공통된 정보수요에 초점을 맞춘다고 해서 보고기업으로 하여금 주요이용자의 특정 일부집단에게 가장 유용한 추가 정보를 포함하지 못하게 하는 것은 아니다.

⑤ 보고기업의 경영진도 해당 기업에 대한 재무정보에 관심이 있다. 그러나 경영진은 필요로 하는 재무정보를 내부에서 구할 수 있기 때문에 일반목적재무보고서에 의존할 필요가 없다.

⑥ 그 밖의 당사자들, 예를 들어 규제기관 그리고(투자자, 대여자와 그 밖의 채권자가 아닌) 일반대중도 일반목적재무보고서가 유용하다고 여길 수 있다. 그렇더라도 일반목적재무보고서는 이러한 그 밖의 집단을 주요 대상으로 한 것이 아니다.

⑦ 재무보고서는 정확한 서술보다는 상당 부분 추정, 판단 및 모형에 근거한다.

1. 근본적 질적특성

(1) 목적적합성

① 목적적합한 재무정보는 이용자들의 '의사결정에 차이'가 나도록 할 수 있다. 정보는 일부 이용자들이 이를 이용하지 않기로 선택하거나 다른 원천을 통하여 이미 이를 알고 있다고 할지라도 의사결정에 차이가 나도록 할 수 있다.

② 재무정보에 '예측가치, 확인가치' 또는 이 둘 모두가 있다면 그 재무정보는 의사결정에 차이가 나도록 할 수 있다.

- 이용자들이 미래 결과를 예측하기 위해 사용하는 절차의 투입요소로 재무정보가 사용될 수 있다면, 그 재무정보는 예측가치를 갖는다. 재무정보가 예측가치를 갖기 위해서 그 자체가 예측치 또는 예상치일 필요는 없다. 예측가치를 갖는 재무정보는 이용자들 자신이 예측하는 데 사용된다.
- 재무정보가 과거 평가에 대해 피드백을 제공한다면(과거 평가를 확인하거나 변경시킨다면) 확인가치를 갖는다.
- 재무정보의 예측가치와 확인가치는 상호 연관되어 있다. 예측가치를 갖는 정보는 확인가치도 갖는 경우가 많다.
  - 예 미래 연도 수익의 예측 근거로 사용될 수 있는 당해 연도 수익 정보를 과거 연도에 행한 당해 연도 수익 예측치와 비교할 수 있다. 그 비교 결과는 이용자가 그 과거 예측에 사용한 절차를 수정하고 개선하는 데 도움을 줄 수 있다.
- 재무정보의 예측가치와 확인가치는 상호 연관되어 있다. 예측가치를 갖는 정보는 확인가치도 갖는 경우가 많다.

> **더 알아보기   중요성**
>
> 특정 보고기업에 대한 재무정보를 제공하는 일반목적재무보고서에 정보를 누락하거나 잘못기재하거나 불분명하게 하여, 이를 기초로 내리는 주요 이용자들의 의사결정에 영향을 줄 것으로 합리적으로 예상할 수 있다면 그 정보는 중요한 것이다. 즉, 중요성은 개별 기업 재무보고서 관점에서 해당 정보와 관련된 항목의 '성격이나 규모' 또는 이 둘 다에 근거하여 해당 기업에 특유한 측면의 목적적합성을 의미한다.

(2) 충실한 표현(서술의 세 가지 특성 고려)

① 완전성
- 필요한 기술과 설명을 포함하여 이용자가 서술되는 현상을 이해하는 데 필요한 모든 정보를 포함한다.

② 중립적
- 재무정보의 선택이나 표시에 편의가 없는 것이다.
- 이용자들이 재무정보를 유리하게 또는 불리하게 받아들일 가능성을 높이기 위해 편파적이 되거나, 편중되거나, 강조되거나, 경시되거나 그 밖의 방식으로 조작되지 않는다.

③ 오류가 없어야 함
- 현상의 기술에 오류나 누락이 없고, 보고 정보를 생산하는 데 사용되는 절차의 선택과 적용 시 절차상 오류가 없음을 의미한다(완벽하게 정확하다는 것을 의미하지는 않음).
- ※ 표현충실성은 그 자체가 반드시 유용한 정보를 만들어 내는 것은 아니다.

2. 보강적 질적특성

(1) 비교가능성

① 이용자들이 항목 간의 유사점과 차이점을 식별하고 이해할 수 있게 하는 질적특성이다(비교하려면 최소한 두 항목이 필요).

② 일관성은 비교가능성과 관련은 되어 있지만 동일하지는 않다(비교가능성은 목표이고 일관성은 그 목표를 달성하는 데 도움을 준다).
- 일관성 : 한 보고기업 내에서 기간 간 또는 같은 기간 동안에 기업 간, 동일한 항목에 대해 동일한 방법을 적용하는 것을 말한다.

③ 비교가능성은 통일성이 아니다(정보가 비교가능하기 위해서는 비슷한 것은 비슷하게 보여야 하고 다른 것은 다르게 보여야 한다).

(2) 검증가능성

① 합리적인 판단력이 있고 독립적인 서로 다른 관찰자가 어떤 서술이 표현충실성에 있어, 비록 반드시 완전히 의견이 일치하지는 않더라도, 합의에 이를 수 있다는 것을 의미한다.

② 계량화된 정보가 검증가능하기 위해서 단일 점추정치이어야 할 필요는 없다.

(3) 적시성

① 의사결정에 영향을 미칠 수 있도록 의사결정자가 정보를 제때에 이용가능하게 하는 것을 의미한다.

② 일반적으로 정보는 오래될수록 유용성이 낮아진다.
→ 일부 정보는 보고기간 말 후에도 오랫동안 적시성이 있을 수 있다. 일부 이용자들은 추세를 식별하고 평가할 필요가 있을 수 있기 때문이다.

(4) 이해가능성

① 정보를 명확하고 간결하게 분류하고, 특징지으며, 표시하는 것은 정보를 이해가능하게 한다.

② 재무보고서는 사업활동과 경제활동에 대해 합리적인 지식이 있고, 부지런히 정보를 검토하고 분석하는 이용자들을 위해 작성된다.

(5) 보강적 질적특성의 적용

① 보강적 질적특성은, 정보가 목적적합하지 않거나 나타내고자 하는 바를 충실하게 표현하지 않으면, 개별적으로든 집단적으로든 그 정보를 유용하게 할 수 없다.

② 보강적 질적특성을 적용하는 것은 어떤 규정된 순서를 따르지 않는 반복적인 과정이다.

③ 때로는 하나의 보강적 질적특성이 다른 질적특성의 극대화를 위해 감소되어야 할 수도 있다.

1. 자본유지개념

(1) 재무자본유지

① 재무자본유지 개념 하에서 이익은 '해당 기간 동안 소유주에게 배분하거나 소유주가 출연한 부분을 제외하고' 기말 순자산의 재무적 측정금액(화폐금액)이 기초 순자산의 재무적 측정금액(화폐금액)을 초과하는 경우에만 발생

② 재무자본유지는 명목화폐단위 또는 불변구매력단위를 이용하여 측정

③ 특정한 측정기준의 적용을 요구하지 않음

(2) 실물자본유지

① 실물자본유지개념 하에서 이익은 '해당 기간 동안 소유주에게 배분하거나 소유주가 출연한 부분을 제외하고' 기업의 기말 실물생산능력이나 조업능력(또는 그러한 생산능력을 갖추기 위해 필요한 자원이나 기금)이 기초 실물생산능력을 초과하는 경우에만 발생

② 현행원가기준에 따라 측정

2. 재무자본유지개념과 실물자본유지개념의 주된 차이

기업의 자산과 부채에 대한 가격변동 영향의 처리방법에 있다. 일반적으로 기초에 가지고 있던 자본만큼을 기말에도 가지고 있다면 이 기업의 자본은 유지된 것이며, 기초 자본을 유지하기 위해 필요한 부분을 초과하는 금액이 이익이다.

구 분	내 용
재무자본유지	**〈명목화폐단위로 정의한 경우〉** 이익은 해당 기간 중 명목화폐자본의 증가액을 의미하므로 기간 중 보유한 자산가격의 증가 부분, 즉 보유이익은 개념적으로 이익에 속함. 그러나 보유이익은 자산이 교환거래에 따라 처분되기 전에는 이익으로 인식되지 않음 **〈불변구매력 단위로 정의한 경우〉** 이익은 해당 기간 중 투자된 구매력의 증가를 의미하므로 일반물가수준에 따른 가격상승을 초과하는 자산가격의 증가 부분만이 이익으로 간주되며, 그 이외의 가격증가 부분은 자본의 일부인 자본유지조정으로 처리
실물자본유지	이익은 해당 기간 중 실물생산능력의 증가를 의미하므로 기업의 자산과 부채에 영향을 미치는 모든 가격변동은 해당 기업의 실물생산능력에 대한 측정치의 변동으로 간주되어 이익이 아니라 자본의 일부인 자본유지조정으로 처리

1. 인식기준

(1) 인식기준

① 자산, 부채 또는 자본의 정의를 충족하는 항목만이 재무상태표에 인식된다. 마찬가지로 수익이나 비용의 정의를 충족하는 항목만이 재무성과표에 인식된다. 그러나 그러한 요소 중 하나의 정의를 충족하는 항목이라고 할지라도 항상 인식되는 것은 아니다.

② 자산이나 부채를 인식할 때 효익을 초과하지 않는 원가로 재무제표이용자들에게 유용한 정보를 제공하게 되는 시점을 정확하게 정하는 것은 불가능하다. 무엇이 이용자들에게 유용한지는 항목, 사실, 상황에 따라 다르다. 따라서 항목을 인식할지 여부를 결정할 때 판단이 필요하므로 인식 요구사항이 회계기준 간에 그리고 회계기준 내에서 달라질 필요가 있을 수 있다.

③ 자산이나 부채의 정의를 충족하는 항목이 인식되지 않더라도, 기업은 해당 항목에 대한 정보를 주석에 제공해야 할 수도 있다. 재무상태표와 재무성과표(해당되는 경우)에서 제공하는 구조화된 요약에 그 항목이 포함되지 않은 것을 보완하기 위해 그러한 정보를 어떻게 충분히 보여줄 수 있는지를 고려하는 것이 중요하다.

(2) 목적적합성

① 자산, 부채, 자본, 수익과 비용에 대한 정보는 재무제표이용자들에게 목적적합하다. 그러나 특정 자산이나 부채의 인식과 이에 따른 결과로 발생하는 수익, 비용 또는 자본변동을 인식하는 것이 항상 목적적합한 정보를 제공하는 것은 아닐 수 있다. 예를 들어, 다음과 같은 경우에 그러할 수 있다.

• 자산이나 부채가 존재하는지 불확실하다.
• 자산이나 부채가 존재하지만 경제적효익의 유입가능성이나 유출가능성이 낮다.

② 경제적효익의 유입가능성이나 유출가능성이 낮다면, 그 자산이나 부채에 대해 가장 목적적합한 정보는 발생가능한 유입이나 유출의 크기, 발생가능한 시기 및 발생가능성에 영향을 미치는 요인에 대한 정보일 수 있다. 이러한 정보는 일반적으로 주석에 기재한다.

③ 특정 자산이나 부채를 인식하는 것은 목적적합한 정보를 제공할 뿐만 아니라 해당 자산이나 부채 및 이에 따른 결과로 발생하는 수익, 비용 또는 자본변동에 대한 충실한 표현을 제공할 경우에 적절하다. 충실한 표현이 제공될 수 있는지는 자산이나 부채와 관련된 측정불확실성의 수준 또는 다른 요인에 의해 영향을 받을 수 있다.

(3) 측정불확실성

자산이나 부채를 인식하기 위해서는 측정을 해야 한다. 많은 경우 그러한 측정은 추정되어야 하며 따라서 측정불확실성의 영향을 받는다. 합리적인 추정치의 사용은 재무정보 작성의 필수적인 부분이며 추정치를 명확하고 정확하게 기술하고 설명한다면 정보의 유용성을 훼손하지 않는다. 높은 수준의 측정불확실성이 있더라도 그러한 추정치가 유용한 정보를 반드시 제공하지 못하는 것은 아니다.

2. 제거

① 제거는 기업의 재무상태표에서 인식된 자산이나 부채의 전부 또는 일부를 삭제하는 것이다. 제거는 일반적으로 해당 항목이 더 이상 자산 또는 부채의 정의를 충족하지 못할 때 발생한다.
- 자산은 일반적으로 기업이 인식한 자산의 전부 또는 일부에 대한 통제를 상실하였을 때 제거한다.
- 부채는 일반적으로 기업이 인식한 부채의 전부 또는 일부에 대한 현재의무를 더 이상 부담하지 않을 때 제거한다.

② 제거에 대한 회계 요구사항은 다음 두 가지를 모두 충실히 표현하는 것을 목표로 한다.
- 제거를 초래하는 거래나 그 밖의 사건 후의 잔여 자산과 부채(그 거래나 그 밖의 사건의 일부로 취득, 발생 또는 창출한 자산이나 부채 포함)
- 그 거래나 그 밖의 사건으로 인한 기업의 자산과 부채의 변동

3. 측정

(1) 역사적원가

① 자산을 취득하거나 창출할 때의 역사적 원가는 자산의 취득 또는 창출에 발생한 원가의 가치로서, 자산을 취득 또는 창출하기 위하여 지급한 대가와 거래원가를 포함한다. 부채가 발생하거나 인수할 때의 역사적 원가는 발생시키거나 인수하면서 수취한 대가에서 거래원가를 차감한 가치이다.

② 역사적 원가 측정기준을 사용할 경우, 다른 시점에 취득한 동일한 자산이나 발생한 동일한 부채가 재무제표에 다른 금액으로 보고될 수 있다. 이것은 보고기업의 기간 간 또는 같은 기간의 기업 간 비교가능성을 저하시킬 수 있다.

③ 현행가치와 달리 역사적 원가는 자산의 손상이나 손실부담에 따른 부채와 관련되는 변동을 제외하고는 가치의 변동을 반영하지 않는다.

(2) 공정가치

① 공정가치는 측정일에 시장참여자 사이의 정상거래에서 자산을 매도할 때 받거나 부채를 이전할 때 지급하게 될 가격이다.

② 공정가치는 자산이나 부채를 발생시킨 거래나 그 밖의 사건의 가격으로부터 부분적이라도 도출되지 않기 때문에, 공정가치는 자산을 취득할 때 발생한 거래원가로 인해 증가하지 않으며 부채를 발생시키거나 인수할 때 발생한 거래원가로 인해 감소하지 않는다.

③ 공정가치는 자산의 궁극적인 처분이나 부채의 이전 또는 결제에서 발생할 거래원가를 반영하지 않는다.

(3) 사용가치와 이행가치

① 사용가치는 기업이 자산의 사용과 궁극적인 처분으로 얻을 것으로 기대하는 현금흐름 또는 그 밖의 경제적효익의 현재가치이다.

② 이행가치는 기업이 부채를 이행할 때 이전해야 하는 현금이나 그 밖의 경제적자원의 현재가치이다.

③ 사용가치와 이행가치는 미래현금흐름에 기초하기 때문에 자산을 취득하거나 부채를 인수할 때 발생하는 거래원가는 포함하지 않는다. 그러나 사용가치와 이행가치에는 기업이 자산을 궁극적으로 처분하거나 부채를 이행할 때 발생할 것으로 기대되는 거래원가의 현재가치가 포함된다.

④ 이행가치는 부채의 이행에 필요한 추정 현금흐름의 현재가치에 관한 정보를 제공한다. 따라서 이행가치는 부채가 이전되거나 협상으로 결제될 때보다는 특히 이행될 경우에 예측가치를 가질 수 있다.

(4) 현행원가

① 자산의 현행원가는 측정일 현재 동등한 자산의 원가로서 측정일에 지급할 대가와 그 날에 발생할 거래원가를 포함한다. 부채의 현행원가는 측정일 현재 동등한 부채에 대해 수취할 수 있는 대가에서 그 날에 발생할 거래원가를 차감한다.

② 현행원가는 역사적 원가와 마찬가지로 유입가치이다. 이는 기업이 자산을 취득하거나 부채를 발생시킬 시장에서의 가격을 반영한다. 이런 이유로, 현행원가는 유출가치인 공정가치, 사용가치 또는 이행가치와 다르다. 그러나 현행원가는 역사적 원가와 달리 측정일의 조건을 반영한다.

CHAPTER
02 | 재무제표 표시

제1절 | 일반사항

1. 공정한 표시와 한국채택국제회계기준의 준수

① 한국채택국제회계기준에 따라 작성된 재무제표(필요에 따라 추가공시한 경우 포함)는 공정하게 표시된 재무제표로 본다.

② 한국채택국제회계기준을 준수하여 재무제표를 작성하는 기업은 그러한 준수 사실을 주석에 명시적이고 제한없이 기재한다. 재무제표가 한국채택국제회계기준의 요구사항을 모두 충족한 경우가 아니라면 한국채택국제회계기준을 준수하여 작성되었다고 기재하여서는 아니 된다.

③ 부적절한 회계정책은 이에 대하여 공시나 주석 또는 보충 자료를 통해 설명하더라도 정당화될 수 없다.

2. 계속기업

① 경영진은 재무제표를 작성할 때 계속기업으로서의 존속가능성을 평가해야 한다. 경영진이 기업을 청산하거나 경영활동을 중단할 의도를 가지고 있지 않거나, 청산 또는 경영활동의 중단 외에 다른 현실적 대안이 없는 경우가 아니면 계속기업을 전제로 재무제표를 작성한다.

② 계속기업으로서의 존속능력에 유의적인 의문이 제기될 수 있는 사건이나 상황과 관련된 중요한 불확실성을 알게 된 경우, 경영진은 그러한 불확실성을 공시하여야 한다.

③ 계속기업의 가정이 적절한지의 여부를 평가할 때 경영진은 적어도 보고기간말로부터 향후 12개월 기간에 대하여 이용가능한 모든 정보를 고려한다.

④ 각 상황의 사실내용에 따라 고려의 정도를 결정한다. 기업이 상당 기간 계속 사업이익을 보고하였고, 보고기간말 현재 경영에 필요한 재무자원을 확보하고 있는 경우에는 자세한 분석이 없이도 계속기업을 전제로 한 회계처리가 적절하다는 결론을 내릴 수 있다.

3. 중요성과 통합표시

① 유사한 항목은 중요성 분류에 따라 재무제표에 구분하여 표시한다. 상이한 성격이나 기능을 가진 항목은 구분하여 표시한다. 다만 중요하지 않은 항목은 성격이나 기능이 유사한 항목과 통합하여 표시할 수 있다.

② 일부 한국채택국제회계기준에서는 재무제표(주석 포함)에 포함하도록 요구하는 정보를 명시하고 있다. 한국채택국제회계기준의 요구에 따라 공시되는 정보가 중요하지 않다면 그 공시를 제공할 필요는 없다.

4. 상 계

① 한국채택국제회계기준에서 요구하거나 허용하지 않는 한 자산과 부채 그리고 수익과 비용은 상계하지 아니한다.

② 자산과 부채, 그리고 수익과 비용은 구분하여 표시한다.

③ 재고자산에 대한 재고자산평가충당금과 매출채권에 대한 대손충당금과 같은 평가충당금을 차감하여 관련 자산을 순액으로 측정하는 것은 상계표시에 해당하지 아니한다.

④ '충당부채, 우발부채, 우발자산'에 따라 인식한 충당부채와 관련된 지출을 제3자와의 계약관계(예: 공급자의 보증약정)에 따라 보전 받는 경우, 당해 지출과 보전받는 금액은 상계하여 표시할 수 있다.

⑤ 동일 거래에서 발생하는 수익과 관련비용의 상계표시가 거래나 그 밖의 사건의 실질을 반영한다면 그러한 거래의 결과는 상계하여 표시한다

5. 비교정보

① 한국채택국제회계기준이 달리 허용하거나 요구하는 경우를 제외하고는 당기 재무제표에 보고되는 모든 금액에 대해 전기 비교정보를 표시한다. 당기 재무제표를 이해하는 데 목적적합하다면 서술형 정보의 경우에도 비교정보를 포함한다.

② 최소한, 두 개의 재무상태표와 두 개의 포괄손익계산서, 두 개의 별개 손익계산서(표시하는 경우), 두 개의 현금흐름표, 두 개의 자본변동표 그리고 관련 주석을 표시해야 한다.

③ 재무제표 항목의 표시나 분류를 변경하는 경우 실무적으로 적용할 수 없는 것이 아니라면 비교금액도 재분류해야 한다.

6. 표시의 계속성

재무제표 항목의 표시와 분류는 다음의 경우를 제외하고는 매기 동일하여야 한다.

- 사업내용의 유의적인 변화나 재무제표를 검토한 결과 다른 표시나 분류방법이 더 적절한 것이 명백한 경우
- 한국채택국제회계기준에서 표시방법의 변경을 요구하는 경우

1. 재무제표의 식별

① 재무제표는 동일한 문서에 포함되어 함께 공표되는 그 밖의 정보와 명확하게 구분되고 식별되어야 한다.

② 한국채택국제회계기준은 오직 재무제표에만 적용하며 연차보고서, 감독기구 제출서류 또는 다른 문서에 표시되는 그 밖의 정보에 반드시 적용하여야 하는 것은 아니다. 따라서 한국채택국제회계기준을 준수하여 작성된 정보와 한국채택국제회계기준에서 요구하지 않지만 유용한 그 밖의 정보를 재무제표이용자가 구분할 수 있는 것이 중요하다.

2. 재무상태표

① 기업이 재무상태표에 유동자산과 비유동자산, 그리고 유동부채와 비유동부채로 구분하여 표시하는 경우, 이연법인세자산(부채)은 유동자산(부채)으로 분류하지 아니한다.

② 기준서는 표시되어야 할 항목의 순서나 형식을 규정하지 아니한다.

③ 유동성 순서에 따른 표시방법이 신뢰성 있고 더욱 목적적합한 정보를 제공하는 경우를 제외하고는 유동자산과 비유동자산, 유동부채와 비유동부채로 재무상태표에 구분하여 표시한다. 유동성 순서에 따른 표시방법을 적용할 경우 모든 자산과 부채는 유동성의 순서에 따라 표시한다.

④ 기업이 보고기간말 현재 기존의 대출계약조건에 따라 보고기간 후 적어도 12개월 이상 부채를 연장할 권리가 있다면, 보고기간 후 12개월 이내에 만기가 도래한다 하더라도 비유동부채로 분류한다. 만약 기업에 그러한 권리가 없다면, 차환가능성을 고려하지 않고 유동부채로 분류한다.

3. 포괄손익계산서

① 수익과 비용의 어느 항목도 당기손익과 기타포괄손익을 표시하는 보고서 또는 주석에 특별손익 항목으로 표시할 수 없다.

② 기업은 비용의 성격별 또는 기능별 분류방법 중에서 신뢰성 있고 더욱 목적적합한 정보를 제공할 수 있는 방법을 적용하여 당기손익으로 인식한 비용의 분석내용을 표시한다.

- 비용의 성격별 분류
  - 당기손익에 포함된 비용은 그 성격(예 감가상각비, 원재료의 구입, 운송비, 종업원급여와 광고비)별로 통합하며, 기능별로 재배분하지 않는다.
  - 비용을 기능별 분류로 배분할 필요가 없기 때문에 적용이 간단할 수 있다.

수익		XXX
기타 수익		XXX
제품과 재공품의 변동	XXX	
원재료와 소모품의 사용액	XXX	
종업원급여비용	XXX	
감가상각비와 기타상각비	XXX	
기타비용	XXX	
총비용		(XXX)
법인세비용차감전순이익		XXX

- 비용의 기능별 분류(=매출원가법)
  - 비용을 매출원가, 그리고 물류원가와 관리활동원가 등과 같이 기능별로 분류한다.
  - 이 방법에서는 적어도 매출원가를 다른 비용과 분리하여 공시한다.
  - 이 방법은 성격별 분류보다 재무제표이용자에게 더욱 목적적합한 정보를 제공할 수 있지만 비용을 기능별로 배분하는데 자의적인 배분과 상당한 정도의 판단이 개입될 수 있다.
  - 비용을 기능별로 분류하는 기업은 감가상각비, 기타 상각비와 종업원급여비용을 포함하여 비용의 성격에 대한 추가 정보를 공시한다.
  - 비용의 성격에 대한 정보가 미래현금흐름을 예측하는 데 유용하다.

수익	XXX
매출원가	(XXX)
매출총이익	XXX
기타수익	XXX
물류원가	(XXX)
관리비	(XXX)
기타비용	(XXX)
법인세비용차감전순이익	XXX

③ 기타포괄손익의 항목은 다음 중 한 가지 방법으로 표시할 수 있다.
  - 관련 법인세 효과를 차감한 순액으로 표시
  - 기타포괄손익의 항목과 관련된 법인세 효과 반영 전 금액으로 표시하고, 각 항목들에 관련된 법인세 효과는 단일 금액으로 합산하여 표시
④ 상법 등 관련 법규에서 이익잉여금처분계산서(또는 결손금처리계산서)의 작성을 요구하는 경우에는 재무상태표의 이익잉여금(또는 결손금)에 대한 보충정보로서 이익잉여금처분계산서(또는 결손금처리계산서)를 주석으로 공시한다.
⑤ 재분류조정은 포괄손익계산서나 주석에 표시할 수 있다. 재분류조정을 주석에 표시하는 경우에는 관련 재분류조정을 반영한 후에 기타포괄손익의 항목을 표시한다.

더 알아보기 **기타포괄손익의 재분류조정**

(1) 재분류 허용
  FVOCI 금융자산(채무상품) 평가손익, F/S 환산시 발생하는 외환 차이, 현금흐름위험회피 파생상품 평가손익 중 효과적인 부분
(2) 재분류 금지
  재평가잉여금, 재측정요소, FVOCI 선택 금융자산 평가손익, FVPL 지정 금융부채의 신용위험 변동에 따른 평가손익
  ※ 재평가잉여금과 재측정요소는 이익잉여금 대체 가능

4. 영업이익의 공시

① 한국채택국제회계기준은 포괄손익계산서의 본문에 영업이익을 구분하여 표시하도록 요구하고 있다.

② 금융회사와 같이 영업의 특수성으로 인해 매출원가를 구분하기 어려운 경우, 영업수익에서 영업비용을 차감하는 방식으로 영업이익을 측정할 수 있다.

③ 영업이익에는 포함되지 않았지만, 기업의 영업성과를 반영하는 그 밖의 수익 또는 비용항목이 있다면 영업이익에 이러한 항목을 가감한 금액을 조정영업이익 등의 명칭으로 주석으로 공시할 수 있다.

④ 영업이익 산출에 포함된 주요 항목과 그 금액을 포괄손익계산서 본문에 표시하거나 주석으로 공시한다.

제1절 | 유형자산의 인식 및 측정

1. 유형자산의 정의

재화나 용역의 생산이나 제공, 타인에 대한 임대 또는 관리활동에 사용할 목적으로 보유하는 물리적 형태가 있는 자산으로서 한 회계기간을 초과하여 사용할 것이 예상되는 자산

2. 유형자산의 인식

(1) 유형자산의 인식

① 유형자산으로 인식되기 위해서는 다음의 인식기준을 모두 충족하여야 한다.
  • 자산으로부터 발생하는 미래경제적효익이 기업에 유입될 가능성이 높다.
  • 자산의 원가를 신뢰성 있게 측정할 수 있다.
② 유형자산과 관련된 모든 원가는 그 발생시점에 인식원칙을 적용하여 평가한다.
  ※ 인식기준을 모두 충족하지 못한다면 발생시점에 당기손익으로 인식한다.
③ 예비부품, 대기성장비 및 수선용구와 같은 항목은 유형자산의 정의를 충족하면 이 기준서에 따라 인식한다. 그렇지 않다면 그러한 항목은 재고자산으로 분류한다.
④ 금형, 공구 및 틀 등과 같이 개별적으로 경미한 항목은 통합하여 그 전체가치에 대하여 인식기준을 적용하는 것이 적절하다.
⑤ 안전 또는 환경상의 이유로 취득하는 유형자산은 그 자체로는 직접적인 미래경제적효익을 얻을 수 없지만, 다른 자산에서 미래경제적효익을 얻기 위하여 필요할 수 있다.
  예 환경규제요건을 충족하기 위하여 새로운 화학처리공정설비를 설치하는 경우
    → 이 때 이러한 설비 없이는 화학제품을 제조 및 판매할 수 없기 때문에 관련증설원가를 자산으로 인식

(2) 후속원가

① 일상적인 수선 · 유지와 관련하여 발생하는 원가
  : 발생시점에 당기손익으로 인식
② 주요 부품이나 구성요소의 정기적 교체가 필요한 경우, 유형자산이 취득된 후 반복적이지만 비교적 적은 빈도로 대체되거나 비반복적으로 대체되는 경우
  : 유형자산의 일부를 대체할 때 발생하는 원가가 인식기준을 충족하는 경우, 유형자산의 장부금액에 포함하여 인식(대체되는 부분의 장부금액은 제거)

③ 정기적인 종합검사가 필요한 경우

: 정기적인 종합검사과정에서 발생하는 원가가 인식기준을 충족하는 경우에는 유형자산의 일부가 대체
되는 것으로 보아 해당 유형자산의 장부금액에 포함하여 인식(이 경우 직전에 이루어진 종합검사에서의
원가와 관련되어 남아 있는 장부금액을 제거)

3. 원가의 구성요소

(1) 구입가격

관세 및 환급불가능한 취득 관련 세금을 가산하고 매입할인과 리베이트를 차감한 구입가격

(2) 필요한 장소와 상태에 이르게 하는 데 직접 관련되는 원가

① 포함되는 원가
- 유형자산의 매입 또는 건설과 직접적으로 관련되어 발생한 종업원급여
- 설치장소 준비 원가
- 최초의 운송 및 취급 관련 원가
- 설치원가 및 조립원가
- 유형자산이 정상적으로 작동되는지 여부를 시험하는 과정에서 발생하는 원가
- 전문가에게 지급하는 수수료

② 포함되지 않는 원가
- 새로운 시설을 개설하는 데 소요되는 원가
- 새로운 상품과 서비스를 소개하는 데 소요되는 원가(예 광고 및 판촉활동과 관련된 원가)
- 새로운 지역에서 또는 새로운 고객층을 대상으로 영업을 하는 데 소요되는 원가(예 교육훈련비)
- 관리 및 기타 일반간접원가

(3) 자산을 해체, 제거하거나 부지를 복구하는 데 소요될 것으로 최초에 추정되는 원가

① 미래 복구에 소요될 원가 추정액의 현재가치만큼 유형자산 취득원가에 가산하고 충당부채 인식
② 충당부채는 매 회계기간마다 유효이자율법을 적용하여 이자비용 인식

4. 원가의 측정

(1) 장기연불조건

유형자산의 원가는 인식시점의 현금가격상당액이다. 대금지급이 일반적인 신용기간을 초과하여 이연되는
경우, 현금가격상당액과 실제 총지급액과의 차액은 자본화하지 않는 한 신용기간에 걸쳐 이자로 인식한다.

(2) 일괄취득(토지 + 건물)

① 일괄 취득한 경우 토지와 건물의 취득원가는 상대적 공정가치 비율로 배분한다.
② 건물을 즉시 철거한 경우 토지만의 취득으로 본다.
③ 기존 건물의 철거인 경우
- 1설
  - 기존 건물의 장부가를 제거하고 비용으로 처리
  - (철거비 - 폐자재매각)은 비용으로 처리

- 2설
  - 기존 건물의 장부가를 제거하고 비용으로 처리
  - (철거비 − 폐자재매각)은 새로 취득한 건물의 취득원가로 처리

(3) 교 환

유형자산(상대방)	? ②*		유형자산(나)	BV ①	
현금	XXX ③		현금	XXX ③	
		④ 대차차액 있는 경우 : 손익처리			

*유형자산(상대방)의 처리방법

① 상업적 실질 ○
  - 원칙 : 궁극적으로 준 것의 공정가
    - 내 자산의 공정가 + 현금지급
    - 내 자산의 공정가 − 현금수령
  - 예외
    - 받은 것 자체의 공정가
    - 궁극적으로 준 것의 장부가(대차차액) → 손익 = 0
② 상업적 실질 × : 궁극적으로 준 것의 장부가(대차차액) → 손익 = 0

제2절 | 인식시점 이후의 측정

1. 감가상각

(1) 감가상각방법

① 감가상각대상금액(취득원가 − 잔존가치)을 기초로 계산 : 정액법, 연수합계법, 생산비례법
② 장부금액(취득원가 − 감가상각누계액)을 기초로 계산 : 정률법, 이중체감법

(2) 감가상각대상금액과 감가상각기간

① 감가상각대상금액
  - 유형자산의 잔존가치와 내용연수는 적어도 매 회계연도말에 재검토한다. 재검토결과 추정치가 종전 추정치와 다르다면 그 차이는 회계추정치의 변경으로 회계처리한다.
  - 유형자산의 공정가치가 장부금액을 초과하더라도 잔존가치가 장부금액을 초과하지 않는 한 감가상각액을 계속 인식한다.
  - 유형자산의 잔존가치는 해당 자산의 장부금액과 같거나 큰 금액으로 증가할 수도 있다. 이 경우에는 자산의 잔존가치가 장부금액보다 작은 금액으로 감소될 때까지는 유형자산의 감가상각액은 영(0)이 된다.

② 감가상각기간

- 유형자산의 감가상각은 자산이 사용가능한 때부터 시작한다. 즉, 경영진이 의도하는 방식으로 자산을 가동하는 데 필요한 장소와 상태에 이른 때부터 시작한다.
- 감가상각은 자산이 매각예정자산으로 분류되는(또는 매각예정으로 분류되는 처분자산집단에 포함되는) 날과 자산이 제거되는 날 중 이른 날에 중지한다.
- 유형자산이 운휴 중이거나 적극적인 사용상태가 아니어도, 감가상각이 완전히 이루어지기 전까지는 감가상각을 중단하지 않는다. 그러나 유형자산의 사용정도에 따라 감가상각을 하는 경우에는 생산활동이 이루어지지 않을 때 감가상각액을 인식하지 않을 수 있다.

2. 평 가

(1) 원가모형

최초 인식 후에 유형자산은 원가에서 감가상각누계액과 손상차손누계액을 차감한 금액을 장부금액으로 한다.

(2) 재평가모형

① 재평가의 빈도

- 재평가의 빈도는 재평가되는 유형자산의 공정가치 변동에 따라 달라진다.
- 당해 자산이 포함되는 유형자산 분류 전체를 재평가한다.
- 동일한 분류 내의 유형자산은 동시에 재평가한다.

② 재평가의 회계처리

- 최초 재평가시 평가증

최초 재평가시 회계처리	이후 재평가시 회계처리
재평가잉여금 인식	− 평가증의 경우 : 재평가잉여금 인식 − 평가감의 경우 : 전기 이전에 인식한 재평가잉여금을 먼저 감소시키고, 초과액이 있으면 재평가손실 인식

- 최초 재평가시 평가감

최초 재평가시 회계처리	이후 재평가시 회계처리
당기비용 인식	− 평가감의 경우 : 재평가손실 인식 − 평가증의 경우 : 전기 이전에 인식한 재평가손실만큼 재평가이익을 인식하고, 초과액이 있으면 재평가잉여금 인식

- 요 약

〈평가증인 경우〉

자산	XXX	수익*	XXX
		자본	XXX

*이전에 비용이 있어야 함(없으면 자본)

〈평가감인 경우〉

자본*	XXX	자산	XXX
비용	XXX		

*이전에 자본이 있어야 함(없으면 비용)

③ 재평가잉여금의 처리

- 자본에 계상된 재평가잉여금은 그 자산을 '사용'함에 따라 혹은 '제거'될 때 이익잉여금으로 직접 대체할 수 있다(선택사항).
- 대체금액 : 재평가된 금액에 근거한 감가상각액 − 최초원가에 근거한 감가상각액

재평가잉여금	XXX		이익잉여금	XXX

※ 단, 재평가잉여금을 이익잉여금으로 대체하는 경우 그 금액은 당기손익으로 인식하지 않는다(재분류조정×).
※ 재평가잉여금은 자본항목에 해당한다.

3. 손 상

(1) 원가모형의 손상

① 손상의 인식 : 회수가능액[Max(순공정가치, 사용가치)] < 장부금액
② 손상의 환입 : 회수가능액[Max(순공정가치, 사용가치)] > 장부금액
　※ 환입 한도 : 손상이 발생하지 않았을 경우의 장부가

(2) 재평가모형의 손상

① 손상의 인식
- 과년도에 기타포괄손익으로 인식한 재평가잉여금 우선 감소
- 초과액이 있다면 당기손익으로 인식

② 손상의 환입
- 과년도에 손상차손을 당기손익으로 인식한 금액이 있다면 그 금액만큼 손상차손환입을 당기손익으로 인식
- 초과액이 있다면 재평가잉여금의 증가로 인식
　※ 원가모형과 달리 환입 시 한도 없음

4. 현금창출단위(CGU)

(1) 정 의

다른 자산(또는 자산집단)과 구별되어 독립적으로 현금유입을 창출하는 식별가능한 최소자산의 집단

(2) 손상차손의 배분

장부금액 − 회수가능액 = 손상차손 배분*

*손상차손 배분의 순서

① 영업권
② 나머지 자산(다른 자산의 장부금액에 비례하여 배분)

(3) 손상차손의 환입

손상을 인식하지 않았을 경우의 장부가(현금창출단위는 원가모형을 전제로 하고 있으므로, 환입시 처리가 동일)
※ 영업권은 손상차손환입 대상이 아님

(4) 회계처리

〈손상 인식〉				
	손상차손	XXX	영업권	XXX
			손상차손누계액	XXX
〈손상 환입〉				
	손상차손누계액	XXX	손상차손환입	XXX

5. 제 거

(1) 일반적인 상황

① 유형자산의 장부금액은 당해 자산을 처분하는 때와 사용이나 처분을 통하여 미래 경제적 효익이 기대되지 않을 때 제거

② 유형자산의 제거로 발생하는 손익은 (순매각금액 − 장부금액)으로 결정

(2) 일반 유형자산의 판매

① 영업활동 과정에서 사용하던 유형자산을 매각하기로 결정한 경우 동 유형자산을 다른 자산과 별도로 매각 예정비유동자산으로 구분

② 순공정가치와 장부금액 중 작은 금액으로 평가

③ 매각할 때까지 감가상각은 하지 않음

(3) 임대목적 보유 유형자산의 판매

정상적인 영업활동과정에서 타인에게 임대할 목적으로 보유하던 부동산이 아닌 유형자산을 판매하는 기업은 유형자산의 임대가 중단되고 판매목적으로 보유하게 되는 시점에서 당해 자산의 장부금액을 재고자산으로 대체

제3절 | 금융비용 자본화

1. 차입원가의 회계처리

적격자산의 취득, 건설 또는 생산과 직접 관련되는 차입원가는 당해 자산의 원가의 일부로 자본화하고, 기타 차입원가는 비용으로 인식

2. 적격자산

① 의도된 용도로 사용하거나 판매가능한 상태에 이르게 하는 데 상당한 기간을 필요로 하는 자산

② 재고자산, 제조설비자산, 전력생산설비, 무형자산, 투자부동산 포함

③ 금융자산과 단기간 내에 제조되거나 생산되는 재고자산 제외

④ 공정가치로 측정하는 생물자산 제외

⑤ 취득시점에 의도된 용도로 사용할 수 있거나 판매가능한 상태에 있는 자산 제외

3. 자본화가능 차입원가

① 당해 적격자산과 관련된 지출이 발생하지 않았다면 부담하지 않았을 차입원가

② **특정목적차입금** : 회계기간동안 그 차입금으로부터 실제 발생한 차입원가에서 당해 차입금의 일시적 운용에서 생긴 투자수익을 차감한 금액

③ **일반목적차입금 중 적격자산 취득을 위해 사용한 차입금** : 당해 자산 관련 평균 지출액에 자본화이자율 (일반차입금의 가중평균이자율)을 곱하여 계산하되, 실제 발생한 차입원가를 초과할 수 없음

- 정부보조금과 건설 등의 진행에 따라 수취하는 금액은 적격자산 지출액에서 차감
- 근사치로서 회계기간 동안의 적격자산의 평균장부금액(이미 자본화된 차입원가 포함) 사용 가능

4. 자본화의 개시 및 중단

(1) 자본화의 개시

① 다음의 모든 조건을 충족시키는 날에 개시

- 적격자산에 대해 지출하고 있다.
- 차입원가를 발생시키고 있다.
- 적격자산을 의도된 용도로 사용하거나 판매가능한 상태에 이르게 하는 데 필요한 활동을 수행하고 있다.

② 의도된 용도로 사용하거나 판매가능한 상태에 이르게 하는 데 필요한 활동에는 물리적 제작 이전단계에서 이루어진 기술 및 관리상의 활동(예 각종 인허가를 얻기 위한 활동) 포함

③ 자산의 상태에 변화를 가져오는 생산 또는 개발이 이루어지지 않는 상황에서 단지 당해 자산의 보유는 필요한 활동으로 보지 않음

(2) 자본화의 중단

① 적격자산에 대한 적극적인 개발활동 중단 기간에는 차입원가의 자본화 중단

② 상당한 기술 및 관리활동을 진행하고 있는 기간에는 중단하지 않음

③ 일시적 지연이 필수적인 경우에도 자본화를 중단하지 않음

5. 자본화의 종료

① 의도된 용도로 사용하거나 판매가능한 상태에 이르게 하는 데 필요한 대부분의 활동이 완료된 시점에서 자본화 종료

② 적격자산의 건설활동을 여러 부분으로 나누어 완성하고, 남아 있는 부분의 건설활동을 계속 진행하고 있더라도 이미 완성된 부분이 사용가능하다면, 당해 부분을 의도된 용도로 사용하거나 판매가능한 상태에 이르게 하는 데 필요한 대부분의 활동을 완료한 시점에서 자본화 종료

1. 무형자산의 정의 및 조건

(1) 정 의

① 물리적 형태가 없으나 식별 가능한 비화폐성 자산을 말한다.

　　예 영업권, 산업재산권(특허·상표 등), 소프트웨어, 개발비 등

② 일부 무형자산은 컴팩트디스크(컴퓨터소프트웨어의 경우), 법적 서류(라이선스나 특허권의 경우)나 필름과 같은 물리적 형체에 담겨 있을 수 있다.

　　→ 유형의 요소와 무형의 요소를 모두 갖추고 있는 자산을 유형자산에 따라 회계처리하는지 아니면 무형자산으로 회계처리하는지를 결정해야 할 때에는, 어떤 요소가 더 유의적인지를 판단한다.

　　　　예 컴퓨터로 제어되는 기계장치가 특정 컴퓨터소프트웨어가 없으면 가동이 불가능한 경우에는 그 소프트웨어를 관련된 하드웨어의 일부로 보아 유형자산으로 회계처리한다.

(2) 조 건

① **식별가능성** : 다음 중 어느 하나에 해당하는 경우에 식별가능하다.
- 자산이 분리가능하다.
- 자산이 계약상 권리 또는 기타 법적 권리로부터 발생한다.

② **통 제**
- 기초가 되는 자원에서 유입되는 미래경제적효익을 확보할 수 있고 그 효익에 대한 제3자의 접근을 제한할 수 있다면 기업이 자산을 통제하고 있는 것이다.
- 무형자산의 미래경제적효익에 대한 통제능력은 일반적으로 법원에서 강제할 수 있는 법적 권리에서 나오며, 법적 권리가 없는 경우에는 통제를 제시하기 어렵다. 그러나 다른 방법으로도 미래경제적효익을 통제할 수 있기 때문에 권리의 법적 집행가능성이 통제의 필요조건은 아니다.
- 시장에 대한 지식과 기술적 지식에서도 미래경제적효익이 발생할 수 있다. 이러한 지식이 저작권, 계약상의 제약이나 법에 의한 종업원의 기밀유지의무 등과 같은 법적 권리에 의하여 보호된다면, 기업은 그러한 지식에서 얻을 수 있는 미래경제적효익을 통제하고 있는 것이다.
- 기업은 숙련된 종업원이나 교육훈련으로부터 발생하는 미래경제적효익에 대해서는 일반적으로 무형자산의 정의를 충족하기에는 충분한 통제를 가지고 있지 않다.
- 고객관계를 보호할 법적 권리가 없는 경우에도, 동일하거나 유사한, 비계약적 고객관계를 교환하는 거래(사업결합 과정에서 발생한 것이 아닌)는 고객관계로부터 기대되는 미래경제적효익을 통제할 수 있다는 증거를 제공한다. 그러한 교환거래는 고객관계가 분리가능하다는 증거를 제공하므로 그러한 고객관계는 무형자산의 정의를 충족한다.

③ 미래경제적효익

무형자산의 미래경제적효익은 제품의 매출, 용역수익, 원가절감 또는 자산의 사용에 따른 기타 효익의 형태로 발생할 수 있다.

2. 무형자산의 인식과 측정

(1) 인식기준

① 자산에서 발생하는 미래경제적효익이 기업에 유입될 가능성이 높다.

② 자산의 원가를 신뢰성 있게 측정할 수 있다.

※ 무형자산을 최초로 인식할 때에는 원가로 측정한다.

(2) 개별취득

① 구입가격(매입할인과 리베이트를 차감하고 수입관세와 환급받을 수 없는 제세금 포함)

② 자산을 의도한 목적에 사용할 수 있도록 준비하는데 직접 관련되는 원가

③ 포함되는 원가와 포함되지 않는 원가

포함되는 원가	포함되지 않는 원가
• 자산을 사용 가능한 상태로 만드는 데 직접적으로 발생하는 종업원급여 • 자산을 사용 가능한 상태로 만드는 데 직접적으로 발생하는 전문가 수수료 • 자산이 적절하게 기능을 발휘하는지 검사하는 데 발생하는 원가	• 새로운 제품이나 용역의 홍보원가(광고와 판매촉진활동 원가를 포함) • 새로운 지역에서 또는 새로운 계층의 고객을 대상으로 사업을 수행하는 데서 발생하는 원가(교육훈련비를 포함) • 관리원가와 기타 일반경비원가 • 경영자가 의도하는 방식으로 운용될 수 있으나 아직 사용하지 않고 있는 기간에 발생한 원가 • 자산의 산출물에 대한 수요가 확립되기 전까지 발생하는 손실과 같은 초기 영업손실

(3) 사업결합으로 인한 취득

(차)	자산[주1]	XXX	(대)	부채[주1]	XXX
	무형자산[주2]	XXX		현금(이전대가)	XXX
	영업권[주3]	XXX		염가매수차익[주3]	XXX

주1 취득자산과 인수부채는 공정가치로 인식

주2 공정가치를 신뢰성 있게 측정할 수 있는 경우 : 취득일에 당해 무형자산을 인식
공정가치를 신뢰성 있게 측정할 수 없는 경우 : 영업권에 포함하여 인식

주3 순자산과 이전대가의 차액은 영업권 또는 염가매수차익으로 인식
내부적으로 창출한 영업권은 무형자산으로 인식하지 않음

(4) 내부적으로 창출한 무형자산

① 내부적으로 창출한 무형자산이 인식기준을 충족하는지를 평가하기 위하여 무형자산의 창출과정을 연구단계와 개발단계로 구분한다.

② 무형자산을 창출하기 위한 내부 프로젝트를 연구단계와 개발단계로 구분할 수 없는 경우에는 그 프로젝트에서 발생한 지출은 모두 연구단계에서 발생한 것으로 본다.

- 연구활동 : 발생시점에 비용으로 인식
  - 새로운 지식을 얻고자 하는 활동
  - 연구결과나 기타 지식을 탐색, 평가, 최종 선택, 응용하는 활동
  - 재료, 장치, 제품, 공정, 시스템이나 용역에 대한 여러 가지 대체안을 탐색하는 활동
  - 새롭거나 개선된 재료, 장치, 제품, 공정, 시스템이나 용역에 대한 여러 가지 대체안을 제안, 설계, 평가, 최종 선택하는 활동
- 개발활동 : 6가지 사항*을 모두 제시할 수 있는 경우에만 무형자산으로 인식
  - 생산이나 사용 전의 시제품과 모형을 설계, 제작, 시험하는 활동
  - 새로운 기술과 관련된 공구, 지그, 주형, 금형 등을 설계하는 활동
  - 상업적 생산 목적으로 실현가능한 경제적 규모가 아닌 시험공장을 설계, 건설, 가동하는 활동
  - 신규 또는 개선된 재료, 장치, 제품, 공정, 시스템이나 용역에 대하여 최종적으로 선정된 안을 설계, 제작, 시험하는 활동

> *시험 문제에서는 무형자산으로 인식했는지 여부에 대해 제시를 하므로 6가지 사항에 대해 구체적으로 살펴보지 않는다.

③ 내부적으로 창출한 무형자산의 원가는 그 무형자산이 인식기준을 최초로 충족시킨 이후에 발생한 지출금액의 합으로 한다. 이미 비용으로 인식한 지출은 무형자산의 원가로 인식할 수 없다.

④ 내부적으로 창출한 브랜드, 제호, 출판표제, 고객 목록과 이와 실질이 유사한 항목은 사업을 전체적으로 개발하는 데 발생한 원가와 구별할 수 없으므로 무형자산으로 인식하지 아니한다.

⑤ 다음 항목은 내부적으로 창출한 무형자산의 원가에 포함하지 아니한다.

- 판매비, 관리비 및 기타 일반경비 지출(단, 자산을 의도한 용도로 사용할 수 있도록 준비하는데 직접 관련된 경우는 제외)
- 자산이 계획된 성과를 달성하기 전에 발생한 명백한 비효율로 인한 손실과 초기 영업손실
- 자산을 운용하는 직원의 교육훈련과 관련된 지출

3. 비용의 인식

① 다음 중 하나에 해당하지 않는 무형항목 관련 지출은 발생시점에 비용으로 인식한다.

- 인식기준을 충족하는 무형자산 원가의 일부가 되는 경우
- 사업결합에서 취득하였으나 무형자산으로 인식할 수 없는 경우. 이 경우에는 취득일의 영업권으로 인식한 금액의 일부가 된다.

② 사업결합의 일부로 취득하는 경우를 제외하고는 연구활동을 위한 지출은 발생시점에 비용으로 인식한다. 발생시점에 비용으로 인식하는 지출의 다른 예는 다음과 같다.

- 사업개시활동에 대한 지출
- 교육 훈련을 위한 지출
- 광고 및 판매촉진 활동을 위한 지출
- 기업의 전부나 일부의 이전 또는 조직 개편에 관련된 지출

4. 무형자산의 상각

(1) 내용연수가 유한한 경우

① 상각은 자산을 사용할 수 있는 때부터 시작한다. 즉 자산이 경영자가 의도하는 방식으로 운영할 수 있는 장소와 상태에 이르렀을 때부터 시작한다.

② 상각은 자산이 매각예정으로 분류되는(또는 매각예정으로 분류되는 처분자산집단에 포함되는) 날과 자산이 재무상태표에서 제거되는 날 중 이른 날에 중지한다.

③ 무형자산의 상각방법은 자산의 경제적 효익이 소비될 것으로 예상되는 형태를 반영한 방법이어야 한다. 다만, 그 형태를 신뢰성 있게 결정할 수 없는 경우에는 정액법을 사용한다.

④ 잔존가치는 특별한 경우를 제외하고는 영(0)으로 본다.

※ 이 외는 유형자산과 동일하다.

(2) 내용연수가 무한한 경우

① 상각하지 아니한다.

② 다음의 각 경우에 회수가능액과 장부금액을 비교하여 손상검사를 수행하여야 한다.
  • 매년
  • 무형자산의 손상을 시사하는 징후가 있을 때

5. 재평가모형 및 손상

① 무형자산에 활성시장이 존재하는 경우에만 재평가모형 적용이 가능하다.

② 일부 과정이 종료될 때까지 인식기준을 충족하지 않아서 무형자산의 원가의 일부만 자산으로 인식한 경우에는 그 자산 전체에 대하여 재평가모형을 적용할 수 있다. 그 외의 사항은 유형자산과 동일하다.

③ 정부보조를 통하여 취득하고 공정가치가 아닌 명목상 금액으로 인식한 무형자산에 대해서도 재평가모형을 적용할 수 있다.

④ 손상의 징후와 관계없이 최소한 매년 회수가능액을 추정해야 하는 경우는 아래와 같다.
  • 내용연수가 비한정인 무형자산
  • 아직 사용할 수 없는 무형자산
  • 영업권

CHAPTER 04 | 투자부동산과 생물자산

제1절 | 투자부동산

1. 투자부동산의 정의 및 범위

(1) 정 의

기업이 임대수익이나 시세차익을 얻기 위하여 보유하는 부동산(토지, 건물)

(2) 범 위

① 투자부동산인 경우
- 장기 시세차익을 얻기 위하여 보유하고 있는 토지(통상적인 영업과정에서 단기간에 판매하기 위하여 보유하는 토지는 제외)
- 장래 용도를 결정하지 못한 채로 보유하고 있는 토지
- 직접 소유하고 운용리스로 제공하는 건물(또는 보유하는 건물에 관련되고 운용리스로 제공하는 사용권자산)
- 운용리스로 제공하기 위하여 보유하는 미사용 건물
- 미래에 투자부동산으로 사용하기 위하여 건설 또는 개발 중인 부동산

② 투자부동산이 아닌 경우
- 통상적인 영업과정에서 판매하기 위한 부동산이나 이를 위하여 건설 또는 개발 중인 부동산(재고자산)
- 자가사용부동산
  - 미래에 자가사용하기 위한 부동산, 미래에 개발 후 자가사용할 부동산, 종업원이 사용하고 있는 부동산(종업원이 시장요율로 임차료를 지급하고 있는지는 무관), 처분 예정인 자가사용부동산 포함
- 금융리스로 제공한 부동산

2. 투자부동산의 분류

① 부동산 중 일부분은 임대수익이나 시세차익을 얻기 위하여 보유하고, 일부분은 재화나 용역의 생산 또는 제공이나 관리목적에 사용하기 위하여 보유 가능
- 부분별로 분리하여 매각(또는 금융리스로 제공)할 수 있는 경우 : 각 부분을 분리하여 회계처리
- 부분별로 분리하여 매각할 수 없는 경우 : 재화나 용역의 생산 또는 제공이나 관리목적에 사용하기 위하여 보유하는 부분이 경미한 경우에만 투자부동산으로 분류

② 부동산 보유자가 부동산 사용자에게 부수적인 용역을 제공하는 경우
- 전체 계약에서 그러한 용역의 비중이 경미한 경우 : 투자부동산

  예 사무실 건물의 소유자가 그 건물을 사용하는 리스이용자에게 보안과 관리용역을 제공하는 경우

③ 부동산 사용자에게 제공하는 용역이 유의적인 경우(예 호텔을 소유하고 직접 경영하는 경우)
④ 지배기업 또는 다른 종속기업에게 부동산을 리스하는 경우
  • 연결재무제표 : 자가사용부동산
  • 개별재무제표 : 투자부동산(투자부동산의 정의를 충족한 경우)

3. 투자부동산의 원가 및 회계처리

(1) 투자부동산의 원가

① 다음의 조건을 모두 충족할 때 자산으로 인식한다.
  • 투자부동산에서 생기는 미래 경제적 효익의 유입 가능성이 높다.
  • 투자부동산의 원가를 신뢰성 있게 측정할 수 있다.
② 투자부동산의 원가에는 취득하기 위하여 최초로 발생한 원가와 후속적으로 발생한 추가원가, 대체원가 또는 유지원가를 포함한다.
③ 부동산과 관련하여 일상적으로 발생하는 유지원가는 당기손익으로 인식한다.
④ 투자부동산의 원가에 포함되지 않는 것
  • 경영진이 의도하는 방식으로 부동산을 운영하는 데 필요한 상태에 이르게 하는 데 직접 관련이 없는 초기원가
  • 계획된 사용수준에 도달하기 전에 발생하는 부동산의 운영손실
  • 건설이나 개발 과정에서 발생한 비정상인 원재료, 인력 및 기타 자원의 낭비 금액
⑤ 후불조건으로 취득하는 경우의 원가는 취득시점의 현금가격상당액으로 한다. 현금가격상당액과 실제 총 지급액의 차액은 신용기간 동안의 이자비용으로 인식한다.

(2) 회계처리

① 공정가치 모형 적용시 감가상각은 하지 않고, 공정가치의 변동은 손익으로 인식한다.
② 건설중인 투자부동산을 공정가치로 측정한 기업은 완성된 투자부동산의 공정가치를 신뢰성 있게 측정할 수 없다고 결론지을 수 없다(건설중인 투자부동산의 공정가치가 신뢰성 있게 측정될 수 있다는 가정은 오직 최초 인식시점에서만 반박될 수 있다).
③ 투자부동산을 유형자산이나 리스 기준서에 따라 원가모형으로 측정하더라도 건설중인 투자부동산을 포함하여 그 밖의 모든 투자부동산은 공정가치로 측정한다.
④ 투자부동산의 공정가치를 신뢰성 있게 결정할 수 있더라도 원가모형을 선택할 수 있다.
⑤ 유형자산의 재평가모형 VS 투자부동산의 공정가치모형

구 분	유형자산의 재평가모형	투자부동산의 공정가치모형
평가 주기	변동의 정도를 고려하여 매년, 또는 3년이나 5년마다 재평가 가능	매 보고기간 말에 평가
공정가치 변동액	기타포괄손익 인식	당기손익 인식
감가상각	재평가 금액에 기초하여 다음연도 감가상각비 인식	감가상각 하지 않음

4. 계정대체

① 투자부동산(공정가치모형) → 재고·유형자산(원가모형, 재평가모형)

- 계정대체일

  (차) 재고·유형자산   XXX(FV)   (대) 투자부동산   XXX(BV)

  ※ 차액은 손익 처리

- 12/31 : 원가모형은 감가상각, 재평가모형은 감가상각&평가로 처리

② 유형자산(원가모형, 재평가모형) → 투자부동산(공정가치모형)

- 계정대체일

  (차) 투자부동산   XXX(FV)   (대) 유형자산   XXX(BV)

  ※ 차액은 재평가논리로 처리

- 12/31 : 공정가치평가

③ 재고자산 → 투자부동산

- 계정대체일

  (차) 투자부동산   XXX(FV)   (대) 재고자산   XXX(BV)

  ※ 차액은 손익 처리

- 12/31 : 공정가치평가

5. 처 분

① 투자부동산의 장부금액과 순처분금액의 차이는 폐기나 처분이 발생한 기간에 당기손익으로 인식한다.

② 투자부동산의 손상, 멸실 또는 포기로 제3자에게서 받는 보상은 받을 수 있게 되는 시점에서 당기손익으로 인식한다.

1. 생물자산과 수확물

① 생물자산 : 살아있는 식물이나 동물(㉠ 조림지의 나무, 목장의 젖소)

② 수확물 : 생물자산에서 수확한 생산물(㉠ 원목, 우유)

2. 원가와 회계처리

① 다음의 조건이 모두 충족되는 경우에 한하여 생물자산이나 수확물을 인식한다.

- 과거 사건의 결과로 자산을 통제한다.
- 자산과 관련된 미래경제적효익의 유입가능성이 높다.
- 자산의 공정가치나 원가를 신뢰성 있게 측정할 수 있다.

② 회계처리

구 분	측정기준	평가손익의 인식
생물자산	최초 인식시점과 매 보고기간말에 공정가치에서 처분부대원가를 뺀 금액으로 측정(단, 공정가치의 신뢰성 있는 측정이 불가능한 경우 '원가 – 감가상각누계액 – 손상차손누계액'으로 측정)	발생한 기간의 당기손익에 반영
수확물	수확시점에서 공정가치에서 처분부대원가를 뺀 금액으로 측정	발생한 기간의 당기손익에 반영

3. 생산용식물과 생산용식물에서 자라는 생산물

① 생산용식물의 조건은 아래 조건을 모두 충족해야 한다.

- 수확물을 생산하거나 공급하는 데 사용
- 한 회계기간을 초과하여 생산물을 생산할 것으로 예상
- 수확물로 판매될 가능성 거의 없음(부수적인 폐물로 판매하는 경우 제외)

② 회계처리

구 분	생산용식물	생산용식물에서 자라는 생산물
자산분류	유형자산	생물자산
측 정	성숙되기 전까지는 원가누계액으로 측정하고, 성숙 후에는 원가모형 또는 재평가모형 중 선택	최초인식시점 및 매 보고기간 말에 순공정가치로 측정

CHAPTER
05 | 재고자산

제1절 | 재고자산의 취득원가

1. 취득원가

① 매입원가 : 매입가격 ± 매입부대비용^(주1)

> **주1 매입부대비용**

- 가산 : 수입관세, 제세금(과세당국으로부터 추후 환급받을 수 있는 금액 제외), 매입운임, 하역료, 취득 과정에 직접 관련된 기타 원가
- 차감 : 매입할인, 리베이트 및 기타 유사한 항목

② 전환원가

③ 기타원가

- 재고자산을 현재의 장소에 현재의 상태로 이르게 하는 데 발생한 범위 내에서만 취득원가에 가산
- 취득원가에 포함될 수 없는 경우
  - 비정상적으로 낭비된 부분
  - 보관이 필요한 경우 이외의 보관원가(매입이나 제조 후 보관원가)
  - 기여하지 않은 관리간접원가
  - 판매원가
- 재고자산을 판매가능한 상태에 이르게 하는데 상당한 기간을 필요로 하는 경우 재고자산의 취득, 건설 또는 제조와 직접 관련된 차입원가는 당해 자산 원가의 일부로 자본화
- 후불조건으로 취득시 : 그 계약이 실질적인 금융요소를 포함하고 있다면, 정상신용조건의 매입가격과 실제 지급액간의 차이는 이자비용으로 처리

④ 기타 상황에서의 취득원가

- 용역제공기업은 일반적으로 용역을 제공하면서 수익을 인식하기 때문에 관련 원가도 즉시 비용으로 인식. 그러나 용역을 제공하더라도 수익비용대응의 원칙에 의해 수익을 인식하지 않는다면 비용도 인식할 수 없으므로 발생한 원가를 재고자산으로 인식
- 생물자산에서 수확한 농림어업 수확물로 구성된 재고자산은 순공정가치로 측정하여 수확시점에 최초로 인식

2. 기말재고에 가산하여야 할 사항

① 기말재고에 가산하는 대원칙
- 내 상품에 해당한다.
- 창고 밖에 있다.
- 판매하지 않았다.

② 미착품(=운송중인 상품)
- FOB 선적지 인도기준 : '선적시점'에 구매자의 기말재고에 가산
- FOB 도착지 인도기준 : '도착시점'에 구매자의 기말재고에 가산

③ 위탁판매(적송품)

위탁자에게 적송품을 위탁하여 판매하고 남은 상품만 기말재고에 가산

④ 시용판매(시송품)

고객에게 인도한 시송품 중 매입의사를 통보받지 않은 부분만 기말재고에 가산

⑤ 담보차입, 재구매 조건부 판매 상품

3. 저가법[Min(취득원가, 시가)]

① 시 가
- 원 칙
  - 제품, 재공품, 상품 : 순실현가치
  - 원재료 : 현행(대체)원가
    ※ 재고 보유목적을 반영하기 위해 구분하여 시가를 반영
- 예 외
  - 확정판매계약 : 계약가격
  - 초과보유 : 원칙을 따름

② 재고자산의 순실현가치가 취득원가보다 낮아질 수 있는 경우
- 물리적으로 손상된 경우
- 완전히 또는 부분적으로 진부화 된 경우
- 판매가격이 하락한 경우
- 완성하거나 판매하는 데 필요한 원가가 상승한 경우

③ 저가법 적용의 예외

완성될 '제품'이 원가 이상으로 판매될 것으로 예상되는 경우에는 그 생산에 투입하기 위해 보유하는 '원재료 및 기타 소모품'에 대해서는 감액하지 않는다.

④ 저가법 적용 방법

재고자산을 순실현가능가치로 감액하는 저가법은 '항목별'로 적용한다. 그러나 경우에 따라서는 서로 비슷하거나 관련된 항목들을 '통합(조별)'하여 적용하는 것이 적절할 수 있다. 그러나 재고자산의 분류(예: 완제품)나 특정 영업부문에 속하는 모든 재고자산에 기초하여 저가법을 적용하는 것은 적절하지 않다.

1. 감모와 평가

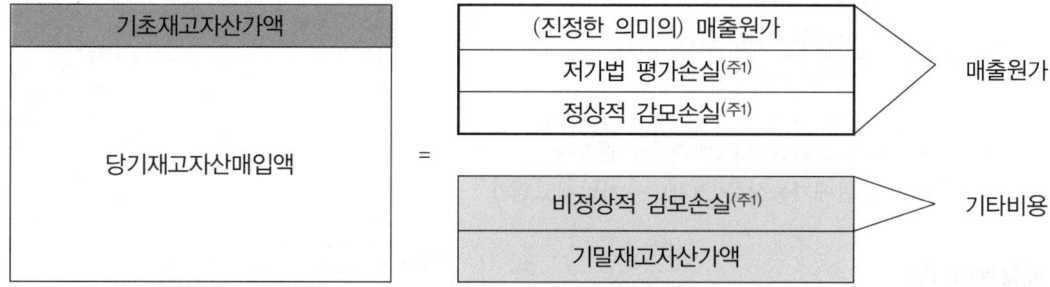

① 기초재고자산 : XXX
② 당기재고자산매입액 : XXX
③ 기말재고자산
  • 장부 : 장부수량 × 장부단가
  • 실지 : 실제수량 × 장부단가
  • 저가 : 실제수량 × 저가[주2]
    ⇒ 장부 – 실지 : 감모(정상, 비정상)
    ⇒ 실지 – 저가 : 평가(충당금)

> [주1] 일반적으로 평가손실과 정상적 감모손실은 매출원가로 처리하고, 비정상적 감모손실은 기타비용으로 처리한다.
> 단, 문제에서 제시하는대로 풀이하여야 한다.
> [주2] Min(장부단가, 시가)

2. 소매재고조사법

① 기말재고(매가)

판매가능상품			=	매출원가 + 기말재고	
	원 가	매 가		매 가	
기초재고	XXX	XXX		순매출액	XXX
순매입액	XXX	XXX		종업원할인	XXX
순인상액	XXX	XXX		정상파손	XXX
(순인하액)	XXX	XXX		기말재고	x
(비정상파손)	XXX	XXX			
	XXX	XXX			XXX

÷ = 원가율   ⊖

05

② 매출원가

· 원가율

- FIFO : $\dfrac{\text{판매가능상품 원가(기초재고 제외)}}{\text{판매가능상품 매가(기초재고 제외)}}$

- 평균법 : $\dfrac{\text{판매가능상품 원가}}{\text{판매가능상품 매가}}$

  ※ 저가법 적용시 분모에 순인하액 가산

· 기말재고원가 : 기말재고(매가) × 원가율

· 매출원가 : 판매가능상품(원가) − 기말재고원가

3. 매출총이익법

① 판매가능상품(= 기초재고 + 매입원가)
② 매출원가(= 매출액[주1] × 원가율)
③ 기말재고(① − ②)[주2]

> [주1] 현금매출 + 외상매출로 구성될 수 있는데, 문제에서 외상매출관련 내용이 주어지는 경우 '기초매출채권 + 외상매출액 = 회수액 − 기말매출채권'으로 풀이
> [주2] 실지재고(피해대상액)와 가산하여야 할 사항으로 구분하여 풀이

더 알아보기	원가율

원가 ₩800, 매출 ₩1,000인 경우

· (매가대비) 매출총이익률 20% : 1,000 × 80%

· 원가에 대한 이익률 25%, 원가대비 매출총이익율 25%, 원가에 2.5 할증 : $1,000 \times \dfrac{1}{1.25}$

CHAPTER
06 | 금융부채와 충당부채

제1절 | 금융부채

1. 금융부채의 의의

(1) 거래상대방에게 현금 등 금융자산을 인도하기로 한 계약상 의무나 잠재적으로 불리한 조건으로 거래 상대방과 금융자산이나 금융부채를 교환하기로 한 계약상 의무

(2) 인도할 자기지분상품의 수량이 확정되지 않은 비파생상품이나 확정수량의 자기지분상품에 대하여 확정금액의 현금 등 금융자산을 교환하여 결제하는 방법이 아닌 방법으로 결제되거나 결제될 수 있는 파생상품

2. 금융부채의 인식 (상각후원가 측정 금융부채)

(1) 금융부채는 최초 인식 시 공정가치로 측정한다.

(2) 금융부채의 거래원가 처리방법

구 분	회계처리
상각후원가 측정 금융부채(AC 금융부채)	공정가치에서 차감
당기손익-공정가치 측정 금융부채(FVPL 금융부채)	당기 비용으로 처리

- 사채의 발행자 입장에서는 공정가치에서 차감하게 되어 유효이자율이 상승하게 됨
- 사채의 보유자 입장에서는 공정가치에 가산하게 되어 유효이자율이 하락하게 됨

(3) **사채발행차금은 한국채택국제회계기준에 따라 유효이자율법으로 상각한다.**

3. 이자지급일 사이에 사채를 발행하는 경우

① 이자지급일 사이에 사채를 발행하는 경우 실제 발행일의 유효이자율을 적용하여 사채를 계산한다.
② 실제 발행일의 현금 유입액을 계산한다.
③ 실제 발행일의 현금 유입액에서 경과 된 표시이자율을 차감하여 사채의 순발행금액을 계산한다.
[사채 실제 발행일의 분개]

(차)	② 현금	XXX	(대)	③ 사채(순)	XXX
				① 미지급이자	XXX

4. 만기 전 사채의 상환

(1) 상환일 사채의 장부금액: 사채의 미래현금흐름을 발행일의 유효이자율로 할인한 현재 가치(상각후원가)

(2) 사채의 상환금액: 사채의 미래현금흐름을 상환일 현재 시장 이자율로 할인한 현재가치(공정가치)

구 분	사채의 상환 금액	손 익
시장이자율이 하락하는 경우	상환금액의 증가	사채상환손실 발생
시장이자율이 상승하는 경우	상환금액의 감소	사채상환이익 발생

5. 연속상환사채와 이자지급일이 특수한 경우

(1) 연속상환사채는 일반 사채와 동일하게 유효이자율법을 사용하여 상각하고, 발행일의 시장이자율로 현재가치를 구한다.

(2) 1년에 2회 표시이자 지급 시 6개월 단위로 이자율을 수정한다.

　　예 연 14%의 경우 1년에 2회 표시이자 지급 시 7%로 변경해야함

6. 금융부채의 조건변경

(1) 조건변경이 실질적인가?

　① 최초의 유효이자율을 사용하여 현금흐름을 할인하였을 때 새로운 조건에 따른 현금흐름의 현재가치와 최초 금융부채의 잔여현금흐름의 현재가치의 차이가 적어도 10%이상이라면, 계약조건이 실질적으로 달라진 것이다.

　② 새로운 현금흐름에는 차입자와 대여자간의 지급하거나 수취한 수수료만 포함한다. (제3자에게 지급하거나 수취한 수수료는 제외)

(2) 조건변경이 실질적인 경우

　① 조건변경이 실질적인 경우 기존 금융부채를 제거하고 새로운 금융부채를 인식하고 거래원가를 금융부채의 제거손익에 가감하여 금융부채의 제거손익을 인식한다.

　② 새로운 금융부채는 조건변경 후 미래현금흐름을 조건변경시점의 유효이자율(시장이자율)을 사용하여 할인한 현재가치인 공정가치로 인식한다.

(3) 조건변경이 실질적이지 않은 경우

　① 조건변경이 실질적이지 않은 경우 기존 금융부채를 제거하지 않는다.

　② 변경된 미래현금흐름을 최초 유효이자율로 할인한 현재가치를 새로운 상각후원가로 재계산한다.

　③ 조건변경손익은 당기손익으로 인식하고, 조건변경 시 지출된 거래원가는 금융부채의 상각후 원가에 차감한 후, 유효이자율을 재계산(유효이자율은 상승한다)하여 상각한다.

1. 충당부채의 정의

(1) 과거사건의 결과 발생한 현재의무가 존재한다.

(2) 미래 경제적효익을 갖는 자원의 유출가능성이 높다.

(3) 당해 의무의 이행에 소요되는 금액을 신뢰성 있게 추정할 수 있다.

현재의무	법적 의무	계약상의 의무나 법률, 기타 법적 효력에 의해 발생하는 의무
	의제 의무	특정 책임을 부담하겠다는 것을 상대방에게 표명하고, 기업이 책임을 이행할 것이라는 정당한 기대를 상대방이 가질 때 발생하는 의무

2. 우발부채의 의의와 인식

(1) 우발부채의 의의

① 기업이 경제적 효익이 있는 자원을 유출할 현재의무를 가지고 있는지 아직 확인되지 않은 잠재적 의무

② 현재의무이지만 이를 이행하기 위하여 경제적 효익이 있는 자원을 유출할 가능성이 높지 않거나 해당 금액을 신뢰성 있게 추정할 수 없는 경우

(2) 우발부채의 인식

① 부채의 인식요건을 충족하지 못하였으므로 주석공시

② 자원이 유출가능성이 아주 낮은 경우에는 공시하지 않는다. (자원유출가능성이 아주 낮지 않은 한 주석공시)

3. 우발자산의 의의와 인식

(1) 우발자산의 의의

과거 사건의 결과로 발생했으나, 하나 이상의 불확실한 미래 사건의 발생 여부에 따라서만 존재 여부가 확인되는 잠재적 자산

(2) 우발자산의 인식

우발자산은 경제적효익의 유입가능성이 높은 경우에만 주석 공시

4. 충당부채의 인식

(1) 현재의무의 존재

현재의무는 보고기간 말 현재 존재해야 하며, 충당부채의 금액을 추정할 때에는 보고기간 후 사건이 제공하는 추가적인 정보도 고려해야한다. 미래행위를 통하여 미래의 지출을 회피할 수 있다면 현재의무가 아니다.

① 복구의무
- 기업이 광산, 원유시추설비등을 사용후 철거 복구해야할 법적·계약상 의무로 기업의 미래행위와 관계없이 당해 의무의 이행에 경제적효익을 갖는 자원의 유출이 수반되므로 충당부채를 인식함
- 최초인식 : 관련 자산원가에 포함하여 감가상각
- 동시에 충당부채로 계상
- 이자비용 인식
  예 유류설비, 원자력발전소 해체 비용 등

② 수선의무
- 법률적인 요구와 별개로 충당부채가 아님
- 기업이 공장운영방식을 바꾸거나 수선이 필요한 자산을 매각하는 등의 행위를 통해 미래의 지출을 회피할 수 있으므로 충당부채를 인식하지 않음
  예 기계 소모성 부품 교체, 특정 정화장치의 설치

③ 불법적인 환경오염으로 인한 범칙금과 환경정화비용
- 지금 당장의 복구의무가 없어도 추후 새로운 법규에 따라 환경오염을 복구하도록 강제한다면, 당해 법규의 제·개정시점에 의무발생사건이 되어 충당부채를 인식함
- 당해 법규안대로 제정될 것이 거의 확실한 때에는 의무가 발생한 것으로 간주하여 충당부채를 인식함

④ 연대보증의무
- 경제적 효익을 갖는 자원의 유출가능성이 높은 부분에 대하여 충당부채를 인식
- 제3자가 이행할 것으로 기대되는 부분은 우발부채로 처리

⑤ 구조조정
- 공식적이며 구체적인 계획이 존재하고 계획의 이행이나 주요내용이 공표된 때 충당부채 인식
- 계속 근무하는 종업원의 교육훈련비, 종업원의 재배치 비용, 마케팅 비용, 구조조정 완료시까지 예상영업손실, 구조조정과 관련하여 예상되는 자산처분이익, 새로운 제도와 물류체제의 구축에 대한 투자비용 등은 구조조정 충당부채에서 제외됨

(2) 경제적 효익의 유출가능성

당해 의무를 이행하기 위하여 경제적 효익을 갖는 자원의 유출가능성이 50%를 초과해야 한다.

(3) 신뢰성 있는 추정

- 추정치를 사용하는 것은 재무제표의 신뢰성을 손상시키지 아니함
- 각각의 발생확률이 동일할 때 가능한 결과가 연속적인 범위 내에 분포한다면 범위의 중간값을 사용하여 추정할 수 있음

5. 충당부채의 측정

① 충당부채는 최선의 추정치로 측정해야하며, 위험과 불확실성을 고려하여 추정한다.

② 명목가액과 현재가치의 차이가 중요하다면 현재가치로 평가한다.

- 매 보고기간 말마다 충당부채의 할인율이 변동된다면 잔액을 조정한다.

③ 할인율은 부채의 특유위험과 화폐의 시간가치에 대한 현행 시장의 평가를 반영한 세전 이율이며, 할인율에 반영되는 위험에는 미래 현금흐름을 추정할 때 고려된 위험은 반영하지 않는다.

④ 미래의 예상 영업손실은 충당부채로 인식하지 아니하며, 자산의 예상 처분이익 역시 충당부채의 측정 시 고려하지 않는다.

⑤ 지출액의 일부 또는 전부를 변제할 것이 예상되는 경우, 변제가 거의 확실한 시점에 변제금액을 별도의 자산으로 회계처리한다. 다만, 그 금액은 충당부채의 금액을 초과할 수 없고, 충당부채와 관련하여 포괄손익계산서에 인식한 비용은 제 3자의 변제와 관련하여 인식한 금액과 상계하여 표시할 수 있다.

- 충당부채는 최초 인식과 관련있는 지출에만 사용할 수 있다.

⑥ 손실부담계약은 당사자 간에 권리와 의무를 발생시키는 계약이 있는 상황에서 계약상의 의무에 따라 발생하는 원가가 계약에 의해 주장할 권리보다 큰 경우에 회피불가능한 원가를 충당부채로 인식한다.

- 손실부담 계약의 회피불가능한 원가는 min(계약을 이행하기 위해 소요되는 원가, 계약을 이행하지 못하였을 때 지급하여야 할 보상금 또는 위약금)이다.

CHAPTER
07 | 금융자산

제1절 | 금융자산

1. 금융자산

① 현금, 예치금, 다른 기업의 지분상품 등
② 거래상대방에게서 현금 등 금융자산을 수취할 계약상 권리
③ 잠재적으로 유리한 조건으로 거래상대방과 금융자산이나 금융부채를 교환하기로 한 계약상 권리
④ 수취할 자기지분상품의 수량이 변동 가능한 비파생상품이나 확정 수량의 자기지분 상품에 대하여 확정 금액의 현금 등 금융자산을 교환하여 결제하는 방법이 아닌 방법으로 결제되거나 결제될 수 있는 파생상품

2. 금융자산의 분류

구분	사업모형	금융자산
투자채무상품	현금흐름 수취목적	AC 금융자산
	현금흐름 수취& 매도목적	FVOCI 금융자산
	매도 목적	FVPL 금융자산
투자지분상품	매도 목적	FVPL 금융자산
	선택 가능 (단기매매목적 제외)	FVOCI 금융자산

① 채무상품 중 AC 금융자산과 FVOCI 금융자산은 인식이나 측정상의 회계불일치를 줄이는 경우에는 최초 인식시점에만 FVPL로 지정할 수 있다. 그러나 한번 지정하면 취소 불가능하다.
② 단기매매목적으로 취득한 것이 아니고, 사업결합에서 취득자가 인식하는 조건부 대가가 아닌 지분상품의 경우에는 후속적인 공정가치 변동을 기타포괄손익으로 표시가능하다. 그러나 한번 지정하면 취소 불가능하다.

3. 금융자산의 최초 인식과 후속 측정

(1) 금융자산의 최초 인식

최초인식 시점에 공정가치로 측정하고, FVPL 투자채무상품 또는 FVPL 투자지분상품이 아닌 경우에 해당 금융자산의 취득이나 해당 금융부채의 발행과 직접 관련되는 거래원가는 공정가치에 가감한다.

구분		회계 처리
취득 시 거래원가	FVPL 금융자산 취득 시	비용 처리
	이 외	최초원가에 가산

(2) 금융자산의 후속 측정

구분		이자수익	후속 측정	평가 손익
투자채무상품	AC	유효이자	상각후원가	인식하지 않는다.
	FVOCI	유효이자	공정가치	OCI
	FVPL	표시이자	공정가치	NI
투자지분상품	FVOCI	–	공정가치	OCI
	FVPL	–	공정가치	NI

※ 투자지분상품의 경우 현금배당은 당기손익으로 인식하고, 주식배당과 무상증자는 회계처리 없이 지분상품의 수만 증가시킨다. (1주당 장부금액 조정됨)

4. 금융자산의 제거와 양도

(1) 금융자산의 제거

다음 중 하나에 해당하는 경우 금융자산을 제거한다.
① 금융자산의 현금흐름에 대한 계약상 권리가 소멸한 경우
② 금융자산을 양도하며 그 양도가 제거의 조건을 충족하는 경우

(2) 금융자산의 권리양도

금융자산을 양도한 경우, 양도자는 금융자산의 소유에 따른 위험과 보상의 보유 정도를 평가하여 다음과 같이 회계처리 한다.

거래의 구분			관련 회계처리
현금흐름에 대한 계약상 권리가 소멸한 경우		–	제 거
현금흐름에 대한 계약상 권리를 양도한 경우	위험과 보상의 대부분을 이전한 경우	–	제 거
	위험과 보상의 대부분을 보유한 경우	–	금융자산 계속 인식 &금융부채 인식
	위험과 보상의 대부분을 보유하지도 이전하지도 않은 경우	통제권 행사 불가능	금융자산 제거
		통제권 행사 가능	지속적으로 관여하는 정도까지 그 금융자산&관련부채 인식

① 양도자가 금융자산을 통제하고 있다면, 해당 금융자산에 지속적으로 관여하는 정도까지 그 금융자산을 계속하여 인식한다.
② 양도자가 양도 자산을 통제하고 있는지는 양수자가 그 자산을 매도할 수 있는 능력을 가지는지에 따라 결정한다.

- 양도자가 소유에 따른 위험과 보상의 대부분을 보유하는 경우의 예
  - 양도자가 매도 후에 미리 정한 가격 또는 매도가격에 양도자에게 금전을 대여하였더라면 그 대가로 받았을 이자수익을 더한 금액으로 양도자산을 재매입하는 거래의 경우
  - 유가증권대여계약을 체결한 경우
  - 시장위험 익스포저를 양도자에게 다시 이전하는 총수익스왑체결과 함께 금융자산을 매도한 경우
  - 양도자가 매도한 금융자산에 대한 콜옵션을 보유하고 있거나 양수자가 해당 금융자산에 대한 풋옵션을 보유하고 있으며, 해당 콜옵션이나 풋옵션이 현재까지 깊은 내가격 상태이기 때문에 만기 이전에 해당 옵션이 외가격 상태가 될 가능성이 매우 낮은 경우
  - 양도자가 발생가능성이 높은 신용손실의 보상을 양수자에게 보증하면서 단기 수취채권을 매도한 경우
- 양도자가 소유에 따른 위험과 보상의 대부분을 이전하는 경우의 예
  - 금융자산을 아무런 조건 없이 매도한 경우
  - 양도자가 매도한 금융자산을 재매입시점의 공정가치로 재매입할 수 있는 권리는 보유하고 있는 경우
  - 양도자가 매도한 금융자산에 대한 콜옵션을 보유하고 있거나 양수자가 해당 금융자산에 대한 풋옵션을 보유하고 있지만, 해당 콜옵션이나 풋옵션이 현재까지 깊은 외가격 상태이기 때문에 만기 이전에 해당 옵션이 내가격 상태가 될 가능성이 매우 낮은 경우

(3) 금융자산의 종류에 따른 제거

금융자산의 종류		제 거	재분류 조정
지분상품	FVPL지분상품	공정가치 재측정 후 제거	–
	FVOCI지분상품	공정가치 재측정 후 제거	OCI누계액 재분류조정 금지
채무상품	FVPL채무상품	공정가치 재측정 후 제거	–
	FVOCI채무상품	공정가치 재측정 후 제거	OCI누계액 재분류조정
	AC금융자산	상각후원가로 재측정 후 제거	–

※ FVPL지분상품, FVPL채무상품, FVOCI채무상품은 공정가치 평가하지 않고 바로 처분해도 공정가치로 재측정 후 처분하는 회계처리와 같기 때문에 바로 처분해도 된다. (FVOCI 채무상품은 재분류조정되기 때문) 그러나 FVOCI지분상품은 평가손익이 OCI이기 때문에 반드시 공정가치로 재측정 후 처분해야한다.

5. 금융자산의 손상

(1) 신용이 손상되지 않은 경우

① 신용위험이 유의적으로 증가한 경우 : 전체기간 기대신용손실에 해당하는 금액을 손실충당금으로 측정한다.
② 신용위험이 유의적으로 증가되지 않은 경우 : 12개월 기대신용손실에 해당하는 금액을 손실충당금으로 측정한다.

구 분	예 시
12개월 기대신용손실 적용	신용위험이 유의적으로 증가하지 않은 일반 금융자산
전체기간 기대신용손실 적용	신용위험이 유의적으로 증가한 금융자산
	이미 신용손상 상태에 있는 금융자산
	금융요소를 포함하고 있지않은 계약자산, 매출채권
	리스채권

(2) 신용이 손상된 경우

① 전체기간 기준 기대신용손실을 인식하고, 해당 자산의 총장부금액과 추정미래현금흐름을 최초유효이자율을 적용하여 할인한 현재가치의 차이로 손실충당금으로 측정한다.
- 신용손상의 증거
  - 발행자나 차입자의 유의적인 재무적 어려움
  - 채무불이행이나 연체 같은 계약 위반
  - 차입자의 재무적 어려움에 관련된 경제적이나 계약상 이유로 당초차입조건의 불가피한 완화
  - 차입자의 파산 가능성이 높아지거나 그 밖의 재무구조조정 가능성이 높아짐
  - 재무적 어려움으로 해당 금융자산에 대한 활성시장의 소멸
  - 이미 발생한 신용손실을 반영하여 크게 할인한 가격으로 금융자산을 매입하거나 창출한 경우

② 금융자산의 손상인식 여부

금융자산의 종류		손상차손 인식 여부
지분상품	FVPL지분상품	–
	FVOCI지분상품	–
채무상품	FVPL채무상품	–
	FVOCI채무상품	손상인식
	AC금융자산	손상인식

6. 금융자산의 재분류

(1) 금융자산의 재분류

① 금융자산관리를 위한 사업모형을 변경하는 경우 재분류를 수행한다. 따라서 투자지분상품은 재분류가 불가능하고 투자채무상품이 재분류의 대상이다.
② 금융자산을 재분류하는 경우 그 재분류를 재분류일부터 전진적으로 적용한다.
③ 재분류일은 금융자산의 재분류를 초래하는 사업모형이 변경 후 첫 번째 보고기간의 첫 번째 날이다.

(2) 금융자산 재분류시 적용 이자율과 재분류일 측정

재분류 전	재분류 후	적용 이자율	재분류일 측정
FVPL금융자산	AC금융자산	새로운 유효이자율	공정가치로 측정 후 당기손익 인식
	FVOCI금융자산	새로운 유효이자율	공정가치로 측정 후 당기손익 인식
FVOCI금융자산	FVPL금융자산	표시이자수익인식	공정가치로 측정 후 당기손익 인식 + 재분류 조정
	AC금융자산	기존 유효이자율	재분류 전 기타포괄손익누계액을 재분류일의 금융자산 공정가치에서 조정
AC금융자산	FVPL금융자산	표시이자수익인식	공정가치로 측정 후 당기손익 인식
	FVOCI금융자산	기존 유효이자율	공정가치로 측정 후 기타포괄손익을 인식

7. 금융자산의 계약상 현금흐름 변경

(1) 금융자산의 제거조건을 충족하는 경우

① 변경된 미래 현금흐름을 변경시점 현행 시장이자율로 할인한 현재가치인 공정가치로 계산한다.

② 기존 금융자산을 제거할 때 거래원가가 지출된다면 금융자산의 제거에 따른 손익의 일부로 인식한다.

(2) 금융자산의 제거조건을 충족하지 않는 경우

① 변경된 미래 현금흐름을 최초 유효이자율로 할인한 현재가치로 계산한다.

② 거래원가가 지출된다면 기존 자산의 장부금액에 반영된다. 이때 유효이자율은 하락 조정된다.

제2절 | 현금 및 현금성 자산

1. 현금 및 현금성 자산

(1) 현금 : 보유현금(통화와 통화대용증권)과 요구불예금(보통예금과 당좌예금 등)

(2) 현금성 자산 : 유동성이 매우 높은 단기 투자 자산으로서 확정된 금액의 현금으로 전환이 용이하고 가치변동의 위험이 경미한 자산

① 취득일로부터 만기일이 3개월 이내인 단기투자자산의 경우 현금성자산으로 분류된다.

② 지분상품은 현금성자산에서 제외되나, 상환일이 정해져 있고 취득일로부터 상환일까지의 기간이 단기인 우선주와 같이 실질적인 현금성 자산의 경우는 예외로한다.

③ 현금성자산으로 분류되려면 담보 제공 등으로 인해 사용이 제한되어서는 안 된다.

(3) 현금 및 현금성 자산이 아닌 예

우표, 수입인지	소모품
가불금, 차용증	대여금
선일자 수표	매출채권 또는 미수금
당좌 차월	단기차입금
당좌개설보증금	장기금융자산

2. 대손

(1) 대손 : 금융자산의 장부금액과 할인된 추정미래현금흐름의 현재가치 간의 차이

① 수취채권 중 매출채권에 대한 대손상각비는 판매비와 관리비로 분류

② 기타채권에서 발생한 채권에 대한 대손상각비는 영업외 비용으로 분류

③ 유의적인 금융요소를 포함하고 있지 않은 매출채권은 전체기간 기대신용손실에 해당하는 금액을 손실충당금을 측정

(2) 충당금 설정법

① 보고기간 말

(차) 대손상각비	XXX	(대) 대손충당금	XXX

② 대손 확정 시

(차) 대손충당금	XXX	(대) 매출채권	XXX
대손상각비	XXX		

③ 대손 회수 시

(차) 현금	XXX	(대) 대손충당금	XXX

(3) 매출채권 양도

① 유입될 현금액 = 만기금액 − 할인료

② 할인료 = 만기금액 × 할인율 × 할인기간/12

③ 외상매출금의 경우 매출에누리, 매출환입, 매출할인과 양도인이 책임지는 대손 등 일정금액을 유보한 후 만기일에 정산한다.

• 제거조건을 충족하는 경우

(차) 현금	XXX	(대) 매출채권	XXX
매출채권제거손실	XXX		

• 제거조건을 충족하지 않는 경우

(차) 현금	XXX	(대) 단기차입금	XXX
이자비용	XXX		

(4) 어음 할인

① 유입될 현금액 = 만기금액(이자부의 경우 만기 표시이자 포함) − 할인료

② 할인료 = 만기금액 × 할인율 × 할인기간/12

③ 어음 장부금액 = 어음상 금액 (1 + 표시이자율 × 경과월수/12)

④ 어음의 제거손실 = ① − ②

08 | 복합금융상품

제1절 | 복합금융상품

1. 복합금융상품의 종류

(1) 전환사채 = 부채 + 주식전환권(자본)

(2) 신주인수권부사채 = 부채 + 신주인수권(자본)

2. 상환할증금 지급조건의 복합금융상품

(1) 상환할증금 : 권리를 행사하지 않고, 현금으로 상환받을 때 복합금융상품의 액면금액에 추가하여 지급하는 금액

(2) 보장수익률 : 복합금융상품의 상환할증금을 포함한 미래현금흐름의 현재가치와 액면금액을 일치시키는 할인율

- 상환할증금 = [액면금액 × (보장수익률 − 표시이자율)] × 보장수익률의 연금미래현가계수

3. 복합금융상품 발행 회계처리

(1) **자본요소의 공정가치**

복합금융상품 전체의 공정가치에서 부채요소에 대하여 별도로 결정한 금액을 차감한 잔액을 자본요소에 배분한다.

(2) **부채요소의 공정가치**

계약상 정해진 미래현금흐름의 현재가치로, 전환권이 없는 채무상품에 적용되는 그 시점의 시장이자율로 할인한 현재가치

(3) **거래원가의 배부**

발행금액에 비례하려 부채요소와 자본요소로 배분하며, 거래원가 발생 시 유효이자율은 상승

(4) **행사가능성의 변동**

전환권의 행사가능성이 변동된 경우에도 전환상품의 부채요소와 자본요소의 분류를 수정하지 않으며, 자본요소의 분류를 수정하지 않음

1. 전환사채의 발행과 이자지급

(1) 발행시

① **부채요소(전환사채)** : 액면금액, 표시이자, 상환할증금을 유효이자율로 할인한 현재가치
② **자본요소(전환권대가)** : 발행가 - 부채요소
③ 전환사채 발행시 거래원가가 발생한다면 발행금액에 비례하여 부채요소와 자본요소로 배분
④ 전환사채는 전환권조정계정을 사용하여 회계처리

> [예] 액면금액 1,000,000의 전환사채를 1,000,000에 발행하고 상환할증금 120,000, 부채요소의 공정가치가 949,693일 때 발행일의 회계처리

(차) 현금	1,000,000	(대) 전환사채	1,000,000
전환권조정	170,307	사채상환할증금	120,000
		전환권대가	50,307

B/S	
부채	
전환사채	1,000,000
사채상환할증금	12,000
전환권 조정	(170,307)
	949,693
자본	
전환권대가	50,307

(2) 이자지급시

① 전환권을 행사하기 전까지 유효이자율법으로 이자비용을 인식한다.
② 전환권의 일부가 행사된다면 전환권 행사 후의 잔액에 해당하는 전환사채 장부금액에 유효이자율법으로 이자비용을 인식한다.

2. 전환사채의 행사와 조건변경

(1) 행사시

① 전환사채가 전환되면 전환시점의 전환사채 장부금액이 주식의 발행금액이 되므로 전환손익이 발생하지 않는다.

② 전환권대가는 주식의 발행금액으로 대체 될 수 있고 계속해서 자본이 된다.

③ 전환권을 행사하면 권리행사일의 행사비율에 해당하는 전환사채 장부금액과 전환권대가를 합하여 주식의 발행가액으로 한다.

④ 전환권을 조기 상환하여 발생한 거래원가는 부채요소와 자본요소로 구분해야하며 사채상환손익(당기손익)과 전환권매입손익(자본거래손익)으로 구분하여 인식한다.

[전환권 행사 시 회계처리]

(차) 전환사채	XXX	(대) 자본금	XXX
		주식발행초과금	XXX

(2) 조건변경

전환사채의 조기상환을 위하여 유리한 전환비율을 제시하는 등의 전환사채의 조건을 변경하는 것으로 변경된 조건하에서 전환으로 보유자가 수취할 공정가치와 원래 조건에서 보유자가 수취할 공정가치와의 차이를 조건변경손실로 당기손익으로 즉시 인식한다.

1. 신주인주권부사채의 발행과 이자지급

(1) 발행시

① 부채요소(신주인수권부사채) : 액면금액, 표시이자, 상환할증금을 유효이자율로 할인한 현재가치
② 자본요소(신주인수권대가) : 발행가 – 부채요소
③ 신주인수권부사채 발행시 거래원가가 발생한다면 발행금액에 비례하여 부채요소와 자본요소로 배분
④ 신주인수권부사채는 신주인수권조정계정을 사용하여 회계처리

> 예 액면금액 1,000,000의 신주인수권부사채를 1,000,000에 발행하고 상환할증금 120,000, 부채요소의
> 공정가치가 949,693일 때 발행일의 회계처리

(차)	현금	1,000,000	(대)	신주인수권부사채	1,000,000
	신주인수권조정	170,307		사채상환할증금	120,000
				신주인수권대가	50,307

B/S	
부채	
신주인수권부사채	1,000,000
사채상환할증금	12,000
신주인수권조정	(170,307)
	949,693
자본	
신주인수권대가	50,307

(2) 이자지급시

① 상환할증금이 없는 경우 신주인수권을 행사하여도 전환사채와 달리 신주인수권부사채가 소멸하지 않기 때문에 신주인수권부사채의 장부금액에 유효이자율법으로 이자비용을 인식한다.
② 상환할증금이 존재하는 경우 신주인수권을 행사하면 행사되지 않은 부분의 상환할증금의 현재가치를 재계산한 사채의 장부금액에 유효이자율법으로 이자비용을 인식한다.

2. 신주인수권부사채의 행사

① 신주인수권이 행사되면 납입되는 행사가액과 행사비율만큼의 상환할증금의 현재가치가와 신주인수권대가의 합계금액이 주식의 발행가액이 된다.
② 신주인수권대가가 주식발행초과금으로 대체되는 금액은 자본변동을 가져오지 않는다.
③ 신주인수권의 분리가능 여부는 신주인수권부사채의 회계처리에 영향을 미치지 않는다.

[신주인수권 행사 시 회계처리]

| (차) | 현금(행사금액) | XXX | (대) | 자본금 | XXX |
| | | | | 주식발행초과금 | XXX |

09 | 자본

제1절 | 자본의 개념

1. 자본의 정의와 종류

(1) **자본의 정의** : 기업의 자산에서 모든 부채를 차감한 잔여지분

(2) **자본의 변동원인**

　① 자본거래 : 현재 및 잠재적 주주와의 거래

　② 손익거래 : 회사의 순자산 변동분 중 자본거래를 제외한 모든 거래

자본의 변동원인	자본거래	자본금	보통주자본금
			우선주자본금
		자본잉여금	주식발행초과금
			감자차익
			자기주식처분이익
			전환권대가(신주인수권대가) 등
		자본조정	주식할인발행차금
			감자차손
			자기주식처분손실
			자기주식
			주식선택권
			신주청약증거금 등
	손익거래	당기손익 (→ 이익잉여금)	매출 매출원가 등
			이자수익과 이자비용 등
			급여, 감가상각비 등
		기타포괄손익 (→ 기타포괄손익누계액)	재평가잉여금
			재측정요소
			FVOCI금융자산평가손익 등

1. 주식발행거래

(1) 증자거래

① 주식의 발행가액과 액면가액의 차이를 주식발행초과금이나 주식할인발행차금으로 인식

② 자본거래에 직접관련되어 발생한 거래원가는 자본에서 직접 차감하여 회계처리한다.

③ 주식발행초과금과 주식할인발행차금은 상계한다.

[회계처리 예시]

(주)시대는 20x1년 1월1일 유상증자를 실시하여 보통주 100주를 주당 ₩700에 발행하였다. 또한 이 거래와 관련하여 신주발행비가 2,000원 발생하였다. (주)시대의 주당 액면금액은 ₩500이다.

(차)	현금	70,000	(대)	자본금	50,000
				주식발행초과금	20,000
(차)	주식발행초과금	2,000	(대)	현금	2,000

(2) 청약에 의한 증자거래

① 청약에 의해 주식발행 전 증거금을 받는다면, 계약금액을 신주청약증거금으로 인식하고, 이후 납입되어 청약이 이행되면 신주청약증거금을 주식발행가액에 가산하여 인식한다.

② 이후 청약 취소시 상환의무가 있다면 부채로 분류한다.

[신주청약증거금 수령시]

(차)	현금	XXX	(대)	신주청약증거금	XXX

[주식 발행일]

(차)	현금	XXX	(대)	자본금	XXX
	신주청약증거금	XXX		주식발행초과금	XXX

(3) 현물 출자

현물출자로 취득한 자산의 취득원가는 현물출자 받은 자산의 공정가치로 하고, 주식의 발행가액으로 한다. 자산의 공정가치를 신뢰성 있게 측정할 수 없는 경우에는 발행한 주식의 공정가치로 인식한다.

[회계처리 예시]

(차)	유형자산	XXX	(대)	자본금	XXX
				주식발행초과금	XXX

(4) 무상증자와 주식배당

① 무상증자는 자본잉여금이나 법정적립금을 자본금에 전입하여 액면가로 주식을 발행하는 것이다.

[무상증자]

(차)	자본잉여금	XXX	(대)	자본금	XXX
(차)	이익준비금	XXX	(대)	자본금	XXX

② 주식배당은 미처분이익잉여금을 자본금에 전입하여 액면가로 주식을 발행하는 것이다.

[주식배당]

| (차) 미처분이익잉여금 | XXX | (대) 자본금 | XXX |

※ 무상증자와 주식배당은 자본내 계정 대체이기 때문에 자본총계가 동일하게 유지된다. 따라서 1주당 액면금액과 발행주식수만 변경된다.

(5) 출자전환

① 출자전환은 금융부채의 전부 또는 일부를 소멸시키기 위해 채무자가 채권자에게 지분상품을 발행하는 것이다.

② 출자전환으로 발행한 지분상품을 최초에 인식할 때는 발행된 지분상품의 공정가치로 측정한다.

③ 만약 발행한 지분상품의 공정가치를 신뢰성 있게 측정할 수 없다면 소멸된 금융부채의 공정가치로 측정하여 출자전환손익을 인식한다.

[출자 전환]

(차) 금융부채	XXX	(대) 자본금	XXX
		주식발행초과금	XXX
		금융부채조정이익	XXX

2. 감자거래

(1) 유상감자

① 유상감자는 감자대가를 주주에게 지급하는 것이다. 따라서 감자대가만큼 자본이 감소한다.

② 주식의 액면금액과 감자대가와의 차이를 감자차익과 감자차손으로 처리한다.

③ 감자차익과 감자차손은 상계한다.

[액맨금액을 초과하여 지급하는 경우]

| (차) 자본금 | XXX | (대) 현금 | XXX |

[액맨금액에 미달하여 지급하는 경우]

| (차) 자본금 | XXX | (대) 현금 | XXX |
| 감자차손 | XXX | | |

(2) 무상감자

① 무상감자는 누적된 이월결손금을 보전하기 위해 자본을 감소시키는 것이다. 따라서 자본총계에 변화가 없다.

② 무상감자에서는 감자차익만 발생한다.

[무상감자시 회계처리]

| (차) 자본금 | XXX | (대) 감자차익 | XXX |
| | | 미처리결손금 | XXX |

3. 자기주식

(1) 자기주식의 취득

자기주식은 자본에서 차감한다. 자기주식을 취득원가로 인식하고, 취득금액만큼 자본이 감소한다.

(2) 자기주식의 처분

처분금액만큼 자본이 증가하며, 자기주식처분이익과 자기주식처분손실은 우선상계한다.

(3) 자기주식의 소각

자기주식을 소각하면 순자산에 변동이 없다.

4. 상환우선주

(1) 상환우선주가 금융부채로 분류되는 경우

① 확정되었거나 결정 가능한 미래의 시점에 확정되었거나 결정 가능한 금액을 발행자가 보유자에게 의무적으로 상환해야한다.

② 보유자가 발행자에게 특정일이나 그 후에 확정되었거나 결정 가능한 금액으로 상환해줄 것을 청구할 수 있는 권리가 있다.

※ 상환할 수 있는 권리가 발행자에게 있는 우선주는 발행자가 주식의 보유자에게 금융자산을 이전해야할 현재의무가 없으므로 지분상품으로 분류한다.

(2) 상환우선주가 금융부채일 때 배당금의 처리

① 누적적 상환우선주 : 배당을 제외하고 상환금액의 현재가치를 부채로 인식하고 복합금융상품으로 분류한다. 부채요소에 관련된 현재가치할인차금의 상각액은 당기손익으로 인식한다. 배당은 자본요소에 관련되므로 이익잉여금의 처분으로 인식한다.

② 비누적적 상환우선주 : 배당을 포함하여 현금흐름의 현재가치를 부채로 분류하고 배당은 이자비용으로 분류한다.

제3절 | 포괄이익거래

1. 기타포괄손익

당기손익으로 재분류되지 않는 항목	기타포괄손익누계액을 이익잉여금으로 직접 대체한다.	재평가 잉여금
		FVPL으로 지정한 금융부채의 신용위험 변동으로 인한 금융부채의 공정가치 변동
		확정급여제도의 재측정요소
		FVOCI지분상품 손익
당기손익으로 재분류 조정되는 항목	기타포괄손익누계액을 당기손익으로 재분류 조정한다.	해외사업장 재무제표 환산손익
		FVOCI채무상품 손익
		현금흐름위험회피에서 파생상품의 평가손익중 효과적인 부분

2. 이익잉여금처분

(1) 현금배당

① 이사회 결의에 의한 중간배당과 주주총회 결의에 의한 연차배당으로 구분한다.

② 보고기간말에 회사가 보유하고 있는 자기주식은 배당하지 않는다.

③ 상법에 의하여 주식배당을 제외한 배당금액의 1/10이상을 자본금의 1/2에 달할 때까지 적립하여야한다.

※ 상법에 따라 적립하는 이익준비금은 주식배당을 제외한 이익배당금액의 1/10을 자본금의 1/2에 달할 때까지 적립하는 것으로 이익준비금은 중간배당과 연차배당을 합한 기준으로 계산하여야 한다.

[현금배당 회계처리]

(차)	미처분이익잉여금	XXX	(대)	미지급배당금	XXX
				이익준비금	XXX
(차)	미지급배당금	XXX	(대)	현금	XXX

(2) 주식배당

① 주식배당은 주주에게 신주를 발행하여 교부하는 것으로 액면금액을 발행금액으로 한다.

② 주식배당은 이익준비금을 적립하지 않아도 된다.

[주식배당 회계처리]

(차)	미처분이익잉여금	XXX	(대)	미교부주식배당금	XXX
(차)	미교부주식배당금	XXX	(대)	자본금	XXX

(3) 현물 배당

① 주주에게 비현금자산을 배분하는 것으로 비현금자산을 분배해야하는 부채는 분배될 비현금자산의 공정가치로 측정한다.

② 기업이 미지급배당금을 결제할 때, 분배된 비현금자산의 장부금액과 미지급배당의 장부금액(배당시 현물의 공정가치)이 차이가 있다면 이를 당기손익으로 인식한다.

(차)	미처분이익잉여금	XXX	(대)	미지급배당금	XXX
				이익준비금	XXX
(차)	미지급현물배당	XXX	(대)	현물자산	XXX
				자산처분이익	XXX

3. 적립금

(1) 법정적립금 : 법으로 적립을 강제한 적립금

(2) 임의적립금 : 기업이 임의로 적립한 적립금으로 미처분이익잉여금으로 이입(재전입)가능

1. 자본변동표의 정의

자본변동표는 자본의 변동과 증가, 감소에 관한 정보를 보고하는 재무제표이다. 자본변동표에는 다음의 정보를 포함한다.

(1) 지배기업의 소유주와 비지배지분에게 각각 귀속되는 금액으로 구분하여 표시한 해당 기간의 총포괄손익

(2) 자본의 각 구성요소별로, 기업회계기준서 제1008호에 따라 인식된 소급적용이나 소급재작성의 영향

(3) 자본의 각 구성요소별로 다음의 각 항목에 따른 변동액을 구분하여 표시한, 기초시점과 기말시점의 장부금액 조정내역

① 당기순이익

② 기타포괄손익

③ 소유주로서의 자격을 행사하는 소유주와의 거래(소유주에 의한 출자와 소유주에 대한 배분, 그리고 지배력을 상실하지 않는 종속기업에 대한 소유지분의 변동을 구분하여 표시)

2. 자본변동표의 작성

① 자본구성요소 : 자본금, 자본잉여금, 자본조정, 기타포괄손익누계액, 이익잉여금누계액

② 회계정책의 변경이나 오류수정으로 인한 소급적용에 따른 효과는 별도로 표시한다.

CHAPTER 10 | 고객과의 계약에서 생기는 수익

---

1. 수익인식

(1) 수익인식 핵심원칙

기업이 고객에게 약속한 재화나 용역이 고객에게 이전되는 것을 나타내도록 재화나 용역의 이전대가로 교환하여 고객으로부터 권리를 갖게 될 것으로 예상하는 대가를 반영한 금액으로 수익을 인식한다.

(2) 수익인식의 5단계

① 계약의 식별
② 수행의무의 식별
③ 거래가격을 산정
④ 거래가격의 배분
⑤ 수행의무를 이행 시 수익인식

2. 수익인식 5단계

(1) 고객과의 계약을 식별 : 다음의 기준을 모두 충족할 때 고객과의 계약으로 회계처리 한다. 그러나 계약의 각 당사자가 수행되지 않은 계약에 대해 상대방에게 보상하지 않고 종료할 수 있는 일방적이고 집행가능한 권리를 갖는다면 해당 계약은 존재하지 않는다.

① 계약 당사자들이 계약을 (서면으로, 구두로, 그 밖의 사업 관행에 따라) 승인하고 각자의 의무를 수행하기로 확약한다.
② 이전할 재화나 용역에 관련된 각 당사자의 권리를 식별할 수 있다.
③ 이전할 재화나 용역의 지급조건을 식별할 수 있다.
④ 계약에 상업적 실질이 있다. 상업적 실질은 계약의 결과로 기업의 미래 현금흐름의 위험, 시기, 금액이 변동될 것으로 예상되는 것을 의미한다.
⑤ 고객에게 이전할 재화나 용역에 대하여 받을 권리를 갖게 될 대가의 회수 가능성이 높다.

(2) **수행의무의 식별** : 수행의무는 고객과의 계약에서 다음의 어느 하나를 고객에게 이전하기로 한 각 약속을 말한다.

① 구별되는 재화나 용역 또는 재화나 용역의 묶음
② 실질적으로 서로 같고 고객에게 이전하는 방식도 같은 일련의 구별되는 재화나 용역
   - 약속한 재화나 용역이 구별되지 않는다면, 구별되는 재화나 용역의 묶음을 식별할 수 있을 때까지 그 재화와 용역을 다른 재화나 용역과 결합한다.
   - 식별되는 수행의무는 계약에 기재한 재화나 용역에만 한정되지 않을 수 있다. 만약 고객에게 정당한 기대를 하도록 하는 약속이 있다면, 고객과의 계약에 포함될 수 있다.
   - 계약을 이행하기 위해 해야 하지만 고객에게 재화나 용역을 이전하는 활동이 아니라면 그 활동은 수행의무에 포함되지 않는다. 따라서 준비활동이나 관리활동은 수행의무가 아니다.

(3) **거래가격의 산정** : 거래가격은 고객에게 약속한 재화나 용역을 이전하고 그 대가로 기업이 받을 권리를 갖게 될 것으로 예상하는 금액이다. 고객과의 계약에서 약속된 대가는 고정금액과 변동금액 혹은 둘 다를 포함하지만, 제삼자를 대신하여 회수한 금액은 제외한다.

① 변동대가 : 변동대가는 기댓값과 가능성이 가장 높은 금액 중에서 기업이 받을 권리를 갖게 될 대가를 더 잘 예측할 것으로 예상하는 방법을 사용하여 추정한다.
   - 기댓값은 가능한 대가의 범위에 있는 모든 확률은 곱한 금액
   - 가능성이 가장 높은 금액은 가능한 대가의 범위에서 가능성이 가장 높은 금액
   - 만약 계약에서 가능한 결과치가 두가지일 경우 가능성이 가장 높은 금액
② 변동대가 추정치의 제약 : 변동대가와 관련된 불확실성이 나중에 해소될 때, 이미 인식한 누적 수익 금액 중 유의적인 부분을 되돌리지 않을 가능성이 매우 높은 정도까지만 추정된 변동대가의 일부나 전부를 거래가격에 포함한다.
③ 계약에 있는 유의적인 금융요소
   - 회수기간이 1년 이상인 경우 유의적인 금융효익이 고객이나 기업에 제공되는 경우에는 화폐의 시간가치가 미치는 영향을 반영하여 약속된 대가를 조정함
   - 회수기간이 1년 이내인 단기성채권과 채무는 금융요소의 영향을 반영하여 대가를 조정하지 않는 실무적 간편법 사용가능
   - 할인율은 기업과 고객이 별도 금융거래를 한다면 반영하게 될 할인율을 사용
   - 계약 개시 후에는 이자율이나 그 밖의 상황이 달라져도 그 할인율을 새로 수정하지 않음
④ 비현금대가
   - 비현금대가를 수령하는 경우 수익인식금액은 제공받은 비현금대가의 공정가치임
   - 만약, 비현금대가의 공정가치를 합리적으로 추정할 수 없다면 비현금대가와 교환하여 고객에게 약속한 재화나 용역의 개별 판매가격을 참조하여 간접적으로 측정하여 수익인식
     ※ 유형자산 교환거래의 취득과 우선순위가 반대임에 유의해야한다.

⑤ 리베이트
- 고객에게 지급할 대가가 고객이 기업에게 제공하는 재화나 용역에 대한 대가가 아닌 경우 수익에서 차감함
- 고객에게 지급할 대가가 고객에게서 받은 재화나 용역에 대한 대가인 경우 거래가격에서 차감하지 않고 다른 공급자에게서 구매한 경우와 같은 방법으로 회계처리함
- 고객에게 지급할 대가가 고객에게서 받은 재화나 용역의 공정가치를 초과한다면 초과액을 해당 거래가격에서 차감함
- 고객에게서 받은 재화나 용역의 공정가치를 합리적으로 추정할 수 없다면, 고객에게 지급할 대가 전액을 거래가격에서 차감함

(4) 거래가격을 수행의무에 배분

① 거래가격배분
- 거래가격을 상대적 개별 판매가격에 기초하여 각 수행의무에 배분한다.
- 개별판매가격을 직접 관측할 수 없다면 개별판매가격을 추정한다.
- 개별판매가격을 추정하는 방법은 다음과 같다

> ① 시장평가 조정접근법
> ② 예상원가 이윤 가산접근법
> ③ 잔여접근법 : 잔여접근법은 다음 중 어느 하나를 충족하는 경우에만 재화나 용역의 개별 판매가격 추정에 사용할 수 있다.
> - 같은 재화나 용역을 서로 다른 고객들에게 동시에 또는 가까운 시기에 광범위한 금액으로 판매한다.
> - 재화나 용역의 가격을 아직 정하지 않았고 과거에 그 재화나 용역을 따로 판매한 적이 없다.

② 할인액과 변동대가가 존재하는 경우
- 할인액이나 변동대가는 계약상 모든 수행의무에 비례하여 배분한다.
- 할인액이나 변동대가가 계약상 하나 이상의 일부 수행의무에만 관련된 경우에는 할인액 전체를 계약상 일부 수행의무들에만 배분한다.

③ 거래가격이 후속적으로 변동하는 경우
- 거래가격이 후속적으로 변동하는 경우에는 계약 개시시점과 같은 기준으로 계약상 수행의무에 배분한다.
- 계약을 개시한 후의 개별 판매가격 변동을 반영하기 위해 거래가격을 다시 배분하지 않는다.

(5) 수행의무를 이행할 때 수익의 인식 : 식별한 수행의무를 기간에 걸쳐 이행하는지 또는 한 시점에 이행하는지를 계약 개시 시점에 판단한다.

① 기간에 걸쳐 이행하는 수행의무
다음 중 하나의 기준을 충족하면 기업은 재화나 용역의 통제권을 기간에 걸쳐 이전하므로 기간에 걸쳐 수행의무를 이행하는 것으로 기간에 걸쳐 수익을 인식한다.
- 고객은 기업이 수행하는 대로 기업의 수행에서 제공하는 효익을 동시에 얻고 소비한다.
- 기업이 수행하여 만들어지거나 가치가 높아지는 대로 고객이 통제하는 자산을 기업이 만들거나 그 자산 가치를 높인다.
- 기업이 수행하여 만든 자산이 기업 자체에는 대체 용도가 없고, 지금까지 수행을 완료한 부분에 대해 집행 가능한 지급청구권이 기업에 있다.

② 한 시점에 이행되는 수행의무
수행의무가 기간에 걸쳐 이행되지 않는다면 그 수행의무는 한 시점에 이행되는 것이다.

③ 자산에 대한 통제
- 자산을 사용하도록 지시하고자산의 나머지 효익의 대부분을 획득할 수 있는 능력이다.
- 통제는 다른 기업이 자산의 사용을 지시하고 그 자산에서 효익을 획득하지 못하게 하는 능력이 포함된다.
- 통제이전의 지표
  - 기업이 자산에 대해 지급청구권이 있는 경우
  - 고객에게 자산의 법적 소유권이 있는 경우. 그러나 고객의 지급불이행에 대비한 안전장치로서만 기업이 법적 소유권을 보유한다면, 그러한 기업의 권리가 고객이 자산을 통제하게 되는 것을 막지는 못한다.
  - 기업이 자산의 물리적 점유를 이전하는 경우. 그러나 물리적 점유는 자산에 대한 통제와 일치하지 않을 수 있다.
  - 자산의 소유에 따른 유의적인 위험과 보상이 고객에게 있다.
  - 고객이 자산을 인수하였다.
④ 수행의무의 진행률
- 수행의무의 진행률을 합리적으로 측정할 수 있는 경우에만, 기간에 걸쳐 이행하는 수행의무에 대한 수익을 인식한다.
- 진행률을 합리적으로 측정할 수 없는 경우에는 발생원가의 범위에서 회수가능한 금액만을 수익으로 인식한다.
- 진행률 측정시 고객에게 통제를 이전하지 않은 재화나 용역은 진행률 측정에서 제외한다.
- 진행률의 변동은 회계추정의 변경으로 회계처리하며, 진행률은 보고기간 말마다 다시 측정한다.
- 진행률 측정방법에는 산출법과 투입법이 있다.
  - 산출법은 계약에서 약속한 재화나 용역의 나머지 부분의 가치와 비교하여 지금까지 이전한 재화나 용역이 고객에게 주는 가치의 직접 측정에 기초하여 수익을 인식한다.
  - 투입법은 해당 수행의무의 이행에 예상되는 총 투입물 대비 수행의무를 이행하기 위한 기업의 노력이나 투입물 (예 소비한 자원, 사용한 노동시간, 발생원가, 경과한 시간, 사용한 기계시간)에 기초하여 수익을 인식하는 것이다. 기업의 노력이나 투입물을 수행기간에 걸쳐 균등하게 소비한다면, 정액법으로 수익을 인식하는 것이 적절할 수 있다.

1. 계약자산, 계약부채, 수취채권

(1) 계약자산 : 기업이 고객에게 이전한 재화나 용역에 대하여 그 대가를 받을 기업의 권리로 그 권리에 시간의 경과 외의 조건이 있는 자산

(2) 계약부채 : 기업이 고객에게서 이미 받은 대가 또는 지급기일이 된 대가에 상응하여 고객에게 재화나 용역을 이전하여야 하는 기업의 의무

(3) 수취채권 : 고객으로부터 대가를 받을 무조건적인 권리

[계약자산과 수취채권의 회계처리]

(차)	계약자산	XXX	(대)	수익	XXX
(차)	수취채권	XXX	(대)	계약자산	XXX
(차)	현금	XXX	(대)	수취채권	XXX

[계약부채와 수취채권의 회계처리]

(차)	수취채권	XXX	(대)	계약부채	XXX
(차)	계약부채	XXX	(대)	수익	XXX
(차)	현금	XXX	(대)	수취채권	XXX

2. 반품권이 존재하는 판매

(1) 반품이 예상되는 제품에 대해서는 수익을 인식하지 않고 환불부채로 인식한다.

[판매시]

(차)	현금	XXX	(대)	매출	XXX
	매출원가	XXX		재고	XXX

[반품이 예상되는 경우]

(차)	매출	XXX	(대)	환불부채	XXX
	반환재고회수권	XXX		매출원가	XXX

[반품비용이 발생하는 경우]

(차)	반품비용	XXX	(대)	반환재고회수권	XXX

(2) 반품가능성 예측할 수 없는 경우에는 반품기간이 종료될 때까지 수익인식하지 않는다.

[판매시]

(차)	현금	XXX	(대)	환불부채	XXX
	반환재고회수권	XXX		재고	XXX

[반품기간 종료시]

(차)	환불부채	XXX	(대)	매출	XXX
	매출원가	XXX		반환재고회수권	XXX

3. 보 증

(1) 확신유형의 보증

고객이 보증을 별도로 구매할 수 있는 선택권이 없을 때, 제품이 합의된 규격에 부합한다는 확신에 더하여 고객에게 추가용역을 제공하지 않는다면 예상되는 보증비용만큼 충당부채로 회계처리한다.

(2) 용역유형의 보증

고객이 보증을 별도로 구매할 수 있는 선택권이 있거나 구매여부를 선택할 수 없더라도 제품이 합의된 규격에 부합한다는 확신에 더하여 추가용역을 제공한다면 별도 수행의무로 인식해야한다.

(3) 확신유형의 보증과 용역유형의 보증을 합리적으로 구별할 수 없는 경우

두가지의 보증을 함께 단일 수행의무로 회계처리한다.

4. 본인 대 대리인의 고려사항

(1) 기업이 본인인 경우

① 고객에게 재화나 용역을 이전하기 전에 기업이 약속한 재화나 용역을 통제한다면 이 기업은 본인이다.
② 수행의무 이행 시 기업은 그 재화나 용역을 이전하고 그 대가로 받을 권리를 갖게될 것으로 예상하는 대가 총액을 수익으로 인식한다.

(2) 기업이 대리인인 경우

① 기업의 수행의무가 다른 당사자가 재화나 용역을 제공하도록 주선하는 것이라면 이 기업은 대리인이다.
② 기업의 보수나 수수료는 다른 당사자가 제공하기로 하는 재화나 용역과 교환하여 받은 대가 가운데 그 당사자에게 지급한 다음에 남는 순액일 수 있다.

5. 추가 재화나 용역에 대한 고객의 선택권

(1) 수행의무가 생기는 경우

계약에서 추가 재화나 용역을 취득할 수 있는 선택권을 고객에게 부여하고 그 선택권이 그 계약을 체결하지 않으면 받을 수 없는 중요한 권리를 고객에게 제공하는 경우에만 그 선택권을 계약에서 수행의무가 생기게 한다.

(2) 수행의무가 생기지 않는 경우

재화나 용역의 개별판매가격을 반영하는 가격으로 추가 재화나 용역을 취득 할 수 있는 선택권이 고객에게 있다면, 과거에 계약을 체결한 경우에만 행사할 수 있을지라도 그 선택권은 고객에게 중요한 권리를 제공하지 않는다.

(3) 상대적 개별판매가격이 관측가능한 경우

상대적 개별 판매가격에 기초하여 거래가격을 수행의무에 배분해야한다.

(4) 상대적 개별판매가격이 관측가능하지 않은 경우

추가 재화나 용역을 구매할 수 있는 고객의 선택권의 개별 판매가격을 직접 관측할 수 없다면 이를 추정한다. 그 추정에는 고객이 선택권을 행사할 때 받을 할인을 반영하되, 다음 모두에 대해 조정한다.
① 고객이 선택권을 행사하지 않고도 받을 수 있는 할인액
② 선택권의 행사 가능성

6. 고객충성제도

(1) 기업이 직접보상을 제공하는 경우

① 기업이 직접보상을 제공한다면 보상점수 중 고객이 미사용 가능성을 고려해야한다.

② 기업이 고객에게 직접 보상을 제공하는 경우 수익인식 진행률은 누적회수보상점수/총회수예상보상점수이다.

[판매시 보상점수 적립]

(차) 현금	XXX	(대) 매출	XXX
		계약부채	XXX

[보상점수 회수시]

(차) 계약부채	XXX	(대) 매출	XXX

(2) 제 3자가 보상하는 고객충성제도

① 기업이 자기의 계산으로 대가를 회수하는 경우 보상점수에 배분되는 총액으로 회계처리한다.

[자기의 계산으로 대가를 회수]

(차) 현금	XXX	(대) 매출	XXX
		포인트 매출	XXX
(차) 포인트 매출원가	XXX	(대) 미지급금	XXX

② 기업이 제3자를 대신하여 대가를 회수하는 경우 순액으로 회계처리한다.

[제3자를 대신하여 대가를 회수]

(차) 현금	XXX	(대) 매출	XXX
		포인트 매출*	XXX
		(대) 미지급금	XXX

*포인트에 배분한 거래가격 – 제3자에게 지급되어야할 금액

※ 제 3자가 보상하는 고객충성제도에서는 고객이 포인트를 사용할 가능성을 고려할 필요없다.

7. 재매입 약정

(1) 선도와 콜옵션

기업이 자산을 다시 사야하는 의무(선도)나 권리(콜옵션)가 있다면, 고객은 자산을 통제하지 못한다. 따라서 다음 중 어느 하나로 회계처리한다.

① 리스 : 계약이 판매후리스 거래의 일부가 아니고 기업이 자산을 원래 판매가격보다 낮은 금액으로 다시 살 수 있거나 다시 사야하는 경우. 계약이 판매후리스 거래의 일부인 경우에 기업은 자산을 계속 인식하고 고객에게서 받은 대가는 금융부채로 인식한다.

② 금융약정 : 기업이 자산을 원래 판매가격 이상의 금액으로 다시 살 수 있거나 다시 사야하는 경우

(2) 풋옵션

고객이 요청하면 기업이 원래 판매가격보다 낮은 가격으로 자산을 다시 사야하는 의무(풋옵션)가 있는 경우에 계약 개시시시점에 고객이 그 권리를 행사할 경제적 유인이 유의적인지 고려한다.

① 권리를 행사할 유인이 유의적인 경우

고객이 권리를 행사할 유인이 유의적이라면 계약이 판매후리스의 거래의 일부가 아니라면 리스로 회계처리한다. 계약이 판매후리스 거래의 일부라면 기업은 자산을 계속 인식하고 고객에게서 받은 대가는 금융부채로 인식한다.

② 권리를 행사할 유인이 유의적이지 않은 경우

고객이 권리를 행사할 유인이 유의적이지 않은 경우 반품권이 있는 제품의 판매로 회계처리한다.

보유한 상품의 종류	행사 가능성	판매가와 재매입가	회계처리
선도와 콜옵션	–	판매가 > 재매입가	리 스
		판매가 < 재매입가	금융약정
고객이 풋옵션을 보유	행사가능성이 유의적이지 않은 경우	–	반품권이 있는 제품의 판매
	행사가능성이 유의적인 경우	판매가 > 재매입가	리 스
		판매가 < 재매입가	금융약정

※ 만약, 옵션계약에서 수익을 인식하지 않았고, 옵션을 행사하지 않는 경우 부채를 제거하고 수익을 인식한다.

8. 위탁약정

인도된 제품이 위탁물로 보유된다면 제품을 다른 당사자에게 인도할때까지 수익을 인식하지 않는다.

9. 미인도 청구약정

미인도청구약정은 기업이 고객에게 제품의 대가를 청구하지만 미래 한 시점에 고객에게 이전할 때까지 기업이 제품을 물리적으로 점유하는 계약으로 고객이 제품을 통제하는 시점에 수익을 인식한다.

10. 고객의 인수

(1) 형식적인 검사와 인수조항 예 특정된 크기 및 무게에 부합하는지 여부

계약에서 합의된 규격에 따라 재화나 용역에 대한 통제가 고객에게 이전되었음을 객관적으로 판단할 수 있다면 고객의 인수와 무관하게 수익을 인식할 수 있다.

(2) 형식적인 검사와 인수조항이 아닌 경우

고객에게 제공한 용역이 계약에서 합의한 규격에 따른 것인지를 객관적으로 판단할 수 없다면, 고객이 인수할 때까지 고객이 통제하게 되었다고 결론 내릴 수 없기 때문에 고객이 인수하는 시점에 수익을 인식한다.

11. 고객이 행사하지 아니한 권리 : 상품권

(1) 고객이 선수금을 받은 경우에 미래에 재화나 용역을 이전할 수행의무에 대한 선수금을 계약부채로 인식한다. 그 재화나 용역을 이전하고 따라서 수행의무를 이행할 때 계약부채를 제거하고 수익을 인식한다.

[선수금 수령시]

| (차) 현금 | XXX | (대) 선수금(계약부채) | XXX |

[수행의무 이행시]

| (차) 선수금(계약부채) | XXX | (대) 매출 | XXX |
| | | 현금 | XXX |

(2) 만약 고객이 자신의 계약상 권리를 모두 행사하지 않는다면 고객의 미행사 권리 중 미행사 금액을 받을 권리를 갖게 될 것으로 예상된다면 고객이 권리를 행사하는 방식에 따라 그 예상되는 미행사 금액을 수익으로 인식한다.

(3) 고객의 미행사 권리 중 미행사 금액을 받을 권리를 갖게 될 것으로 예상되지 않는다면, 고객이 그 남은 권리를 행사할 가능성이 희박해질 때 미행사 금액을 수익으로 인식한다.

(4) 고객이 권리를 행사하지 않은 대가를 다른 당사자(예 미청구 자산에 관한 법률에 따른 정부기관)에게 납부하도록 요구받는 경우에는 받은 대가를 부채로 인식한다.

12. 환불되지 않는 선수수수료

(1) 선수수수료의 성격이 미래 재화나 용역에 대한 선수금이라면 그 미래 재화나 용역을 제공할 때 수익으로 인식한다.

(2) 환불되지 않는 선수수수료 별도의 재화나 용역에 관련된다면, 제공할 재화나 용역을 별도의 수행의무로 회계처리한다.

13. 라이선싱

(1) 라이선스와 그 밖의 약속한 재화나 용역과 구별되지 않는 경우

라이선스를 부여하는 약속과 그밖에 약속한 재화나 용역을 함께 단일 수행의무로 회계처리한다. 계약에서 약속한 그 밖의 재화나 용역과 구별되지 않는 라이선스의 예는 다음과 같다.
① 유형 재화의 구성요소이면서 그 재화의 기능성에 반드시 필요한 라이선스
② 관련 용역과 결합되는 경우에만 고객이 효익을 얻을 수 있는 라이선스(예 라이선스를 부여하여 고객이 콘텐츠에 접근할 수 있도록 제공하는 온라인 서비스)

(2) 라이선스와 그 밖의 약속한 재화나 용역이 구별되는 경우

라이선스를 부여하는 약속이 계약에서 그밖에 약속한 재화나 용역과 구별되고, 따라서 라이선스를 부여하는 약속이 별도의 수행의무라면, 그 라이선스가 고객에게 한 시점에 이전되는지 아니면 기간에 걸쳐 이전되는지를 판단한다.

① 라이선스 기간 전체에 걸쳐 존재하는, 기업의 지적재산에 접근할 권리
② 라이선스를 부여하는 시점에 존재하는, 기업의 지적재산을 사용할 권리

구분		회계처리
접근권	라이선스 기간 전체에 걸쳐 존재하는 기업의 지적재산에 접근할 권리	기간에 걸쳐 수익을 인식
사용권	라이선스를 부여하는 시점에 존재하는 기업의 지적재산을 사용할 권리	한 시점에 수익을 인식

※ 다음 기준을 모두 충족한다면, 라이선스를 부여하는 기업의 약속의 성격은 기업의 지적재산에 접근권을 제공하는 것이다.
　① 고객이 권리를 갖는 지적재산에 유의적으로 영향을 미치는 활동을 기업이 할 것을 계약에서 요구하거나 고객이 합리적으로 예상한다.
　② 라이선스로 부여한 권리 때문에 고객은 식별되는 기업의 활동의 긍정적 또는 부정적 영향에 직접 노출된다.
　③ 그 활동들이 행해짐에 따라 재화나 용역을 고객에게 이전하는 결과를 가져오지 않는다.

(3) 판매기준 로열티나 사용기준 로열티

지적재산의 라이선스를 제공하는 대가로 약속된 판매기준 로열티나 사용기준 로열티의 수익은 다음 중 나중의 사건이 일어날 때 또는 일어나는 대로 인식한다.

① 후속판매나 사용
② 판매기준 또는 사용기준 로열티의 일부나 전부가 배분된 수행의무를 이행하는 때

1. 계약의 변경

① 계약변경이란 계약 당사자들이 승인한 계약의 범위나 계약가격 또는 둘 다의 변경이다.

② 계약 변경을 서면으로, 구두 합의로, 기업의 사업 관행에서 암묵적으로 승인될 수 있다.

③ 계약 당사자들끼리 계약변경 범위나 가격 또는 둘다에 다툼이 있거나, 당사자들이 계약범위의 변경을 승인하였지만 아직 이에 상응하는 가격 변경을 결정하지 않았더라도, 계약변경을 존재할 수 있다.

2. 계약변경 회계처리

(1) 별도계약으로 회계처리하는 경우

계약이 변경된 경우 다음 두 조건을 모두 충족하는 경우에 계약변경은 별도 계약으로 회계처리한다.

① 구별되는 약속한 재화나 용역이 추가되어 계약의 범위가 확장된다.

② 계약가격이 추가로 약속한 재화나 용역의 개별 판매가격에 특정 계약 상황을 반영하여 적절히 조정한 대가만큼 상승한다.

(2) 별도계약으로 회계처리하는 변경이 아닌 경우

계약 변경이 별도 계약으로 회계처리하는 계약변경이 아니라면, 계약변경일에 아직 이전되지 않은 약속한 재화나 용역을 다음 중 해당하는 방법으로 회계처리한다.

① 나머지 재화나 용역이 계약변경일이나 그 전에 이전한 재화나 용역과 구별된다면, 그 계약변경은 기존 계약을 종료하고 새로운 계약을 체결한 것처럼 회계처리한다.

② 나머지 재화나 용역이 구별되지 않아서 계약변경일에 부분적으로 이행된 단일 수행의무의 일부를 구성한다면, 그 계약변경은 기존계약의 일부인 것처럼 회계처리한다. (누적효과 일괄조정기준)

1. 계약체결 증분원가

① 계약체결 증분원가는 고객과 계약을 체결하기 위해 들인 원가로서 계약을 체결하지 않았다면 들지 않았을 원가를 말한다.

② 고객과의 계약체결 증분원가가 회수될 것으로 예상된다면 이를 자산으로 인식한다. 그러나 계약체결 증분원가를 자산으로 인식하더라도 상각기간이 1년 이하라면 그 계약체결 증분원가는 발생시점에 비용으로 인식하는 실무적 간편법을 쓸 수 있다.

③ 계약체결여부와 무관하게 드는 계약체결원가는 계약 체결 여부와 관계없이 고객에게 그 원가를 명백히 청구할 수 있는 경우가 아니라면 발생시점에 비용으로 인식한다.

2. 계약이행원가

고객과의 계약을 이행할 때 드는 원가가 다른 기업회계기준서의 적용범위 (예 재고자산, 유형자산, 무형자산)에 포함되지 않는다면 그 원가는 다음 기준을 모두 충족해야만 자산으로 인식한다.

① 원가가 계약이나 구체적으로 식별할 수 있는 예상 계약에 직접 관련된다.

② 원가가 미래의 수행의무를 이행 또는 계속 이행할 때 사용할 기업의 자원을 창출하거나 가치를 높인다.

③ 원가는 회수될 것으로 예상된다.

> ※ 다음 원가는 발생시점에 비용으로 인식한다.
> ① 일반관리원가
> ② 계약을 이행하는 과정에서 낭비된 재료원가, 노무원가, 그 밖의 자원의 원가로서 계약가격에 반영되지 않은 원가
> ③ 이미 이행한 또는 부분적으로 이미 이행한 계약상 수행의무와 관련된 원가
> ④ 이행하지 않은 수행의무와 관련된 원가인지 이미 이행한 또는 부분적으로 이미 이행한 수행의무와 관련된 원가인지 구별할 수 없는 원가

3. 상각과 손상

① 자산으로 인식한 계약체결 증분원가와 계약이행원가는 그 자산과 관련된 재화나 용역을 고객에게 이전하는 방식과 일치하는 체계적 기준으로 상각한다.

② 그 자산과 관련된 재화나 용역을 고객에게 이전할 것으로 예상하는 시기에 유의적 변동이 있는 경우에 이를 반영하여 상각 방식을 수정한다. 이러한 변경을 회계추정치의 변경으로 회계처리한다.

③ 자산으로 인식한 계약체결 증분원가와 계약이행원가는 자산의 장부금액이 다음 ㉠에서 ㉡을 뺀 금액을 초과하는 정도까지는 손상차손을 당기손익에 인식한다.

㉠ 그 자산과 관련된 재화나 용역의 대가로 기업이 받을 것으로 예상하는 나머지 금액

㉡ 그 재화나 용역의 제공에 직접 관련되는 원가로서 아직 비용으로 인식하지 않은 원가

④ 손상 상황이 사라졌거나 개선된 경우에는 과거에 인식한 손상차손의 일부나 전부를 환입하여 당기손익으로 인식한다. 증액된 자산의 장부금액은 과거에 손상차손을 인식하지 않았다면 산정되었을 금액을 초과해서는 안된다.

1. 진행률의 산정

(1) 산출법 : 지금까지 이전된 재화나 용역이 고객에게 주는 가치를 직접 측정한 것에 기초하여 수익을 인식

(2) 투입법 : 수행의무를 이행하기 위해 예상되는 총 투입물 대비 수행의무를 이행하기 위한 기업의 노력

$$누적진행율 = \frac{누적발생원가}{추정총계약원가} = \frac{전기누적발생원가 + 당기발생원가}{당기누적발생원가 + 추가예정원가}$$

(3) 진행률 산정시 제외 요소

① 낭비된 재료와 노무원가는 진행률에 포함하지 않고 즉시 손실인식한다.

② 구입하였으나 사용되지 않은 건설자재등은 진행률 산정시 고려하지 않는다.

2. 건설계약의 회계처리

(차)	미성공사	XXX	(대)	현금	XXX
(차)	계약자산	XXX	(대)	계약수익	XXX
(차)	계약원가	XXX	(대)	미성공사	XXX
(차)	계약미수금	XXX	(대)	계약자산	XXX
(차)	현금	XXX	(대)	계약미수금	XXX

3. 건설계약의 예상손실

(1) 계약의 총계약원가가 총계약수익을 초과한다면 손실부담계약이다. 예상손실을 충당부채로 미리 인식한다.

(2) 예상손실 회계처리

[손실이 예상되는 경우]

(차)	계약원가(예상손실)*	XXX	(대)	충당부채	XXX

[손실이 확정되는 경우]

(차)	충당부채	XXX	(대)	계약원가(예상손실환입)	XXX

*예상손실 = 당기 총 계약손실 × (1 - 누적진행률)

4. 진행률을 합리적으로 추정할 수 없는 경우

수행의무의 결과를 합리적으로 측정할 수 있을 때까지 발생원가의 범위에서만 수익을 인식한다.

11 | 종업원급여

제1절 | 종업원급여

1. 단기 종업원급여

단기 종업원급여 : 종업원이 관련 근무용역을 제공하는 연차 보고기간 말 후 12개월이 되기 전에 모두 결제될 것으로 예상하는 종업원 급여(해고급여는 제외한다.)

(1) 인식 방법

종업원이 근무용역을 제공한 회계기간에 비용으로 인식한다.

[지급한 금액 > 급여]

(차) 단기종업원급여	XXX	(대) 현금	XXX
선급비용	XXX		

[지급한 금액 < 급여]

(차) 단기종업원급여	XXX	(대) 현금	XXX
		미지급비용	XXX

(2) 유급휴가제도

① 누적유급휴가 : 당기에 사용되지 않으면 이월되어 차기 이후에 사용되는 유급휴가이다. 누적유급휴가의 예상원가는 보고기간 말 현재 미사용 유급휴가가 누적되어 기업이 지급할 것으로 예상하는 추가 금액으로 측정한다.

② 비누적유급휴가 : 이월되자 않고, 당기에 사용되지 않으면 소멸되는 유급휴가이다. 따라서 비누적유급휴가는 실제로 유급휴가를 사용하기 전에 부채나 비용을 인식하지 않는다.

(3) 이익분배와 상여금

이익분배제도와 상여금제도에 따라 기업이 부담하는 의무는 종업원이 제공하는 근무용역에서 생기는 것이지 주주와의 거래에서 발생하는 것이 아니다. 따라서 이익분배제도 및 상여금 제도와 관련된 원가는 이익분배가 아니라 당기비용으로 인식한다.

2. 퇴직급여

퇴직 후에 지급하는 종업원급여(해고급여와 단기 종업원급여는 제외한다.)

3. 기타장기 종업원급여

단기 종업원급여, 퇴직급여, 해고급여를 제외한 종업원 급여

(1) 종업원이 관련 근무용역을 제공한 연차 보고기간말 후 12개월이 되기 전에 모두 결제될 것으로 예상되지 않는 경우에 한정한다.

(2) 일반적으로 기타장기종업원급여를 측정할 때 나타나는 불확실성은 퇴직급여를 측정할 때 나타나는 불확실성에 비하여 크지 않다. 따라서 퇴직급여에 대한 회계처리와는 달리 재측정요소를 기타포괄손익으로 인식하지 않는다.

4. 해고급여

다음 중 어느 하나의 결과로서, 종업원을 해고하는 대가로 제공하는 종업원급여
① 기업이 통상적인 퇴직시점 전에 종업원을 해고하는 결정
② 종업원이 해고의 대가로 기업에서 제안하는 급여를 받아들이는 결정

제2절 | 퇴직급여

1. 확정기여제도

(1) 확정기여형 퇴직급여제도 : 종업원이 보험수리적위험과 투자위험을 부담하는 제도로, 기업의 의무는 약정한 금액을 출연하기만하면 된다. (보험수리적 가정을 세울 필요가 없고 그 결과 보험수리적손익이 발생할 가능성도 없다.)

(2) 회계처리

[기여금 납부]

(차) 퇴직급여(비용)	XXX	(대) 현금	XXX

2. 확정급여제도

(1) 확정급여형 퇴직급여제도 : 종업원이 보험수리적위험과 투자위험을 부담하지 않고 기업이 부담하는 제도로 기업의 의무는 약정한 금액을 종업원에게 지급해야하는 것이다.

(2) 회계처리

[당기근무원가 발생시]

(차) 퇴직급여(비용)	XXX	(대) 확정급여채무	XXX

[사외적립자산 적립시]

(차) 사외적립자산	XXX	(대) 현금	XXX

[퇴직급 지급시]

(차) 확정급여채무	XXX	(대) 사외적립자산	XXX

1. 확정급여채무

(1) 확정급여채무 현재가치

종업원이 당기와 과거기간에 근무용역을 제공하여 발생한 채무를 결제하는 데 필요한 예상 미래지급액의 현재가치

(2) 할인율 : 보고기간말 현재 우량회사채의 시장수익률을 참조하여 결정한다. 만약 그러한 우량회사채에 대해 거래층이 두터운 해당 통화의 시장이 없는 경우에는 보고기간 말 현재 그 통화로 표시된 국공채의 시장수익률을 사용한다.

(3) 확정급여채무의 이자비용 : 사외적립자산의 이자수익과 상계하여 순액을 순확정급여부채순이자로 당기손익을 인식한다.

(차) 순확정급여부채순이자	XXX	(대) 확정급여채무	XXX

※ 순확정급여부채(자산)의 순이자는 순확정급여부채(자산)에 할인율을 곱하여 결정하되, 연차보고기간초에 결정된 할인율을 사용한다.

(4) 재측정손익 : 종업원의 이직률, 조기퇴직률, 사망률, 임금상승률, 급여, 의료원가가 예상보다 높거나 낮은 경우, 이에 대한 추정치 변경의 영향, 급여지급 선택권과 관련된 가정의 변동 영향, 할인율의 변경 영향등으로 발생한다. 당기손익이 아닌 기타포괄손익으로 인식한다.

2. 사외적립자산

(1) 사외적립자산의 측정

사외적립자산은 공정가치로 측정하고 사외적립자산의 공정가치는 과소적립액이나 초과적립액을 결정할 때 확정급여채무의 현재가치에서 차감한다.

(2) 순확정급여자산과 순확정급여부채

① 순확정급여자산 = 사외적립자산의 공정가치 > 확정급여채무의 현재가치
② 순확정급여부채 = 사외적립자산의 공정가치 < 확정급여채무의 현재가치
※ 순확정급여자산인 경우에는 자산인식상한을 검토한다.

(3) 사외적립자산의 이자수익 : 확정급여채무의 이자비용과 상계하여 순액을 순확정급여부채순이자로 당기손익을 인식한다.

(차) 사외적립자산	XXX	(대) 순확정급여부채순이자	XXX

※ 순확정급여부채(자산)의 순이자는 순확정급여부채(자산)에 할인율을 곱하여 결정하되, 연차보고기간초에 결정된 할인율을 사용한다.

(4) 재측정손익 : 기타포괄손익으로 인식하며, 당기손익으로 재분류하지 않고 자본 내의 다른 항목으로 대체가 능하다.

3. 자산인식상한효과

① 순확정급여자산인 경우 자산인식상한을 검토한다.

② 순확정급여자산은 제도로부터의 환급이나 제도에 대한 미래기여금절감의 형태로 이용가능한 경제적효익의 현재가치를 한도로 인식한다.

③ 자산인식상한효과는 재측정요소로 기타포괄손익으로 인식한다. (자산인식상한효과의 순이자는 당기손익으로 인식)

4. 과거근무원가

(1) 과거근무원가는 제도의 개정이나 축소로 생기는 확정급여채무의 현재가치 변동이다.

(2) 과거근무원가는 다음 중 이른 날에 비용으로 인식한다.

① 제도의 개정이나 축소가 일어날 때

② 관련되는 구조조정원가나 해고급여를 인식할 때

5. 정산손익

(1) 제도의 정산은 확정급여제도에 따라 생긴 급여의 전부나 일부에 대한 법적의무나 의제의무를 기업이 더 이상 부담하지 않기로 하는 거래가 있을 때 일어난다.

(2) 정산손익은 다음의 ①과 ②의 차이로 정산이 일어나는 때에 정산으로 인한 손익을 당기손익으로 인식한다.

① 정산일에 결정되는 확정급여채무의 현재가치

② 정산가격(이전되는 사외적립자산과 정산과 관련하여 기업이 직접 지급하는 금액을 포함)

CHAPTER 12 | 주식기준보상

제1절 | 주식기준보상거래의 유형

1. 주식결제형 주식기준보상거래

(1) 주식결제형 주식기준보상거래 :

기업이 제공받는 재화나 용역과 그에 상응하는 자본의 증가를 제공받는 재화나 용역의 공정가치로 직접 측정한다. 그러나 제공받는 재화나 용역의 공정가치를 신뢰성있게 추정할 수 없다면, 제공받는 재화나 용역과 그에 상응하는 자본의 증가는 부여한 지분상품의 공정가치에 기초하여 간접 측정한다.

(2) 회계처리

(차) 주식보상비용	XXX	(대) 주식선택권(자본)	XXX
(차) 자산	XXX	(대) 주식선택권(자본)	XXX

2. 현금결제형 주식기준보상거래

(1) 현금결제형 주식기준보상거래

현금결제형 주식기준보상거래의 경우 제공받는 재화나 용역과 그 대가로 부담하는 부채를 부채의 공정가치로 측정한다. 또 부채가 결제될 때까지 매 보고기간 말과 결제일에 부채의 공정가치를 재측정하고, 공정가치의 변동액은 당기손익으로 인식한다.

(2) 회계처리

(차) 주식보상비용	XXX	(대) 장기미지급비용(부채)	XXX
(차) 자산	XXX	(대) 장기미지급비용(부채)	XXX

3. 선택형 주식기준보상거래

기업이 제공받는 재화나 용역에 대한 대가의 결제방식으로, 기업 또는 재화나 용역의 공급자가 약정에 따라 현금 또는 그밖의 자산 지급이나 지분상품발행 중 하나를 선택할 수 있는 거래이다.

1. 보상원가의 산정

(1) 보상원가 측정

① 제공받는 재화나 용역의 공정가치로 직접 측정한다.

② 제공받는 재화나 용역의 공정가치를 신뢰성 있게 추정할 수 없다면, 제공받는 재화나 용역과 그에 상응하는 자본의 증가는 부여한 지분상품의 공정가치에 기초하여 간접 측정한다.

③ 주식결제형 주식기준보상거래의 공정가치는 재측정하지 않는다.

④ 종업원 및 유사용역제공자의 거래에서는 제공받는 용역의 공정가치를 신뢰성있게 추정하기 어려우므로, 부여한 지분상품의 공정가치에 기초하여 측정하고, 부여한 지분상품의 공정가치는 부여일 기준으로 측정한다.

⑤ 종업원이 아닌 거래상대방과의 거래에서는 제공받는 재화나 용역의 공정가치를 신뢰성있게 추정할 수 있다고 보아 재화나 용역을 제공받는 날을 기준으로 공정가치를 측정한다.

⑥ 부여한 지분상품의 공정가치를 측정기준일 현재 신뢰성 있게 추정할 수 없는 경우, 재화나 용역을 제공받는 날을 기준으로 지분상품을 내재가치로 최초 측정한다. 이후 매 보고기간말과 최종결제일에 내재가치를 재측정하고 내재가치의 변동액은 당기손익으로 인식한다.

[보상원가의 측정]

구 분	측정기준	후속 재측정
원 칙	제공받는 재화나 용역의 공정가치	재측정하지 않음
2순위	부여한 지분상품의 공정가치	재측정하지 않음
3순위	부여한 지분상품의 내재가치	재측정함

(2) 보상수량의 인식

① 가득기간 중 : 가득기간에 제공받는 재화나 용역의 금액을 가득될 것으로 예상되는 지분상품의 수량에 대한 최선의 추정치에 기초하여 인식한다.

② 가득일 : 최종적으로 가득된 지분상품의 수량과 일치하도록 추정치를 변경한다.

(3) 보상원가의 인식

① 부여한 지분상품이 즉시 가득되는 경우 : 제공받은 용역 전부를 부여일에 즉시 인식하고, 그에 상응하여 자본의 증가를 인식한다.

② 특정기간동안의 용역을 제공받는 경우 : 용역을 가득기간에 배분하여 인식하며, 그에 상응하여 자본의 증가를 인식한다.

2. 권리를 행사하는 경우

(1) 신주발행시

(차) 현금	XXX	(대) 자본금	XXX
주식선택권	XXX	주식발행초과금	XXX

(2) 자기주식교부시

(차)	현금	XXX	(대)	자기주식	XXX
	주식선택권	XXX		자기주식처분이익	XXX

3. 가득이후 권리소멸되는 경우

① 가득일이 지난 뒤에는 자본을 수정하지 아니하기 때문에 가득된 지분상품이 추후 상실되거나 주식선택권이 행사되지 않은 경우에도 종업원에게서 제공받은 근무용역에 대해 인식한 금액을 환입하지 아니한다.

② 자본계정간의 이체는 허용한다.

[가득된 주식선택권의 권리소멸시]

(차)	주식선택권(자본)	XXX	(대)	주식선택권소멸이익(자본)	XXX

※ 만약 가득기간 중 권리가 소멸한다면 보상원가를 환입하여 당기손익에 반영한다.

4. 성과조건

(1) 시장성과조건

① 지분상품의 시장가격에 관련된 성과조건

② 특정 주가의 달성, 주식선택권의 특정 내재가치 달성과 관련된 조건

③ 실제 성과달성 여부가 달라지더라도 추정치 변동을 반영하지 않는다.

(2) 비시장성과조건

① 특정한 이익, 매출액, 판매량의 달성과 관련된 조건으로 지분상품의 시장 가격과 직접관련 없는 조건

② 매 기간 달성여부를 추정하고, 전진적으로 추정치의 변동을 반영한다.

5. 중도청산

① 부여한 지분상품이 가득기간 중에 취소되거나 중도청산되면 부여한 지분상품이 일찍 가득된 것으로 보아 취소하거나 중도청산을 하지 않는다면 잔여가득기간에 제공받을 용역에 대해 인식할 금액을 즉시 인식한다.

② 취소나 중도청산으로 종업원에게 지급하는 금액은 자기지분상품의 재매입으로 보아 자본에서 차감한다. 다만, 지급액이 부여한 지분상품의 재매입일 현재 공정가치를 초과한 때에는 그 초과액을 비용으로 인식한다.

③ 중도청산시 회계처리

(차)	주식보상비용[주1]	XXX	(대)	주식선택권	XXX
(차)	주식선택권	XXX	(대)	현금[주2]	XXX
	주식선택권청산손실	XXX			XXX
(차)	주식보상비용	XXX	(대)	현금[주3]	XXX

[주1] 잔여가득기간 주식보상비용 인식
[주2] 공정가치해당액
[주3] 공정가치초과액

6. 조건변경

(1) 종업원에게 유리하게 조건을 변경하는 경우

① 기업이 지분상품을 부여한 당시의 조건을 변경하는지, 부여한 지분상품을 취소하거나 중도청산하는지와 관계없이 제공받은 근무용역은 최소한 지분상품의 부여일 당시의 공정가치에 따라 인식한다.

② 주식기준보상약정의 총 공정가치를 증가시키거나 종업원에게 유리하게 조건변경을 하는 경우에는 추가로 증분공정가치를 인식한다.

(2) 종업원에게 불리하게 조건을 변경하는 경우

① 종업원에게 불리하게 조건을 변경하는 경우 조건변경이 없는 것으로 본다.

② 종업원에게 불리하게 조건을 변경하는 경우 중 수량이 감소하는 경우 취소된 수량에 대해서는 가득된 것으로 보아 잔여가득기간에 인식할 금액을 즉시 당기손익으로 인식한다.

제3절 | 현금결제형 주식기준보상거래

1. 보상원가의 산정

(1) 보상원가 측정

① 제공받는 재화나 용역과 그 대가로 부담하는 부채를 부채의 공정가치로 측정한다.

② 부채가 결제될 때까지 매 보고기간 말과 결제일에 부채의 공정가치를 재측정하고, 공정가치의 변동액은 당기손익으로 인식한다.

(2) 보상수량의 인식

① 가득기간 중 : 가득기간에 제공받는 재화나 용역의 금액을 가득될 것으로 예상되는 지분상품의 수량에 대한 최선의 추정치에 기초하여 인식한다.

② 가득일 : 최종적으로 가득된 지분상품의 수량과 일치하도록 추정치를 변경한다.

(3) 보상원가의 인식

① 부여한 지분상품이 즉시 가득되는 경우 : 제공받은 용역 전부를 부여일에 즉시 인식하고, 그에 상응하여 자본의 증가를 인식한다.

② 특정기간동안의 용역을 제공받는 경우 : 용역을 가득기간에 배분하여 인식하며, 그에 상응하여 자본의 증가를 인식한다.

2. 권리를 행사하는 경우

① 가득이후 권리를 행사한다면 내재가치(주가 − 행사가)에 해당하는 현금을 지급한다.

② 장기미지급비용 장부금액과 현금지급액의 차이는 당기손익으로 인식한다.

[현금결제형 주식선택권 회계처리]

(차)	주식보상비용	XXX	(대)	장기미지급비용	XXX
(차)	장기미지급비용	XXX	(대)	현금	XXX
	주식보상비용	XXX			

제4절 | 선택형 주식기준보상거래

1. 기업이 결제방식을 선택할 수 있는 경우

(1) 기업이 현금지급의무가 있는 경우 : 현금결제형 주식기준보상거래로 보아 회계처리

(2) 기업이 현금지급의무가 없는 경우 : 주식결제형 주식기준보상거래로 보아 회계처리

※ 다음의 경우에는 현금을 지급해야 하는 현재의무가 있는 것으로 본다.
  ① 지분상품을 발행하여 결제하는 방식에 상업적 실질이 결여된 경우(예: 법률에 의한 주식발행이 금지되는 경우)
  ② 과거의 경험으로 볼 때 대부분 현금으로 결제하는 경우
  ③ 현금결제정책이 확립되어 이미 공표된 경우
  ④ 과거의 경험으로 볼 때 거래상대방이 현금결제를 요구할 때마다 기업이 이를 수용하는 경우

2. 거래상대방이 결제방식을 선택할 수 있는 경우

(1) 거래상대방에게 현금결제방식이나 주식결제방식의 선택권을 부여한 경우에는 부채요소(거래상대방의 현금결제요구권)과 자본요소(거래상대방의 주식결제요구권)가 포함된 복합금융상품을 부여한 것으로 본다.

(2) 종업원 아닌 자와의 주식기준보상거래에서 제공받는 재화나 용역의 공정가치를 직접 측정하는 경우, 복합금융상품 중 자본요소는 재화나 용역이 제공되는 날 현재 재화나 용역의 공정가치에서 부채요소의 공정가치를 차감하여 측정한다.

(3) 회계처리 방법

[재화나 용역을 제공받을 때 회계처리]

(차) 주식보상비용	XXX	(대) 장기미지급비용(부채)	XXX
		(대) 주식선택권(자본)	XXX

[주식으로 결제시]

(차) 주식보상비용	XXX	(대) 자본금	XXX
주식선택권	XXX	(대) 주식발행초과금	XXX
현금	XXX		

[현금으로 결제시]

(차) 장기미지급비용	XXX	(대) 현금	XXX
주식선택권(자본)	XXX	(대) 주식선택권소멸이익(자본)	XXX

CHAPTER 13 | 법인세

제1절 | 법인세회계

1. 당기법인세부채와 자산

① 기업이 납부하여야 할 법인세부담액 중 아직 납부하지 않은 금액은 당기법인세부채로 인식하여야 한다.

② 납부하여야 할 금액을 초과해서 납부한 금액은 당기법인세자산으로 인식하여야 한다. 세무상결손금이 과거에 납부한 법인세액에 소급 적용되어 환급될 수 있다면 결손금이 발생한 기간에 당기법인세자산으로 인식하여야 한다.

2. 일시적차이와 영구적차이

(1) 차감할 일시적차이와 가산할 일시적차이

① 차감할 일시적차이

자산, 부채가 회수, 상환되는 미래기간의 과세소득을 감소시키는 효과를 가지는 일시적차이

② 가산할 일시적차이

자산, 부채가 회수 상환되는 미래기간의 과세소득을 증가시키는 효과를 가지는 일시적차이

(2) 영구적차이

영구적 차이는 회계기준에 따라 인식된 수익 또는 비용이 세법상으로는 전혀 인정되지 않거나, 반대로 세법상으로만 인정되고 회계상에는 전혀 인식되지 않아, 향후에도 세무조정이 되지 않는 항목에서 발생하는 차이를 말한다. 일시적 차이와 달리 이연법인세자산, 부채를 인식하지 않는다.

1. 이연법인세 세율

① 이연법인세 자산과 부채는 보고기간말까지 제정되었거나 실질적으로 제정된 세율에 근거하여 당해 자산이 실현되거나 부채가 결제될 회계기간에 적용될 것으로 기대되는 세율을 사용하여 측정한다.

② 과세대상수익의 수준에 따라 적용되는 세율이 다른 경우에는 일시적차이가 소멸될 것으로 예상되는 기간의 과세소득(세무상결손금)에 적용될 것으로 기대되는 평균세율을 사용하여 이연법인세 자산과 부채를 측정한다.

2. 이연법인세부채와 자산

(1) 이연법인세부채

모든 가산할 일시적차이에 대하여 이연법인세부채를 인식하여야한다. 다만 다음의 경우에는 이연법인세부채를 인식하지 아니한다.

① 영업권의 상각이 과세소득을 계산할 때 손금으로 인정되지 않는 경우

② 자산, 부채가 최초로 인식되는 거래가 사업결합거래가 아니고 회계이익이나 과세소득에영향을 주지 아니한 경우

(2) 이연법인세자산

차감할 일시적차이에 대하여 인식하는 이연법인세자산은 향후 과세소득의 발생가능성이 매우 높은 경우에 인식한다. 다만 다음의 경우에는 이연 법인세 자산을 인식하지 아니한다.

① 염가매수차익이 과세소득을 계산할 때 익금으로 인정되지 않는 경우

② 자산, 부채가 최초로 인식되는 거래가 사업결합거래가 아니고 회계이익이나 과세소득에 영향을 주지 아니하는 경우

※ 차감할 일시적차이는 미래 회계기간에 과세소득에서 차감되는 형태로 소멸되기 때문에 차감할 일시적차이가 사용될 수 있는 과세소득의 발생가능성이 높은 경우에만 이연법인세자산을 인식한다.

(3) 차감할 일시적차이가 사용될 수 있는 과세소득의 발생가능성이 높은 경우

① 동일 과세당국과 동일 과세대상기업에 관련하여 다음의 회계기간에 소멸이 예상되는 충분한 가산할 일시적차이가 있는 경우

② 차감할 일시적차이가 소멸될 회계기간에 동일 과세당국과 동일 과세대상기업에 관련한 충분한 과세소득이 발생할 가능성이 높은 경우

③ 세무정책으로 적절한 기간에 과세소득을 창출할 수 있는 경우

3. 이연법인세자산의 손상과 재검토

(1) 이연법인세자산의 손상

① 이연법인세자산의 장부금액은 매 보고기간말에 검토한다.

② 차감가능한 과세소득의 발생가능성이 높지 않다면 이연법인세자산을 감액한다.

③ 만약 차감가능한 과세소득의 발생가능성이 높아진다면 그 범위내에서 환입한다.

(2) 인식되지 않은 이연법인세자산의 재검토

　① 매 보고기간말에 인식되지 않은 이연법인세자산에 대하여 재검토한다.

　② 미래 과세소득에 의해 이연법인세 자산이 회수될 가능성이 높아진 범위까지 과거 인식되지 않은 이연법인세자산을 인식한다.

4. 재무상태표 표시

(1) 당기법인세자산과 당기법인세부채

다음의 조건을 모두 충족하는 경우에만 당기법인세자산과 당기법인세부채를 상계한다.

　① 기업이 인식된 금액에 대해 법적으로 집행가능한 상계권리를 가지고 있다.

　② 기업이 순액으로 결제하거나, 자산을 실현하는 동시에 부채를 결제할 의도가 있다.

(2) 이연법인세자산과 이연법인세부채

다음의 조건을 모두 충족하는 경우에만 이연법인세자산과 이연법인세부채를 상계한다.

　① 기업이 당기법인세자산과 당기법인세부채를 상계할 수 있는 법적으로 집행가능한 권리를 가지고 있다.

　② 이연법인세자산과 이연법인세부채가 다음의 각 경우에 동일한 과세당국에 의해서 부과되는 법인세와 관련되어 있다.

　　㉠ 과세대상기업이 동일한 경우

　　㉡ 과세대상기업은 다르지만 당기법인세 부채와 자산을 순액으로 결제할 의도가 있거나, 유의적인 금액의 이연법인세부채가 결제되거나 이연법인세자산이 회수될 미래의 각 회계기간마다 자산을 실현하는 동시에 부채를 결제할 의도가 있는 경우

　　※ 이연법인세자산과 부채는 비유동자산과 비유동부채로 분류하고, 할인하지 아니한다.

5. 결손금과 세액공제

(1) 결손금의 공제

　① 결손금 소급공제시 회계처리

(차) 당기법인세자산	XXX	(대)	법인세수익	XXX

　② 결손금 이월공제시 회계처리

(차) 이연법인세자산	XXX	(대)	법인세수익	XXX

(2) 세액공제

　① 당기세액공제시 회계처리

(차) 당기법인세자산	XXX	(대)	법인세수익	XXX

　② 이월세액공제시 회계처리

(차) 이연법인세자산	XXX	(대)	법인세수익	XXX

1. 자기주식처분손익에 대한 법인세 기간내 배분

① 자기주식처분손익에 대한 법인세효과는 자기주식처분손익에서 직접 조정한다.

② 자기주식처분이익에 대한 회계처리

　　예 법인세율이 20%, 당기법인세부채가 5,000이고 자기주식처분이익 10,000의 세무조정사항이 있을 때
　　　　회계처리

(차)	자기주식처분이익	2,000	(대)	당기법인세부채	5,000
	법인세비용	3,000			

　　예 법인세율이 20%, 당기법인세부채가 5,000이고 자기주식처분손실 10,000의 세무조정사항이 있을 때
　　　　회계처리

(차)	법인세비용	7,000	(대)	당기법인세부채	5,000
				자기주식처분손실	2,000

2. 재평가잉여금에 대한 법인세

① 재평가잉여금이 발생하면 세무조정을 두 번해야한다.

② 재평가잉여금이 발생하면 재평가잉여금에 대한 법인세효과는 이연법인세부채로 인식하며, 법인세효과는
재평가잉여금에서 직접 조정한다.

[재평가잉여금 발생시]

(차)	건물	XXX	(대)	재평가잉여금	XXX
(차)	재평가잉여금	XXX	(대)	이연법인세부채	XXX

3. FVOCI금융자산평가손익에 대한 법인세

① FVOCI금융자산평가손익이 발생하면 세무조정을 두 번해야한다.

② FVOCI금융자산평가손익이 발생하면 FVOCI금융자산평가손익에 대한 법인세효과는 이연법인세자산(부
채)로 인식하고, FVOCI금융자산평가손익에서 직접 조정한다.

[FVOCI금융자산평가이익 발생시]

(차)	FVOCI금융자산	XXX	(대)	FVOCI금융자산평가이익	XXX
(차)	FVOCI금융자산평가이익	XXX	(대)	이연법인세부채	XXX

[FVOCI금융자산평가손실 발생시]

(차)	FVOCI금융자산평가손실	XXX	(대)	FVOCI금융자산	XXX
(차)	이연법인세자산	XXX	(대)	FVOCI금융자산평가손실	XXX

※ 동일 회계기간 또는 다른 회계기간에, 당기손익 이외로 인식되는 항목과 관련된 당기법인세와 이연법인세는 당기손
익 이외의 항목으로 인식된다. 따라서 동일 회계기간 또는 다른 회계기간에 인식된 당기법인세와 이연법인세는
다음과 같이 회계처리한다.
　① 동일 회계기간 또는 다른 회계기간에 기타포괄손익에 인식된 항목과 관련된 금액은 기타포괄손익으로 인식
　　한다.
　② 동일 회계기간 또는 다른 회계기간에 자본에 직접 인식된 항목과 관련된 금액은 자본에 직접 인식한다.

14 | 주당이익

제1절 | 주당이익 종류

1. 기본주당이익

(1) 기본주당계속영업이익 : $\dfrac{계속영업이익 - 우선주\ 배당}{유통보통주식수}$

(2) 기본주당순이익 : $\dfrac{당기순이익(계속영업이익 \pm 중단영업손익) - 우선주\ 배당}{유통보통주식수}$

2. 희석주당이익

(1) 희석주당계속영업이익 : $\dfrac{보통주계속영업이익 + 잠재적보통주증분이익}{유통보통주식수 + 잠재적보통주식수}$

(2) 희석주당순이익 : $\dfrac{보통주순이익 + 잠재적보통주증분이익}{유통보통주식수 + 잠재적보통주식수}$

1. 가중평균유통보통주식수

(1) 가중평균유통보통주식수의 의의

① 가중평균유통보통주식수는 기초의 유통보통주식수에 회계기간 중 취득된 자기주식수 또는 신규 발행된 보통주식수를 각각의 유통기간에 따른 가중치를 고려하여 조정한 보통주식수이다.

② 유통기간에 따른 가중치는 그 회계기간의 총일수에 대한 특정 보통주의 유통일수의 비율로 산정하며, 가중평균에 대한 합리적 근사치로 사용될 수 있다.

(2) 가중평균유통보통주식수 계산의 기산일

가중평균유통보통주식수를 산정하기 위한 보통주유통일수의 계산의 기산일은 통상 주식발행의 대가를 받을 권리가 발생하는 시점(일반적으로 주식발행일)이다. 보통주유통일수를 계산하는 기산일의 예를 들면 다음과 같다.

① 현금납입의 경우 현금을 받을 권리가 발생하는 날

② 보통주나 우선주 배당금을 자발적으로 재투자하여 보통주가 발행되는 경우 배당금의 재투자일

③ 채무상품의 전환으로 인하여 보통주를 발행한느 경우 최종이자발생일의 다음날

④ 그 밖의 금융상품에 대하여 이자를 지급하거나 원금을 상환하는 대신 보통주를 발행하는 경우 최종이자발생일의 다음날

⑤ 채무를 변제하기 위하여 보통주를 발행하는 경우 채무변제일

⑥ 현금 이외의 자산을 취득하기 위하여 보통주를 발행하는 경우 그 자산의 취득을 인식한 날

⑦ 용역의 대가로 보통주를 발행하는 경우 용역제공일

(3) 무상증자, 주식배당, 주식분할, 주식병합

① 자원의 실질적인 변동을 유발하지 않으면서 주식수가 증감한다.

② 주식배당, 무상증자, 주식분할의 경우 추가로 대가를 받지 않고 기존 주주에게 보통주를 발행하므로 자원은 증가하지 않고 유통보통주식수만 증가한다.

③ 위 경우들은 당해 사건이 있기 전의 유통보통주식수를 비교표시되는 최초기간의 개시일에 그 사건이 일어난 것처럼 비례적으로 조정한다.

④ 주식병합은 일반적으로 자원의 실질적인 유출없이 유통보통주식수를 감소시킨다.

(4) 유상증자, 신주인수권 및 주식선택권의 행사

① 현금이 납입되고 보통주가 발행되는 경우 납입일부터 유통보통주식수에 포함한다.

② 다만, 기존주주에 대한 저가유상증자의 경우 행사가격이 공정가치보다 낮다면 유상증자와 무상증자가 혼합되어 있는 것으로 본다.

③ 신주인수권, 주식선택권의 행사, 제3자 배정 신주발행은 무상증자가 혼합된 것으로 보지 않는다.

(5) 전환사채와 전환우선주

① 전환으로 발행되는 보통주는 전환일부터 유통보통주식수에 포함한다.

② 다만, 보통주로 반드시 전환하여야 하는 전환금융상품은 계약체결시점부터 기본주당이익을 계산하기 위한 보통주식수에 포함한다.

(6) 조건부발행보통주

① 조건부발행보통주는 모든 필요조건이 충족된 날에 발행된 것으로 보아 유통보통주식수에 포함한다.

② 단순히 일정기간이 경과한 후 보통주를 발행하기로 하는 계약 등의 경우 기간의 경과에는 불확실성이 없으므로 조건부발행보통주로 보지 않는다.

③ 조건부로 재매입할 수 있는 보통주를 발행한 경우 이에 대한 재매입가능성이 없어질 때까지는 보통주로 간주하지 아니하고, 기본주당이익을 계산하기 위한 보통주식수에 포함하지 아니한다.

(7) 사업결합 이전대가

사업결합 이전대가의 일부로 발행된 보통주의 경우 취득일을 가중평균유통보통주식수를 산정하는 기산일로 한다.

(8) 자기주식 취득과 처분

① 자기주식은 보유하는 기간 동안 제외하고, 자기주식을 처분하면 유통보통주식수에 포함한다.

② 보유하고 있는 자기주식을 소각하는 경우 유통보통주식수에 영향을 미치지 않는다.

2. 보통주이익

(1) 보통주이익 : 당기순이익(계속영업이익) − 우선주배당금

(2) 차감할 세후 우선주 배당금

① 당해 회계기간과 관련하여 배당결의된 비누적적 우선주에 대한 세후 배당금

② 배당결의 여부와 관계없이 당해 회계기간과 관련한 누적적 우선주에 대한 세후배당금으로 전기 이전의 기간과 관련하여 당기에 지급되거나 결의된 누적적 우선주 배당금은 제외한다.

(3) 할증배당우선주

① 할증배당우선주는 우선주를 시가보다 할인 발행한 기업에 대한 보상으로 초기에 낮은 배당을 지급하는 우선주 또는 우선주를 시가보다 할증금액으로 매수한 투자자에 대한 보상으로 이후 기간에 시장보다 높은 배당을 지급하는 우선주를 말한다.

② 할증배당우선주의 당초 할인발행차금이나 할증발행차금은 유효이자율법을 사용하여 상각하여 이익잉여금에 가감하고 주당이익을 계산할 때 우선주 배당금으로 처리한다.

(4) 우선주 재매입손익

① 기업이 공개매수방식으로 우선주를 재매입할 때 우선주 주주에게 지급한 대가의 공정가치가 우선주의 장부금액을 초과하는 부분은 우선주 주주에 대한 이익배분으로서 이익잉여금에서 차감한다. 이 금액은 지배기업의 보통주에 귀속되는 당기순손익을 계산할 때 차감한다.

② 우선주의 장부금액이 우선주의 매입을 위하여 지급하는 대가의 공정가치를 초과하는 경우 그 차액을 지배기업의 보통주에 귀속되는 당기순손익을 계산할 때 가산한다.

(5) 전환우선주 유도전환

① 전환우선주 발행기업이 처음의 전환조건보다 유리한 조건을 제시하거나 추가적인 대가를 지급하여 조기 전환을 유도하는 경우이다.

② 이 경우 처음의 전환조건에 따라 발행될 보통주의 공정가치를 초과하여 지급하는 보통주나 그 밖의 대가는 공정가치는 전환우선주에 대한 이익배분으로 보아 기본주당이익을 계산할 때 지배기업의 보통주에 귀속되는 당기순손익에서 차감한다.

③ 당기순이익(계속영업이익)
　　－ 우선주배당금
　　－ 할증배당우선주 상각액
　　－ 우선주 재매입손실
　　＋ 우선주 재매입이익
　　－ 전환우선주 유도전환 대가
　　보통주 당기순이익(계속영업이익)

---

1. 잠재적보통주

(1) 잠재적보통주의 종류

① 보통주로 전환할 수 있는 금융부채나 지분증권
② 옵션과 주식선택권
③ 조건부발행보통주 등

(2) 보통주식수의 계산

① 희석주당이익을 계산하기 위한 보통주식수는 기본주당이익의 보통주식수에 따라 계산한 가중평균유통보통주식수에 희석성 잠재적 보통주가 모두 전환될 경우에 발행되는 보통주의 가중평균유통주식수를 가산하여 산출한다.

② 희석성 잠재적보통주는 회계기간의 기초에 전환된 것으로 보되 당기에 발행된 것은 그 발행일에 전환된 것으로 본다.

(3) 전환금융상품(전환사채와 전환우선주)

전환권을 행사한 것으로 가정할 경우 발행되는 주식수를 가중평균하여 가산한다.

(4) 옵션과 주식매입권(신주인수권과 주식선택권)

① 희석주당이익을 계산할 때 희석효과가 있는 옵션이나 주식매입권은 행사된 것으로 가정한다. 이 경우 권리행사에서 예상되는 현금유입액은 보통주를 회계기간의 평균시장가격으로 발행하여 유입된 것으로 가정한다. 그 결과 권리를 행사할 때 발행하여야 할 보통주식수와 회계기간의 평균시장가격으로 발행한 것으로 가정하여 환산한 보통주식수의 차이는 무상으로 발행한 것으로 본다.

② 잠재적 보통주식수 = 발행가능주식수 − 발행가능주식수 × $\dfrac{\text{행사가격}}{\text{평균시장가격}}$

③ 보통주인수권은 행사가격이 보통주 평균시장가격보다 낮은 경우에만 희석효과가 있다.(내가격 상태)

(5) 조건부발행보통주

① 조건부발행보통주는 그 조건이 충족된 상태라면 이미 발행되어 유통되고 있는 것으로 간주하여 유통보통주식수에 가산한다.

② 조건이 충족되지 않은 경우 해당기간의 말에 조건이 충족된 것으로 보아 유통보통주식수에 가산한다.

2. 희석이익

(1) 희석주당이익 고려사항

희석주당이익을 계산하기 위해서는 보통주에 귀속되는 당기순손익을 다음의 사항에서 법인세효과를 차감한 금액만큼 조정한다.

① 희석성 잠재적보통주에 대한 배당금이나 기타항목

② 희석성 잠재적보통주와 관련하여 그 회계기간에 인식한 이자비용

③ 희석성 잠재적보통주를 보통주로 전환하였다면 발생하였을 그 밖의 수익 또는 비용의 변동사항

(2) 전환우선주 행사가정시 : 전환우선주 배당금

(3) 전환사채 행사가정시 : 이자비용 × (1 − 세율)

(4) 주식선택권 : 주식보상비용 × (1 − 세율)

(5) 상환할증금지급조건 신주인수권부사채 행사가정시 : 상환할증금 이자비용 × (1 − 세율)

※ 액면상환조건의 신주인수권부사채는 가산할 금액이 없다.

3. 희석효과 유무 판단

(1) 잠재적보통주가 희석효과를 가지는지에 대한 판단은 계속영업손익에 대한 희석효과 유무로 판단한다.

(2) 희석효과 판단의 순서

기본주당이익을 최대한 희석할 수 있도록 희석효과가 가장 큰 잠재적보통주부터 순차적으로 고려한다.

15 | 리 스

제1절 | 리스의 의의

1. 리스의 식별

(1) 계약의 약정시점에, 계약자체가 리스인지, 계약이 리스를 포함하는지 판단한다. 계약에서 대가와 교환하여 식별되는 자산의 사용 통제권을 일정기간 이전하게 한다면 그 계약은 리스이거나 리스를 포함한다.

(2) 식별되는 자산

① 자산은 일반적으로 계약에서 분명히 특정되어 식별되지만 어떤 자산은 고객이 사용할 수 있는 시점에 암묵적으로 특정되어 식별될 수도 있다.

② 자산이 특정되더라도 공급자가 자산을 대체할 실질적인 권리를 사용기간 내내 가지면 고객은 식별되는 자산의 사용권을 가지지 못하는 것으로 보아 리스계약이 아니다. 다음의 요건을 모두 충족하는 경우 공급자의 자산 대체권은 실질적이다.

• 공급자가 대체 자산으로 대체할 실질적인 능력을 사용기간 내내 가진다.

• 공급자는 자산 대체권의 행사에서 경제적으로 효익을 얻을 것이다.

③ 공급자의 방어권만으로는 고객이 자산의 사용을 지시할 권리를 가지는 것을 막지 못하기 때문에 리스계약으로 볼 수 있다.

(3) 사용으로 생기는 경제적 효익을 얻을 권리

식별되는 자산의 사용을 통제하려면, 고객은 사용기간 내내 자산의 사용으로 생기는 경제적 효익의 대부분을 얻을 권리를 가져야한다.

(4) 사용을 지시할 권리

다음중 어느하나에 해당하는 경우에만 고객은 사용기간내내 식별되는 자산의 사용을 지시할 권리를 가진다.

① 고객이 사용기간 내내 자산을 사용하는 방법 및 목적을 지시할 권리를 가진다.

② 자산을 사용하는 방법 및 목적에 관련되는 결정이 미리 내려지고 다음 중 어느 하나에 해당한다.

• 고객이 사용기간 내내 자산을 운용할 권리를 가지며, 공급자는 그 운용 지시를 바꿀 권리가 없다.

• 고객이 사용기간 내내 자산을 사용할 방법 및 목적을 미리 결정하는 방식으로 자산을 설계하였다.

2. 리스의 분류

(1) 리스의 분류

① 리스제공자는 금융거래인 금융리스와 임대차거래인 운용리스로 분류할 수 있다.

② 리스이용자는 모든 리스에 대해 금융리스로만 분류해야한다.

　※ 금융리스의 리스자산에 대한 감가상각은 리스이용자가 한다. 운용리스의 리스자산에 대한 감가상각은 리스제공자
　가 한다.

③ 기초자산의 소유에 따른 위험과 보상의 대부분을 이전하는 리스는 금융리스로 분류한다. 기초자산의 소유에 따른 위험과 보상의 대부분을 이전하지 않는 리스는 운용리스로 분류한다.

④ 리스가 금융리스인지 운용리스인지는 계약의 형식보다는 거래의 실질에 달려있다. 리스가 일반적으로 금융리스로 분류되는 상황의 예는 다음과 같다.

- 리스기간 종료시점 이전에 기초자산의 소유권이 리스이용자에게 이전되는 리스
- 리스이용자가 선택권을 행사할 수 있는 날의 공정가치보다 충분히 낮을 것으로 예상되는 가격으로 기초자산을 매수할 수 있는 선택권을 가지고 있고, 그 선택권을 행사할 것이 리스 약정일 현재 상당히 확실한 경우
- 기초자산의 소유권이 이전되지는 않더라도 리스기간이 기초자산의 경제적 내용연수의 상당부분을 차지하는 경우
- 리스약정일 현재 리스료의 현재가치가 적어도 기초자산 공정가치의 대부분에 해당하는 경우
- 기초자산이 특수하여 해당 리스이용자만이 주요한 변경 없이 사용할 수 있는 경우

　※ 리스는 리스약정일에 분류하며 리스계약조건에 변경이 있는 경우에만 분류를 다시 판단한다. 추정의 변경이나
　상황의 변화는 리스를 새로 분류하는 원인이 되지 못한다.

(2) 리스 분류별 회계처리

① 금융리스제공자와 이용자의 회계처리

[금융리스제공자]

(차)	선급리스자산	XXX	(대)	현금	XXX
(차)	리스채권	XXX	(대)	선급리스자산	XXX
(차)	현금	XXX	(대)	이자수익	XXX
				리스채권	XXX

[금융리스이용자]

(차)	사용권자산	XXX	(대)	리스부채	XXX
(차)	이자비용	XXX	(대)	현금	XXX
	리스부채	XXX			
(차)	감가상각비	XXX	(대)	감가상각누계액	XXX

② 운용리스제공자와 이용자의 회계처리

[운용리스제공자]

(차)	선급리스자산	XXX	(대)	현금	XXX
(차)	리스자산	XXX	(대)	선급리스자산	XXX
(차)	현금	XXX	(대)	운용리스수익	XXX
(차)	감가상각비	XXX	(대)	감가상각누계액	XXX

[운용리스이용자]

(차) 운용리스비용 XXX (대) 현금 XXX

3. 용어의 정의

(1) **리스약정일** : 리스계약일과 리스의 주요 조건에 대하여 계약당사자들이 합의한 날 중 이른 날

(2) **리스개시일** : 리스제공자가 리스이용자에게 기초자산을 사용할 수 있게 하는 날

(3) **리스기간** : 리스이용자가 기초자산 사용권을 갖는 해지불능기간과 다음 기간을 포함하는 기간
  ① 리스이용자가 리스연장선택권을 행사할 것이 상당히 확실한 경우에 그 선택권의 대상기간
  ② 리스이용자가 리스종료선택권을 행사하지 않을 것이 상당히 확실한 경우에 그 선택권의 대상기간

(4) **리스개설직접원가** : 리스를 체결하지 않았더라면 부담하지 않았을 리스체결의 증분원가. 다만 금융리스와 관련하여 제조자 또는 판매자인 리스제공자가 부담하는 원가는 제외한다.

(5) **경제적 내용연수** : 하나 이상의 사용자가 자산을 경제적으로 사용할 수 있을 것으로 예상하는 기간이나 자산에서 얻을 것으로 예상하는 생산량 또는 이와 비슷한 단위 수량

(6) **리스총투자와 순투자**
  ① **리스총투자** : 금융리스에서 리스제공자가 받게 될 리스료와 무보증잔존가치의 합계액
    리스총투자 = 리스료 + 무보증잔존가치
  ② **리스순투자** : 리스총투자를 리스의 내재이자율로 할인한 금액
    리스순투자 = 기초자산 공정가치 + 리스제공자의 리스개설직접원가

(7) **리스료** : 기초자산 사용권과 관련하여 리스기간에 리스이용자가 리스제공자에게 지급하는 금액으로 다음 항목으로 구성됨
  ① 고정리스료(실질적인 고정리스료를 포함하고, 리스 인센티브는 차감)
  ② 지수나 요율에 따라 달라지는 변동리스료
  ③ 리스이용자가 매수선택권을 행사할 것이 상당히 확실한 경우에 그 매수선택권의 행사가격
  ④ 리스기간이 리스이용자의 종료선택권 행사를 반영하는 경우에 그 리스를 종료하기 위해 부담하는 금액

(8) **변동리스료** : 리스기간에 기초자산의 사용권에 대하여 리스이용자가 리스제공자에게 지급하는 리스료의 일부로서 시간의 경과가 아닌 리스개시일 후 사실이나 상황의 변화 때문에 달라지는 부분

(9) **잔존가치보증** : 리스제공자와 특수 관계에 있지 않은 당사자가 리스제공자에게 제공한, 리스종료일의 기초 자산 가치(또는 가치의 일부)가 적어도 특정 금액이 될 것이라는 보증

(10) **내재이자율** : 리스료 및 무보증잔존가치의 현재가치 합계액을 기초자산의 공정가치와 리스제공자의 리스 개설직접원가의 합계액과 동일하게 하는 할인율

(11) **리스이용자의 증분차입이자율** : 리스이용자가 비슷한 경제적 환경에서 비슷한 기간에 걸쳐 비슷한 담보로 사용권자산과 가치가 비슷한 자산 획득에 필요한 자금을 차입한다면 지급해야 하는 이자율

(12) **리스 인센티브** : 리스와 관련하여 리스제공자가 리스이용자에게 지급하는 금액이나 리스이용자의 원가를 리스제공자가 보상하거나 부담하는 금액

(13) **단기리스** : 리스개시일에 리스기간이 12개월 이하인 리스. 매수선택권이 있는 리스는 단기리스에 해당하지 않는다.

4. 단기 리스

(1) 리스이용자는 다음 리스에 대해서는 금융리스로 회계처리하지 않을 수 있다.
　① 단기리스
　② 소액 기초자산 리스

(2) 기초자산이 소액인지는 절대적 기준에 따라 평가한다. 리스이용자가 자산을 전대리스하거나 전대리스할 것으로 예상하는 경우에 상위리스는 소액자산 리스에 해당하지 않는다.

(3) 단기리스나 소액 기초자산 리스에 금융리스 회계처리를 적용하지 않기로 선택한 경우에 리스이용자는 해당 리스에 관련되는 리스료를 리스기간에 걸쳐 정액 기준이나 다른 체계적인 기준에 따라 비용으로 인식한다.

(4) 단기리스에 대한 선택은 사용권이 관련되어 있는 기초자산의 유형별로 한다. 기초자산의 유형은 기업의 영업에서 특성과 용도가 비슷한 기초자산의 집합이다. 소액 기초자산리스에 대한 선택은 리스별로 할 수 있다.

제2절 | 금융리스와 운용리스

1. 최초 인식

(1) 리스제공자

리스제공자는 리스개시일에 리스료와 무보증잔존가치의 합계액을 내재이자율로 할인한 현재가치를 리스채권으로 인식한다.

(2) 리스이용자

　① 리스이용자는 리스개시일에 그날 현재 지급되지 않은 리스료의 현재가치로 리스부채를 측정한다.
　② 리스의 내재이자율을 쉽게 산정할 수 있다면 내재이자율로 리스료를 할인하고, 내재이자율을 쉽게 산정할 수 없다면 리스이용자의 증분차입이자율을 사용한다.
　③ 리스이용자는 리스개시일에 사용권자산을 원가로 측정하며, 사용권자산의 원가는 다음항목으로 구성된다.
　　㉠ 리스부채의 최초 측정금액
　　㉡ 리스개시일이나 그 전에 지급한 리스료(받은 리스 인센티브는 차감)
　　㉢ 리스이용자가 부담하는 리스개설직접원가

2. 리스기간 중

(1) 금융리스 제공자의 이자수익 : 리스채권에 유효이자율법을 적용하여 인식한다.

[금융리스 제공자의 회계처리]

(차) 현금	XXX	(대) 이자수익	XXX
		리스채권	XXX

(2) 금융리스 이용자의 이자비용 : 리스부채에 유효이자율법을 적용하여 인식한다. 유효이자율은 리스제공자의 내재이자율 또는 증분차입이자율이다.

(3) 금융리스 이용자의 사용권자산 : 사용권자산을 투자부동산으로 분류하여 공정가치모형을 적용하는 경우와 유형자산의 재평가모형 중 어느 하나를 적용하지 않는 경우에, 리스이용자는 리스개시일 후에 원가모형을 적용하여 사용권자산을 측정한다.

(4) 금융리스 이용자의 감가상각비

① 리스기간 종료시점 이전에 리스이용자에게 기초자산의 소유권을 이전하는 경우나 사용권자산의 원가에 리스이용자가 매수선택권을 행사할 것임이 반영되는 경우, 리스이용자는 리스개시일부터 기초자산의 내용연수 종료시점까지 사용권자산을 감가상각한다.

② 기초자산을 반환하는 경우 리스이용자는 리스개시일부터 사용권자산의 내용연수 종료일과 리스기간 종료일 중 이른 날까지 사용권자산을 감가상각한다.

[금융리스 이용자의 회계처리]

(차)	이자비용	XXX	(대)	현금	XXX
	리스부채	XXX			
(차)	감가상각비	XXX	(대)	감가상각누계액	XXX

(5) 사용권 자산의 손상 : 리스이용자는 사용권자산의 손상을 판단하고 손상되었다면 손상회계처리를 한다.

3. 운용리스 제공자의 최초인식

(1) 리스기간 개시일에 리스대상자산을 운용리스자산으로 인식하고 리스개설직접원가를 운용리스자산의 장부금액에 가산한다.

[리스기간 개시일]

(차)	운용리스자산	XXX	(대)	현금(취득원가)	XXX
(차)	운용리스자산	XXX	(대)	현금(리스개설직접원가)	XXX

(2) 리스기간중의 운용리스료 수익 : 리스기간에 걸쳐 정액기준이나 다른 체계적인 기준으로 인식한다.

(3) 운용리스 자산에 대한 감가상각비 : 리스제공자가 소유한 다른 비슷한 자산의 감가상각정책과 일치하도록 감가상각한다.

(4) 운용리스개설직접원가에 대한 감가상각비 : 운용리스자산의 장부금액으로 인식된 리스개설직접원가는 기초자산의 장부금액에 더하여 운용리스기간에 걸쳐 비용으로 인식한다.

4. 리스기간 종료일

리스이용자가 자산을 인수하거나 반환하며, 리스부채의 잔액을 현금으로 지급함으로써 리스계약을 종료한다.

1. 재평가시 기존할인율을 적용하는 경우

① 잔존가치보증에 따라 지급할 것으로 예상되는 금액에 변동이 있는 경우
② 리스료를 산정할 때 사용한 지수나 요율의 변동으로 생기는 미래 리스료에 변동이 있는 경우

2. 재평가시 수정할인율을 적용하는 경우

① 리스기간 변경으로 리스료가 변동되는 경우
② 기초자산을 매수하는 선택권 평가에 변동이 있는 경우
③ 수정리스료가 변동이자율의 변동으로 생긴 경우

1. 별도리스로 분류되는 경우

① 하나 이상의 기초자산 사용권이 추가되어 리스의 범위가 넓어진다.
② 넓어진 리스 범위의 개별 가격에 상응하는 금액과 특정한 계약의 상황을 반영하여 그 개별 가격에 적절히 조정하는 금액만큼 리스대가가 증액된다.

2. 별도리스로 분류되지 않는 경우

(1) 별도 리스로 회계처리하지 않는 리스변경에 대하여 리스이용자는 리스변경 유효일에 다음과 같이 처리한다.

① 변경된 계약의 대가를 배분한다.
② 변경된 리스의 리스기간을 산정한다.
③ 수정 할인율로 수정 리스료를 할인하여 리스부채를 다시 측정한다.

(2) 별도 리스로 회계처리하지 않는 리스변경에 대하여 리스이용자는 다음과 같이 리스부채의 재측정을 회계 처리한다.

① 리스의 범위를 좁히는 리스변경에 대하여 리스의 일부나 전부의 종료를 반영하기 위하여 사용권자산의 장부금액을 줄인다. 리스이용자는 리스의 일부나 전부의 종료에 관련되는 차손익을 당기손익으로 인식한다.
② 그 밖의 모든 리스변경에 대하여 사용권자산에 상응하는 조정을 한다.

1. 판매형리스

(1) 매출액 : 리스채권 − 무보증잔존가치현가

한도 : min(기초자산의 공정가치, 시장이자율로 할인한 리스료의 현재가치)

(2) 매출원가 : 리스자산 장부금액 − 무보증잔존가치현가

(3) 리스채권 : 리스료와 무보증잔존가치를 합하여 시장이자율로 할인

(4) 리스체결증분원가 : 판매비와 관리비와 같은 비용으로 즉시 인식

(5) 판매형리스의 회계처리

[리스개시일]

(차)	리스채권	XXX	(대)	매출	XXX
(차)	매출원가	XXX	(대)	재고자산	XXX
(차)	판매비	XXX	(대)	현금	XXX
(차)	매출	XXX	(대)	매출원가	XXX

※ 무보증잔존가치의 현재가치만큼 매출과 매출원가를 취소한다.

[리스기간]

(차)	현금	XXX	(대)	이자수익	XXX
				리스채권	XXX

2. 판매후리스

(1) 자산 이전이 판매에 해당하지 않는 경우

① 판매자인 리스이용자는 이전한 자산을 계속 인식하고, 이전금액과 같은 금액으로 금융부채를 인식한다.

[판매자인 리스이용자]

(차)	현금	XXX	(대)	금융부채	XXX

② 구매자인 리스제공자는 이전된 자산을 인식하지 않고 이전금액과 같은 금액으로 금융자산을 인식한다.

[구매자인 리스제공자]

(차)	금융자산	XXX	(대)	현금	XXX

(2) 자산 이전이 판매에 해당하는 경우

① 판매자인 리스이용자는 계속 보유하는 사용권에 관련되는 자산의 종전 장부금액에 비례하여 사용권자산을 측정한다. 따라서 판매자인 리스이용자는 구매자인 리스제공자에게 이전한 권리에 관련되는 차손익 금액만을 인식한다.

② 판매후리스에서는 항상 공정가치로 판매했다고 보기 때문에 판매대가의 공정가치가 그 자산의 공정가치와 다르다면 다음과 같이 조정한다.

• 판매가격 < 공정가치 : 시장조건을 밑도는 부분은 리스료의 선급으로 회계처리한다.

• 판매가격 > 공정가치 : 시장조건을 웃도는 부분은 구매자인 리스제공자가 판매자인 리스이용자에 제공한 추가 금융으로 회계처리한다.

③ [판매가 = 공정가치일 때 회계처리]

(차)	현금(주2)	XXX	(대)	기계장치(주1)	XXX
	사용권자산(주4)	XXX		리스부채(주3)	XXX
				처분이익(주5)	XXX

주1 장부금액
주2 공정가치
주3 리스료의 현가
주4 장부금액 × 리스부채/공정가치
주5 처분이익 − 처분이익 × 리스부채/공정가치

CHAPTER
16 | 회계변경과 오류수정

제1절 | 회계정책의 변경과 회계추정의 변경

1. 회계정책의 변경

(1) 한국채택국제회계기준은 회계정책의 적용대상인 거래, 기타 사건 및 상황에 관한 정보가 목적적합하고 신뢰성 있게 재무제표에 반영될 수 있도록 한다. 이러한 회계정책의 적용효과가 중요하지 않은 경우에는 그 회계정책을 적용하지 않을 수 있다.

(2) 거래, 기타 사건 또는 상황에 대하여 구체적으로 적용할 수 있는 한국채택국제회계기준이 없는 경우, 경영진은 판단에 따라 회계정책을 개발 및 적용하여 회계정보를 작성할 수 있다.

(3) 기업은 다음 중 하나의 경우에 회계정책을 변경할 수 있다.
  ① 한국채택국제회계기준에서 회계정책의 변경을 요구하는 경우
  ② 회계정책의 변경을 반영한 재무제표가 거래, 기타 사건 또는 상황이 재무상태, 재무성과 또는 현금흐름에 미치는 영향에 대하여 신뢰성 있고 더 목적적합한 정보를 제공하는 경우

(4) 다음의 경우에는 회계정책의 변경에 해당하지 아니한다.
  ① 과거에 발생한 거래와 실질이 다른 거래, 기타 사건 또는 상황에 대하여 다른 회계정책을 적용하는 경우
  ② 과거에 발생하지 않았거나 발생하였어도 중요하지 않았던 거래, 기타 사건 또는 상황에 대하여 새로운 회계정책을 적용하는 경우

(5) 회계정책의 변경은 특정기간에 미치는 영향이나 누적효과를 실무적으로 결정할 수 없는 경우를 제외하고는 회계정책의 변경은 다음과 같이 회계처리한다.
  ① 경과규정이 있는 한국채택국제회계기준을 최초 적용하는 경우에 발생하는 회계정책의 변경은 해당 경과규정에 따라 회계처리한다.
  ② 경과규정이 없는 한국채택국제회계기준을 최초 적용하는 경우에 발생하는 회계정책의 변경이나 자발적인 회계정책의 변경은 소급적용한다.

(6) 비교표시되는 하나 이상의 과거기간의 비교정보에 대해 특정기간에 미치는 회계정책의 변경의 영향을 실무적으로 결정할 수 없는 경우, 실무적으로 소급적용할 수 있는 가장 이른 회계기간의 자산 및 부채의 기초장부금액에 새로운 회계정책을 적용하고, 그에 따라 변동하는 자본 구성요소의 기초금액을 조정한다. 실무적으로 적용할 수 있는 가장 이른 회계기간은 당기일 수도 있다.

2. 회계추정의 변경

(1) 회계추정의 변경은 새로운 정보의 획득, 새로운 상황의 전개 등에 따라 지금까지 사용해오던 회계적 추정치를 바꾸는 것이며 이는 오류수정에 해당하지 아니한다.

(2) 당초 추정의 근거가 되었던 상황의 변화, 새로운 정보의 획득, 추가적인 경험의 축적이 있는 경우 추정의 수정이 필요할 수 있다. 성격상 추정의 수정은 과거기간과 연관되지 않으며 오류수정으로 보지 아니한다.

(3) 합리적인 추정을 사용하는 것은 재무제표 작성의 필수적인 과정이며 재무제표의 신뢰성을 손상시키지 않는다.

(4) 측정기준의 변경은 회계추정의 변경이 아니라 회계정책의 변경에 해당한다. 회계정책의 변경과 회계추정의 변경을 구분하는 것이 어려운 경우에는 이를 회계추정의 변경으로 본다.

(5) 회계추정의 변경효과는 다음의 회계기간의 당기손익에 포함하여 전진적으로 인식한다.
   ① 변경이 발생한 기간에만 영향을 미치는 경우에는 변경이 발생한 기간
   ② 변경이 발생한 기간과 미래기간에 모두 영향을 미치는 경우에는 변경이 발생한 기간과 미래기간

(6) 회계추정치 변경효과를 전진적으로 인식하는 것은 그 변경이 발생한 시점 이후부터 거래, 그 밖의 사건 및 상황에 적용하는 것을 말한다. 회계추정치의 변경은 당기손익에만 영향을 미치는 경우와 당기손익과 미래기간의 손익에 모두 영향을 미치는 경우가 있다.

(7) 당기에 영향을 미치거나 미래기간에 영향을 미칠 것으로 예상되는 회계추정치 변경에 대하여 변경내용과 변경효과의 금액을 공시한다. 다만 미래기간에 미치는 영향을 실무적으로 추정할 수 없는 경우에는 공시하지 아니할 수 있다.

제2절	오류수정

1. 오류수정

(1) 전기오류로 특정기간에 미치는 오류의 영향이나 누적효과를 실무적으로 결정할 수 없는 경우를 제외하고는 소급재작성하여 수정한다.
   ① 오류가 발생한 과거기간의 재무제표가 비교표시되는 경우에는 그 재무정보를 재작성한다.
   ② 오류가 비교표시되는 가장 이른 과거기간 이전에 발생한 경우에는 비교표시되는 가장 이른 과거기간의 자산, 부채 및 자본의 기초금액을 재작성한다.

(2) 비교표시되는 하나 이상의 과거기간의 비교정보에 대해 특정기간에 미치는 오류의 영향을 실무적으로 결정할 수 없는 경우, 실무적으로 소급재작성할 수 있는 가장 이른 회계기간의 자산, 부채 및 자본의 기초금액을 재작성한다.

(3) 실무적으로 소급재작성할 수 있는 가장 이른 회계기간은 당기일 수도 있다.

CHAPTER 17 | 현금흐름표

제1절 | 현금흐름표의 의의

1. 현금흐름표의 의의

(1) 현금흐름표의 의의

회계기간 동안 발생한 현금흐름을 영업활동, 투자활동 및 재무활동으로 분류하는 현금흐름표를 통하여 현금 및 현금성자산의 역사적 변동에 관한 정보를 제공한다.

(2) 현금흐름정보의 효익

① 현금흐름표는 다른 재무제표와 같이 사용되는 경우 순자산의 변화, 재무구조(유동성과 지급능력 포함), 변화하는 상황과 기회에 적응하기 위하여 현금흐름의 금액과 시기를 조절하는 능력을 평가하는데 유용한 정보를 제공한다.

② 현금흐름정보는 현금및현금성자산의 창출능력을 평가하는데 유용할 뿐만 아니라, 서로 다른 기업의 미래 현금흐름의 현재가치를 비교, 평가하는 모형을 개발할 수 있도록 한다.

③ 현금흐름정보는 동일한 거래와 사건에 대하여 서로 다른 회계처리를 적용함에 따라 발생하는 영향을 제거하기 때문에 영업성과에 대한 기업간의 비교가능성을 제고한다.

④ 역사적 현금흐름정보는 미래현금흐름의 금액, 시기 및 확실성에 대한 지표로 자주 사용된다.

⑤ 과거에 추정한 미래현금흐름의 정확성을 검증하고, 수익성과 순현금흐름 간의 관계 및 물가 변동의 영향을 분석하는 데 유용하다.

(3) 현금 및 현금성 자산

① 투자자산이 현금성자산으로 분류되기 위해서는 확정된 금액의 현금으로 전환이 용이하고, 가치변동의 위험이 경미해야 한다.

② 투자자산은 일반적으로 만기일이 단기에 도래하는 경우(취득일로부터 만기일이 3개월 이내인 경우 등)에만 현금성 자산으로 분류한다.

③ 지분상품은 현금성 자산에서 제외되나, 상환일이 정해져 있고 취득일로부터 상환일까지의 기간이 단기인 우선주와 같이 실질적인 현금성자산인 경우 예외로 한다.

④ 은행 차입은 일반적으로 재무활동으로 간주된다. 그러나 일부 국가의 경우 금융회사의 요구에 따라 즉시 상환하여야 하는 당좌차월은 기업의 현금관리의 일부를 구성한다. 이 때 당좌차월은 현금 및 현금성자산의 구성요소에 포함된다.

⑤ 현금 및 현금성 자산을 구성하는 항목 간 이동은 영업활동, 투자활동 및 재무활동의 일부가 아닌 현금관리의 일부이므로 이러한 항목간의 변동은 현금흐름에서 제외한다.

2. 현금흐름의 변동

(1) 영업활동

① 기업의 주요 수익창출활동에서 발생한다.

② 단기매매목적으로 유가증권이나 대출채권을 보유할 수 있으며, 단기매매목적으로 보유하는 유가증권의 취득과 판매에 따른 현금흐름은 영업활동으로 분류한다.

③ 금융회사의 현금 선지급이나 대출채권은 주요 수익창출활동과 관련되어 있으므로 일반적으로 영업활동으로 분류한다.

④ 영업활동 현금흐름의 예는 다음과 같다.

- 재화의 판매와 용역 제공에 따른 현금유입
- 로열티, 수수료, 중개료 및 기타수익에 따른 현금유입
- 종업원과 관련하여 직·간접으로 발생하는 현금유출
- 법인세의 납부 또는 환급. 다만 재무활동과 투자활동에 명백히 관련되는 것은 제외한다.
- 단기매매목적으로 보유하는 계약에서 발생하는 현금유입과 현금유출

(2) 투자활동

① 투자활동 현금흐름은 미래수익과 미래현금흐름을 창출할 자원의 확보를 위하여 지출된 정도를 나타내기 때문에 현금흐름을 별도로 구분 공시하는 것이 중요하다.

② 재무상태표에 자산으로 인식되는 지출만이 투자활동으로 분류하기에 적합하다.

③ 투자활동 현금흐름의 예는 다음과 같다.

- 유형자산, 무형자산 및 기타 장기성 자산의 취득에 따른 현금유출. 이 경우 현금유출에는 자본화된 개발원가와 자가건설 유형자산에 관련된 지출이 포함된다.
- 유형자산, 무형자산 및 기타 장기성 자산의 처분에 따른 현금유입
- 다른 기업의 지분상품이나 채무상품 및 공동기업 투자지분의 취득에 따른 현금유출(현금성자산으로 간주되는 상품이나 단기매매목적으로 보유하는 상품의 취득에 따른 유출액은 제외)
- 다른 기업의 지분상품이나 채무상품 및 공동기업 투자지분의 처분에 따른 현금유입(현금성자산으로 간주되는 상품이나 단기매매목적으로 보유하는 상품의 처분에 따른 유입액은 제외)
- 제3자에 대한 선급금 및 대여금(금융회사의 현금 선지급과 대출채권은 제외)
- 제3자에 대한 선급금 및 대여금의 회수에 따른 현금유입(금융회사의 현금 선지급과 대출채권은 제외)
- 선물계약, 선도계약, 옵션계약 및 스왑계약에 따른 현금유출. 단기매매목적으로 계약을 보유하거나 현금유출이 재무활동으로 분류되는 경우는 제외한다.
- 선물계약, 선도계약, 옵션계약 및 스왑계약에 따른 현금유입. 단기매매목적으로 계약을 보유하거나 현금유입이 재무활동으로 분류되는 경우는 제외한다.

(3) 재무활동

① 재무활동 현금흐름은 미래현금흐름에 대한 자본 제공자의 청구권을 예측하는데 유용하기 때문에 현금흐름을 별도로 구분 공시하는 것이 중요하다.

② 재무활동 현금흐름의 예는 다음과 같다.

- 주식이나 기타 지분상품의 발행에 따른 현금유입
- 주식의 취득이나 상환에 따른 소유주에 대한 현금유출
- 담보·무담보부사채 및 어음의 발행과 기타 장·단기차입에 따른 현금유입
- 리스이용자의 리스부채 상환에 따른 현금유출

3. 활동별 항목

(1) 활동별 구분

구분	활동의 구분
이자 수입	영업활동 + 투자활동
이자 지급	영업활동 + 재무활동
배당금 수입	영업활동 + 투자활동
배당금 지급	재무활동 + 영업활동
법인세 지급	영업활동 + 투자활동이나 재무활동

제2절 | 직접법과 간접법 현금흐름표

1. 직접법 현금흐름표

현금흐름표

20x1년 1월 1일부터 20x1년 12월 31일

영업활동 현금흐름	
고객으로부터 유입된 현금	XXX
공급자에 대한 현금유출	(XXX)
종업원에 대한 현금유출	(XXX)
단기매매목적 유가증권 현금유출입	XXX
영업에서 창출된 현금	**XXX**
이자 수령	XXX
이자 지급	(XXX)
배당금 수령	XXX
법인세 납부	(XXX)
영업활동 순현금흐름	**XXX**

2. 간접법 현금흐름표

현금흐름표
20x1년 1월 1일부터 20x1년 12월 31일

영업활동 현금흐름	
당기순이익	XXX
영업활동에서 창출되지 않은 손익 가감	(XXX)
영업활동에서 창출된 자산과 부채 증감	XXX
영업에서 창출된 현금	**XXX**
이자 수령	XXX
이자 지급	(XXX)
배당금 수령	XXX
법인세 납부	(XXX)
영업활동 순현금흐름	**XXX**

CHAPTER 18 | 기타의 재무보고

1. 매각예정비유동자산

① 비유동자산(또는 처분자산집단)의 장부금액이 계속사용이 아닌 매각거래를 통하여 주로 회수될 것이라면 이를 매각예정으로 분류한다.

② 매각예정으로 분류하기 위해서는 당해 자산은 현재상태에서 통상적이고 관습적인 거래조건만으로 즉시 매각가능하여야 하며 매각될 가능성이 매우 높아야 한다.

③ 폐기될 비유동자산(또는 처분자산집단)은 매각예정으로 분류할 수 없다.

④ 한편, 매각예정으로 분류되는 요건이 보고기간 후에 충족된 경우 당해 비유동자산(또는 처분자산집단)은 보고기간 후 발행되는 당해 재무제표에서 매각예정으로 분류할 수 없다.

⑤ 매각예정으로 분류된 비유동자산은 다른 자산과 별도로 재무상태표에 표시하며, 매각예정으로 분류된 처분자산집단에 포함되는 자산이나 부채는 다른 자산이나 부채와 별도로 재무상태표에 표시한다.

⑥ 매각예정으로 분류된 비유동자산(또는 처분자산집단)과 관련하여 기타포괄손익으로 인식한 손익누계액은 별도로 표시한다.

⑦ 과거 재무상태표에 매각예정으로 분류된 비유동자산 또는 처분자산집단에 포함된 자산과 부채의 금액은 최근 재무상태표의 분류를 반영하기 위하여 재분류하거나 재작성하지 아니한다.

2. 매각예정비유동자산의 측정

① 매각예정으로 분류된 비유동자산(또는 처분자산집단)은 순공정가치와 장부금액 중 작은 금액으로 측정한다.

② 비유동자산이 매각예정으로 분류되거나 매각예정으로 분류된 처분자산집단의 일부이면 그 자산은 감가상각하지 아니한다.

③ 매각예정으로 분류된 처분자산집단의 부채와 관련된 이자와 기타비용은 계속해서 인식한다.

④ 매각예정비유동자산(또는 처분자산집단)을 매각예정으로 최초 분류하기 직전에 해당 자산의 장부금액은 적용가능한 한국채택국제회계기준서에 따라 측정하고 처분자산집단의 순공정가치를 재측정한다.

⑤ 매각예정비유동자산의 최초 또는 향후 순공정가치의 하락을 손상차손으로 인식한다. 자산의 순공정가치가 증가하면 이익을 인식한다. 그러나 그 금액은 과거에 인식하였던 손상차손누계액을 초과할 수 없다.

⑥ 매각예정처분자산집단에 대한 손상차손은 우선 영업권의 장부금액을 감소시키며, 그 다음 처분자산집단에 속하는 비유동자산의 장부금액에 비례하여 배분한다. 다만, 비유동자산 중 금융자산, 이연법인세자산 및 공정가치모형 투자부동산 등은 제외한다.

⑦ 매각예정으로 분류하였으나 중단영업의 정의를 충족하지 않는 비유동자산(또는 처분자산집단)을 재측정하여 인식하는 평가손익은 계속영업손익에 포함한다. 그러나 매각예정비유동자산(또는 처분자산집단)이 중단영업에 해당하는 경우에는 평가손익을 중단영업손익에 포함한다.

3. 중단영업

(1) 중단영업 : 중단영업은 이미 처분되었거나 매각예정으로 분류되고 다음 중 하나에 해당하는 기업의 구분단위이다.

① 별도의 주요 사업계열이나 영업지역이다.

② 별도의 주요 사업계열이나 영업지역을 처분하려는 단일 계획의 일부이다.

③ 매각만을 목적으로 취득한 종속기업이다.

(2) 중단영업과 관련된 손익은 ①과 ②의 합계를 포괄손익계산서에 단일금액으로 표시한다.

① 세후 중단영업손익

② 중단영업에 포함된 자산이나 처분자산집단을 순공정가치로 측정하거나 처분함에 따른 세후 손익

1. 중간재무보고의 의의

(1) 중간재무제표

① 요약재무상태표
② 요약손익계산서
③ 요약현금흐름표
④ 요약자본변동표
⑤ 선별적 주석

(2) 중간재무제표의 대상기간과 비교형식

① 재무상태표는 중간보고기간말과 직전 연차보고기간말을 비교하는 형식으로 작성한다.
② 손익계산서는 중간기간과 누적중간기간을 직전 회계연도의 동일기간과 비교하는 형식으로 작성한다.
③ 현금흐름표 및 자본변동표는 누적중간기간을 직전 회계연도의 동일기간과 비교하는 형식으로 작성한다.

2. 중간재무보고의 인식과 측정

(1) 중간재무제표 작성을 위한 인식과 측정의 예

① 중간재무제표에서 재고자산평가, 구조조정 또는 자산손상 관련 손실 등을 인식하고 측정할 때는 연차재무제표와 동일한 회계처리방법을 적용한다.
② 중간기간 중에 발생한 원가로서 중간보고기간말 현재 자산의 인식요건을 충족하지 못한 경우에는 이후 중간기간 중에 이러한 요건을 충족할 가능성이 있다는 이유로 또는 중간기간의 이익을 조정하기 위하여 자산으로 계상할 수 없다.
③ 중간기간의 법인세비용은 중간보고기간말 현재 예상되는 연간법인세율을 적용하여 인식한다. 동일 회계연도 내의 이후 중간기간 중에 연간법인세율의 변경이 있다면 변경의 효과를 그 기간에 모두 반영한다.

(2) 계절적, 주기적, 일시적 수익

계절적, 주기적, 일시적으로 발생하는 수익이라도 다른 중간기간 중에 미리 인식하거나 이연하지 않는다. 배당수익, 로열티수익 등은 전액 발생한 중간기간의 수익으로 인식한다.

(3) 연중 고르게 발생하지 않는 지출은 연차재무제표를 작성할 때 미리 비용으로 인식하거나 이연하는 것이 타당한 방법으로 인정되는 경우에 한하여 중간재무제표에서도 동일하게 처리한다.

유동비율	$\dfrac{유동자산}{유동부채}$	단기채무의 지급능력
당좌비율	$\dfrac{당좌자산}{유동부채}$	당좌자산의 단기채무 지급능력
부채비율	$\dfrac{부\ 채}{자\ 본}$	자본구조
이자보상비율	$\dfrac{영업이익}{이자비용}$	이자지급능력
매출액순이익률	$\dfrac{당기순이익}{매출액}$	매출액대비 이익의 비율
자기자본이익률	$\dfrac{당기순이익}{평균자기자본}$	자본사용의 효율성
총자산이익률	$\dfrac{당기순이익}{평균총자산}$	투자총자산사용의 효율성
주가수익률	$\dfrac{보통주 1주당 가격}{주당순이익}$	주가 평가
배당성향	$\dfrac{주당배당금}{주당순이익}$	기업의 배당정책
배당수익률	$\dfrac{주당배당금}{보통주 1주당 가격}$	기업의 배당정책
매출채권회전율	$\dfrac{매출액}{평균매출채권}$	유동성 측정
매출채권회수기간	$\dfrac{365일}{매출채권회전율}$	유동성 측정
재고자산회전율	$\dfrac{매출원가}{평균재고자산}$	재고자산의 유동성
재고자산회전기간	$\dfrac{365일}{재고자산회전율}$	재고자산의 유동성
총자산회전률	$\dfrac{매출액}{평균총자산}$	자산 효율성

스스로의 힘으로

실천하지 않는 것은

자포자기와 같다.

- 퇴계 이황 -

제2편

핵심기출

01 | 재무보고를 위한 개념체계

01 `CTA` `2024`

☑ 확인 Check! ○ △ ✕

일반목적재무보고에 관한 설명으로 옳지 않은 것은?

① 일반목적재무보고의 목적은 현재 및 잠재적 투자자, 대여자와 그 밖의 채권자가 기업에 자원을 제공하는 것과 관련된 의사결정을 할 때 유용한 보고기업 재무정보를 제공하는 것이다.

② 일반목적재무보고서는 보고기업의 가치를 보여주기 위해 고안된 것이 아니지만 현재 및 잠재적 투자자, 대여자와 그 밖의 채권자가 보고기업의 가치를 추정하는 데 도움이 되는 정보를 제공한다.

③ 한 기간의 보고기업의 재무성과에 투자자와 채권자에게서 직접 추가 자원을 획득한 것이 아닌 경제적자원 및 청구권의 변동이 반영된 정보는 기업의 과거 및 미래 순현금유입 창출 능력을 평가하는 데 유용하다.

④ 많은 현재 및 잠재적 투자자, 대여자 및 그 밖의 채권자는 정보를 제공하도록 보고기업에 직접 요구하고, 그들이 필요로 하는 재무정보의 많은 부분을 일반목적재무보고서에 의존하는 것은 아니다.

⑤ 재무보고서는 정확한 서술보다는 상당 부분 추정, 판단 및 모형에 근거한다.

02 `CTA` `2021`

☑ 확인 Check! ○ △ ✕

일반목적재무보고서가 제공하는 정보에 관한 설명으로 옳지 않은 것은?

① 보고기업의 경제적 자원 및 청구권의 성격 및 금액에 대한 정보는 이용자들이 기업의 경제적 자원에 대한 경영진의 수탁책임을 평가하는 데 도움이 될 수 있다.

② 보고기업의 재무성과에 대한 정보는 그 기업의 경제적 자원에서 해당 기업이 창출한 수익을 이용자들이 이해하는 데 도움을 준다.

③ 보고기업의 경제적 자원 및 청구권은 그 기업의 재무성과 그리고 채무상품이나 지분상품의 발행과 같은 그 밖의 사건이나 거래에서 발생한다.

④ 보고기업의 과거 재무성과와 그 경영진이 수탁책임을 어떻게 이행했는지에 대한 정보는 기업의 경제적 자원에서 발생하는 미래 수익을 예측하는 데 일반적으로 도움이 된다.

⑤ 한 기간의 보고기업의 재무성과에 투자자와 채권자에게서 직접 추가 자원을 획득한 것이 아닌 경제적 자원 및 청구권의 변동이 반영된 정보는 기업의 과거 및 미래 순현금유입 창출 능력을 평가하는 데 유용하다.

03 CTA 2019

일반목적재무보고에 관한 설명으로 옳지 않은 것은?

① 현재 및 잠재적 투자자, 대여자 및 기타채권자에 해당하지 않는 기타 당사자들(예를 들어, 감독당국)이 일반목적재무보고서가 유용하다고 여긴다면 이들도 일반목적재무보고의 주요 대상에 포함된다.

② 일반목적재무보고서는 현재 및 잠재적 투자자, 대여자 및 기타 채권자가 필요로 하는 모든 정보를 제공하지는 않으며 제공할 수도 없다. 그 정보이용자들은, 예를 들어, 일반 경제적 상황 및 기대, 정치적 사건과 정치 풍토, 산업 및 기업 전망과 같은 다른 원천에서 입수한 관련 정보를 고려할 필요가 있다.

③ 재무보고서는 정확한 서술보다는 상당 부분 추정, 판단 및 모형에 근거한다.

④ 일반목적재무보고서는 보고기업의 가치를 보여주기 위해 고안된 것이 아니다. 그러나 그것은 현재 및 잠재적 투자자, 대여자 및 기타 채권자가 보고기업의 가치를 추정하는 데 도움이 되는 정보를 제공한다.

⑤ 일반목적재무보고의 목적은 현재 및 잠재적 투자자, 대여자 및 기타 채권자가 기업에 자원을 제공하는 것에 대한 의사결정을 할 때 유용한 보고기업 재무정보를 제공하는 것이다. 그 의사결정은 지분상품 및 채무상품을 매수, 매도 또는 보유하는 것과 대여 및 기타 형태의 신용을 제공 또는 결제하는 것을 포함한다.

04 CTA 2023

일반목적재무보고의 목적에 대한 다음 설명 중 옳지 않은 것은?

① 많은 현재 및 잠재적 투자자, 대여자 및 그 밖의 채권자는 정보를 제공하도록 보고기업에 직접 요구할 수 없고, 그들이 필요로 하는 재무정보의 많은 부분을 일반목적재무보고서에 의존해야만 한다.

② 회계기준위원회는 회계기준을 제정할 때 최대 다수의 주요이용자 수요를 충족하는 정보를 제공하기 위해 노력할 것이다. 그러나 공통된 정보수요에 초점을 맞춘다고 해서 보고기업으로 하여금 주요이용자의 특정 일부집단에게 가장 유용한 추가 정보를 포함하지 못하게 하는 것은 아니다.

③ 보고기업의 경영진도 해당 기업에 대한 재무정보에 관심이 있다. 그러나 경영진은 필요로 하는 재무정보를 내부에서 구할 수 있기 때문에 일반목적재무보고서에 의존할 필요가 없다.

④ 보고기업의 경제적자원 및 청구권의 성격 및 금액에 대한 정보는 이용자들이 보고기업의 재무적 강점과 약점을 식별하는데 도움을 줄 수 있다.

⑤ 보고기업의 경제적자원 및 청구권은 재무성과 외의 사유로는 변동될 수 없다.

재무보고를 위한 개념체계에 대한 다음 설명 중 옳지 않은 것은?

① 보고기업이 지배-종속관계로 모두 연결되어 있지는 않은 둘 이상 실체들로 구성된다면 그 보고기업의 재무제표를 '비연결재무제표'라고 부른다.

② 일반목적재무보고서의 대상이 되는 주요이용자는 필요한 재무정보의 많은 부분을 일반목적재무제표에 의존해야 하는 현재 및 잠재적 투자자, 대여자와 그 밖의 채권자를 말한다.

③ 만일 어떤 두 가지 방법이 모두 현상에 대하여 동일하게 목적적합한 정보이고 동일하게 충실한 표현을 제공하는 것이라면, 보강적 질적특성은 이 두 가지 방법 가운데 어느 방법을 그 현상의 서술에 사용해야 할지를 결정하는 데 도움을 줄 수 있다.

④ 일반적으로 재무제표는 계속기업가정 하에 작성되나, 기업이 청산을 하거나 거래를 중단하려는 의도가 있다면 계속기업과는 다른 기준에 따라 작성되어야 하고 사용한 기준을 재무제표에 기술한다.

⑤ 일반목적재무보고의 목적을 달성하기 위해 회계기준위원회는 '개념체계'의 관점에서 벗어난 요구사항을 정하는 경우가 있을 수 있다.

다음은 재무보고를 위한 개념체계에 대한 설명이다. 옳지 않은 것은?

① 재무보고서는 정확한 서술보다는 상당 부분 추정, 판단 및 모형에 근거한다. 개념체계는 그 추정, 판단 및 모형의 기초가 되는 개념을 정하며 이 개념은 회계기준위원회와 재무보고서의 작성자가 노력을 기울이는 목표이다.

② 측정기준 중 사용가치와 이행가치는 미래현금흐름에 기초하기 때문에 자산을 취득하거나 부채를 인수할 때 발생하는 거래원가는 포함하지 않는다. 그러나 사용가치와 이행가치에는 기업이 자산을 궁극적으로 처분하거나 부채를 이행할 때 발생할 것으로 기대되는 거래원가의 현재가치가 포함된다.

③ 개념체계는 회계기준위원회의 공식 임무에 기여한다. 이 임무는 전 세계 금융시장에 투명성, 책임성, 효율성을 제공하는 회계기준을 개발하는 것이다. 회계기준위원회의 업무는 세계 경제에서의 신뢰, 성장, 장기적 금융안정을 조성함으로써 공공이익에 기여하는 것이다.

④ 재무제표는 기업의 현재 및 잠재적 투자자, 대여자와 그 밖의 채권자 중 특정 집단의 관점이 아닌 보고기업 전체의 관점에서 거래 및 그 밖의 사건에 대한 정보를 제공한다. 많은 현재 및 잠재적 투자자, 대여자 및 그 밖의 채권자는 정보를 제공하도록 보고기업에 직접 요구할 수 없고, 그들이 필요로 하는 재무정보의 많은 부분을 일반목적재무보고서에 의존해야만 한다.

⑤ 일반목적재무보고서는 보고기업의 가치를 보여주기 위해 고안된 것이다. 따라서 그것은 현재 및 잠재적 투자자, 대여자와 그 밖의 채권자가 보고기업의 가치를 추정하는 데 도움이 되는 정보를 제공한다.

유용한 재무정보의 질적특성에 관한 설명으로 옳지 않은 것은?

① 재무보고서는 경제적 현상을 글과 숫자로 나타내는 것이다.

② 재무정보가 과거 평가에 대해 피드백을 제공한다면(과거 평가를 확인하거나 변경시킨다면) 확인가치를 갖는다.

③ 중립적 정보는 목적이 없거나 행동에 대한 영향력이 없는 정보를 의미한다.

④ 회계기준위원회는 중요성에 대한 획일적인 계량 임계치를 정하거나 특정한 상황에서 무엇이 중요한 것인지를 미리 결정할 수 없다.

⑤ 합리적인 추정치의 사용은 재무정보의 작성에 필수적인 부분이며, 추정이 명확하고 정확하게 기술되고 설명되는 한 정보의 유용성을 저해하지 않는다.

유용한 재무정보의 질적특성에 관한 설명으로 옳지 않은 것은?

① 재무정보가 예측가치를 갖기 위해서 그 자체가 예측치 또는 예상치일 필요는 없다.

② 하나의 경제적 현상은 여러 가지 방법으로 충실하게 표현될 수 있으나, 동일한 경제적 현상에 대해 대체적인 회계처리방법을 허용하면 비교가능성이 감소한다.

③ 목적적합하지 않은 현상에 대한 표현충실성과 목적적합한 현상에 대한 충실하지 못한 표현 모두 이용자들이 좋은 결정을 내리는 데 도움이 되지 않는다.

④ 회계기준위원회는 중요성에 대한 획일적인 계량 임계치를 정하거나 특정한 상황에서 무엇이 중요한 것인지를 미리 결정할 수 없다.

⑤ 보강적 질적특성은 정보가 목적적합하지 않거나 나타내고자 하는 바를 충실하게 표현하지 않더라도 그 정보를 유용하게 만들 수 있다.

재무정보의 질적특성에 관한 설명으로 옳지 않은 것은?

① 유용한 재무정보의 근본적 질적특성은 목적적합성과 표현충실성이다. 유용한 재무정보의 질적특성은 재무 제표에서 제공되는 재무정보에도 적용되며, 그 밖의 방법으로 제공되는 재무정보에도 적용된다.

② 비교가능성, 검증가능성, 적시성 및 이해가능성은 목적적합하고 충실하게 표현된 정보의 유용성을 보강시키 는 질적특성이다. 보강적 질적특성을 적용하는 것은 어떤 규정된 순서를 따르지 않는 반복적인 과정이다. 때로는 하나의 보강적 질적특성이 다른 질적특성의 극대화를 위해 감소되어야 할 수도 있다.

③ 검증가능성은 합리적인 판단력이 있고 독립적인 서로 다른 관찰자가 어떤 서술이 표현충실성이라는 데, 비록 반드시 완전히 일치하지는 못하더라도, 의견이 일치할 수 있다는 것을 의미한다. 계량화된 정보가 검증가능하기 위해서 단일 점추정치이어야 한다.

④ 표현충실성은 모든 면에서 정확한 것을 의미하지는 않는다. 오류가 없다는 것은 현상의 기술에 오류나 누락이 없고, 보고 정보를 생산하는 데 사용되는 절차의 선택과 적용 시 절차 상 오류가 없음을 의미한다. 이 맥락에서 오류가 없다는 것은 모든 면에서 완벽하게 정확하다는 것을 의미하지는 않는다.

⑤ 목적적합한 재무정보는 정보이용자의 의사결정에 차이가 나도록 할 수 있다. 재무정보에 예측가치, 확인가 치 또는 이 둘 모두가 있다면 그 재무정보는 의사결정에 차이가 나도록 할 수 있다.

재무보고를 위한 개념체계 중 유용한 재무정보의 질적 특성에 관한 다음 설명 중 옳지 않은 것은?

① 유용한 재무정보의 질적 특성은 재무보고서에 포함된 정보(재무정보)에 근거하여 보고기업에 대한 의사결정 을 할 때 현재 및 잠재적 투자자, 대여자와 그 밖의 채권자에게 가장 유용할 정보의 유형을 식별하는 것이다.

② 유용한 재무정보의 질적 특성은 재무제표에서 제공되는 재무정보에 적용되며, 그 밖의 방법으로 제공되는 재무정보에는 적용되지 않는다.

③ 목적적합한 재무정보는 정보이용자의 의사결정에 차이가 나도록 할 수 있다. 정보는 일부 정보이용자가 이를 이용하지 않기로 선택하거나 다른 원천을 통하여 이미 이를 알고 있다고 할지라도 의사결정에 차이가 나도록 할 수 있다.

④ 재무정보의 예측가치와 확인가치는 상호 연관되어 있으며, 예측가치를 갖는 정보는 확인가치도 갖는 경우가 많다.

⑤ 근본적 질적 특성 중 하나인 표현충실성은 그 자체가 반드시 유용한 정보를 만들어 내는 것은 아니다.

11 CTA 2024

☑ 확인Check! ○ △ ✕

(주)세무는 20x1년 초에 상품매매업을 영위할 목적으로 현금 ₩100,000을 납입받아 설립되었다. 회사는 20x1년 초에 상품 40단위를 단위당 ₩2,000에 현금으로 구입하였으며, 20x1년 말까지 단위당 ₩3,000에 모두 현금 판매하였다. 동 상품은 20x1년 말 단위당 ₩2,500에 구입가능하다. 20x1년 초 물가지수를 100이라고 할 때 20x1년 말 물가지수는 120이다. 실물자본유지개념을 적용하여 산출한 20x1년 말에 인식할 이익과 자본유지조정 금액은?

	이익	자본유지조정
①	₩10,000	₩30,000
②	₩15,000	₩25,000
③	₩20,000	₩20,000
④	₩25,000	₩15,000
⑤	₩30,000	₩10,000

12 CTA 2020

☑ 확인Check! ○ △ ✕

20x1년 초 도소매업으로 영업을 개시한 (주)세무는 현금 ₩1,800을 투자하여 상품 2개를 단위당 ₩600에 구입하고, 구입한 상품을 단위당 ₩800에 판매하여 20x1년 말 현금은 ₩2,200이 되었다. 20x1년 중 물가상승률은 10%이며, 20x1년 기말 상품의 단위당 구입 가격은 ₩700이다. 실물자본유지개념을 적용하여 산출한 20x1년 말에 인식할 이익과 자본유지조정 금액은?

① 이익 ₩100, 자본유지조정 ₩300
② 이익 ₩180, 자본유지조정 ₩220
③ 이익 ₩220, 자본유지조정 ₩180
④ 이익 ₩300, 자본유지조정 ₩100
⑤ 이익 ₩400, 자본유지조정 ₩0

13 CTA 2023

☑확인 Check! ○ △ ✕

자본 및 자본유지개념에 관한 설명으로 옳지 않은 것은?

① 자본유지개념은 이익이 측정되는 준거기준을 제공하며, 기업의 자본에 대한 투자수익과 투자회수를 구분하기 위한 필수요건이다.

② 자본을 투자된 화폐액 또는 투자된 구매력으로 보는 재무적 개념 하에서 자본은 기업의 순자산이나 지분과 동의어로 사용된다.

③ 자본을 불변구매력 단위로 정의한 재무자본유지개념 하에서는 일반물가수준에 따른 가격상승을 초과하는 자산가격의 증가 부분만이 이익으로 간주된다.

④ 재무자본유지개념을 사용하기 위해서는 현행원가기준에 따라 측정해야 하며, 실물자본유지개념은 특정한 측정기준의 적용을 요구하지 아니한다.

⑤ 자본을 실물생산능력으로 정의한 실물자본유지개념 하에서 기업의 자산과 부채에 영향을 미치는 모든 가격변동은 해당 기업의 실물생산능력에 대한 측정치의 변동으로 간주되어 이익이 아니라 자본의 일부로 처리된다.

14 CTA 2015

☑확인 Check! ○ △ ✕

(주)한국은 20x1년 초 보통주 1,000주(주당 액면금액 ₩1,000)를 주당 ₩1,500에 발행하고 전액 현금으로 납입받아 설립되었다. 설립과 동시에 영업을 개시한 (주)한국은 20x1년 초 상품 400개를 개당 ₩3,000에 현금으로 구입하고, 당기에 개당 ₩4,500에 모두 현금으로 판매하여, 20x1년 말 (주)한국의 자산총계는 현금 ₩2,100,000이다. 20x1년 말 동 상품은 개당 ₩4,000에 구입할 수 있다. 실물자본유지개념하에서 (주)한국의 20x1년도 당기순이익은?

① ₩100,000
② ₩250,000
③ ₩350,000
④ ₩450,000
⑤ ₩600,000

15 CTA 2025

재무보고를 위한 개념체계 중 인식기준에 관한 설명으로 옳지 않은 것은?

① 자산이나 부채를 인식할 때 효익을 초과하지 않는 원가로 재무제표이용자들에게 유용한 정보를 제공하게 되는 시점을 정확하게 정하는 것은 불가능하다.

② 자산이나 부채의 정의를 충족하는 항목이 인식되지 않더라도, 기업은 해당 항목에 대한 정보를 주석에 제공해야 할 수도 있다.

③ 자산, 부채, 자본, 수익과 비용에 대한 정보는 재무제표이용자들에게 목적적합하나, 특정 자산이나 부채의 인식과 이에 따른 결과로 발생하는 수익, 비용 또는 자본변동을 인식하는 것이 항상 목적적합한 정보를 제공하는 것은 아닐 수 있다.

④ 경제적효익의 유입가능성이 낮다면, 그 자산에 대해 가장 목적적합한 정보는 발생가능한 유입의 크기, 발생가능한 시기 및 발생가능성에 영향을 미치는 요인에 대한 정보이더라도 이러한 정보는 주석으로 기재하지 않는다.

⑤ 특정 자산이나 부채를 인식하는 것은 목적적합한 정보를 제공할 뿐만 아니라 해당 자산이나 부채 및 이에 따른 결과로 발생하는 수익, 비용 또는 자본변동에 대한 충실한 표현을 제공할 경우에 적절하다.

16 CTA 2021

측정기준에 관한 설명으로 옳지 않은 것은?

① 자산을 취득하거나 창출할 때의 역사적 원가는 자산의 취득 또는 창출에 발생한 원가의 가치로서, 자산을 취득 또는 창출하기 위하여 지급한 대가와 거래원가를 포함한다.

② 부채가 발생하거나 인수할 때의 역사적 원가는 발생시키거나 인수하면서 수취한 대가에서 거래원가를 차감한 가치이다.

③ 공정가치는 측정일에 시장참여자 사이의 정상거래에서 자산을 매도할 때 받거나 부채를 이전할 때 지급하게 될 가격이다.

④ 사용가치와 이행가치는 자산을 취득하거나 부채를 인수할 때 발생하는 거래원가를 포함한다.

⑤ 자산의 현행원가는 측정일 현재 동등한 자산의 원가로서 측정일에 지급할 대가와 그 날에 발생할 거래원가를 포함한다.

자산의 인식과 측정에 관한 설명으로 옳지 않은 것은?

① 자산의 정의를 충족하는 항목만이 재무상태표에 자산으로 인식된다.

② 합리적인 추정의 사용은 재무정보 작성의 필수적인 부분이며 추정치를 명확하고 정확하게 기술하고 설명한 다면 정보의 유용성을 훼손하지 않는다.

③ 사용가치는 기업이 자산의 사용과 궁극적인 처분으로 얻을 것으로 기대하는 현금흐름 또는 그밖의 경제적 효익의 현재가치이다.

④ 공정가치는 자산을 취득할 때 발생한 거래원가로 인해 증가하지 않는다.

⑤ 경제적 효익의 유입가능성이 낮으면 자산으로 인식해서는 안된다.

자산 또는 부채의 측정에 관한 설명으로 옳지 않은 것은?

① 거래원가가 존재하는 경우 자산이나 부채의 공정가치를 측정하기 위해서는 주된 시장의 가격에서 동 거래원 가를 조정해야 한다. 이때, 거래원가는 운송원가를 포함하지 않는다.

② 부채의 현행원가는 현재시점에서 그 의무를 이행하는데 필요한 현금이나 현금성자산의 할인하지 아니한 금액을 의미한다.

③ 자산의 역사적 원가는 자산취득의 대가로 취득 당시에 지급한 현금 또는 현금성자산이나 그 외 대가의 공정가치를 의미한다.

④ 자산이나 부채의 교환 거래에서 자산을 취득하거나 부채를 인수하는 경우에, 거래가격은 자산을 취득하면서 지급하거나 부채를 인수하면서 받는 가격이다.

⑤ 동일한 자산이나 부채의 가격이 관측가능하지 않을 경우 관련된 관측가능한 투입변수의 사용을 최대화하고 관측가능하지 않은 투입변수의 사용을 최소화하는 다른 가치평가기법을 이용하여 공정가치를 측정한다.

19 CPA 2023

확인 Check! ○ △ ×

재무보고를 위한 개념체계에서 인식과 제거에 대한 다음 설명 중 옳지 않은 것은?

① 인식은 자산, 부채, 자본, 수익 또는 비용과 같은 재무제표 요소 중 하나의 정의를 충족하는 항목을 재무상태 표나 재무성과표에 포함하기 위하여 포착하는 과정이다.

② 거래나 그 밖의 사건에서 발생된 자산이나 부채의 최초 인식에 따라 수익과 관련 비용을 동시에 인식할 수 있다. 수익과 관련 비용의 동시 인식은 때때로 수익과 관련 원가의 대응을 나타낸다.

③ 재무제표이용자들에게 자산이나 부채 그리고 이에 따른 결과로 발생하는 수익, 비용 또는 자본변동에 대한 목적적합한 정보와 충실한 표현 중 어느 하나를 제공하는 경우 자산이나 부채를 인식한다.

④ 자산은 일반적으로 기업이 인식한 자산의 전부 또는 일부에 대한 통제를 상실하였을 때 제거하고, 부채는 일반적으로 기업이 인식한 부채의 전부 또는 일부에 대한 현재의무를 더 이상 부담하지 않을 때 제거한다.

⑤ 제거에 대한 회계 요구사항은 제거를 초래하는 거래나 그 밖의 사건 후의 잔여 자산과 부채, 그리고 그 거래나 그 밖의 사건으로 인한 기업의 자산과 부채의 변동 두 가지를 모두 충실히 표현하는 것을 목표로 한다.

20 CPA 2021

확인 Check! ○ △ ×

재무보고를 위한 개념체계 중 측정에 관한 다음의 설명 중 옳지 않은 것은?

① 역사적 원가 측정기준을 사용할 경우, 다른 시점에 취득한 동일한 자산이나 발생한 동일한 부채가 재무제표 에 다른 금액으로 보고될 수 있다.

② 공정가치는 자산을 취득할 때 발생한 거래원가로 인해 증가하지 않으며, 또한 자산의 궁극적인 처분에서 발생할 거래원가를 반영하지 않는다.

③ 자산의 현행원가는 측정일 현재 동등한 자산의 원가로서 측정일에 지급할 대가와 그 날에 발생할 거래원가를 포함한다.

④ 현행가치와 달리 역사적 원가는 자산의 손상이나 손실부담에 따른 부채와 관련되는 변동을 제외하고는 가치의 변동을 반영하지 않는다.

⑤ 이행가치는 부채가 이행될 경우보다 이전되거나 협상으로 결제될 때 특히 예측가치를 가진다.

제1장 | 재무보고를 위한 개념체계 115

CHAPTER
02 | 재무제표 표시

01 CTA 2025

재무제표 표시에 관한 설명으로 옳지 않은 것은?

① 한국채택국제회계기준에서 요구하거나 허용하지 않는 한 자산과 부채 그리고 수익과 비용은 상계하지 않는다.
② 재무제표의 목적은 광범위한 정보이용자의 경제적 의사결정에 유용한 기업의 재무상태, 재무성과와 재무상태변동에 관한 정보를 제공하는 것이다.
③ 부적절한 회계정책은 이에 대하여 공시나 주석 또는 보충 자료를 통해 설명하더라도 정당화될 수 없다.
④ 계속기업의 가정이 적절한지의 여부를 평가할 때 경영진은 적어도 보고기간말로부터 향후 12개월 기간에 대하여 이용가능한 모든 정보를 고려한다.
⑤ 일부 한국채택국제회계기준에서는 재무제표(주석 포함)에 포함하도록 요구하는 정보를 명시하고 있으므로, 한국채택국제회계기준의 요구에 따라 공시되는 정보가 중요하지 않더라도 그 공시를 제공해야 한다.

02 CTA 2021

재무제표 표시에 관한 설명으로 옳은 것은?

① 재무제표는 동일한 문서에 포함되어 함께 공표되는 그 밖의 정보와 명확하게 구분되고 식별되어야 한다.
② 각각의 재무제표는 전체 재무제표에서 중요성에 따라 상이한 비중으로 표시한다.
③ 상이한 성격이나 기능을 가진 항목은 구분하여 표시하므로 중요하지 않은 항목이라도 성격이나 기능이 유사한 항목과 통합하여 표시할 수 없다.
④ 동일 거래에서 발생하는 수익과 관련 비용의 상계표시가 거래나 그 밖의 사건의 실질을 반영하더라도 그러한 거래의 결과는 상계하여 표시하지 않는다.
⑤ 공시나 주석 또는 보충 자료를 통해 충분히 설명한다면 부적절한 회계정책도 정당화될 수 있다.

03 CPA 2025

기업회계기준서 제1001호 '재무제표 표시'에 대한 다음 설명 중 옳지 않은 것은?

① 한국채택국제회계기준에서 요구하거나 허용하지 않는 한 자산과 부채 그리고 수익과 비용은 상계하지 아니한다.

② 계속기업의 가정이 적절한지의 여부를 평가할 때 기업이 상당 기간 계속 사업이익을 보고하였고 보고기간말 현재 경영에 필요한 재무자원을 확보하고 있는 경우에도 자세한 분석을 의무적으로 수행하여야 하며 이용가능한 모든 정보를 고려하여 계속기업을 전제로 한 회계처리가 적절하다는 결론을 내려야 한다.

③ 기업은 비용의 성격별 또는 기능별 분류방법 중에서 신뢰성 있고 더욱 목적적합한 정보를 제공할 수 있는 방법을 적용하여 당기손익으로 인식한 비용의 분석내용을 표시한다.

④ 유사한 항목은 중요성 분류에 따라 재무제표에 구분하여 표시하고, 상이한 성격이나 기능을 가진 항목은 구분하여 표시한다. 다만 중요하지 않은 항목은 성격이나 기능이 유사한 항목과 통합하여 표시할 수 있다.

⑤ 재무제표 항목의 표시나 분류를 변경하는 경우 실무적으로 적용할 수 없는 것이 아니라면 비교금액도 재분류해야 한다.

04 CTA 2023

재무제표 표시에 관한 설명으로 옳은 것은?

① 포괄손익계산서에 기타포괄손익의 항목은 관련 법인세 효과를 차감한 순액으로 표시할 수 있다.

② 한국채택국제회계기준은 재무제표 이외에도 연차보고서 및 감독기구 제출서류에 반드시 적용한다.

③ 서술형 정보의 경우에는 당기 재무제표를 이해하는 데 목적적합 하더라도 비교정보를 포함하지 않는다.

④ 재무상태표에 자산과 부채는 유동자산과 비유동자산, 그리고 유동부채와 비유동부채로 구분하여 표시하며, 유동성순서에 따른 표시방법은 허용하지 않는다.

⑤ 한국채택국제회계기준의 요구에 따라 공시되는 정보가 중요하지 않더라도 그 공시를 제공하여야 한다.

05 CTA 2022

재무제표 표시에 관한 설명으로 옳지 않은 것은?

① 비용을 기능별로 분류하는 기업은 감가상각비, 기타 상각비와 종업원급여비용을 포함하여 비용의 성격에 대한 추가 정보를 공시한다.

② 수익과 비용의 어느 항목도 당기손익과 기타포괄손익을 표시하는 보고서 또는 주석에 특별손익항목으로 표시할 수 없다.

③ 비용의 기능별 분류 정보가 비용의 성격에 대한 정보보다 미래현금흐름을 예측하는데 유용하다.

④ 동일 거래에서 발생하는 수익과 관련비용의 상계표시가 거래나 그 밖의 사건의 실질을 반영한다면 그러한 거래의 결과는 상계하여 표시한다.

⑤ 기업이 재무상태표에 유동자산과 비유동자산, 그리고 유동부채와 비유동부채로 구분하여 표시하는 경우, 이연법인세자산(부채)은 유동자산(부채)으로 분류하지 아니한다.

06 CTA 2018

기타포괄손익 항목 중 후속적으로 당기손익으로 재분류조정될 수 있는 것은?

① 최초 인식시점에서 기타포괄손익—공정가치측정금융자산으로 분류한 지분상품의 공정가치 평가손익

② 확정급여제도의 재측정요소

③ 현금흐름위험회피 파생상품평가손익 중 위험회피에 효과적인 부분

④ 무형자산 재평가잉여금

⑤ 관계기업 유형자산 재평가로 인한 지분법기타포괄손익

07 CTA 2017

재무제표 표시에 관한 설명으로 옳지 않은 것은?

① 기업은 비용의 성격별 또는 기능별 분류방법 중에서 신뢰성 있고 더욱 목적적합한 정보를 제공할 수 있는 방법을 적용하여 당기손익으로 인식한 비용의 분석내용을 표시한다.

② 상법 등 관련 법규에서 이익잉여금처분계산서의 작성을 요구하는 경우에는 재무상태표의 이익잉여금에 대한 보충정보로서 이익잉여금처분계산서를 주석으로 공시한다.

③ 영업이익에 포함되지 않은 항목 중 기업의 영업성과를 반영하는 그 밖의 수익 또는 비용 항목이 있다면 이러한 항목을 추가하여 조정영업이익 등의 명칭을 사용하여 주석으로 공시할 수 있다.

④ 이익의 분배에 대해 서로 다른 권리를 가지는 보통주 종류별로 이에 대한 기본주당이익과 희석주당이익을 포괄손익계산서에 표시한다. 그러나 기본주당이익과 희석주당이익이 부의 금액(즉, 주당손실)인 경우에는 표시하지 않는다.

⑤ 기업이 상당 기간 계속 사업이익을 보고하였고, 보고기간말 현재 경영에 필요한 재무자원을 확보하고 있는 경우에는 자세한 분석이 없이도 계속기업을 전제로 한 회계처리가 적절하다는 결론을 내릴 수 있다.

08 CTA 2016

재무제표 표시에 관한 설명으로 옳지 않은 것은?

① 한국채택국제회계기준서는 재무제표에 표시되어야 할 항목의 순서나 형식을 규정하지 아니한다.
② 충당부채와 관련된 지출을 제3자와의 계약관계에 따라 보전 받는 경우, 당해 지출과 보전받는 금액은 상계하여 표시할 수 있다.
③ 기업이 기존의 대출계약조건에 따라 보고기간 후 적어도 12개월 이상 부채를 차환하거나 연장할 것으로 기대하고 있지만, 그런 재량권이 없다면 차환가능성을 고려하지 않고 유동부채로 분류한다.
④ 기타포괄손익-공정가치측정금융자산의 재측정손익, 확정급여제도의 재측정요소, 현금흐름위험회피 파생상품의 평가손익 중 효과적인 부분은 재분류조정이 되는 기타포괄손익이다.
⑤ 회계정책을 적용하는 과정에서 추정에 관련된 공시와는 별도로, 재무제표에 인식되는 금액에 유의적인 영향을 미친 경영진이 내린 판단은 유의적인 회계정책 또는 기타 주석 사항과 함께 공시한다.

09 CPA 2025

기업회계기준서 제1001호 '재무제표 표시' 내용 중 자산과 부채의 유동 및 비유동 구분에 대한 설명이다. 다음 설명 중 옳지 않은 것을 모두 고른 것은?

(가) 보고기간 말 이전에 장기차입약정의 약정사항을 위반했을 때 대여자가 즉시 상환을 요구할 수 있는 채무는 보고기간 후 재무제표 발행승인일 전에 대여자가 약정위반을 이유로 상환을 요구하지 않기로 합의한다면 비유동부채로 분류한다.

(나) 기업이 재무상태표에 유동자산과 비유동자산, 그리고 유동부채와 비유동부채로 구분하여 표시하는 경우, 이연법인세자산(부채)은 유동자산(부채)으로 분류한다.

(다) 유동자산은 보고기간 후 12개월 이내에 실현될 것으로 예상되지 않는 경우에도 재고자산과 매출채권과 같이 정상영업주기의 일부로서 판매, 소비 또는 실현되는 자산을 포함한다.

(라) 유동자산은 주로 단기매매목적으로 보유하고 있는 자산과 비유동금융자산의 유동성 대체 부분을 포함한다.

(마) 원래의 결제기간이 12개월을 초과하는 경우나 보고기간 후 재무제표 발행승인일 전에 장기로 차환하는 약정 또는 지급기일을 장기로 재조정하는 약정이 체결된 경우라하더라도 금융부채가 보고기간 후 12개월 이내에 결제일이 도래하면 이를 유동부채로 분류한다.

① (가), (나)
② (가), (마)
③ (나), (다)
④ (가), (라), (마)
⑤ (나), (다), (라)

CHAPTER

03 | 유형자산 · 무형자산

---

01 CTA 2018 ☑ 확인Check! ○ △ ✕

(주)세무는 20x1년 1월 1일 복구조건이 있는 연구용 설비(취득원가 ₩440,000, 잔존가치 ₩5,130, 내용연수 3년, 복구비용 추정금액 ₩100,000)를 취득하여, 원가모형을 적용하고 정액법으로 감가상각하였다. 내용연수 종료시점에 실제 복구비용은 ₩120,000이 지출되었으며, 잔존설비는 ₩3,830에 처분하였다. 20x3년도에 이 설비와 관련하여 인식할 총비용은?(단, 현재가치에 적용할 할인율은 10%이며, 기간 3년(10%) 단일금액 ₩1의 현재가치는 0.7513으로 계산하고 단수차이로 인한 오차는 근사치를 선택한다)

① ₩180,391
② ₩191,300
③ ₩199,091
④ ₩200,391
⑤ ₩202,466

---

02 CTA 2025 ☑ 확인Check! ○ △ ✕

(주)세무는 20x1년 4월 1일 영업용 유류 저장설비(취득원가 ₩3,900,000, 잔존가치 ₩300,000, 내용연수 4년)를 취득하고 원가모형을 적용하여 연수합계법으로 감가상각하였다. 동 설비는 내용연수 종료 후 ₩400,000으로 추정되는 원상복구 의무가 있으며, 이는 충당부채의 요건을 충족한다. 동 설비와 관련하여 (주)세무가 20x1년도에 인식할 당기비용은?(단, 현재가치에 적용할 할인율은 8%이며, 4기간 단일금액 ₩1의 현재가치는 0.7350이고, 이후 할인율의 변동은 없다. 감가상각비와 이자비용은 월할 계산한다)

① ₩1,080,000
② ₩1,185,840
③ ₩1,275,840
④ ₩1,581,120
⑤ ₩1,701,120

03 CTA 2018

☑ 확인Check! ○ △ ✕

(주)세무는 20x1년 초 가건물이 있던 공장부지를 취득하여 기존의 가건물을 철거하고 건물을 신축하였다. 관련 자료가 다음과 같을 때, 건물의 취득원가는?

토지구입대금	200,000	토지소유권 이전비	3,000
토지의 정지 및 측량비	50,000	진입로 공사비	30,000
건물신축 허가비	25,000	가건물 철거비	18,000
신축건물 공사원가	150,000	가건물 철거 부산물 매각수입	5,000
건축설계비	15,000	토지분 재산세	4,000
건물등록비	20,000	울타리 설치공사	13,000

① ₩185,000
② ₩210,000
③ ₩223,000
④ ₩228,000
⑤ ₩241,000

04 CTA 2025

☑ 확인Check! ○ △ ✕

(주)세무와 (주)한국은 다음과 같은 유형자산을 상호교환 하였으며, 교환과정에서 (주)세무는 (주)한국으로부터 현금 ₩400,000을 수취하였다.

구 분	(주)세무의 건물	(주)한국의 기계장치
취득원가	₩5,100,000	₩4,000,000
감가상각누계액	1,500,000	600,000
공정가치	3,800,000	3,500,000

동 교환거래는 상업적 실질이 있으며, (주)세무의 건물에 대한 공정가치가 (주)한국의 기계장치에 대한 공정가치보다 더 명백할 경우, (주)세무와 (주)한국이 동 유형자산의 교환시점에서 인식할 유형자산처분손익은?

	(주)세무	(주)한국
①	처분이익 ₩100,000	처분손익 ₩0
②	처분이익 ₩200,000	처분손익 ₩0
③	처분이익 ₩200,000	처분이익 ₩100,000
④	처분이익 ₩300,000	처분손실 ₩100,000
⑤	처분이익 ₩300,000	처분이익 ₩100,000

(주)세무와 (주)한국은 다음과 같은 기계장치를 서로 교환하였다. 교환과정에서 (주)세무는 (주)한국에게 현금 ₩20,000을 지급하였다.

구 분	(주)세무	(주)한국
취득원가	₩500,000	₩350,000
감가상각누계액	220,000	20,000
공정가치	270,000	300,000

동 거래에 관한 설명으로 옳은 것은?

① 교환거래에 상업적 실질이 있으며, 각 기계장치의 공정가치가 신뢰성 있게 측정된 금액이라면 (주)세무가 교환 취득한 기계장치의 취득원가는 ₩300,000이다.

② 교환거래에 상업적 실질이 있으며, 각 기계장치의 공정가치가 신뢰성 있게 측정된 금액이라면 (주)한국이 교환 취득한 기계장치의 취득원가는 ₩290,000이다.

③ 교환거래에 상업적 실질이 있으며, (주)세무가 사용하던 기계장치의 공정가치가 명백하지 않을 경우 (주)세무가 교환 취득한 기계장치의 취득원가는 ₩280,000이다.

④ 교환거래에 상업적 실질이 없으면 (주)세무만 손실을 인식한다.

⑤ 교환거래에 상업적 실질이 있으며, 각 기계장치의 공정가치가 신뢰성 있게 측정된 금액이라면 (주)세무와 (주)한국 모두 손실을 인식한다.

다음의 각 독립적인 상황(상황 1, 상황 2)에서 (주)대한의 유형자산(기계장치) 취득원가는 각각 얼마인가?

상황 1	• (주)대한은 기계장치(장부금액 ₩800,000, 공정가치 ₩1,000,000)를 (주)민국의 기계장치와 교환하면서 현금 ₩1,800,000을 추가로 지급하였다. • (주)대한과 (주)민국 간의 기계장치 교환은 상업적 실질이 있는 거래이다.
상황 2	• (주)대한은 기계장치를 (주)민국의 기계장치와 교환하였다. • (주)대한과 (주)민국의 기계장치에 대한 취득원가 및 감가상각누계액은 각각 다음과 같다. <table><tr><td>구 분</td><td>(주)대한</td><td>(주)민국</td></tr><tr><td>취득원가</td><td>₩2,000,000</td><td>₩2,400,000</td></tr><tr><td>감가상각누계액</td><td>1,200,000</td><td>1,500,000</td></tr></table>• (주)대한과 (주)민국 간의 기계장치 교환은 상업적 실질이 결여된 거래이다.

	상황 1	상황 2
①	₩2,700,000	₩800,000
②	₩2,700,000	₩900,000
③	₩2,800,000	₩800,000
④	₩2,800,000	₩900,000
⑤	₩3,100,000	₩2,000,000

07 CTA 2021

유형자산의 감가상각에 관한 설명으로 옳은 것은?

① 감가상각이 완전히 이루어지기 전이라도 유형자산이 운휴 중이거나 적극적인 사용상태가 아니라면 상각방법과 관계없이 감가상각을 중단해야 한다.
② 유형자산의 잔존가치와 내용연수는 매 3년이나 5년마다 재검토하는 것으로 충분하다.
③ 유형자산의 전체원가에 비교하여 해당 원가가 유의적이지 않은 부분은 별도로 분리하여 감가상각 할 수 없다.
④ 자산의 사용을 포함하는 활동에서 창출되는 수익에 기초한 감가상각방법은 적절하지 않다.
⑤ 유형자산의 공정가치가 장부금액을 초과하는 상황이 발생하면 감가상각액을 인식할 수 없다.

08 CTA 2021

(주)세무는 20x1년 7월 1일 관리부서에서 사용할 설비를 ₩1,000,000에 취득하였다. 동 설비는 복구의무가 있으며, 내용연수 종료 후 원상복구를 위해 지출할 복구비용은 ₩300,000으로 추정된다. (주)세무는 동 설비에 대해 원가모형을 적용하고 있으며, 연수합계법(잔존가치 ₩200,000, 내용연수 4년)으로 감가상각한다. 동 설비와 관련하여 (주)세무가 20x2년도 당기비용으로 인식할 금액은?(단, 현재가치에 적용할 할인율은 연 10%이며, 이후 할인율의 변동은 없다. 10%, 4기간 단일금액 ₩1의 현재가치는 0.6830이다. 계산금액은 소수점 첫째자리에서 반올림하며, 감가상각비와 이자비용은 월할로 계산한다)

① ₩301,470
② ₩322,985
③ ₩351,715
④ ₩373,230
⑤ ₩389,335

09 CTA 2023

(주)세무는 20x1년 7월 1일에 본사사옥으로 사용하기 위하여 토지와 건물을 ₩14,000,000에 일괄 취득하고, 공통으로 발생한 취득 관련 직접원가 ₩1,000,000을 지출하였다. 취득당시 토지와 건물의 공정가치는 각각 ₩9,600,000과 ₩6,400,000이었다. 건물의 내용연수는 4년, 잔존가치는 ₩1,000,000, 연수합계법으로 감가상각한다. 건물과 관련하여 (주)세무가 20x2년도에 인식할 감가상각비는?(단, 감가상각은 월할 계산하고 건물에 대해 원가모형을 적용한다)

① ₩1,380,000
② ₩1,500,000
③ ₩1,610,000
④ ₩1,750,000
⑤ ₩1,890,000

(주)대한은 20x1년 1월 1일 토지와 건물(내용연수 5년, 잔존가치 ₩0, 정액법으로 감가상각)을 모두 사용하기 위해 이를 일괄하여 ₩10,000,000에 취득하였다. 구입대금 중 ₩1,000,000은 현금으로 즉시 지급하고, 나머지 금액은 20x1년부터 매년 말 3회에 걸쳐 균등분할하여 지급하기로 하였다. 이러한 대금 지급 조건은 일반적인 신용기간을 초과한다. (주)대한은 토지와 건물의 취득원가를 상대적 공정가치 비율인 6:4로 배분하며, 해당 자산을 원가모형에 따라 회계처리하고 있다. 토지와 건물 취득일 현재 현금가격 상당액은 총 지급액을 연 5%의 이자율로 할인한 현재가치와 동일하며, 적용할 현가계수는 아래의 표와 같다.

기 간 \ 할인율	단일금액 ₩1의 현재가치
	5%
1년	0.9524
2년	0.9070
3년	0.8638

위와 관련한 회계처리가 (주)대한의 20x2년도 포괄손익계산서 상 당기순이익에 미치는 영향은 얼마인가? (단, 단수차이로 인해 오차가 있다면 가장 근사치를 선택한다)

① ₩1,012,472 감소
② ₩1,064,972 감소
③ ₩1,131,404 감소
④ ₩1,142,048 감소
⑤ ₩2,112,824 감소

(주)세무는 20x1년 7월 1일에 순장부금액이 ₩7,000인 기계장치를 (주)국세의 기계장치(순장부금액 ₩8,000, 공정가치 ₩9,000)와 교환하면서 현금 ₩500을 추가로 지급하였으며, 유형자산처분손실로 ₩1,000을 인식하였다. (주)세무는 20x1년 7월 1일에 교환으로 취득한 기계장치와 관련하여 설치장소 준비원가 ₩500과 설치원가 ₩500을 지출하고 즉시 사용하였다. 한편, (주)세무는 취득한 기계장치의 잔존가치와 내용연수를 각각 ₩500과 3년으로 추정하였으며, 연수합계법으로 감가상각하고 원가모형을 적용한다. (주)세무의 20x2년도 기계장치 감가상각비는?(단, 동 자산의 교환은 상업적실질이 있으며, (주)세무의 기계장치 공정가치는 신뢰성 있게 측정가능하고 (주)국세의 기계장치 공정가치보다 명백하다고 가정한다. 감가상각은 월할 계산한다)

① ₩1,750
② ₩2,000
③ ₩2,333
④ ₩2,917
⑤ ₩3,500

(주)대한은 20x1년 1월 1일에 장부금액이 ₩700,000인 기계장치를 (주)민국의 기계장치(장부금액: ₩800,000, 공정가치: ₩900,000)와 교환하면서 현금 ₩50,000을 추가로 지급하였으며, 유형자산처분손실로 ₩100,000을 인식하였다. (주)대한은 교환으로 취득한 기계장치와 관련하여 설치장소 준비원가 ₩50,000과 설치원가 ₩50,000을 20x1년 1월 1일에 지출하고 즉시 사용하였다. 한편, (주)대한은 취득한 기계장치의 잔존가치와 내용연수를 각각 ₩50,000과 5년으로 추정하였으며, 정액법으로 감가상각한다. (주)대한이 동 기계장치와 관련하여 20x1년 감가상각비로 인식할 금액은 얼마인가?(단, 동 자산의 교환은 상업적 실질이 있으며, (주)대한의 기계장치 공정가치는 신뢰성 있게 측정가능하고 (주)민국의 기계장치 공정가치보다 명백하다고 가정한다)

① ₩130,000

② ₩140,000

③ ₩160,000

④ ₩212,500

⑤ ₩250,00

(주)세무는 20x1년 1월 1일 본사사옥으로 사용할 목적으로 건물(취득원가 ₩1,000,000, 잔존가치 ₩200,000, 내용연수 5년, 정액법 상각)을 취득하였다. (주)세무는 건물에 대해 재평가모형을 적용하고 있으며, 자산의 총장부금액에서 감가상각누계액을 제거하는 방법으로 재평가 회계처리를 한다. 동 건물의 각 연도 말 공정가치는 다음과 같다.

20x1.12.31.	20x2.12.31
₩700,000	₩800,000

동 건물과 관련된 회계처리가 (주)세무의 20x2년도 당기순이익에 미치는 영향은?(단, 재평가잉여금은 이익잉여금으로 대체하지 않는다)

① ₩25,000 감소

② ₩20,000 감소

③ ₩15,000 증가

④ ₩35,000 증가

⑤ ₩85,000 증가

14 CTA 2019

(주)세무는 토지와 건물에 대하여 재평가모형을 적용하고 있다. (주)세무는 20x1년 초 토지와 영업용 건물을 각각 ₩100,000과 ₩10,000에 취득하였다. (주)세무는 건물에 대하여 정액법(내용연수 4년, 잔존가치 ₩0)으로 감가상각하고 있으며, 20x2년 초 건물에 대하여 자산인식기준을 충족하는 후속원가 ₩2,000을 지출하였다. (주)세무는 유형자산이 제거되기 전까지는 재평가영여금을 이익잉여금으로 대체하지 않는다. 토지와 건물의 공정가치는 다음과 같다.

구 분	토 지	건 물
20x1년 말	₩95,000	₩7,000
20x2년 말	120,000	6,500

동 거래가 (주)세무의 20x2년 당기순이익에 미치는 영향은?

① ₩2,000 증가
② ₩2,500 증가
③ ₩4,500 증가
④ ₩22,000 증가
⑤ ₩22,500 증가

15 CTA 2018

(주)세무는 20x1년 1월 1일 영업용 차량운반구(취득원가 ₩600,000, 잔존가치 ₩0, 내용연수 6년, 정액법 상각)를 취득하였다. 동 차량운반구는 매년 말 재평가모형을 적용하며, 장부금액과 감가상각누계액을 비례하여 조정하고 있다. 공정가치가 다음과 같을 때, 차량운반구와 관련하여 20x2년 인식해야 할 당기비용은? (단, 재평가잉여금의 이익잉여금 대체는 고려하지 않는다)

20x1년 말	20x2년 말
₩550,000	₩374,000

① ₩16,000
② ₩66,000
③ ₩110,000
④ ₩126,000
⑤ ₩176,000

(주)세무는 20x1년 초 건물(내용연수 5년, 잔존가치 ₩100,000)을 ₩1,000,000에 취득하여 재평가모형을 적용하고, 이중체감법(상각률 40%)으로 감가상각하였다. 재평가일인 20x1년 말 건물의 공정가치가 ₩900,000이고 자산의 총장부금액에서 감가상각누계액을 제거하는 방법으로 재평가 회계처리할 때, 재평가 회계처리로 옳은 것은?

① (차) 감가상각누계액	400,000	(대) 건물	100,000
		재평가잉여금	300,000
② (차) 감가상각누계액	260,000	(대) 재평가잉여금	260,000
③ (차) 감가상각누계액	360,000	(대) 건물	100,000
		재평가잉여금	260,000
④ (차) 감가상각누계액	400,000	(대) 재평가잉여금	400,000
⑤ (차) 재평가손실	100,000	(대) 건물	100,000

(주)세무는 20x1년 초 토지를 ₩1,000,000에 취득하여 영업활동에 사용해 오던 중 20x4년 초에 동 토지를 ₩1,150,000에 처분하였다. 취득 후 각 보고기간 말 토지의 공정가치가 다음과 같을 때, 토지의 처분과 관련하여 20x4년도 포괄손익계산서에 인식해야 할 당기손익과 기타포괄손익은?(단, (주)세무는 취득시점부터 동 토지에 대해 재평가모형을 매년 적용하고 있으며, 토지와 관련하여 자본에 계상된 재평가잉여금은 토지를 제거할 때 이익잉여금으로 대체하는 회계처리를 한다)

20x1년 말	20x2년 말	20x3년 말
₩1,100,000	₩900,000	₩1,200,000

	당기손익	기타포괄손익
①	₩50,000 이익	₩0
②	₩50,000 이익	₩200,000 손실
③	₩0	₩150,000 손실
④	₩50,000 손실	₩0
⑤	₩50,000 손실	₩200,000 손실

18 CTA 2022

(주)세무는 20x1년 1월 1일 소유하고 있는 장부금액 ₩1,000,000(공정가치 ₩900,000)인 기계장치를 (주)대한이 소유하고 있는 기계장치와 교환하면서 (주)대한의 기계장치와의 공정가치 차이 ₩100,000을 현금으로 수취하였다. 동 자산의 교환은 상업적 실질이 있다. (주)세무는 (주)대한과의 교환으로 취득하여 사용하고 있는 기계장치에 대해 내용연수 4년과 잔존가치 ₩0을 적용하여 정액법으로 상각하고 재평가모형(매년 말 평가)을 적용하고 있다. 재평가모형을 적용하여 장부금액을 조정할 때 기존의 감가상각누계액을 전부 제거하는 방법을 사용하며, 재평가잉여금을 이익잉여금으로 대체하지 않는다. 20x1년 말과 20x2년 말의 공정가치는 각각 ₩570,000과 ₩420,000이다. 위 거래가 (주)세무의 20x2년 포괄손익계산서상 당기순이익에 미치는 영향은?(단, 감가상각은 월할계산하며 감가상각비 중 자본화한 금액은 없다)

① ₩130,000 감소
② ₩160,000 감소
③ ₩190,000 감소
④ ₩220,000 감소
⑤ ₩250,000 감소

19 CPA 2023

(주)대한은 20x1년 1월 1일에 기계장치(내용연수 5년, 잔존가치 ₩100,000, 정액법 사용)를 ₩1,500,000에 취득하였다. 해당 기계장치에 대해 매년 말 감가상각 후 재평가를 실시하고 있으며, 재평가모형 적용 시 감가상각누계액을 모두 제거하는 방법으로 장부금액을 조정하고 있다. (주)대한은 20x2년 1월 1일에 기계장치의 성능향상을 위해 ₩300,000을 지출하였으며, 이로 인하여 잔존가치는 ₩20,000 증가하였고 잔존내용연수는 2년 연장되었다. 동 기계장치의 매년 말 공정가치는 다음과 같다.

구 분	20x1년 말	20x2년 말
공정가치	₩1,020,000	₩1,350,000

(주)대한의 기계장치에 대한 회계처리가 20x1년도와 20x2년도 당기순이익에 미치는 영향은 얼마인가? (단, 재평가잉여금을 이익잉여금으로 대체하지 않으며, 손상차손은 고려하지 않는다)

	20x1년도	20x2년도
①	₩480,000 감소	₩0 (영향 없음)
②	₩480,000 감소	₩30,000 감소
③	₩480,000 감소	₩200,000 감소
④	₩280,000 감소	₩30,000 감소
⑤	₩280,000 감소	₩200,000 감소

20 CTA 2016

확인 Check! ○ △ ✕

(주)세무는 20x1년 1월 1일에 기계장치를 ₩100,000(내용연수 5년, 잔존가치 ₩0, 정액법 감가상각)에 취득하고 재평가모형(매년 말 재평가)을 적용하기로 하였다. 재평가잉여금은 자산을 사용함에 따라 이익잉여금으로 대체한다. 공정가치가 다음과 같을 때 관련 설명으로 옳지 않은 것은?(단, 공정가치의 하락은 자산손상과 무관하다)

연 도	20x1년 말	20x2년 말	20x3년 말
공정가치	₩100,000	₩63,000	₩39,000

① 20x2년도 감가상각비는 ₩25,000이다.
② 동 거래로 인한 20x2년도 이익잉여금의 당기 변동분은 ₩(−)20,000이다.
③ 20x2년 말 당기손익으로 인식할 재평가손실은 ₩0이다.
④ 20x3년 말 당기손익으로 인식할 재평가손실은 ₩3,000이다.
⑤ 동 거래로 인한 20x3년도 이익잉여금의 당기 변동분은 ₩(−)21,000이다.

21 CPA 2025

확인 Check! ○ △ ✕

(주)대한은 20x1년 1월 1일 기계장치를 ₩1,200,000에 취득하고 해당 기계장치에 대해 재평가모형을 적용하기로 하였다. 동 기계장치의 내용연수는 6년, 잔존가치는 ₩0이며, 감가상각방법은 정액법이다. (주)대한은 재평가모형 적용 시 감가상각누계액을 모두 제거하는 방법으로 장부금액을 조정하고, 재평가잉여금을 사용하는 기간 동안 이익잉여금으로 대체하는 회계처리 방법을 채택하고 있다. 각 연도 말 기계장치에 대한 공정가치는 다음과 같다.

구 분	20x1년 말	20x2년 말
공정가치	₩1,050,000	₩780,000

동 기계장치와 관련한 회계처리가 (주)대한의 20x2년도 포괄손익계산서 상 당기순이익과 기타포괄이익에 미치는 영향은 각각 얼마인가?(단, 손상차손은 고려하지 않는다)

	당기순이익	기타포괄이익
①	₩210,000 감소	₩40,000 감소
②	₩220,000 감소	₩40,000 감소
③	₩220,000 감소	₩50,000 감소
④	₩230,000 감소	₩40,000 감소
⑤	₩230,000 감소	₩50,000 감소

(주)세무는 20x1년 1월 1일 기계장치(내용연수 4년, 잔존가치 ₩0, 정액법 상각, 원가모형 적용)를 ₩240,000에 취득하여 기계장치가 정상적으로 작동되는지 여부를 시험한 후 즉시 사용하고 있다. 시험하는 과정에서 시운전비 ₩40,000이 발생하였고, 시험하는 과정에서 생산된 시제품은 시험 종료 후 즉시 전부 판매하고 ₩20,000을 현금으로 수취하였다. (주)세무는 20x1년 7월 1일 동 기계장치를 재배치하기 위해 운반비 ₩50,000과 설치원가 ₩50,000을 추가 지출하였다. 20x1년 말 기계장치에 대한 순공정가치와 사용가치는 각각 ₩150,000과 ₩120,000으로 손상이 발생하였으며, 20x2년 말 순공정가치와 사용가치는 각각 ₩160,000과 ₩170,000으로 회복되었다. 위 거래와 관련하여 (주)세무의 기계장치 회계처리에 관한 설명으로 옳은 것은?(단, 감가상각은 월할계산한다)

① 20x1년 손상차손은 ₩45,000이다.
② 20x1년 감가상각비는 ₩65,000이다.
③ 20x2년 감가상각비는 ₩40,000이다.
④ 20x2년 말 장부금액은 ₩140,000이다.
⑤ 20x2년 손상차손환입액은 ₩30,000이다.

(주)대한은 20x1년 1월 1일에 기계장치(내용연수 5년, 잔존가치 ₩200,000, 정액법 사용)를 ₩2,000,000에 취득하였으며, 원가모형을 적용하고 있다. (주)대한은 기계장치의 손상에 대해 다음과 같이 판단하였다.

20x1년도	20x2년도	20x3년도
손상없음	손상차손 발생	손상차손환입 발생

20x2년 말 동 기계장치의 순공정가치는 ₩770,000이고 사용가치는 ₩700,000이며, 20x3년 말 회수가능액은 ₩780,000이다. (주)대한의 기계장치에 대한 회계처리가 20x3년도 당기순이익에 미치는 영향은 얼마인가?

① ₩20,000 감소 ② ₩10,000 감소
③ ₩0 (영향 없음) ④ ₩10,000 증가
⑤ ₩20,000 증가

24 CTA 2021

(주)세무는 20x1년 1월 1일 영업부서에서 사용할 차량운반구를 취득(내용연수 5년, 잔존가치 ₩100,000, 정액법 상각)하였다. 동 차량운반구의 20x1년 말 장부금액은 ₩560,000이며, 동 차량운반구와 관련하여 20x1년도 포괄손익계산서에 인식한 비용은 감가상각비 ₩120,000과 손상차손 ₩20,000이다. (주)세무가 20x2년도 포괄손익계산서에 동 차량운반구와 관련하여 손상차손과 감가상각비로 총 ₩130,000을 인식하였다면, 20x2년 말 동 차량운반구의 회수가능액은?(단, (주)세무는 차량운반구 취득 후 차량운반구에 대해 추가적인 지출을 하지 않았으며, 차량운반구에 대해 원가모형을 적용하고 있다)

① ₩410,000
② ₩415,000
③ ₩420,000
④ ₩425,000
⑤ ₩430,000

25 CTA 2020

(주)세무는 20x1년 1월 1일 사용목적으로 건물(취득원가 ₩2,000,000, 내용연수 10년, 잔존가치 ₩400,000, 정액법 감가상각)을 취득하고 원가모형을 적용하고 있다. 20x2년 말과 20x4년 말 동 건물의 순공정가치와 사용가치가 다음과 같을 때, 20x4년도 손상차손환입액은?

구 분	20x2년 말	20x4년 말
순공정가치	₩1,200,000	₩1,500,000
사용가치	1,400,000	1,300,000

① ₩200,000
② ₩210,000
③ ₩300,000
④ ₩310,000
⑤ ₩350,000

26 CTA 2016

(주)세무는 20x1년 1월 1일 기계장치를 ₩1,000,000(내용연수 5년, 잔존가치 ₩0, 정액법 감가상각, 원가모형 적용)에 취득하여 제품생산에 사용하였다. 매 회계연도 말 기계장치에 대한 회수가능액은 다음과 같으며, 회수가능액 변동은 기계장치의 손상 또는 그 회복에 따른 것이다. 동 거래가 20x3년도 (주)세무의 당기순이익에 미치는 영향은?

구 분	20x1년 말	20x2년 말	20x3년 말
회수가능액	₩700,000	₩420,000	₩580,000

① ₩120,000 감소
② ₩20,000 감소
③ ₩20,000 증가
④ ₩120,000 증가
⑤ ₩160,000 증가

27 CTA 2017

☑ 확인 Check! ○ △ ✕

(주)세무는 20x1년 초 내용연수 5년, 잔존가치 ₩0인 기계를 ₩4,500,000에 매입하였으며, 설치장소를 준비하는데 ₩500,000을 지출하였다. 동 기계는 원가모형을 적용하고, 정액법으로 감가상각한다. 매 회계연도 말 기계에 대한 회수가능액은 다음과 같으며, 회수가능액 변동은 기계의 손상 또는 그 회복에 따른 것이라고 할 때, 회계처리로 옳지 않은 것은?

구 분	20x1년 말	20x2년 말
순공정가치	₩2,000,000	₩3,500,000
사용가치	1,800,000	2,500,000

① 20x1년도에 인식할 감가상각비는 ₩1,000,000이다.
② 20x1년도에 인식할 손상차손은 ₩2,000,000이다.
③ 20x2년도에 인식할 손상차손 환입액은 ₩1,500,000이다.
④ 20x2년도에 인식할 감가상각비는 ₩500,000이다.
⑤ 20x2년 말 기계의 장부금액은 ₩3,500,000이다.

28 CTA 2018

☑ 확인 Check! ○ △ ✕

(주)세무는 20x1년 1월 1일 기계장치(취득원가 ₩550,000, 잔존가치 ₩10,000, 내용연수 10년)를 취득하여 정액법으로 감가상각하고, 원가모형을 적용하고 있다. 20x2년 말 동 기계장치의 회수가능액이 ₩300,000으로 추정되어 손상을 인식하였다. 20x4년 말 동 기계장치의 회수가능액이 ₩340,000으로 회복되었다. 다음 설명 중 옳지 않은 것은?

① 20x2년 말 장부금액은 ₩300,000이다.
② 20x2년에 인식하는 손상차손은 ₩142,000이다.
③ 20x3년에 인식하는 감가상각비는 ₩36,250이다.
④ 20x4년 말 감가상각누계액은 ₩180,500이다.
⑤ 20x4년에 인식하는 손상차손환입액은 ₩112,500이다.

29 CTA 2024

☑ 확인 Check! ○ △ ✕

도소매업을 영위하는 (주)세무는 20x1년 1월 1일 기계장치를 ₩2,000(잔존가치 ₩200, 내용연수 5년, 정액법 상각)에 취득하고 재평가모형을 적용한다. 기계장치의 20x1년 말 공정가치와 회수가능액은 각각 ₩1,800으로 동일하였으나, 20x2년 말 공정가치는 ₩1,300이고 회수가능액은 ₩1,100으로 자산손상이 발생하였다. 동 기계장치와 관련하여 (주)세무가 20x2년도 포괄손익계산서에 당기비용으로 인식할 금액은?(단, 재평가잉여금은 이익잉여금으로 대체하지 아니하며, 처분부대원가는 무시할 수 없는 수준이다)

① ₩360
② ₩420
③ ₩460
④ ₩540
⑤ ₩640

(주)세무는 20x1년 초 영업부에서 사용할 차량운반구(취득원가 ₩2,000,000, 내용연수 3년, 잔존가치 ₩200,000, 정액법 상각, 재평가모형 적용)를 취득하였으며, 자산의 총장부금액에서 감가상각누계액을 제거하는 방법으로 재평가회계처리를 한다. 차량운반구와 관련하여 20x2년 말에 손상이 발생하였으며, 차량운반구의 20x1년과 20x2년 말 공정가치와 회수가능액은 다음과 같다. 차량운반구 관련 회계처리가 (주)세무의 20x2년도 당기순이익에 미치는 영향은?(단, 재평가잉여금은 이익잉여금으로 대체하지 아니하며, 처분부대원가는 무시할 수 없는 수준이다)

구 분	20x1년 말	20x2년 말
공정가치	₩1,600,000	₩500,000
회수가능액	1,600,000	300,000

① ₩400,000 감소
② ₩600,000 감소
③ ₩900,000 감소
④ ₩1,100,000 감소
⑤ ₩1,300,000 감소

차량운반구에 대해 재평가모형을 적용하고 있는 (주)대한은 20x1년 1월 1일에 영업용으로 사용할 차량운반구를 ₩2,000,000(잔존가치: ₩200,000, 내용연수: 5년, 정액법 상각)에 취득하였다. 동 차량운반구의 20x1년 말 공정가치와 회수가능액은 각각 ₩1,800,000으로 동일하였으나, 20x2년 말 공정가치는 ₩1,300,000이고 회수가능액은 ₩1,100,000으로 자산손상이 발생하였다. 동 차량운반구와 관련하여 (주)대한이 20x2년 포괄손익계산서에 당기비용으로 인식할 총 금액은 얼마인가?(단, 차량운반구의 사용기간 동안 재평가잉여금을 이익잉여금으로 대체하지 않는다)

① ₩200,000
② ₩360,000
③ ₩400,000
④ ₩540,000
⑤ ₩600,000

32 CTA 2016

차입원가 회계처리에 관한 설명으로 옳지 않은 것은?

① 일반적인 목적으로 차입한 자금을 적격자산 취득에 사용하였다면 관련 차입원가를 자본화하되, 동 차입금과 관련하여 자본화기간 내에 발생한 일시적 투자수익을 자본화가능차입원가에서 차감한다.

② 일반적인 목적으로 차입한 자금의 자본화가능차입원가를 결정할 때, 적용되는 자본화이자율은 회계기간동안 차입한 자금(적격자산을 취득하기 위해 특정 목적으로 차입한 자금 제외)으로부터 발생된 차입원가를 가중평균하여 산정한다.

③ 적격자산과 관련하여 수취하는 정부보조금과 건설 등의 진행에 따라 수취하는 금액은 적격자산에 대한 지출액에서 차감한다.

④ 적격자산에 대한 적극적인 개발활동을 중단한 기간에는 차입원가의 자본화를 중단한다.

⑤ 적격자산을 의도된 용도로 사용하거나 판매가능한 상태에 이르게 하는 데 필요한 대부분의 활동이 완료된 시점에 차입원가의 자본화를 종료한다.

33 CTA 2019

(주)세무는 20x1년 4월 1일에 공장건물 신축을 시작하여 20x2년 9월 30일에 공사를 완료하였다. 동 공장건물은 차입원가를 자본화하는 적격자산이며, 공장건물 신축 관련 공사비 지출 내역은 다음과 같다.

구 분	20x1년 4월 1일	20x1년 6월 1일	20x2년 2월 1일
공사대금 지출액	₩2,000,000	₩4,800,000	₩900,000

모든 차입금은 매년 말 이자지급 조건이며, 특정차입금과 일반차입금에서 발생한 일시적 투자수익은 없다. (주)세무의 차입금 내역은 다음과 같다.

차입금	차입일	차입금액	상환일	연 이자율
특정차입금	20x1.4.1.	₩1,000,000	20x2.9.30.	5%
일반차입금	20x1.1.1.	₩1,500,000	20x3.12.31.	8%
일반차입금	20x1.3.1.	₩1,800,000	20x2.12.31.	12%

20x1년 공장건물과 관련하여 자본화할 차입원가는?(단, 연평균지출액과 이자비용은 월할계산한다)

① ₩300,000 ② ₩325,000
③ ₩337,500 ④ ₩380,000
⑤ ₩550,000

(주)세무는 공장건물을 20x1년 1월 1일 착공, 20x2년 10월 말에 완공하였다. 공장건물 신축 관련 자료가 다음과 같을 때, 20x1년도에 자본화할 차입원가는?(단, 모든 차입금의 이자는 1년 후급조건이며 월할계산한다)

• 공사비 지출

일 자	금 액
20x1년 1월 1일	₩10,000
20x1년 7월 1일	7,000

• 차입금 현황

종 류	금 액	이자율	차입기간
특정차입금	₩10,000	5%	20x1년 1월 1일 ~ 20x2년 12월 31일
일반차입금 A	1,000	8%	20x0년 8월 1일 ~ 20x2년 7월 31일
일반차입금 B	3,000	6%	20x1년 9월 1일 ~ 20x2년 10월 31일

① ₩640
② ₩728
③ ₩745
④ ₩760
⑤ ₩990

(주)세무는 20x1년 7월 1일 공장건물 신축을 시작하여 20x2년 12월 31일에 공사를 완료하였다. 동 공장건물은 차입원가를 자본화하는 적격자산이다. 공장건물 신축을 위해 20x1년 7월 1일에 ₩12,000,000, 그리고 20x2년에 ₩10,000,000을 각각 지출하였다. (주)세무는 20x1년 7월 1일 공장건물 신축을 위한 특정차입금 ₩2,000,000(이자율 연 5%, 2년 후 일시 상환)을 차입하였다. (주)세무는 특정차입금 중 ₩1,000,000을 연 2% 이자지급조건의 정기예금에 20x1년 8월 1일부터 20x1년 10월 31일까지 예치하였다. (주)세무가 20x1년에 공장건물 신축과 관련하여 자본화한 차입원가는 ₩150,000일 때, 20x1년 일반차입금에 대한 자본화이자율은?(단, 특정차입금으로 사용하지 않은 지출액은 일반차입금으로 지출되었으며, 20x1년도에 일반차입금에서 발생한 실제 차입원가는 ₩520,000이다. 연평균 지출액과 이자비용은 월할계산한다)

① 2%
② 3%
③ 4%
④ 5%
⑤ 6%

(주)대한은 20x1년 7월 1일에 차입원가 자본화 적격자산에 해당하는 본사 사옥 신축공사를 시작하였으며, 본 공사는 20x2년 9월 말에 완료될 것으로 예상된다. 동 공사와 관련하여 20x1년에 지출한 공사비는 다음과 같다.

일 자	20x1.7.1.	20x1.10.1.	20x1.12.1.
지출액	₩500,000	₩600,000	₩1,200,000

(주)대한의 차입금 내역은 아래와 같다.

구 분	차입금액	차입일	상환일	연 이자율
특정차입금	₩800,000	20x1.7.1.	20x3.6.30.	5%
일반차입금	1,000,000	20x1.1.1.	20x3.12.31.	?

모든 차입금은 매년 말 이자 지급조건이며, 특정차입금 중 50%는 20x1년 9월 말까지 3개월 간 연 3% 수익률을 제공하는 투자처에 일시적으로 투자하였다. (주)대한이 동 공사와 관련하여 20x1년 말에 건설중인 자산(유형자산)으로 ₩2,333,000을 보고하였다면, 일반차입금의 연 이자율은 몇 퍼센트(%)인가?(단, 연평균지출액, 이자수익 및 이자비용은 월할로 계산한다)

① 1.6%
② 3%
③ 5%
④ 8%
⑤ 10.5%

(주)세무는 20x1년 4월 1일부터 공장건물 신축공사를 실시하여 20x2년 10월 31일에 해당 공사를 완료하였다. 동 공장건물은 차입원가를 자본화하는 적격자산이다. (주)세무의 신축공사와 관련된 자료는 다음과 같다.

구 분	20x1.4.1.	20x1.11.1.	20x2.2.1.	20x2.7.1
공사대금 지출액	₩100,000	₩30,000	₩20,000	₩20,000

종 류	차입금액	차입기간	이자율
특정차입금 A	₩90,000	20x1.4.1~20x2.10.31	3%
일반차입금 B	60,000	20x1.5.1.~20x2.8.30	5%
일반차입금 C	30,000	20x1.9.1~20x2.4.30	10%

(주)세무는 특정차입금 중 ₩30,000을 연 2% 이자지급조건의 정기예금에 20x1년 5월 1일부터 20x1년 7월 31일까지 예치하였다. (주)세무가 20x1년도와 20x2년도에 자본화할 차입원가는?(단, 연평균지출액과 이자비용은 월할 계산하며, 자본화한 차입원가는 연평균지출액 계산 시 포함하지 아니한다)

	20x1년	20x2년
①	₩3,075	₩5,250
②	₩3,075	₩5,550
③	₩4,875	₩4,875
④	₩4,875	₩5,250
⑤	₩4,875	₩5,550

(주)대한은 20x1년 4월 1일에 제조설비 건설공사를 시작하였으며, 해당공사는 20x2년 9월 30일에 완료되었다. 동 제조설비는 차입원가를 자본화하는 적격자산이며, 제조설비 건설 관련 공사비 지출 내역과 차입금 내역은 다음과 같다. 모든 차입금의 원금은 만기 일시 상환하며, 이자는 매월 말 지급하는 조건이다.

구 분	20x1.4.1.	20x1.9.1.	20x2.2.1.	20x2.7.1.
공사대금 지출액	₩500,000	₩600,000	₩900,000	₩700,000

차입금 종류	차입금액	차입기간	연 이자율
특정차입금 A	₩650,000	20x1.4.1. ~ 20x2.6.30.	8%
일반차입금 B	950,000	20x1.1.1. ~ 20x2.9.30.	9%
일반차입금 C	860,000	20x1.4.1. ~ 20x2.12.31.	10%

(주)대한은 특정차입금 A중 ₩50,000을 20x1년 4월 1일부터 6월 30일까지 연 8%의 투자수익률을 제공하는 투자처에 일시 투자하여 운용수익을 획득하였다. (주)대한이 전기에 자본화한 차입원가를 연평균지출액 계산 시 포함하는 경우 제조설비 건설과 관련하여 20x2년에 자본화할 차입원가는 얼마인가?(단, 연평균지출액, 이자수익 및 이자비용은 모두 월할 계산하며, 자본화이자율(%) 계산 시 소수점 셋째 자리에서 반올림(예 5.445%는 5.45%)하며, 단수차이로 인해 오차가 있다면 가장 근사치를 선택한다)

① ₩47,400
② ₩147,763
③ ₩151,158
④ ₩176,125
⑤ ₩178,552

39 CPA 2024

(주)대한은 20x1년 7월 1일에 태양광 전력생산설비 건설공사를 시작하여 20x2년 9월 30일에 해당 공사를 완료하였다. 전력생산설비는 차입원가 자본화 적격자산에 해당하며, (주)대한의 건설공사와 관련된 자료는 다음과 같다.

- 공사비 지출 내역

구 분	20x1.7.1.	20x1.10.1.	20x2.4.1.	20x2.9.1.
공사비 지출액	₩1,000,000	₩2,000,000	₩1,500,000	₩2,400,000

- (주)대한은 20x1년 7월 1일에 ₩500,000의 정부보조금(상환의무 없음)을 수령하여 즉시 동 전력생산설비를 건설하는 데 모두 사용하였다.
- (주)대한의 차입금 내역은 다음과 같으며, 모든 차입금은 매월 말과 상환일에 월할로 이자지급을 하는 조건이다.

차입금	차입일	차입금액	상환일	연 이자율
특정차입금	20x1.7.1.	₩1,500,000	20x2.6.30.	5%(단리)
일반차입금 A	20x1.10.1.	₩2,000,000	20x2.9.30.	4%(단리)
일반차입금 B	20x2.4.1.	₩2,000,000	20x4.3.31.	8%(단리)

(주)대한이 20x2년에 자본화할 차입원가는 얼마인가?(단, 자본화한 차입원가는 연평균지출액 계산 시 포함하지 않으며, 연평균지출액, 이자수익 및 이자비용은 모두 월할계산한다)

① ₩20,000
② ₩37,500
③ ₩124,500
④ ₩162,000
⑤ ₩180,000

(주)세무는 20x1년 7월 1일에 영업지점 건물 신축을 시작하여 20x2년 12월 31일에 공사를 완료하였다. 동 건물은 차입원가를 자본화하는 적격자산이며, 20x1년도 영업지점 건물 신축 관련 공사비 지출 내역은 다음과 같다. 20x1년 10월 1일 지출액 중 ₩240,000은 당일에 정부로부터 수령한 보조금으로 지출되었다.

구 분	20x1.7.1.	20x1.10.1.	20x1.12.1.
공사대금 지출액	₩300,000	₩960,000	₩1,200,000

(주)세무의 차입금 내역은 다음과 같으며, 모든 차입금은 매년 말 이자지급 조건이다. 특정차입금 중 ₩200,000은 20x1년 7월 1일부터 20x1년 9월 30일까지 3개월간 연 10%의 수익률을 제공하는 금융상품에 투자하여 일시적 운용수익을 획득하였다.

차입금	차입일	차입금액	상환일	연 이자율
특정차입금	20x1.7.1.	₩500,000	20x2.6.30.	8%
일반차입금 A	20x1.1.1.	500,000	20x2.12.31.	8%
일반차입금 B	20x1.7.1.	1,000,000	20x3.6.30.	6%

신축 중인 영업지점 건물과 관련하여 (주)세무가 20x1년도에 자본화할 차입원가는?(단, 연평균지출액과 이자비용은 월할계산하며, 정부보조금은 해당 자산의 장부금액에서 차감하는 방법으로 처리한다)

① ₩15,000
② ₩31,100
③ ₩49,300
④ ₩62,300
⑤ ₩85,000

(주)대한은 20x1년 3월 1일부터 공장건물 신축공사를 실시하여 20x2년 9월 30일에 해당 공사를 완료하였다. 동 공장건물은 차입원가를 자본화하는 적격자산이다. (주)대한의 신축공사와 관련된 자료는 다음과 같다.

구 분	20x1.3.1.	20x1.10.1.	20x2.1.1.	20x2.9.1.
공사대금 지출액	₩300,000	₩400,000	₩300,000	₩120,000

종 류	차입금액	차입기간	연 이자율
특정차입금 A	₩240,000	20x1.3.1. ~ 20x2.9.30.	6%(단리)
일반차입금 B	₩240,000	20x1.3.1. ~ 20x2.6.30.	6%(단리)
일반차입금 C	₩60,000	20x1.6.1. ~ 20x2.12.31.	9%(단리)

20x1년 3월 1일의 지출액에는 공장건물 건설과 관련하여 동 일자에 수령한 정부보조금(상환의무 없음) ₩200,000이 포함되어 있다. 특정차입금 A 중 ₩100,000은 20x1년 4월 1일부터 20x1년 9월 30일까지 연 이자율 3%(단리)의 정기예금에 예치하였다. (주)대한이 20x2년도에 자본화할 차입원가는 얼마인가?(단, 전기 이전에 자본화한 차입원가는 연평균 지출액 계산 시 포함하지 아니하며, 연평균 지출액, 이자수익 및 이자비용은 월할로 계산한다. 그리고 모든 차입금과 정기예금은 매월 말 이자 지급(수취) 조건이다)

① ₩16,450
② ₩21,900
③ ₩23,400
④ ₩42,700
⑤ ₩53,200

(주)대한은 20x1년 7월 1일에 공장건물을 신축하기 시작하여 20x2년 10월 31일에 해당 공사를 완료하였다. (주)대한의 동 공장건물은 차입원가를 자본화하는 적격자산이다.

- 공장건물 신축 관련 공사비 지출 내역은 다음과 같다.

구 분	20x1.7.1.	20x1.10.1.	20x2.4.1.
공사비 지출액	₩1,500,000	₩3,000,000	₩1,000,000

- (주)대한은 20x1년 7월 1일에 ₩200,000의 정부보조금을 수령하여 즉시 동 공장건물을 건설하는 데 모두 사용하였다.
- 특정차입금 ₩2,500,000 중 ₩300,000은 20x1년 7월 1일부터 9월 30일까지 연 4% 수익률을 제공하는 투자처에 일시적으로 투자하였다.
- (주)대한의 차입금 내역은 다음과 같으며, 모든 차입금은 매년 말 이자지급 조건이다.

차입금	차입일	차입금액	상환일	연 이자율
특정차입금	20x1.7.1.	₩2,500,000	20x2.8.31.	5%
일반차입금 A	20x1.1.1.	2,000,000	20x3.12.31.	4%
일반차입금 B	20x1.7.1.	4,000,000	20x2.12.31.	8%

(주)대한이 동 공사와 관련하여 20x1년에 자본화할 차입원가는 얼마인가?(단, 연평균지출액, 이자수익 및 이자비용은 월할로 계산한다)

① ₩73,000
② ₩83,000
③ ₩92,500
④ ₩148,500
⑤ ₩152,500

무형자산의 회계처리에 관한 설명으로 옳지 않은 것은?

① 사업결합 과정에서 피취득자가 진행하고 있는 연구·개발 프로젝트가 무형자산의 정의를 충족한다면 사업결합 전에 그 자산을 피취득자가 인식하였는지 여부에 관계없이, 취득자는 취득일에 피취득자의 무형자산을 영업권과 분리하여 인식한다.
② 무형자산의 인식기준을 충족하지 못하여 비용으로 인식한 지출은 그 이후에 무형자산의 원가로 인식할 수 없다.
③ 내용연수가 비한정인 무형자산을 유한 내용연수로 재평가하는 것은 그 자산의 손상을 시사하는 징후에 해당하지 않으므로 손상차손을 인식하지 않는다.
④ 상각하지 않는 무형자산에 대하여 사건과 상황이 그 자산의 내용연수가 비한정이라는 평가를 계속하여 정당화하는지를 매 회계기간에 검토하며, 사건과 상황이 그러한 평가를 정당화하지 않는 경우에 비한정 내용연수를 유한 내용연수로 변경하는 것은 회계추정치 변경으로 회계처리한다.
⑤ 내부적으로 창출한 브랜드, 제호, 출판표제, 고객 목록과 이와 실질이 유사한 항목은 무형자산으로 인식하지 않는다.

기업회계기준서 제1038호 '무형자산'에 대한 다음 설명 중 옳지 않은 것은?

① 연구와 개발활동의 목적은 지식의 개발에 있다. 따라서 이러한 활동으로 인하여 물리적 형체(예 시제품)가 있는 자산이 만들어지더라도, 그 자산의 물리적 요소는 무형자산 요소 즉, 그 자산이 갖는 지식에 부수적인 것으로 본다.

② 시장에 대한 지식과 기술적 지식에서도 미래경제적효익이 발생할 수 있다. 이러한 지식이 저작권, 계약상의 제약이나 법에 의한 종업원의 기밀유지의무 등과 같은 법적 권리에 의하여 보호된다면, 기업은 그러한 지식에서 얻을 수 있는 미래경제적효익을 통제하고 있는 것이다.

③ 미래경제적효익이 기업에 유입될 가능성은 무형자산의 내용연수 동안의 경제적 상황에 대한 시장참여자들의 최선의 추정치를 반영하는 합리적이고 객관적인 가정에 근거하여 평가하여야 한다.

④ 사업결합으로 취득하는 무형자산의 원가는 기업회계기준서 제1103호 '사업결합'에 따라 취득일 공정가치로 한다. 무형자산의 공정가치는 취득일에 그 자산이 갖는 미래경제적효익이 기업에 유입될 확률에 대한 시장참여자의 기대를 반영할 것이다.

⑤ 무형자산을 창출하기 위한 내부 프로젝트를 연구단계와 개발단계로 구분할 수 없는 경우에는 그 프로젝트에서 발생한 지출은 모두 연구단계에서 발생한 것으로 본다.

무형자산의 인식과 측정에 대한 다음 설명 중 옳지 않은 것은?

① 개별 취득하는 무형자산과 사업결합으로 취득하는 무형자산은 무형자산 인식조건 중 자산에서 발생하는 미래경제적효익이 기업에 유입될 가능성이 높다는 조건을 항상 충족하는 것은 아니다.

② 무형자산을 최초로 인식할 때에는 원가로 측정하며, 사업결합으로 취득하는 무형자산의 원가는 취득일 공정가치로 한다.

③ 사업결합으로 취득하는 자산이 분리가능하거나 계약상 또는 기타 법적 권리에서 발생한다면, 그 자산의 공정가치를 신뢰성있게 측정하기에 충분한 정보가 존재한다.

④ 내부적으로 창출한 영업권과 내부 프로젝트의 연구단계에서 발생한 지출은 자산으로 인식하지 않는다.

⑤ 내부적으로 창출한 무형자산의 원가는 그 자산의 창출, 제조 및 경영자가 의도하는 방식으로 운영될 수 있게 준비하는데 필요한 직접 관련된 모든 원가를 포함한다.

46 CTA 2021

20x1년 초 (주)세무는 (주)대한의 주주들에게 현금 ₩700,000을 지급하고 (주)대한을 흡수합병하였다. 합병 당시 (주)대한의 자산과 부채의 장부금액과 공정가치는 다음과 같다.

구 분	장부금액	공정가치
자 산	₩3,000,000	₩3,200,000
부 채	2,700,000	2,800,000

한편, 합병일 현재 (주)세무는 (주)대한이 자산으로 인식하지 않았으나, 자산의 정의를 충족하고 식별가능한 진행 중인 연구개발프로젝트를 확인하였다. 또한, 해당 프로젝트의 공정가치를 ₩50,000으로 신뢰성 있게 측정하였다. 20x1년 초 (주)세무가 합병 시 인식할 영업권은?

① ₩250,000
② ₩300,000
③ ₩350,000
④ ₩400,000
⑤ ₩450,000

47 CTA 2020

(주)세무는 20x1년 7월 1일 (주)대한을 현금 ₩1,200,000에 흡수합병하였다. (주)대한이 보유하고 있는 건물(장부금액 ₩430,000, 공정가치 ₩410,000, 순공정가치 ₩400,000)은 취득일에 매각예정비유동자산 으로 분류되었다. 취득일 현재 건물을 제외한 (주)대한의 자산, 부채 장부금액과 공정가치는 다음과 같다.

계정과목	장부금액	공정가치
현 금	₩100,000	₩100,000
매출채권	100,000	100,000
제 품	200,000	240,000
투자부동산	320,000	250,000
토 지	200,000	300,000
매입채무	50,000	50,000
사 채	170,000	170,000

20x1년 7월 1일 합병 시 (주)세무가 인식할 영업권은?

① ₩0
② ₩20,000
③ ₩30,000
④ ₩70,000
⑤ ₩100,000

무형자산 회계처리에 관한 설명으로 옳은 것은?

① 내용연수가 비한정인 무형자산의 비한정 내용연수를 유한 내용연수로 변경하는 것은 회계정책의 변경이다.

② 자산을 운용하는 직원의 교육훈련과 관련된 지출은 내부적으로 창출한 내용연수가 비한정인 무형자산의 원가에 포함한다.

③ 내부적으로 창출한 브랜드, 제호, 출판표제, 고객 목록과 이와 실질이 유사한 항목은 내용연수가 비한정인 무형자산으로 인식한다.

④ 내용연수가 유한한 무형자산을 내용연수 종료 시점에 제3자가 구입하기로 약정한 경우, 잔존가치는 영(0)으로 보지 않는다.

⑤ 경제적 효익이 소비될 것으로 예상되는 형태를 신뢰성 있게 결정할 수 없는 내용연수가 비한정인 무형자산은 정액법을 적용하여 상각한다.

기업회계기준서 제1038호 '무형자산'에 대한 다음 설명 중 옳지 않은 것은?

① 고객관계를 보호할 법적 권리가 없는 경우에도, 동일하거나 유사한, 비계약적 고객관계를 교환하는 거래(사업결합 과정에서 발생한 것이 아닌)는 고객관계로부터 기대되는 미래경제적효익을 통제할 수 있다는 증거를 제공한다. 그러한 교환거래는 고객관계가 분리가능하다는 증거를 제공하므로 그러한 고객관계는 무형자산의 정의를 충족한다.

② 무형자산의 미래경제적효익에 대한 통제능력은 일반적으로 법원에서 강제할 수 있는 법적 권리에서 나오며, 법적 권리가 없는 경우에는 통제를 제시하기 어렵다. 따라서 권리의 법적 집행가능성은 통제의 필요조건이다.

③ 내용연수가 유한한 무형자산은 그 자산을 더 이상 사용하지 않을 때도 상각을 중지하지 아니한다. 다만, 완전히 상각하거나 매각예정으로 분류되는 경우에는 상각을 중지한다.

④ 내용연수가 비한정인 무형자산은 상각하지 아니하고, 사건과 상황이 그 자산의 내용연수가 비한정이라는 평가를 계속하여 정당화하는지를 매 회계기간에 검토한다. 그 자산에 대한 손상검사를 하고, 회수가능액을 초과하는 장부금액을 손상차손으로 인식한다.

⑤ 정부보조로 무형자산을 취득하는 경우 무형자산과 정부보조금 모두를 최초에 공정가치로 인식할 수 있다. 최초에 자산을 공정가치로 인식하지 않기로 선택하는 경우에는, 자산을 명목상 금액과 자산을 의도한 용도로 사용할 수 있도록 준비하는 데 직접 관련되는 지출을 합한 금액으로 인식한다.

무형자산의 회계처리에 관한 설명으로 옳지 않은 것은?

① 무형자산의 미래경제적효익은 제품의 매출, 용역수익, 원가절감 또는 자산의 사용에 따른 기타 효익의 형태로 발생할 수 있다.

② 내부적으로 창출한 영업권은 원가를 신뢰성 있게 측정할 수 없고 기업이 통제하고 있는 식별가능한 자원이 아니기 때문에 자산으로 인식하지 아니한다.

③ 자산의 사용에서 발생하는 미래경제적효익의 유입에 대한 확실성 정도에 대한 평가는 무형자산을 최초로 인식하는 시점에서 이용 가능한 증거에 근거하며, 외부 증거에 비중을 더 크게 둔다.

④ 계약상 권리 또는 기타 법적 권리로부터 발생하는 무형자산의 내용연수는 그러한 계약상 권리 또는 기타 법적 권리의 기간을 초과할 수는 없지만, 자산의 예상사용기간에 따라 더 짧을 수는 있다.

⑤ 개별 취득하는 무형자산의 원가는 그 자산을 경영자가 의도하는 방식으로 운용될 수 있는 상태에 이를 때까지 인식하므로 무형자산을 사용하거나 재배치하는 데 발생하는 원가도 자산의 취득원가에 포함한다.

기업회계기준서 제1038호 '무형자산'에 관한 다음 설명 중 옳지 않은 것은?

① 개별 취득하는 무형자산의 원가는 그 자산을 경영자가 의도하는 방식으로 운용될 수 있는 상태에 이를 때까지 인식하므로 무형자산을 사용하거나 재배치하는 데 발생하는 원가도 자산의 장부금액에 포함한다.

② 미래경제적효익이 기업에 유입될 가능성은 무형자산의 내용연수 동안의 경제적 상황에 대한 경영자의 최선의 추정치를 반영하는 합리적이고 객관적인 가정에 근거하여 평가하여야 한다.

③ 자산의 사용에서 발생하는 미래경제적효익의 유입에 대한 확실성 정도에 대한 평가는 무형자산을 최초로 인식하는 시점에서 이용가능한 증거에 근거하며, 외부 증거에 비중을 더 크게 둔다.

④ 무형자산의 미래경제적효익은 제품의 매출, 용역수익, 원가절감 또는 자산의 사용에 따른 기타 효익의 형태로 발생할 수 있다.

⑤ 내부적으로 창출한 영업권은 원가를 신뢰성 있게 측정할 수 없고 기업이 통제하고 있는 식별가능한 자원이 아니기 때문에 자산으로 인식하지 아니한다.

52 CTA 2025

☑ 확인Check! ○ △ ✕

(주)세무는 차세대 지능형 로봇을 개발하고 있고, 개발활동에 지출한 내역은 다음과 같으며, 동 개발활동 관련 지출은 모두 무형자산의 요건을 충족하였다.

구 분	20x1.1.1. ~ 20x1.12.31.	20x2.1.1. ~ 20x2.4.30.
개발활동	₩4,500,000	₩7,500,000

(주)세무는 동 무형자산(내용연수 10년, 잔존가치 ₩0, 정액법 상각)에 대해 원가모형을 용하였으며, 20x2년 5월 1일부터 사용하기 시작하였다. (주)세무는 매년 말 무형자산의 손상징후를 검사하고 회수가능액을 추정하여 손상차손 및 손상차손환입을 인식한다. (주)세무의 동 무형자산에 대한 회수가능액은 다음과 같다.

구 분	20x2년 말	20x3년 말	20x4년 말
회수가능액	₩11,500,000	₩8,200,000	₩8,900,000

(주)세무가 동 무형자산에 대해 인식할 (A)20x3년도 손상차손과 (B)20x4년도 손상차손환입액은?(단, 무형자산상각은 월할 계산한다)

	(A)	(B)
①	₩1,400,000	₩1,184,000
②	₩1,400,000	₩1,584,000
③	₩1,800,000	₩1,184,000
④	₩1,800,000	₩1,584,000
⑤	₩1,800,000	₩1,684,000

53 CTA 2016

☑ 확인Check! ○ △ ✕

(주)세무는 신제품 개발활동으로 연구개발비가 다음과 같이 발생하였다. 차입원가는 연구개발활동과 관련된 특정차입금에서 발생한 이자비용이다. 20x1년은 연구단계이고, 20x2년은 개발단계(무형자산의 인식요건을 충족함)에 속하는데, 20x2년 7월 1일에 프로젝트가 완료되어 제품생산에 사용되었다. 무형자산(개발비)은 내용연수 5년, 잔존가치 ₩0, 정액법 상각(월할상각)하며, 원가모형을 적용한다. 20x2년 12월 31일 무형자산(개발비)의 장부금액은?

내 역	20x1년 1월 1일 ~ 20x1년 12월 31일	20x2년 1월 1일~ 20x2년 6월 30일
연구원 급여	₩40,000	₩30,000
시험용 원재료 사용액	25,000	20,000
시험용 기계장치 감가상각비	10,000	5,000
차입원가	5,000	5,000

① ₩49,500   ② ₩50,000
③ ₩54,000   ④ ₩55,000
⑤ ₩60,000

다음은 (주)대한의 무형자산과 관련된 자료이다.

- (주)대한은 탄소배출량을 혁신적으로 감소시킬 수 있는 신기술에 대해서 연구 및 개발활동을 수행하고 있다. (주)대한의 20x1년과 20x2년의 연구 및 개발활동에서 발생한 지출내역을 요약하면 다음과 같다.

구 분	20x1년	20x2년
연구활동	₩900,000	₩300,000
개발활동	-	3,500,000

- (주)대한의 개발활동과 관련된 지출은 모두 무형자산의 인식요건을 충족한다.
- (주)대한의 탄소배출량 감소와 관련된 신기술은 20x2년 중에 개발이 완료되었으며, 20x2년 10월 1일부터 사용가능하게 되었다.
- (주)대한은 신기술 관련 무형자산에 대해서 원가모형을 적용하며 추정내용연수 20년, 잔존가치 ₩0, 정액법으로 상각한다.
- 20x3년 말 상기 신기술의 사업성이 매우 낮은 것으로 판명되었고, 신기술의 회수가능가액은 ₩2,000,000으로 평가되었다.

동 신기술 관련 무형자산 회계처리가 (주)대한의 20x3년도 포괄손익계산서 상 당기순이익에 미치는 영향은 얼마인가?

① ₩1,496,250 감소
② ₩1,486,250 감소
③ ₩1,480,250 감소
④ ₩1,456,250 감소
⑤ ₩1,281,250 감소

CHAPTER
04 | 투자부동산과 생물자산

01   CTA   2024

☑ 확인 Check! ○ △ ✕

투자부동산의 회계처리에 관한 설명으로 옳지 않은 것은?

① 투자부동산의 손상, 멸실 또는 포기로 제3자에게서 받는 보상은 받을 수 있게 되는 시점에 당기손익으로 인식한다.

② 투자부동산을 후불조건으로 취득하는 경우의 원가는 취득시점의 현금가격상당액으로 하고, 현금가격상당액과 실제 총지급액의 차액은 신용기간 동안의 이자비용으로 인식한다.

③ 지배기업이 보유하고 있는 건물을 종속기업에게 리스하여 종속기업의 본사 건물로 사용하는 경우 그 건물은 지배기업의 연결재무제표상에서 투자부동산으로 분류할 수 없다.

④ 부동산 중 일부는 시세차익을 얻기 위하여 보유하고, 일부분은 재화의 생산에 사용하기 위하여 보유하고 있으나, 이를 부분별로 나누어 매각할 수 없다면, 재화의 생산에 사용하기 위하여 보유하는 부분이 중요하다고 하더라도 전체 부동산을 투자부동산으로 분류한다.

⑤ 투자부동산을 공정가치로 측정해 온 경우라면 비교할만한 시장의 거래가 줄어들거나 시장가격 정보를 쉽게 얻을 수 없게 되더라도, 당해 부동산을 처분할 때까지 또는 자가사용부동산으로 대체하거나 통상적인 영업과정에서 판매하기 위하여 개발을 시작하기 전까지는 계속하여 공정가치로 측정한다.

02   CTA   2023

☑ 확인 Check! ○ △ ✕

투자부동산의 회계처리에 관한 설명으로 옳지 않은 것은?

① 지배기업 또는 다른 종속기업에게 부동산을 리스하는 경우, 이러한 부동산은 연결재무제표에 투자부동산으로 분류한다.

② 부동산의 용도가 변경되는 경우에만 다른 자산에서 투자부동산으로 또는 투자부동산에서 다른 자산으로 대체한다.

③ 투자부동산의 손상, 멸실 또는 포기로 제3자에게서 받는 보상은 받을 수 있게 되는 시점에 당기손익으로 인식한다.

④ 재고자산을 공정가치로 평가하는 투자부동산으로 대체하는 경우, 재고자산의 장부금액과 대체시점의 공정가치의 차액은 당기손익으로 인식한다.

⑤ 부동산 보유자가 부동산 사용자에게 부수적인 용역을 제공하는 경우, 전체 계약에서 그러한 용역의 비중이 경미하다면 부동산 보유자는 당해 부동산을 투자부동산으로 분류한다.

투자부동산의 분류에 관한 설명으로 옳은 것은?

① 통상적인 영업과정에서 가까운 장래에 개발하여 판매하기 위해 취득한 부동산은 투자부동산으로 분류한다.

② 토지를 자가사용할지 통상적인 영업과정에서 단기간에 판매할지를 결정하지 못한 경우 자가사용부동산으로 분류한다.

③ 호텔을 소유하고 직접 경영하는 경우 투숙객에게 제공하는 용역이 전체 계약에서 유의적인 비중을 차지하므로 투자부동산으로 분류한다.

④ 지배기업 또는 다른 종속기업에게 부동산을 리스하는 경우 당해 부동산을 연결재무제표에 투자부동산으로 분류할 수 없고 자가사용부동산으로 분류한다.

⑤ 사무실 건물의 소유자가 그 건물을 사용하는 리스이용자에게 경미한 비중의 보안과 관리용역을 제공하는 경우 부동산 보유자는 당해 부동산을 자가사용부동산으로 분류한다.

투자부동산의 분류에 관한 설명으로 옳지 않은 것은?

① 통상적인 영업과정에서 단기간에 판매하기 위하여 보유하지 않고 장기 시세차익을 얻기 위하여 보유하고 있는 토지는 투자부동산으로 분류한다.

② 종업원으로부터 시장가격에 해당하는 임차료를 받고 있는 경우에도 종업원이 사용하는 부동산은 자가사용부동산이며 투자부동산으로 분류하지 않는다.

③ 장래 자가사용할지 또는 통상적인 영업과정에서 단기간에 판매할지를 결정하지 못한 토지는 자가사용부동산이며 투자부동산으로 분류하지 않는다.

④ 건물의 소유자가 그 건물 전체를 사용하는 리스이용자에게 보안과 관리용역을 제공하는 경우에는 당해 건물을 투자부동산으로 분류한다.

⑤ 투자부동산을 개발하지 않고 처분하기로 결정하는 경우에는 그 부동산이 제거될 때까지 투자부동산으로 계속 분류한다.

05 CPA 2024 ☑ 확인 Check! ○ △ ✕

기업회계기준서 제1040호 '투자부동산'에 대한 다음 설명 중 옳지 않은 것은?

① 부동산 보유자가 부동산 사용자에게 부수적인 용역을 제공하는 경우가 있다. 전체 계약에서 그러한 용역의 비중이 경미하다면 부동산 보유자는 당해 부동산을 투자부동산으로 분류한다.

② 부동산 보유자가 부동산 사용자에게 제공하는 용역이 유의적인 경우가 있다. 예를 들면 호텔을 소유하고 직접 경영하는 경우, 투숙객에게 제공하는 용역은 전체 계약에서 유의적인 비중을 차지한다. 그러므로 소유자가 직접 경영하는 호텔은 투자부동산이 아니며 자가사용부동산이다.

③ 투자부동산에 대하여 공정가치모형을 선택한 경우에는 투자부동산의 공정가치 변동으로 발생하는 손익은 발생한 기간의 당기손익에 반영한다.

④ 기업은 투자부동산의 공정가치를 계속 신뢰성 있게 측정할 수 있다고 추정한다. 그러나 처음으로 취득한 투자부동산의 공정가치를 계속 신뢰성 있게 측정하기가 어려울 것이라는 명백한 증거가 있을 수 있다.

⑤ 투자부동산을 공정가치로 측정해 온 경우라도 비교할만한 시장의 거래가 줄어들거나 시장가격 정보를 쉽게 얻을 수 없게 되면, 당해 부동산에 대한 공정가치 측정을 중단하고 원가로 측정한다.

06 CTA 2025 ☑ 확인 Check! ○ △ ✕

제조업을 영위하는 (주)세무는 20x1년 5월 1일 임대 및 시세차익을 위하여 건물을 ₩1,000,000에 취득하였다. (주)세무는 20x2년 5월 1일 동 건물의 용도를 영업용 건물(잔존내용연수 20년, 잔존가치 ₩0, 정액법 상각)로 전환하고 즉시 사용하기 시작하였다. (주)세무는 투자부동산을 공정가치모형으로 평가하고 있으며, 유형자산에 대해서는 재평가모형을 채택하고 있다. 동 건물의 공정가치가 다음과 같을 때, 동 건물에 대한 회계처리가 (주)세무의 20x2년도 당기순이익에 미치는 영향은?(단, 감가상각은 월할 계산한다)

20x1.12.31.	20x2.5.1.	20x2.12.31.
₩980,000	₩1,050,000	₩990,000

① 영향없음
② ₩7,500 감소
③ ₩7,500 증가
④ ₩10,000 감소
⑤ ₩10,000 증가

제조업을 영위하는 (주)세무는 20x1년 4월 1일 시세차익을 위하여 건물을 ₩2,000,000에 취득하였다. 그러나 (주)세무는 20x2년 4월 1일 동 건물을 자가사용으로 용도를 전환하고 동 일자에 영업지점으로 사용하기 시작하였다. 20x2년 4월 1일 현재 동 건물의 잔존내용연수는 5년, 잔존가치는 ₩200,000이며, 정액법으로 감가상각(월할상각)한다. 동 건물의 일자별 공정가치는 다음과 같다.

20x1.12.31.	20x2.4.1.	20x2.12.31.
₩2,400,000	₩2,600,000	₩2,200,000

동 건물 관련 회계처리가 (주)세무의 20x2년도 당기순이익에 미치는 영향은?(단, (주)세무는 투자부동산에 대해서는 공정가치모형을 적용하고 있으며, 유형자산에 대해서는 원가모형을 적용하고 있다)

① ₩70,000 감소
② ₩160,000 감소
③ ₩200,000 감소
④ ₩40,000 증가
⑤ ₩240,000 증가

(주)세무는 20x1년 말에 취득한 건물(취득원가 ₩1,000,000, 내용연수 12년, 잔존가치 ₩0)을 투자부동산으로 분류하고 공정가치모형을 적용하였다. 20x2년 7월 1일부터 동 건물 전부를 본사사옥으로 전환하여 사용하고 있다. 20x2년 7월 1일 현재 동 건물의 잔존내용연수를 10년, 잔존가치를 ₩0으로 추정하였으며, 정액법으로 감가상각하기로 결정하였다. 아래 표는 동 건물의 공정가치 변동 현황이다.

구 분	20x1년 12월 31일	20x2년 7월 1일	20x2년 12월 31일
공정가치	₩1,000,000	₩1,200,000	₩1,000,000

20x2년 12월 31일 동 건물을 원가모형에 따라 회계처리 하였을 경우 20x2년 당기순이익은 ₩750,000이다. 재평가모형을 적용하였을 경우 (주)세무의 20x2년 당기순이익은?

① ₩550,000
② ₩610,000
③ ₩670,000
④ ₩750,000
⑤ ₩916,667

(주)세무는 20x1년 1월 1일에 투자목적으로 건물(취득원가 ₩2,000,000, 잔존가치 ₩0, 내용연수 4년, 공정가치모형 적용)을 구입하였다. 20x2년 7월 1일부터 (주)세무는 동 건물을 업무용으로 전환하여 사용하고 있다. (주)세무는 동 건물을 잔여내용연수 동안 정액법으로 감가상각(잔존가치 ₩0)하며, 재평가모형을 적용한다. 공정가치의 변동내역이 다음과 같을 때, 동 거래가 20x2년도 (주)세무의 당기순이익에 미치는 영향은?(단, 감가상각은 월할상각한다)

구 분	20x1년 말	20x2년 7월 1일	20x2년 말
공정가치	₩2,200,000	₩2,400,000	₩2,500,000

① ₩480,000 감소
② ₩280,000 감소
③ ₩200,000 증가
④ ₩300,000 증가
⑤ ₩580,000 증가

(주)대한은 20x1년 1월 1일 자가사용 목적으로 건물(취득가액 ₩2,000,000, 내용연수 10년, 잔존가치 ₩0, 정액법으로 감가상각)을 취득하고, 원가모형을 적용하여 회계처리하였다. 그러나 20x2년 4월 1일에 해당 건물의 용도를 임대수익 창출 목적으로 변경하여 투자부동산으로 계정대체 하였다. 이후 20x2년 7월 1일에 임대계약을 통해 거래처가 해당 건물을 사용하기 시작하였다. 각 일자별 건물의 공정가치는 다음과 같다.

구 분	20x1.12.31.	20x2.4.1.	20x2.7.1.	20x2.12.31.
공정가치	₩1,950,000	₩1,800,000	₩1,820,000	₩1,730,000

(주)대한은 투자부동산에 대해 공정가치모형을 적용하고 있다. 동 건물과 관련한 회계처리가 20x2년도 (주)대한의 포괄손익계산서 상 당기순이익에 미치는 영향은 얼마인가?(단, 순임대수익은 고려하지 않는다)

① ₩70,000 감소
② ₩90,000 감소
③ ₩120,000 감소
④ ₩190,000 감소
⑤ ₩30,000 증가

(주)대한은 20x1년 1월 1일에 취득하여 본사 사옥으로 사용하고 있던 건물(취득원가 ₩2,000,000, 내용연수 20년, 잔존가치 ₩200,000, 정액법 상각)을 20x3년 7월 1일에 (주)민국에게 운용리스 목적으로 제공하였다. (주)대한은 투자부동산에 대해서 공정가치모형을 적용하고 있으며, 유형자산에 대해서는 원가모형을 적용하고 있다. 건물의 공정가치는 다음과 같다.

20x2년 말	20x3년 7월 1일	20x3년 말
₩2,000,000	₩2,500,000	₩3,000,000

(주)대한의 건물에 대한 회계처리가 20x3년도 당기순이익에 미치는 영향은 얼마인가?(단, 감가상각비는 월할로 계산한다)

① ₩45,000 감소　　　　　　　　　　② ₩455,000 증가

③ ₩500,000 증가　　　　　　　　　　④ ₩600,000 증가

⑤ ₩1,180,000 증가

생물자산의 인식과 측정에 관한 설명으로 옳지 않은 것은?

① 생물자산이나 수확물을 미래 일정시점에 판매하는 계약을 체결할 경우, 공정가치는 시장에 참여하는 구매자와 판매자가 거래하게 될 현행시장의 상황을 반영하기 때문에 계약가격이 공정가치의 측정에 반드시 목적적합한 것은 아니다.

② 생물자산의 공정가치에서 처분부대원가를 뺀 금액을 산정할 때에 추정 매각부대원가를 차감하기 때문에 생물자산의 최초 인식시점에 손실이 발생할 수 있다.

③ 당해 자산에 대한 자금 조달 또는 수확 후 생물자산의 복구 관련 현금흐름은 생물자산의 원가에 포함된다.

④ 생물자산을 최초 인식시점에 공정가치에서 처분부대원가를 뺀 금액으로 인식하여 발생하는 평가손익과 생물자산의 공정가치에서 처분부대원가를 뺀 금액의 변동으로 발생하는 평가손익은 발생한 기간의 당기손익에 반영한다.

⑤ 기업이 특정 농림어업활동에 종사하지 못하게 요구하는 경우를 포함하여 공정가치에서 처분부대원가를 뺀 금액으로 측정하는 생물자산과 관련된 정부보조금에 부수되는 조건이 있는 경우에는 그 조건을 충족하는 시점에만 당기손익으로 인식하되, 시간의 경과에 따라 보조금의 일부가 기업에 귀속될 수 있는 경우에는 시간의 경과에 따라 그 정부보조금을 당기손익으로 인식한다.

13 CTA 2018

확인Check! ○ △ ×

농림어업 기준서의 내용으로 옳지 않은 것은?

① 최초의 인식시점에 생물자산의 공정가치를 신뢰성 있게 측정할 수 없다면, 원가에서 감가상각누계액 및 손상차손누계액을 차감한 금액으로 측정한다.

② 생물자산을 이전에 순공정가치로 측정하였다면 처분시점까지 계속하여 당해 생물자산을 순공정가치로 측정한다.

③ 수확물을 최초 인식시점에 순공정가치로 인식하여 발생하는 평가손익은 발생한 기간의 당기손익에 반영한다.

④ 목재로 사용하기 위해 재배하는 나무와 같이 수확물로 수확하기 위해 재배하는 식물은 생산용식물이 아니다.

⑤ 과일과 목재 모두를 얻기 위해 재배하는 나무는 생산용식물이다.

14 CTA 2022

확인Check! ○ △ ×

20x1년 초 (주)세무낙농은 우유 생산을 위하여 젖소 5마리(1마리당 순공정가치 ₩5,000,000)를 1마리당 ₩5,200,000에 취득하고 목장운영을 시작하였다. 20x1년 12월 25일에 처음으로 우유를 생산하였으며, 생산된 우유는 전부 1,000리터(ℓ)이다. 생산시점 우유의 1리터(ℓ)당 순공정가치는 ₩10,000이다. 20x1년 12월 27일 (주)세무낙농은 생산된 우유 중 500리터(ℓ)를 유가공업체인 (주)대한에 1리터(ℓ)당 ₩9,000에 판매하였다. 20x1년 말 목장의 실제 젖소는 5마리이고, 우유보관창고의 실제 우유는 500리터(ℓ)이다. 20x1년 말 젖소 1마리당 순공정가치는 ₩5,100,000이고 우유 1리터(ℓ)당 순실현가능가치는 ₩11,000이다. 위 거래가 (주)세무낙농의 20x1년도 포괄손익계산서상 당기순이익에 미치는 영향은?

① ₩9,000,000 증가 ② ₩10,000,000 증가

③ ₩11,000,000 증가 ④ ₩12,000,000 증가

⑤ ₩13,000,000 증가

15 CPA 2021

확인Check! ○ △ ×

낙농업을 영위하는 (주)대한목장은 20x1년 1월 1일에 우유 생산이 가능한 젖소 10마리를 보유하고 있다. (주)대한목장은 우유의 생산 확대를 위하여 20x1년 6월 젖소 10마리를 1마리당 ₩100,000에 추가로 취득하였으며, 취득시점의 1마리당 순공정가치는 ₩95,000이다. 한편 (주)대한목장은 20x1년에 100리터(ℓ)의 우유를 생산하였으며, 생산시점(착유시점) 우유의 1리터(ℓ)당 순공정가치는 ₩3,000이다. (주)대한목장은 생산된 우유 전부를 20x1년에 거래처인 (주)민국유업에 1리터(ℓ)당 ₩5,000에 판매하였다. 20x1년 말 현재 (주)대한목장이 보유 중인 젖소 1마리당 순공정가치는 ₩100,000이다. 위 거래로 인한 (주)대한목장의 20x1년 포괄손익계산서 상 당기순이익의 증가액은 얼마인가?(단, 20x0년 말 젖소의 1마리당 순공정가치는 ₩105,000이다)

① ₩340,000 ② ₩450,000

③ ₩560,000 ④ ₩630,000

⑤ ₩750,000

01 `CTA` `2024` ☑ 확인 Check! ○ △ ✕

재고자산 회계처리에 관한 설명으로 옳은 것은?

① 재고자산의 매입원가는 매입가격에 수입관세와 제세금, 매입운임, 하역료 그리고 완제품, 원재료 및 용역의 취득과정에 직접 관련된 기타 원가, 리베이트 및 기타 유사한 항목을 가산한 금액이다.

② 재고자산을 후불조건으로 취득할 때 그 계약이 실질적인 금융요소를 포함하고 있다면, 정상신용조건의 매입가격과 실제 지급액간의 차이는 재고자산의 취득원가에 가산한다.

③ 확정판매계약 또는 용역계약만을 이행하기 위하여 보유하는 재고자산의 순실현가능가치는 일반판매가격에 기초하여 추정한다.

④ 원재료 가격이 하락하여 원재료 원가가 순실현가능가치를 초과할 것으로 예상된다면 완성될 제품이 원가 이상으로 판매되더라도 해당 원재료를 현행대체원가로 측정된 순실현가능가치로 감액한다.

⑤ 재고자산의 감액을 초래했던 상황이 해소되거나 경제상황의 변동으로 순실현가능가치가 상승한 명백한 증거가 있는 경우 최초의 장부금액을 초과하지 않는 범위 내에서 평가손실을 환입한다.

02 `CTA` `2023` ☑ 확인 Check! ○ △ ✕

재고자산의 회계처리에 관한 설명으로 옳지 않은 것은?

① 재료원가, 노무원가 및 기타 제조원가 중 비정상적으로 낭비된 부분은 재고자산의 취득원가에 포함할 수 없다.

② 성격과 용도 면에서 유사한 재고자산에는 동일한 단위원가 결정방법을 적용하여야 하며, 성격이나 용도 면에서 차이가 있는 재고자산에는 서로 다른 단위원가 결정방법을 적용할 수 있다.

③ 순실현가능가치를 추정할 때 재고자산의 보유 목적은 고려하지 않는다.

④ 자가건설한 유형자산의 구성요소로 사용되는 재고자산처럼 재고자산의 원가를 다른 자산계정에 배분하는 경우, 다른 자산에 배분된 재고자산 원가는 해당 자산의 내용연수 동안 비용으로 인식한다.

⑤ 통상적으로 상호 교환될 수 없는 재고자산항목의 원가와 특정 프로젝트별로 생산되고 분리되는 재화 또는 용역의 원가는 개별법을 사용하여 결정한다.

03   CTA   2021

재고자산에 관한 설명으로 옳지 않은 것은?

① 재고자산의 취득원가는 매입원가, 전환원가 및 재고자산을 현재의 장소에 현재의 상태로 이르게 하는 데 발생한 기타 원가 모두를 포함한다.

② 완성될 제품이 원가 이상으로 판매될 것으로 예상하는 경우에는 그 생산에 투입하기 위해 보유하는 원재료 및 기타 소모품을 감액하지 아니한다.

③ 후속 생산단계에 투입하기 전에 보관이 필요한 경우 이외의 보관원가는 재고자산의 취득원가에 포함한다.

④ 통상적으로 상호교환 가능한 대량의 재고자산 항목에 개별법을 적용하는 것은 적절하지 아니하다.

⑤ 성격과 용도 면에서 유사한 재고자산에는 동일한 단위원가 결정방법을 적용하여야 하며, 성격이나 용도 면에서 차이가 있는 재고자산에는 서로 다른 단위원가 결정방법을 적용할 수 있다.

04   CTA   2016

재고자산 회계처리에 관한 설명으로 옳지 않은 것은?

① 완성될 제품이 원가 이상으로 판매될 것으로 예상되더라도 생산에 투입하기 위해 보유한 원재료 가격이 현행대체원가 보다 하락한다면 평가손실을 인식한다.

② 후속 생산단계에 투입하기 전에 보관이 필요한 경우 이외의 보관원가는 재고자산의 취득원가에 포함할 수 없으며 발생기간의 비용으로 인식한다.

③ 재고자산을 후불조건으로 취득하는 경우 계약이 실질적으로 금융요소를 포함하고 있다면, 해당 금융요소는 금융이 이루어지는 기간 동안 이자비용으로 인식한다.

④ 재고자산을 순실현가능가치로 감액한 평가손실과 모든 감모손실은 감액이나 감모가 발생한 기간에 비용으로 인식한다.

⑤ 당기에 비용으로 인식하는 재고자산 금액은 일반적으로 매출원가로 불리우며, 판매된 재고자산의 원가와 배분되지 않은 제조간접원가 및 제조원가 중 비정상적인 부분의 금액으로 구성된다.

기업회계기준서 제1002호 '재고자산'에 대한 다음 설명 중 옳지 않은 것은?

① 공정가치에서 처분부대원가를 뺀 금액으로 측정한 일반상품중개기업의 재고자산에 대해서는 저가법을 적용하지 않는다.

② 순실현가능가치는 재고자산의 주된 (또는 가장 유리한) 시장에서 시장참여자 사이에 일어날 수 있는 정상거래의 가격에서 처분부대원가를 뺀 금액으로 측정하기 때문에 기업특유의 가치가 아니다.

③ 생물자산에서 수확한 농림어업 수확물로 구성된 재고자산은 공정가치에서 처분부대원가를 뺀 금액으로 측정하여 수확시점에 최초로 인식한다.

④ 재고자산의 감액을 초래했던 상황이 해소되거나 경제상황의 변동으로 순실현가능가치가 상승한 명백한 증거가 있는 경우에는 최초의 장부금액을 초과하지 않는 범위 내에서 평가손실을 환입한다.

⑤ 성격과 용도 면에서 유사한 재고자산에는 동일한 단위원가 결정방법을 적용하여야 하며, 성격이나 용도 면에서 차이가 있는 재고자산에는 서로 다른 단위원가 결정방법을 적용할 수 있다.

기업회계기준서 제1002호 '재고자산'에 관한 다음의 설명 중 옳지 않은 것은?

① 재고자산의 지역별 위치나 과세방식이 다르다는 이유만으로 동일한 재고자산에 다른 단위원가 결정방법을 적용하는 것은 정당화된다.

② 통상적으로 상호 교환될 수 없는 재고자산항목의 원가와 특정 프로젝트별로 생산되고 분리되는 재화 또는 용역의 원가는 개별법을 사용하여 결정한다.

③ 재고자산의 전환원가는 원재료를 완제품으로 전환하는 데 드는 고정 및 변동 제조간접원가의 체계적인 배부액도 포함한다.

④ 보유하고 있는 재고자산의 수량이 확정판매계약의 이행에 필요한 수량을 초과하는 경우에는 그 초과 수량의 순실현가능가치는 일반 판매가격에 기초한다.

⑤ 원재료 가격이 하락하여 제품의 원가가 순실현가능가치를 초과할 것으로 예상된다면 해당 원재료를 순실현가능가치로 감액한다.

(주)세무가 20x1년 12월 31일 창고에 보관 중인 재고자산은 ₩50,000이다. 20x1년 12월 31일 현재 재고자산 관련 자료가 다음과 같을 때, 20x1년 12월 31일 (주)세무의 재무상태표에 보고될 재고자산은?(단, 재고자산 감모손실과 평가손실은 없다)

(1) 거래처 A로부터 FOB 선적지인도기준으로 매입한 원가 ₩40,000의 상품이 현재 운송 중에 있다.
(2) 거래처 B에게 FOB 도착지인도기준으로 원가 ₩20,000의 상품을 판매하였으며, 현재 운송 중에 있다.
(3) 위탁판매계약이 체결된 수탁자 C에게 적송한 원가 ₩20,000의 상품 중 40%가 판매되었다.
(4) 고객에게 인도한 시송품의 원가는 ₩30,000이며, 이 중 20%에 대해 매입의사를 통보받았다.
(5) 거래처 D에게 원가 ₩10,000의 상품을 ₩12,000에 판매하고, 2개월 후 이를 ₩13,000에 재구매하기로 약정하였다.

① ₩128,000
② ₩134,000
③ ₩136,000
④ ₩140,000
⑤ ₩156,000

(주)세무의 20x1년 재고자산 관련 현황이 다음과 같을 때, 20x1년 말 재무상태표의 재고자산은?

(1) 20x1년 말 재고실사를 한 결과 (주)세무의 창고에 보관 중인 재고자산의 원가는 ₩100,000이다.
(2) 20x1년도 중 고객에게 원가 ₩80,000 상당의 시송품을 인도하였으나, 기말 현재까지 매입의사를 표시하지 않았다.
(3) 20x1년도 중 운영자금 차입목적으로 은행에 원가 ₩80,000의 재고자산을 담보로 인도하였으며, 해당 재고자산은 재고실사 목록에 포함되지 않았다.
(4) (주)한국과 위탁판매계약을 체결하고 20x1년도 중 원가 ₩100,000 상당의 재고자산을 (주)한국으로 운송하였으며, 이 중 기말 현재 미판매되어 (주)한국이 보유하고 있는 재고자산의 원가는 ₩40,000이다.
(5) (주)대한으로부터 원가 ₩65,000의 재고자산을 도착지인도조건으로 매입하였으나 20x1년 말 현재 운송중이다.

① ₩220,000
② ₩260,000
③ ₩300,000
④ ₩320,000
⑤ ₩365,000

(주)세무의 20x1년 기초재고자산은 ₩200,000이고 당기 매입액은 ₩1,000,000이다. (주)세무는 실지재고조사법을 적용하고 있으며, 20x1년 12월 31일 실사를 통하여 창고에 보관 중인 상품이 ₩300,000인 것으로 확인하였다. 추가 고려사항이 다음과 같을 때, (주)세무의 20x1년 매출원가는? (단, 재고자산감모손실 및 재고자산평가손실은 없다)

- 20x1년 6월 1일에 (주)한국으로부터 판매를 수탁받은 상품(원가 ₩120,000) 중 원가 ₩20,000이 판매되었고, 나머지는 기말 현재 (주)세무의 창고에 보관 중이며 기말실사 금액에 포함되어 있다.
- 20x1년 12월 21일에 (주)민국으로부터 FOB 선적지인도조건으로 매입한 상품(송장가격 : ₩60,000)이 20x1년 12월 31일 현재 선박으로 운송 중에 있다. 이 상품은 20x2년 1월 8일에 도착한다.
- 20x1년 12월 30일에 반품률이 높은 상품(원가 ₩50,000)을 (주)대한에 판매·인도하였다. 해당 상품의 경우 반품률은 신뢰성 있게 추정할 수 없고 반품기한은 20x2년 1월 10일까지이다.

① ₩690,000
② ₩770,000
③ ₩790,000
④ ₩870,000
⑤ ₩890,000

10 CPA 2025

☑ 확인Check! ○ △ ✕

(주)대한이 20x1년 말 창고에 보관하고 있는 재고자산의 실사금액은 ₩3,540,000이며, 추가로 고려해야 할 사항은 다음과 같다.

(1) (주)대한은 20x1년 12월 초 ₩500,000을 (주)민국으로부터 차입하고 담보로 원가 ₩600,000의 재고자산을 제공하였으며, 20x1년 말 현재 (주)민국의 창고에 보관하고 있다.

(2) (주)대한은 20x1년 10월 초 거래처에 원가 ₩500,000의 상품을 ₩650,000에 판매하기로 계약을 체결하고 상품을 즉시 인도하였다. 동 계약에 따르면 (주)대한이 해당 상품을 20x1년 12월 말까지 ₩700,000에 재매입할 수 있는 콜옵션을 보유하고 있으나, 이를 행사하지 않았다. 이에 해당 콜옵션은 20x1년 12월 말에 소멸되었다.

(3) (주)대한은 20x1년 12월 1일 거래처에 원가 ₩1,000,000의 상품을 인도하였고, 판매대금은 12월 말부터 매월 말일에 ₩300,000씩 4개월에 걸쳐 회수한다.

(4) (주)대한은 거래처로부터 선적지인도조건으로 원가 ₩230,000의 상품을 매입하였다. 상품은 20x1년 12월 28일에 선적되어 20x2년 1월 2일에 입고되었다.

(5) (주)대한은 20x1년 12월 15일 거래처에 시송품(판매가 ₩100,000)을 인도하며, 20x2년 1월 10일까지 매입할 의사를 통보해 줄 것을 요청하였다. 20x1년 12월 31일 현재까지 거래처는 시송품 전부에 대해 매입의사를 표명하지 않았다. (주)대한의 매출총이익률은 40%이다.

추가자료의 내용을 반영하면 20x1년 말 (주)대한의 재무상태표에 보고될 재고자산은 얼마인가?(단, 재고자산감모손실 및 재고자산평가손실은 없다)

① ₩3,890,000
② ₩3,930,000
③ ₩4,200,000
④ ₩4,390,000
⑤ ₩4,430,000

(주)대한이 재고자산을 실사한 결과 20x1년 12월 31일 현재 창고에 보관 중인 상품의 실사금액은 ₩1,500,000인 것으로 확인되었다. 재고자산과 관련된 추가자료는 다음과 같다.

(1) (주)대한은 20x1년 9월 1일에 (주)강원으로부터 원가 ₩100,000의 상품에 대해 판매를 수탁받았으며, 이 중 원가 ₩20,000의 상품을 20x1년 10월 1일에 판매하였다. 나머지 상품은 20x1년 12월 31일 현재 (주)대한의 창고에 보관중이며, 창고보관상품의 실사금액에 이미 포함되었다.

(2) (주)대한은 20x1년 11월 1일 (주)경북에 원가 ₩400,000의 상품을 인도하고, 판매대금은 11월 말부터 매월 말일에 3개월에 걸쳐 ₩150,000씩 할부로 수령하기로 하였다.

(3) (주)대한은 20x1년 11월 5일에 (주)충남과 위탁판매계약을 체결하고 원가 ₩200,000의 상품을 적송하였으며, (주)충남은 20x1년 12월 31일 현재까지 이 중 60%의 상품을 판매하였다.

(4) (주)대한이 20x1년 12월 23일에 (주)민국으로부터 선적지인도조건으로 매입한 원가 ₩100,000의 상품이 20x1년 12월 31일 현재 운송 중에 있다. 이 상품은 20x2년 1월 10일 도착예정이다.

(5) (주)대한은 20x1년 12월 24일에 (주)충북에게 원가 ₩50,000의 상품을 ₩80,000에 판매 즉시 인도하고 2개월 후 ₩100,000에 재구매하기로 약정하였다.

위의 추가자료를 반영한 후 (주)대한의 20x1년 말 재무상태표에 표시될 기말상품재고액은 얼마인가?(단, 재고자산감모손실 및 재고자산평가손실은 없다. (주)대한의 위탁(수탁)판매계약은 기업회계기준서 제1115호 '고객과의 계약에서 생기는 수익'의 위탁(수탁)약정에 해당한다)

① ₩1,570,000　　　　　　　② ₩1,600,000
③ ₩1,650,000　　　　　　　④ ₩1,730,000
⑤ ₩1,800,000

(주)세무의 20x1년도 및 20x2년도 상품 관련 자료는 다음과 같다.

• 20x1년도 기말재고자산 : ₩4,000,000(단위당 원가 ₩1,000)
• 20x2년도 매입액 : ₩11,500,000(단위당 원가 ₩1,250)
• 20x2년도 매출액 : ₩15,000,000

20x2년 말 장부상 상품수량은 4,000개였으나, 실지재고조사 결과 기말수량은 3,500개로 확인되었다. 20x2년 말 현재 보유하고 있는 상품의 예상 판매가격은 단위당 ₩1,500이며, 단위당 ₩300의 판매비용이 예상된다. (주)세무가 선입선출법을 적용할 때, 20x2년도에 인식할 당기손익은?

① ₩3,000,000 이익　　　　　② ₩3,700,000 이익
③ ₩3,875,000 이익　　　　　④ ₩4,300,000 이익
⑤ ₩4,500,000 이익

13 CTA 2024

☑ 확인 Check! ○ △ ✕

20x1년 초 설립된 (주)세무는 단일상품만 판매하고 있으며, 재고자산에 대하여 가중평균법(실지재고조사법)을 적용하고 있고, 기말 장부상재고와 실제재고를 함께 확인한다. (주)세무의 20x1년도 재고자산에 관한 자료는 다음과 같다.

일 자	적 요	수 량	단위당 원가
1월 10일	매입	300개	₩100
3월 20일	매출	200	–
6월 15일	매입	300	120
10월 16일	매입	400	130
12월 7일	매출	400	–

20x1년 말 재고자산의 단위당 순실현가능가치는 ₩110이며, 20x1년도 재고자산평가손실은 ₩2,960일 때, (주)세무가 20x1년도 재무제표에 보고할 매출원가는?(단, 감모의 80%는 정상감모이며, 정상감모손실과 재고자산평가손실은 매출원가에 반영하고, 비정상감모손실은 기타비용으로 처리한다)

① ₩70,800
② ₩71,508
③ ₩73,632
④ ₩76,592
⑤ ₩77,300

14 CTA 2022

☑ 확인 Check! ○ △ ✕

(주)세무의 20x1년 초 상품재고액은 ₩100,000(재고자산평가충당금 ₩0)이다. (주)세무의 20x1년과 20x2년의 상품매입액은 각각 ₩500,000과 ₩600,000이며, 기말상품재고와 관련된 자료는 다음과 같다. (주)세무는 재고자산평가손실(환입)과 정상적인 재고자산감모손실은 매출원가에 반영하고, 비정상적인 재고자산감모손실은 기타비용에 반영하고 있다. (주)세무의 20x2년도 매출원가는?

항 목	장부수량	실제수량	정상감모수량	단위당 취득원가	단위당 순실현가능가치
20x1년 말	450개	400개	20개	₩300	₩250
20x2년 말	650개	625개	10개	₩350	₩330

① ₩481,000
② ₩488,500
③ ₩496,000
④ ₩501,000
⑤ ₩523,500

20x1년 초에 설립한 (주)세무는 유사성이 없는 두 종류의 상품 A와 상품 B를 판매하고 있다. (주)세무는 20x1년 중 상품 A 200단위(단위당 취득원가 ₩1,000)와 상품 B 200단위(단위당 취득원가 ₩2,000)를 매입하였으며, 20x1년 말 상품재고와 관련된 자료는 다음과 같다.

구 분	장부수량	실제수량	단위당 취득원가	단위당 예상판매가격
상품 A	50	30	₩1,000	₩1,300
상품 B	100	70	2,000	2,200

상품 A의 재고 중 20단위는 (주)대한에 단위당 ₩900에 판매하기로 한 확정판매계약을 이행하기 위해 보유 중이다. 확정판매계약에 의한 판매 시에는 판매비용이 발생하지 않으나, 일반판매의 경우에는 상품 A와 상품 B 모두 단위당 ₩300의 판매비용이 발생할 것으로 예상된다. (주)세무가 20x1년도에 인식할 매출원가는?(단, 정상감모손실과 재고자산평가손실은 매출원가에 가산하며, 상품 A와 상품 B 모두 감모의 70%는 정상감모이다)

① ₩410,000　　　　　　　　　　② ₩413,000

③ ₩415,000　　　　　　　　　　④ ₩423,000

⑤ ₩439,000

(주)세무는 단일상품을 판매하는 기업으로, 20x1년 결산이전 재고자산의 정상적인 수량부족과 평가손실을 반영하지 않은 매출원가는 ₩989,400이다. 재고와 관련된 자료가 다음과 같을 때, 20x1년 기초재고자산은? (단, 재고자산의 정상적인 수량부족과 평가손실은 매출원가로 처리하고, 비정상적인 수량부족은 기타비용으로 처리한다)

- 당기매입 관련 자료
  - 당기상품매입액 : ₩800,000
  - 매입운임 : ₩60,000
  - 관세환급금 : ₩10,000
- 기말재고 실사자료
  - 기말재고 장부상 수량 : 500개
  - 기말재고 실제 수량 : 480개(14개는 정상적인 수량부족임)
  - 단위당 취득단가 : ₩900
  - 단위당 순실현가능가치 : ₩800

① ₩584,000　　　　　　　　　　② ₩586,600

③ ₩587,400　　　　　　　　　　④ ₩589,400

⑤ ₩596,600

17

상품매매업을 하는 (주)세무의 20x1년 기말 재고자산 관련 자료는 다음과 같다.

조 구분	종목 구분	장부 수량	실제 수량	단위당 원가	단위당 순실현가능가치
I	상품 A	150개	140개	₩1,000	₩900
I	상품 B	180개	180개	500	450
II	상품 C	200개	190개	750	650
II	상품 D	430개	400개	1,200	1,300

종목별기준 저가법을 적용할 경우 20x1년도 포괄손익계산서에 표시되는 매출원가가 ₩8,000,000일 때, 조별기준 저가법을 적용할 경우 20x1년도 포괄손익계산서에 표시되는 매출원가는?(단, 재고자산평가손실은 매출원가에 포함한다)

① ₩7,958,000
② ₩7,981,000
③ ₩8,000,000
④ ₩8,040,000
⑤ ₩8,043,000

18

유통업을 영위하는 (주)대한의 20x1년 1월 1일 재고자산은 ₩550,000이며, 재고자산평가충당금은 ₩0이다. 20x1년 중 재고자산 순매입액은 ₩2,400,000이며, 20x1년 12월 말 현재 재고자산 관련 자료는 다음과 같다.

항 목	장부수량	실제수량	단위당 취득원가	단위당 순실현가능가치
상품 A	110개	90개	₩900	₩800
상품 B	150개	124개	1,000	1,050
상품 C	160개	140개	800	700
상품 D	150개	150개	1,100	1,000

• 기말재고자산 수량 감소에 따른 감모손실 중 40%는 비정상적인 것이다.
• 재고자산 비정상감모손실은 매출원가 외의 기타비용으로 처리하고, 재고자산 정상감모손실과 재고자산평가손실은 매출원가에 포함한다.

(주)대한이 항목별기준 저가법을 적용할 경우, 20x1년도 포괄손익계산서 상 매출원가는 얼마인가?

① ₩2,392,000
② ₩2,468,000
③ ₩2,470,000
④ ₩2,482,000
⑤ ₩2,506,000

유통업을 영위하고 있는 (주)대한은 재고자산에 대해 계속기록법과 평균법을 적용하고 있으며, 기말에는 실지재고조사를 실시하여 실제 재고수량을 파악하고 있다. 다음은 (주)대한의 20x1년 재고자산에 관한 자료이다.

일 자	적 요	수 량	매입단가	비 고
1월 1일	기초재고	100개	₩300	전기말 실제수량
6월 1일	매 입	400개	₩400	
7월 1일	매 출	300개		판매단가 ₩600
9월 1일	매 입	100개	₩500	
10월 1일	매 출	200개		판매단가 ₩500

20x1년 기말재고자산의 실제 재고수량은 장부수량과 일치하였고, 단위당 순실현가능가치는 ₩300인 경우, (주)대한의 20x1년도 매출총이익은 얼마인가?(단, 재고자산평가손실은 매출원가로 분류하며, 기초재고자산과 관련된 평가충당금은 ₩4,000이다)

① ₩70,000

② ₩74,000

③ ₩78,000

④ ₩82,000

⑤ ₩100,000

유통업을 영위하고 있는 (주)대한은 재고자산에 대해 계속기록법과 가중평균법을 적용하고 있으며, 기말에는 실지재고조사를 실시하고 있다. 다음은 (주)대한의 20x1년 재고자산(단일상품)과 관련된 자료이다.

• 일자별 거래 자료

일 자	적 요	수 량	매입단가	비 고
1월 1일	기초재고	100개	₩200	전기말 실사수량
3월 1일	매 입	200개	₩200	
6월 1일	매입계약	200개	₩300	선적지 인도조건
7월 1일	매 출	200개	–	
9월 1일	매입계약	200개	₩300	도착지 인도조건
11월 1일	매 출	100개	–	

• (주)대한이 6월 1일에 계약한 상품 200개는 6월 30일에 창고로 입고되었다.
• (주)대한이 9월 1일에 계약한 상품 200개는 11월 1일에 선적되었으나 12월 말 현재까지 운송중인 상태로 확인되었다.
• 12월 말 현재 (주)대한이 창고에 보관중인 상품의 총 수량은 300개이고 실사를 통해 다음과 같은 사실을 발견하였다.

> • (주)대한은 12월 1일에 (주)민국으로부터 상품 200개(단위원가 ₩300)에 대해 판매를 수탁받아 창고에 보관하였으며, 이 중 20%를 12월 중에 판매하였다.
> • (주)대한은 12월 1일에 (주)만세와 위탁판매계약을 체결하고 상품 50개(단위원가 ₩240)를 적송하였다. 기말 실사 후 (주)만세가 12월 말 현재 보관중인 상품은 20개임을 확인하였다.

• (주)대한은 재고자산감모손실과 재고자산평가손실(환입)을 매출원가에서 조정하고 있다.
• 수탁품과 적송품에서는 감모(분실, 도난 등)가 발생하지 않았다.

20x1년 기말재고자산의 단위당 순실현가능가치가 ₩200이고, 재고자산평가충당금의 기초잔액이 ₩3,000일 때, (주)대한의 20x1년도 매출원가는 얼마인가?

① ₩72,000   ② ₩74,400

③ ₩81,800   ④ ₩85,000

⑤ ₩88,000

(주)대한은 재고자산을 관리하기 위하여 계속기록법과 평균법을 적용하고 있으며, 기말재고자산의 장부수량과 실지재고수량은 일치한다. 다음은 (주)대한의 20x1년 매입과 매출에 관한 자료이다.

일 자	적 요	수 량(개)	매입단가(₩)
1월 1일	기초재고	100	300
5월 1일	매 입	200	400
6월 1일	매 입	200	300
9월 1일	매 입	100	200
12월 15일	매 입	100	200
일 자	적 요	수 량(개)	매출단가(₩)
8월 1일	매 출	200	600
10월 1일	매 출	200	500

20x1년 기말재고자산의 단위당 순실현가능가치가 ₩200인 경우 (주)대한이 20x1년 말에 인식할 재고자산평가손실액은 얼마인가?(단, 기초재고자산과 관련된 평가충당금은 없다)

① ₩21,000　　　　② ₩24,000
③ ₩27,000　　　　④ ₩30,000
⑤ ₩33,000

유통업을 영위하고 있는 (주)세무는 저가기준으로 가중평균 소매재고법을 적용하고 있다. (주)세무의 재고자산과 관련된 자료가 다음과 같을 때, 매출총이익은? (단, 정상파손은 매출원가로 처리하고, 비정상파손은 기타비용으로 처리한다)

구 분	원 가	판매가
기초재고	₩80,000	₩100,000
총매입액	806,000	1,000,000
매입할인	50,000	–
총매출액	–	1,050,000
매출환입	–	24,000
순인상액	–	95,000
순인하액	–	50,000
정상파손	–	50,000
비정상파손	10,000	15,000

① ₩221,000　　　　② ₩227,800
③ ₩237,800　　　　④ ₩245,000
⑤ ₩261,800

23 CTA 2020

☑ 확인Check! ○ △ ✕

(주)세무는 저가기준으로 선입선출 소매재고법을 적용하고 있다. 재고자산과 관련된 자료가 다음과 같을 때, 매출원가는?(단, 원가율은 소수점 이하 셋째자리에서 반올림한다)

구 분	원 가	판매가
기초재고	₩12,000	₩14,000
매 입	649,700	999,500
매입운임	300	–
매 출	–	1,000,000
매출환입	–	500
순인상	–	500
순인하	–	300
정상파손	100	200

① ₩652,670

② ₩652,770

③ ₩652,800

④ ₩652,870

⑤ ₩652,900

24 CTA 2018

☑ 확인Check! ○ △ ✕

(주)세무는 재고자산을 소매재고법으로 평가하고 있다. 원가흐름은 선입선출법으로 가정하며 원가율은 저가기준으로 산정한다. 재고자산과 관련된 자료가 다음과 같을 때, (주)세무의 매출원가는?

구 분	원 가	판매가
기초재고	₩9,000	₩8,950
당기매입	64,410	94,100
매입운임	420	–
매입환출	230	–
매출액	–	98,000
종업원할인	–	2,000
순인상액	–	900
순인하액	–	700

① ₩61,200

② ₩66,640

③ ₩71,300

④ ₩71,374

⑤ ₩71,390

25 CTA 2020

☑ 확인Check! ○ △ ✕

(주)세무는 20x1년 12월 31일 독립 사업부로 운영되는 A공장에 화재가 발생하여 재고자산 전부와 장부가 소실되었다. 화재로 인한 재고자산 손실을 확인하기 위하여 A공장의 매출처 및 매입처, 그리고 외부감사인으로부터 다음과 같은 자료를 수집하였다.

- 매출 : ₩1,000,000
- 기초재고 : ₩100,000
- 20x0년 재무비율
  - 매출총이익률 : 15%
  - 재고자산회전율 : 680%

(주)세무가 추정한 재고자산 손실 금액은?(단, 매출총이익률과 재고자산회전율은 매년 동일하며, 재고자산 회전율은 매출원가와 평균재고자산을 이용한다)

① ₩150,000　　　　　　　　　② ₩150,500

③ ₩151,000　　　　　　　　　④ ₩151,500

⑤ ₩152,000

26 CTA 2018

☑ 확인Check! ○ △ ✕

20x1년 12월 31일 (주)세무의 창고에 화재가 발생하여 재고자산의 90%가 소실되었다. (주)세무의 이용가능한 회계자료가 다음과 같을 때, 재고자산의 추정 손실금액은?(단, (주)세무의 매출은 모두 신용거래이다)

기초재고		₩150,000	당기매입액		₩12,000,000
매출채권(기초)	₩80,000		매출채권(기말)	₩120,000	
손실충당금	(8,000)	72,000	손실충당금	(10,000)	110,000

- 당기 매출채권 현금회수액 : ₩11,500,000
- 당기 회수불능으로 인한 매출채권 제거 금액 : ₩5,000
- 최근 3년간 평균매출총이익률은 40%이며 큰 변동은 없었다.

---

① ₩4,696,920　　　　　　　　② ₩4,700,700

③ ₩4,704,480　　　　　　　　④ ₩5,223,000

⑤ ₩5,268,000

27 CTA 2025

도소매업을 영위하는 (주)세무의 재고자산 관련 자료가 다음과 같을 때, 재고자산 회전율은?(단, 재고자산회전율 산정 시 재무상태표 항목은 기초와 기말의 평균값을 사용한다)

• 매출총이익률	30%	• 당기 매출채권 회수	₩33,000
• 당기 현금매출	₩11,000	• 기초 재고액	7,050
• 기초 매출채권	1,000	• 당기 매입액	30,000
• 기말 매출채권	2,000		

① 5회
② 5.5회
③ 6회
④ 6.5회
⑤ 7회

28 CTA 2018

(주)세무는 선입선출법(실지재고조사법)으로 재고자산을 평가하고 있다. 20x1년 12월 20일 외상으로 구입한 재고자산이 선적지인도조건으로 기말 현재 운송 중에 있으나 이에 대한 회계처리가 누락되었고 동 재고자산은 기말 재고 실사에도 포함되지 않았다. 이러한 오류를 수정하지 않았을 경우, 재무비율에 미치는 영향으로 옳은 것은?(단, 오류 수정 전 재무비율 산정 시 분모·분자 값은 모두 양(+)의 값을 갖는다)

① 20x1년도 매출원가율은 오류가 발생하지 않았을 경우에 비하여 높다.
② 20x1년도 총자산회전율은 오류가 발생하지 않았을 경우에 비하여 낮다.
③ 20x1년도 말 현재 당좌비율은 오류가 발생하지 않았을 경우에 비하여 낮다.
④ 20x1년도 말 현재 부채비율은 오류가 발생하지 않았을 경우에 비하여 낮다.
⑤ 20x1년도 총자산이익률은 오류가 발생하지 않았을 경우에 비하여 낮다.

(주)세무의 20x1년도 회계자료가 다음과 같을 때, 20x1년의 재고자산평균보유기간은?(단, 재고자산회전율 계산 시 평균재고자산을 사용하며, 1년은 360일로 가정한다)

- 매출총이익 : ₩106,000
- 당기 현금매출액 : ₩45,000
- 기초 매출채권 : ₩60,000
- 기말 매출채권 : ₩105,000
- 당기 매출채권 회수액 : ₩250,000
- 기초 상품재고 : ₩150,000
- 당기 상품매입액 : ₩194,000

① 200일
② 210일
③ 220일
④ 230일
⑤ 240일

01   CTA   2025   ☑ 확인Check! ○ △ ✕

(주)세무는 다음과 같은 조건의 사채를 20x1년 4월 1일에 발행하였으며, 상각후원가로 측정하는 금융부채로 분류하였다.

• 액면금액 : ₩2,000,000   • 만기일 : 20x3년 12월 31일 • 권면상 발행일 : 20x1년 1월 1일   • 액면이자율 : 3%(매년 말 지급) • 20x1년 1월 1일 기준 시장이자율 : 5% • 20x1년 4월 1일 기준 시장이자율 : 4%

(주)세무는 20x2년 10월 1일에 액면금액 중 50%를 경과이자를 포함하여 ₩1,000,000에 조기상환하였다. 동 사채에 대한 회계처리가 20x2년도 당기순이익에 미치는 영향은?(단, 이자는 월할 계산하고, 현재가치 계산 시 다음에 제시된 현가계수표를 이용한다)

기 간	단일 금액 ₩1의 현재가치		정상연금 ₩1의 현재가치	
	4%	5%	4%	5%
1	0.9615	0.9524	0.9615	0.9524
2	0.9246	0.9070	1.8861	1.8594
3	0.8890	0.8638	2.7751	2.7232

① ₩18,857 감소   ② ₩49,823 감소

③ ₩58,103 감소   ④ ₩79,257 감소

⑤ ₩85,368 감소

(주)세무는 20x1년 초 상각후원가로 측정하는 금융부채에 해당하는 사채(액면금액 ₩1,000,000, 표시이자율 8%, 만기 5년, 매년 말 원금 ₩200,000씩 연속 상환, 매년 말 이자지급)를 발행하였다. 20x1년 말과 20x2년 말 원금과 이자는 정상적으로 지급하였으나 20x3년 초 재무위기가 발생하여 채권자들의 동의를 받아 사채의 조건을 변경(무이자로 20x5년 말 원금 ₩600,000 일시 상환)하였다. 시장이자율이 각각 20x1년 초 10%, 20x3년 초 12%이고 조건변경과 관련한 수수료는 발생하지 않았을 때, 동 사채에 관한 설명으로 옳은 것은?(단, 사채발행시 거래원가는 발생하지 않았으며, 현재가치 계산 시 다음에 제시된 현가계수표를 이용한다)

기 간	단일금액 ₩1의 현재가치			정상연금 ₩1의 현재가치		
	8%	10%	12%	8%	10%	12%
1	0.9259	0.9091	0.8929	0.9259	0.9091	0.8929
2	0.8573	0.8265	0.7972	1.7833	1.7355	1.6901
3	0.7938	0.7513	0.7118	2.5771	2.4869	2.4018
4	0.7350	0.6830	0.6355	3.3121	3.1699	3.0374
5	0.6806	0.6209	0.5674	3.9927	3.7908	3.6048

① 20x1년 초 사채의 발행금액은 ₩924,164이다.

② 20x2년도 인식할 이자비용은 ₩96,681이다.

③ 20x3년 초 조건 변경 시 제거될 사채의 장부금액은 ₩601,920이다.

④ 20x3년 초 조건 변경 시 새로 인식할 사채의 장부금액은 ₩450,780이다.

⑤ 20x3년 초 조건 변경으로 인해 인식될 조정이익은 ₩152,401이다.

03 CTA 2023

☑ 확인Check! ○ △ ✕

(주)세무는 20x1년 초 상각후원가로 측정하는 금융부채에 해당하는 사채(액면금액 ₩1,000,000, 표시이자율 연 8%, 만기 3년, 매년 말 이자지급)를 ₩950,252(유효이자율 연 10%)에 발행하였다. (주)세무는 20x2년 초에 표시이자율을 연 5%(매년 말 이자지급)로, 만기를 20x5년 말로 조건을 변경하는 것에 사채권자와 합의하였다. 조건변경과 관련한 수수료는 발생하지 않았으며, 20x2년 초 시장이자율은 연 12%이다. 동 사채의 회계처리가 (주)세무의 20x2년도 당기순이익에 미치는영향은?(단, 현재가치 계산 시 다음에 제시된 현가계수표를 이용한다)

기 간	단일금액 ₩1의 현재가치				정상연금 ₩1의 현재가치			
	5%	8%	10%	12%	5%	8%	10%	12%
1	0.9524	0.9259	0.9091	0.8929	0.9524	0.9259	0.9091	0.8929
2	0.9070	0.8573	0.8265	0.7972	1.8594	1.7833	1.7355	1.6901
3	0.8638	0.7938	0.7513	0.7118	2.7233	2.5771	2.4869	2.4018
4	0.8227	0.7350	0.6830	0.6355	3.5460	3.3121	3.1699	3.0374
5	0.7835	0.6806	0.6209	0.5674	4.3295	3.9927	3.7908	3.6048

① ₩207,932 감소
② ₩272,391 감소
③ ₩39,637 증가
④ ₩53,212 증가
⑤ ₩83,423 증가

04 CTA 2023

☑ 확인Check! ○ △ ✕

(주)세무는 20x1년 초 상각후원가로 측정하는 금융부채에 해당하는 사채(액면금액 ₩2,000,000, 표시이자율 연 8%, 만기 3년, 매년 말 이자지급)를 ₩1,900,504에 발행하고, 사채발행비 ₩92,604을 현금으로 지출하였다. 발행당시 시장이자율은 연 10%이며, (주)세무는 동 사채와 관련하여 20x1년도 이자비용으로 ₩216,948을 인식하였다. 20x2년 말 (주)세무가 경과이자를 포함하여 ₩2,000,000에 사채 전부를 조기 상환하였다면, 사채의 상환으로 인식할 사채상환이익은?(단, 현재가치 계산 시 다음에 제시된 현가계수표를 이용한다)

기 간	단일 금액 ₩1의 현재가치		정상연금 ₩1의 현재가치	
	8%	10%	8%	10%
1	0.9259	0.9091	0.9259	0.9091
2	0.8573	0.8265	1.7833	1.7355
3	0.7938	0.7513	2.5771	2.4869

① ₩51,325
② ₩61,345
③ ₩88,630
④ ₩123,656
⑤ ₩160,000

(주)세무는 사채(사채권면상 발행일 20x1년 1월 1일, 액면금액 ₩1,000,000, 표시이자율 연 8%, 만기 3년, 매년 말 이자지급)를 20x1년 4월 1일에 발행하고 사채발행비용 ₩1,000을 지출하였다. 사채권면상 발행일인 20x1년 1월 1일의 시장이자율은 연 10%이며, 실제 발행일(20x1년 4월 1일)의 시장이자율은 연 12%이다. 동 사채를 당기손익-공정가치 측정 금융부채로 분류했을 경우 20x1년 4월 1일의 장부금액은? (단, 현재가치 계산 시 다음에 제시된 현가계수표를 이용한다)

구 분	단일금액 ₩1의 현재가치			정상연금 ₩1의 현재가치		
	8%	10%	12%	8%	10%	12%
3년	0.7938	0.7513	0.7118	2.5771	2.4868	2.4018

① ₩910,062　　　　　　　　　　② ₩911,062

③ ₩953,000　　　　　　　　　　④ ₩954,000

⑤ ₩1,000,000

(주)세무는 20x1년 1월 1일 상각후원가로 측정하는 금융부채에 해당하는 다음과 같은 조건의 연속상환사채를 발행하였다. 20x2년 말 재무상태표상 동 상각후원가측정 금융부채의 장부금액은? (단, 현재가치 계산 시 다음에 제시된 현가계수표를 이용한다)

- 액면금액 : ₩1,200,000
- 이자지급 : 연 5%의 이자율을 적용하여 매년 12월 31일에 지급
- 상환 : 20x2년부터 20x4년까지 매년 12월 31일에 ₩400,000씩 연속상환
- 발행당시 유효이자율 : 연 6%

구 분	단일금액 ₩1의 현재가치		정상연금 ₩1의 현재가치	
	5%	6%	5%	6%
1년	0.9524	0.9434	0.9524	0.9434
2년	0.9070	0.8900	1.8954	1.8334
3년	0.8638	0.8396	2.7232	2.6730
4년	0.8227	0.7921	3.5459	3.4651

① ₩396,221　　　　　　　　　　② ₩788,896

③ ₩796,221　　　　　　　　　　④ ₩988,221

⑤ ₩1,188,896

07   CTA   2021

(주)세무는 20x1년 1월 1일 액면금액 ₩1,000,000(표시이자율 연 5%, 매년 말 이자지급, 만기 3년)인 사채를 발행하였으며, 사채발행비로 ₩46,998을 지출하였다. 사채발행 당시 시장이자율은 연 8%이며, 20x1년 말 이자비용으로 ₩87,566을 인식하였다. 사채의 액면금액 중 ₩600,000을 20x3년 4월 1일에 경과이자를 포함하여 ₩570,000에 조기상환 한 경우 사채상환손익은?(단, 계산금액은 소수점 이하 첫째자리에서 반올림한다)

기 간	단일금액 ₩1의 현재가치		정상연금 ₩1의 현재가치	
	5%	8%	5%	8%
3년	0.8638	0.7938	2.7233	2.5771

① 손실 ₩7,462
② 손실 ₩9,545
③ 이익 ₩7,462
④ 이익 ₩9,545
⑤ 이익 ₩17,045

08   CTA   2021

(주)세무는 20x1년 1월 1일 (주)대한에게 ₩500,000(만기 4년, 표시이자율 연 5%, 매년 말 지급)을 차입하였으며, 유효이자율은 연 5%이다. 20x2년 12월 31일 (주)세무는 경영상황이 악화되어 (주)대한과 차입금에 대해 다음과 같은 조건으로 변경하기로 합의하였다.

- 만기일 : 20x7년 12월 31일
- 표시이자율 : 연 2%, 매년 말 지급
- 유효이자율 : 연 8%

기 간	단일금액 ₩1의 현재가치		정상연금 ₩1의 현재가치	
	5%	8%	5%	8%
2년	0.9070	0.8573	1.8594	1.7833
5년	0.7835	0.6806	4.3295	3.9927

20x2년 12월 31일 (주)세무가 재무상태표에 인식해야 할 장기차입금은?

① ₩380,227
② ₩435,045
③ ₩446,483
④ ₩472,094
⑤ ₩500,000

(주)세무는 20x1년 1월1일 (주)대한에게 사채 A(액면금액 ₩1,000,000 만기 5년 표시이자율 연 5%, 매년 말 이자지급)를 발행하고 상각후원가측정금융부채로 분류하였다. 사채발행 시점의 유효이자율은 연 10%이고, 사채할인발행차금을 유효이자율법으로 상각하고 있다. 20x4년 1월 1일 유효이자율이 연 8%로 하락함에 따라 (주)민국에게 새로운 사채 B(액면금액 ₩1,000,000, 만기 2년, 표시이자율 연 3%, 매년 말 이자지급)를 발행하여 수취한 현금으로 사채 A를 조기상환하였다. (주)세무가 20x4년 1월 1일 인식할 사채 A의 상환손익과 사채 B의 발행금액은?(단, 계산금액은 소수점이하 첫째자리에서 반올림한다)

기 간	단일금액 ₩1의 현재가치				정상연금 ₩1의 현재가치			
	3%	5%	8%	10%	3%	5%	8%	10%
2년	0.9426	0.9070	0.8573	0.8264	1.9135	1.8594	1.7833	1.7355
5년	0.8626	0.7835	0.6806	0.6209	4.5797	4.3295	3.9927	3.7908

	사채 A 상환손익	사채 B 발행금액
①	손실 ₩2,396	₩878,465
②	손실 ₩2,396	₩913,195
③	손실 ₩2,396	₩915,591
④	이익 ₩2,396	₩910,799
⑤	이익 ₩2,396	₩1,000,000

(주)세무는 20x1년 1월1일 액면금액 ₩1,000,000, 표시이자율 5%(매년 말 지급), 만기 3년인 회사채를 ₩875,645에 발행하고 상각후원가측정금융부채로 분류하였다. 사채발행 시점의 유효이자율은 10%이었으며, 사채할인발행차금을 유효이자율법으로 상각한다. (주)세무는 20x2년 1월1일에 동 사채의 일부를 ₩637,000에 조기상환하여, 사채상환이익이 ₩2,184 발생하였다. 20x2년 말 재무상태표에 표시될 사채 장부금액(순액)은?

① ₩190,906

② ₩286,359

③ ₩334,086

④ ₩381,812

⑤ ₩429,539

11 CTA 2018

☑ 확인Check! ○ △ ✕

(주)세무는 20x1년 초 5년 만기 사채를 발행하여 매년 말 액면이자를 지급하고 유효이자율법에 의하여 이자비용을 인식하고 있다. 20x2년 말 이자와 관련하여 다음과 같은 회계처리 후 사채의 장부금액이 ₩84,000이 되었다면, 20x3 말 사채의 장부금액은?

(차) 이자비용	8,200	(대) 사채할인발행차금	2,000
		현 금	6,200

① ₩86,200
② ₩86,600
③ ₩87,000
④ ₩87,200
⑤ ₩87,600

12 CTA 2016

☑ 확인Check! ○ △ ✕

(주)세무는 20x1년 1월 1일에 액면금액 ₩1,200,000, 표시이자율 연5%, 매년 말 이자를 지급하는 조건의 사채(매년 말에 액면금액 ₩400,000씩을 상환하는 연속상환사채)를 발행하였다. 20x1년 12월 31일 사채의 장부금액은?(단, 사채발행 당시의 유효이자율은 연 6%, 계산금액은 소수점 첫째자리에서 반올림, 단수차이로 인한 오차는 가장 근사치를 선택한다)

기 간	단일금액 ₩1의 현재가치		정상연금 ₩1의 현재가치	
	5%	6%	5%	6%
1	0.9524	0.9434	0.9524	0.9434
2	0.9070	0.8900	1.8594	1.8334
3	0.8638	0.8396	2.7232	2.6730

① ₩678,196
② ₩778,196
③ ₩788,888
④ ₩795,888
⑤ ₩800,000

(주)대한은 20x1년 초에 다음과 같은 조건으로 회사채를 발행하고, 상각후원가측정(AC) 금융부채로 분류하였다.

- 액면금액 : ₩1,000,000
- 표시이자율 : 연 5%
- 이자지급일 : 매년 말
- 유효이자율 : 연 8%
- 만기일 : 20X3년 12월 31일(일시상환)
- 적용할 현가계수는 아래의 표와 같다.

기 간	할인율	단일금액 ₩1의 현재가치		정상연금 ₩1의 현재가치	
		5%	8%	5%	8%
1년		0.9524	0.9259	0.9524	0.9259
2년		0.9070	0.8573	1.8594	1.7832
3년		0.8638	0.7938	2.7232	2.5770

한편 (주)대한은 자산매각을 통해 발생한 자금으로 20x1년 9월 30일에 동 사채 액면금액의 40%를 ₩400,000(경과이자 포함)에 조기상환하였다. 동 사채와 관련한 회계처리가 (주)대한의 20x1년도 포괄손익계산서 상 당기순이익에 미치는 영향은 얼마인가?(단, 이자는 월할 계산하며, 단수차이로 인해 오차가 있다면 가장 근사치를 선택한다)

① ₩30,940 감소 ② ₩53,083 감소
③ ₩66,431 감소 ④ ₩73,812 감소
⑤ ₩75,227 감소

(주)대한은 20x1년 1월 1일 사채를 발행하고 해당 사채를 상각후원가 측정(AC)금융부채로 분류하였다. 사채와 관련된 자료는 다음과 같다.

- 발행일 : 20x1년 1월 1일
- 액면금액 : ₩2,000,000
- 만기일 : 20x3년 12월 31일(일시상환)
- 표시이자율 : 연 5%, 매년 말 지급
- 사채발행 시점의 유효이자율 : 연 6%
- 적용할 현가계수는 아래의 표와 같다.

기 간 할인율	단일금액 ₩1의 현재가치		정상연금 ₩1의 현재가치	
	6%	8%	6%	8%
1년	0.9434	0.9259	0.9434	0.9259
2년	0.8900	0.8573	1.8334	1.7832
3년	0.8396	0.7938	2.6730	2.5770

(주)대한은 재무적 어려움으로 인하여 20x2년 초에 사채의 만기일을 20x4년 12월 31일로 연장하고 표시이자율을 연 1%로 조건을 변경하였다. 20x2년 초 시장이자율은 연 8%이다. (주)대한이 사채의 조건변경으로 인해 (A) 20x2년도에 인식할 조건변경이익과 (B) 조건변경 후 20x2년도에 인식할 이자비용은 각각 얼마인가?(단, 단수차이로 인해 오차가 있다면 가장 근사치를 선택한다)

	(A) 조건변경이익	(B) 이자비용
①	₩324,150	₩121,131
②	₩324,150	₩131,131
③	₩334,150	₩131,131
④	₩334,150	₩151,131
⑤	₩354,150	₩151,131

(주)대한은 20x1년 1월 1일에 다음과 같은 조건의 사채를 발행하려고 하였으나 실패하고, 3개월이 경과된 20x1년 4월 1일에 동 사채를 발행하였으며 상각후원가 측정 금융부채(AC 금융부채)로 분류하였다. 20x1년 4월 1일 현재 유효이자율은 연 4%이다.

- 권면상 발행일 : 20X1년 1월 1일
- 액면금액 : ₩1,000,000
- 만기일 : 20x3년 12월 31일(일시상환)
- 표시이자율 : 연 6%, 매년 말 지급

(주)대한은 20x2년 4월 1일에 액면금액 중 ₩600,000을 경과이자를 포함하여 ₩610,000에 조기상환하였다. (주)대한의 사채에 대한 회계처리가 20x2년도 당기순이익에 미치는 영향은 얼마인가?(단, 이자는월할로 계산하며, 단수차이로 인해 오차가 있다면 가장 근사치를 선택한다)

| 기 간 | 단일금액 ₩1의 현재가치 | | 정상연금 ₩1의 현재가치 | |
	4%	6%	4%	6%
1년	0.9615	0.9434	0.9615	0.9434
2년	0.9246	0.8900	1.8861	1.8334
3년	0.8890	0.8396	2.7751	2.6730

① ₩3,968 감소
② ₩6,226 감소
③ ₩22,830 감소
④ ₩2,258 증가
⑤ ₩12,636 증가

(주)대한은 20x1년 1월 1일에 (주)민국에게 사채(액면금액 ₩1,000,000, 3년 만기, 표시이자율 연 10%, 매년 말 이자지급)를 발행하였으며, 동 사채를 상각후원가로 측정하는 금융부채로 분류하였다. 사채발행일의 시장이자율은 연 12%이다. (주)대한은 20x1년 12월 31일 동 사채의 만기를 20x4년 12월 31일로 연장하고 매년 말 연 4%의 이자를 지급하는 조건으로 (주)민국과 합의하였다. 조건 변경 전20x1년 12월 31일 사채의 장부금액은 ₩966,218이며, 현행시장 이자율은 연 15%이다. (주)대한이 20x1년 12월 31일 동 사채의 조건변경으로 인식할 조정손익은 얼마인가?(단, 단수차이로 인해 오차가 있다면 가장 근사치를 선택한다)

| 기 간 | 단일금액 ₩1의 현재가치 | | | 정상연금 ₩1의 현재가치 | | |
	10%	12%	15%	10%	12%	15%
3년	0.7513	0.7118	0.6575	2.4868	2.4018	2.2832

① 조정이익 ₩217,390
② 조정이익 ₩158,346
③ ₩0
④ 조정손실 ₩158,346
⑤ 조정손실 ₩217,390

(주)대한은 20x1년 1월 1일 사채(액면금액 ₩5,000,000, 표시이자율 연 6%, 매년 말 이자지급, 3년 만기)를 발행하였으며, 동 사채를 상각후원가로 측정하는 금융부채로 분류하였다. 사채발행일의 시장이자율은 연 8%이며, 사채발행비 ₩50,000이 지급되었다. 20x1년 12월 31일 사채의 장부금액이 ₩4,814,389일 경우 (주)대한이 동 사채와 관련하여 20x2년에 인식할 이자비용은 얼마인가?(단, 단수차이로 인해 오차가 있다면 가장 근사치를 선택한다)

기 간	단일금액 ₩1의 현재가치		정상연금 ₩1의 현재가치	
	6%	8%	6%	8%
1년	0.9434	0.9259	0.9434	0.9259
2년	0.8900	0.8573	1.8334	1.7832
3년	0.8396	0.7938	2.6730	2.5770

① ₩394,780　　　　　　② ₩404,409

③ ₩414,037　　　　　　④ ₩423,666

⑤ ₩433,295

※ (주)대한이 발행한 상각후원가(AC)로 측정하는 금융부채(사채)와 관련된 다음 〈자료〉를 이용하여 19번과 20번에 대해 답하시오.

〈자 료〉

액면금액	₩3,000,000
사채권면 상 발행일	20x1년 1월 1일
사채 실제 발행일	20x1년 3월 1일
표시이자율	연 6% (매년 12월 31일에 지급)
사채권면 상 발행일의 유효이자율	연 6%
상환만기일	20x3년 12월 31일(만기 일시상환)

〈현가계수표〉

기 간	단일금액 ₩1의 현재가치			정상연금 ₩1의 현재가치		
	6%	7%	8%	6%	7%	8%
1년	0.9434	0.9346	0.9259	0.9434	0.9346	0.9259
2년	0.8900	0.8734	0.8573	1.8334	1.8080	1.7832
3년	0.8396	0.8163	0.7938	2.6730	2.6243	2.5770

18 CPA 2021

다음 (A) 또는 (B)의 조건으로 사채를 발행하는 경우, (주)대한이 20x1년 3월 1일에 사채발행으로 수취하는 금액에 대한 설명으로 옳은 것은?(단, 이자는 월할로 계산하며, 단수차이로 인해 오차가 있다면 가장 근사치를 선택한다)

(A) 사채 실제 발행일의 유효이자율이 연 8%인 경우
(B) 사채 실제 발행일의 유효이자율이 연 7%인 경우

① (A)가 (B)보다 수취하는 금액이 ₩76,014만큼 많다.
② (A)가 (B)보다 수취하는 금액이 ₩72,159만큼 많다.
③ (A)가 (B)보다 수취하는 금액이 ₩76,014만큼 적다.
④ (A)가 (B)보다 수취하는 금액이 ₩72,159만큼 적다.
⑤ (A)와 (B)의 수취하는 금액은 동일하다.

(주)대한은 20x3년 4월 1일에 사채액면금액 중 30%를 경과이자를 포함하여 현금 ₩915,000에 조기상환하였다. 위 〈자료〉에서 사채 실제 발행일(20x1년 3월 1일)의 유효이자율이 연 8%인 경우, (주)대한이 조기상환시점에 사채상환손실로 인식할 금액은 얼마인가?(단, 이자는 월할로 계산하며, 단수차이로 인해 오차가 있다면 가장 근사치를 선택한다)

① ₩9,510   ② ₩14,030
③ ₩15,000   ④ ₩31,700
⑤ ₩46,800

구조조정 관련 충당부채에 관한 설명으로 옳은 것은?

① 새로운 제도와 물류체계의 구축에 대한 투자원가는 구조조정충당부채에 포함한다.

② 구조조정의 일환으로 자산의 매각을 계획하는 경우 구조조정과 관련하여 예상되는 자산 처분이익은 구조조정충당부채 측정 시 구조조정충당부채로 인식할 수 있는 지출과 상계한다.

③ 기업의 계속적인 활동과 관련한 지출은 구조조정충당부채로 인식할 수 있는 지출에 포함한다.

④ 구조조정에서 생기는 간접비용은 구조조정충당부채로 인식할 수 있는 지출에 포함한다.

⑤ 구조조정을 완료하는 날까지 생길 것으로 예상되는 영업손실은 충당부채로 인식하지 않지만, 손실부담계약과 관련된 예상 영업손실은 충당부채로 인식한다.

(주)세무는 20x1년 초에 한정 생산·판매한 제품에 대하여 3년 동안 품질을 보증하기로 하였다. 20x1년 중 실제 발생한 품질보증비는 ₩10,000이다. (주)세무는 기대가치를 계산하는 방식으로 최선의 추정치 개념을 사용하여 충당부채를 인식한다. (주)세무는 이 제품의 품질보증과 관련하여 20x1년 말에 20x2년 및 20x3년에 발생할 것으로 예상되는 품질보증비 및 예상확률을 다음과 같이 추정하였다.

20x2년		20x3년	
품질보증비	예상확률	품질보증비	예상확률
₩1,800	20%	₩3,000	30%
₩3,000	50%	₩4,000	60%
₩7,000	30%	₩5,000	10%

(주)세무는 20x2년 및 20x3년에 발생할 것으로 예상되는 품질보증비에 대해 설정하는 충당부채를 10%의 할인율을 적용하여 현재가치로 측정하기로 하였다. 또한 (주)세무는 20x2년도에 ₩1,000의 영업손실이 발생할 것으로 예상하고 있다. (주)세무의 20x1년 말 재무상태표에 보고될 제품보증충당부채는?(단, 현재가치 계산 시 다음에 제시된 현가계수표를 이용한다. 20x2년과 20x3년에 발생할 것으로 예상되는 품질보증비는 각 회계연도말에 발생한다고 가정한다)

기 간	단일금액 1의 현재가치 (할인율=10%)
1	0.9091
2	0.8264
3	0.7513

① ₩6,360 ② ₩6,740

③ ₩7,360 ④ ₩7,740

⑤ ₩8,360

충당부채와 우발부채에 관한 설명으로 옳지 않은 것은?

① 현재의무를 이행하기 위하여 필요한 지출 금액에 영향을 미치는 미래 사건이 일어날 것이라는 충분하고 객관적인 증거가 있는 경우에는 그 미래 사건을 고려하여 충당부채 금액을 추정한다.

② 우발부채는 의무를 이행하기 위하여 경제적 효익이 있는 자원을 유출할 가능성이 희박하지 않다면 주석으로 공시한다.

③ 충당부채와 관련하여 포괄손익계산서에 인식한 비용은 제삼자의 변제와 관련하여 인식한 금액과 상계하여 표시할 수 있다.

④ 당초에 다른 목적으로 인식된 충당부채를 그 목적이 아닌 다른 지출에 사용할 수 있다.

⑤ 충당부채를 현재가치로 평가하여 표시하는 경우에는 장부금액을 기간 경과에 따라 증액하고 해당 증가 금액은 차입원가로 인식한다.

23 CTA 2022

다음 중 충당부채를 인식할 수 없는 상황은?(단, 금액은 모두 신뢰성 있게 측정할 수 있다)

① 법률에 따라 항공사의 항공기를 3년에 한 번씩 정밀하게 정비하도록 하고 있는 경우

② 법적규제가 아직 없는 상태에서 기업이 토지를 오염시켰지만, 이에 대한 법률 제정이 거의 확실한 경우

③ 보고기간 말 전에 사업부를 폐쇄하기 위한 구체적인 계획에 대하여 이사회의 동의를 받았고, 고객들에게 다른 제품 공급처를 찾아야 한다고 알리는 서한을 보냈으며, 사업부의 종업원들에게는 감원을 통보한 경우

④ 기업이 토지를 오염시킨 후 법적의무가 없음에도 불구하고 오염된 토지를 정화한다는 방침을 공표하고 준수하는 경우

⑤ 관련 법규가 제정되어 매연여과장치를 설치하여야 하나, 당해 연도말까지 매연여과장치를 설치하지 않아 법규위반으로 인한 벌과금이 부과될 가능성이 그렇지 않은 경우보다 높은 경우

24 CTA 2020

(주)세무는 20x1년부터 제품을 판매하기 시작하고 3년간 품질을 보증하며, 품질보증기간이 지나면 보증의무는 사라진다. 과거의 경험에 의하면 제품 1단위당 ₩200의 제품보증비가 발생하며, 판매량의 5%에 대하여 품질보증요청이 있을 것으로 추정된다. 20x3년 말 현재 20x1년에 판매한 제품 중 4%만 실제 제품보증활동을 수행하였다. 20x1년부터 20x3년까지의 판매량과 보증비용 지출액 자료는 다음과 같다.

연 도	판매량(대)	보증비용 지출액
20x1년	3,000	₩20,000
20x2년	4,000	₩30,000
20x3년	6,000	₩40,000

(주)세무가 제품보증과 관련하여 충당부채를 설정한다고 할 때, 20x3년 말 제품보증충당부채는?(단, 모든 보증활동은 현금지출로 이루어진다)

① ₩10,000   ② ₩14,000
③ ₩20,000   ④ ₩34,000
⑤ ₩40,000

충당부채의 변동과 변제에 관한 설명으로 옳지 않은 것은?

① 어떤 의무를 제삼자와 연대하여 부담하는 경우에 이행하여야 하는 전체 의무 중에서 제삼자가 이행할 것으로 예상되는 정도까지만 충당부채로 처리한다.

② 의무를 이행하기 위하여 경제적 효익이 있는 자원을 유출할 가능성이 높지 않게 된 경우에는 관련 충당부채를 환입한다.

③ 충당부채를 현재가치로 평가하여 표시하는 경우에는 장부금액을 기간 경과에 따라 증액하고 해당 증가금액은 차입원가로 인식한다.

④ 충당부채를 결제하기 위하여 필요한 지출액의 일부나 전부를 제삼자가 변제할 것으로 예상되는 경우에는 기업이 의무를 이행한다면 변제를 받을 것이 거의 확실하게 되는 때에만 변제금액을 별도의 자산으로 인식하고 회계처리한다.

⑤ 보고기간 말마다 충당부채의 잔액을 검토하고, 보고기간 말 현재 최선의 추정치를 반영하여 조정한다.

(주)세무는 20x3년부터 판매한 제품의 결함에 대해 1년간 무상보증을 해주고 있으며, 판매한 제품 중 5%의 보증요청이 있을 것으로 예상한다. (주)세무는 제품보증활동에 관한 수익을 별도로 인식하지 않고 제품보증비용을 인식한다. 개당 보증비용은 20x3년 말과 20x4년 말에 각각 ₩1,200과 ₩1,500으로 추정되었다. 판매량과 보증비용 지출액에 관한 자료가 다음과 같을 때, 20x4년 말 재무상태표에 표시할 제품보증충당부채는?(단, 모든 보증활동은 현금지출로 이루어진다)

연 도	판매량	보증비용 지출액
20x3년	600개	₩15,000
20x4년	800개	₩17,000(전기 판매분) ₩30,000(당기 판매분)

① ₩26,000

③ ₩34,000

⑤ ₩40,500

② ₩30,000

④ ₩37,500

27 CTA 2024

☑ 확인 Check! ○ △ ✕

(주)대한의 확신유형 보증관련 충당부채 자료는 다음과 같다.

- (주)대한은 20x1년부터 판매한 제품의 결함에 대해 1년간 무상보증을 해주고 있으며, 판매량 중 3%에 대해서 품질보증요청이 있을 것으로 추정된다.
- (주)대한은 제품보증활동에 관한 수익을 별도로 인식하지 않고 제품보증비용을 인식한다. (주)대한의 연도별 판매량과 보증비용 지출액에 관한 자료는 다음과 같다. (주)대한의 20x2년 및 20x3년의 ₩8,000(당기판매분) 판매 개당 품질보증비는 각각 ₩420과 ₩730으로 추정된다.

연 도	판매량	보증비용 지출액
20x2년	800개	₩10,080(당기판매분)
20x3년	1,000개	₩8,000(당기판매분)

20x3년 말 (주)대한이 재무상태표에 인식할 제품보증충당부채는 얼마인가?(단, 제품보증충당부채의 20x2년 초 잔액은 없고, 모든 보증활동은 현금지출로 이루어진다)

① ₩11,900

② ₩13,900

③ ₩14,900

④ ₩16,900

⑤ ₩18,900

CHAPTER 07 | 금융자산

01 CTA 2025

☑ 확인 Check! ○ △ ✕

(주)세무는 20x1년 1월 1일 (주)대한에게 현금 ₩1,000,000을 대여(만기일: 20x3년 12월 31일, 표시이자율 5%, 매년 말 이자지급, 유효이자율 5%)하고 상각후원가로 측정하는 금융자산으로 분류하였다. 20x1년 말 (주)세무는 (주)대한과 동 대여금에 대해 재협상하여 다음과 같은 조건으로 계약상 현금흐름을 변경하였다.

- 만기일 : 20x5년 12월 31일로 연장
- 표시이자율 : 20x2년 초부터 5%에서 3%로 인하(매년 말 지급)
- 20x1년 말 계약상 현금흐름 변경으로 인해 발생한 수수료 ₩100,000은 (주)세무가 부담
- 변경시점의 시장이자율: 6%

계약상 현금흐름의 변경이 금융자산 제거조건을 충족하지 않을 경우, 동 대여금에 대한 회계처리가 (주)세무의 20x1년도 당기순이익에 미치는 영향은?(단, 대여금은 취득 시 신용이 손상되어 있는 금융자산에 해당하지 않으며, 현재가치 계산 시 다음에 제시된 현가계수표를 이용한다)

기 간	단일금액 ₩1의 현재가치		정상연금 ₩1의 현재가치	
	5%	6%	5%	6%
1	0.9524	0.9434	0.9524	0.9434
2	0.9070	0.8900	1.8594	1.8334
3	0.8638	0.8396	2.7232	2.6730
4	0.8227	0.7921	3.5460	3.4651

① ₩20,920 감소
② ₩53,947 감소
③ ₩103,947 감소
④ ₩120,920 감소
⑤ ₩153,947 감소

(주)세무의 당기손익−공정가치 측정 금융자산과 관련된 자료가 다음과 같을 때, 동 금융자산에 대한 회계처리가 20x1년도와 20x2년도의 당기순이익에 미치는 영향의 합계액은? (단, 금융자산의 단가 계산 시 이동평균법을 적용한다)

일 자	내 역
20x1년 12월 1일	A사가 발행한 A주식(주당 액면금액 ₩3,000) 100주를 주당 ₩4,000(공정가치)에 현금으로 구입하고, 취득수수료로 주당 ₩80을 별도로 지급함
20x1년 12월 31일	A주식의 기말 주당 공정가치는 ₩5,000, 예상 처분 관련 거래원가는 주당 ₩100임
20x2년 3월 15일	A사는 현금배당(주당 ₩150)과 주식배당(주당 0.2주)을 결의 및 실시하였으며, 이에 따라 (주)세무는 현금 ₩15,000과 A주식 20주를 수령함. 당일 A주식의 주당 공정가치는 ₩5,000임
20x2년 7월 1일	A주식의 50%를 주당 ₩6,000에 현금으로 처분하였으며, 처분 관련 거래원가로 주당 ₩120을 별도로 지급함
20x2년 10월 1일	A사는 무상증자(주당 0.1주)를 결의 및 실시하였으며, 이에 따라 (주)세무가 현재 보유한 A주식의 수가 10% 증가함. 당일 A주식의 주당 공정가치는 ₩6,000임
20x2년 12월 31일	A주식의 기말 주당 공정가치는 ₩7,000, 예상 처분 관련 거래원가 는 주당 ₩140임

① ₩349,800 증가
② ₩421,800 증가
③ ₩438,000 증가
④ ₩521,800 증가
⑤ ₩538,000 증가

(주)세무는 20x1년 초 (주)한국이 동 일자로 발행한 사채(액면금액 ₩1,000,000, 표시이자율 연 10%, 만기 4년, 매년 말 이자지급)를 ₩939,240에 취득하고 상각후원가측정 금융자산으로 분류하였다. 취득 시 유효이자율은 연 12%이며, 취득 당시 손상은 없었다. (주)세무는 20x1년 말 (주)한국으로부터 20x1년도 이자는 정상적으로 수취하였으나, 20x1년 말 동 금융자산에 신용손상이 발생하였다. (주)세무는 채무불이행 발생확률을 고려하여 20x2년부터 만기까지 매년 말 이자 ₩70,000과 만기에 원금 ₩700,000을 수취할 것으로 추정하였다. 금융자산의 회계처리가 (주)세무의 20x1년도 당기순이익에 미치는 영향은?(단, 현재가치 계산 시 다음에 제시된 현가계수표를 이용한다)

기 간	단일금액 ₩1의 현재가치		정상연금 ₩1의 현재가치	
	10%	12%	10%	12%
1	0.9091	0.8929	0.9091	0.8929
2	0.8265	0.7972	1.7355	1.6901
3	0.7513	0.7118	2.4869	2.4018
4	0.6830	0.6355	3.1699	3.0374

① ₩139,247 감소
② ₩164,447 감소
③ ₩172,854 감소
④ ₩181,772 감소
⑤ ₩285,597 감소

다음은 금융자산의 분류 및 재분류 등에 관한 설명이다. 옳은 설명을 모두 고른 것은?

> ㄱ. 계약상 현금흐름을 수취하기 위해 보유하는 것이 목적인 사업모형 하에서 금융자산을 보유하고, 금융자산의 계약 조건에 따라 특정일에 원금과 원금 잔액에 대한 이자 지급만으로 구성되어 있는 현금흐름이 발생하는 금융자산은 상각후원가로 측정한다.
> ㄴ. 계약상 현금흐름의 수취와 금융자산의 매도 둘 다를 통해 목적을 이루는 사업모형 하에서 금융자산을 보유하고, 금융자산의 계약 조건에 따라 특정일에 원금과 원금잔액에 대한 이자 지급만으로 구성되어 있는 현금흐름이 발생하는 금융자산은 당기손익-공정가치로 측정한다.
> ㄷ. 서로 다른 기준에 따라 자산이나 부채를 측정하거나 그에 따른 손익을 인식한 결과로 발생한 인식이나 측정의 불일치를 제거하거나 유의적으로 줄이는 경우에는 최초 인식시점에 해당 금융자산을 당기손익-공정가치 측정 항목으로 지정할 수 있다.
> ㄹ. 금융자산을 기타포괄손익-공정가치 측정 범주에서 당기손익-공정가치 측정 범주로 재분류하는 경우, 재분류 전에 인식한 기타포괄손익누계액은 재류일에 자본의 다른 항목으로 직접 대체한다.

① ㄱ, ㄴ　　　　　　　　　　② ㄱ, ㄷ
③ ㄴ, ㄷ　　　　　　　　　　④ ㄴ, ㄹ
⑤ ㄷ, ㄹ

20x1년 1월 1일 (주)세무는 (주)대한이 동 일자에 발행한 사채 (액면금액₩1,000,000, 만기 3년, 표시이자율 연 8%, 매년 말 이자지급)를 ₩950,252에 취득하였다. 취득 당시의 유효이자율은 연 10%이며, (주)세무는 동 사채를 기타포괄손익-공정가치측정금융자산으로 분류하였다. 한편, (주)세무는 20x1년 중 사업모형을 변경하여 동 사채를 당기손익-공정가치측정 금융자산으로 재분류하였다. 20x1년 말 동 사채의 신용위험은 유의적으로 증가하지 않았으며, 12개월 기대신용손실은 ₩10,000이다. (주)세무는 20x1년 말과 20x2년 말에 표시이자를 정상적으로 수령하였다. 동 사채의 각 연도 말의 공정가치는 다음과 같으며, 재분류일의 공정가치는 20x1년 말의 공정가치와 동일하다.

구 분	20x1.12.31.	20x2.12.31.
공정가치	₩932,408	₩981,828

(주)세무의 동 사채관련 회계처리가 20x2년도 당기순이익에 미치는 영향은?(단, 계산금액은 소수점 이하 첫째자리에서 반올림한다)

① ₩16,551 감소　　　　　　② ₩22,869 감소
③ ₩26,551 증가　　　　　　④ ₩96,551 증가
⑤ ₩106,551 증가

06 CTA 2020

(주)세무는 (주)대한의 주식 A를 취득하고, 이를 기타포괄손익–공정가치측정금융자산으로 '선택'(이하 "FVOCI") 지정분류하였다. 동 주식 A의 거래와 관련된 자료가 다음과 같고, 다른 거래가 없을 경우 설명으로 옳은 것은?(단, 동 FVOCI 취득과 처분은 공정가치로 한다)

구 분	20x1년 기중	20x1년 기말	20x2년 기말	20x3년 기중
회계처리	취 득	후속평가	후속평가	처 분
공정가치	₩100,000	₩110,000	₩98,000	₩99,000
거래원가	500	–	–	200

① 20x1년 기중 FVOCI 취득원가는 ₩100,000이다.
② 20x1년 기말 FVOCI 평가이익은 ₩10,000이다.
③ 20x2년 기말 FVOCI 평가손실이 ₩3,000 발생된다.
④ 20x3년 처분 직전 FVOCI 평가손실 잔액은 ₩2,000이다.
⑤ 20x3년 처분 시 당기손실 ₩200이 발생된다.

07 CTA 2019

(주)세무는 3년 만기 회사채A(액면금액 ₩1,000,000, 표시이자율 4% 매년 말 이자지급, 유효이자율 8%)를 20x1년 1월 1일 1매당 공정가치 ₩896,884에 발행하였다. 동 일자에 (주)세무가 발행한 회사채A를 공정가치로 1매씩 매입한 회사들의 매입 및 분류현황은 다음과 같다.

구 분	계정분류	매입수수료	회사채A 처분일
(주)대한	상각후원가측정금융자산	₩1,200	–
(주)민국	기타포괄손익–공정가치측정금융자산	1,200	20x3년 9월 17일
(주)한국	당기손익–공정가치측정금융자산	900	20x2년 1월 10일

20x1년 12월 31일 회사채A의 공정가치가 ₩1,000,000일 때, 20x1년도 포괄손익계산서상 총포괄이익이 큰 회사순으로 나열한 것은?(단, 모든 회사는 비금융업을 영위하며, 회사채A 관련 회계 처리가 미치는 재무적 영향을 제외할 때 회사채A를 매입한 세 회사의 총포괄이익은 같다)

① (주)대한 > (주)민국 > (주)한국
② (주)민국 > (주)대한 > (주)한국
③ (주)민국 > (주)한국 > (주)대한
④ (주)한국 > (주)민국 > (주)대한
⑤ (주)민국 = (주)한국 > (주)대한

(주)세무는 (주)대한이 다음과 같이 발행한 만기 4년인 회사채를 20x1년 1월 1일에 취득하고 상각후원가측정 금융자산으로 분류하였다.

- 발행일 : 20x1년 1월 1일
- 액면금액 : ₩1,000,000
- 이자지급 : 액면금액의 4%를 매년 말에 후급
- 만기 및 상환방법 : 20x4년 12월 31일에 전액 일시 상환
- 사채발행시점의 유효이자율 : 8%

(주)세무는 20x1년 말에 상각후원가측정 금융자산의 신용위험이 유의하게 증가하였다고 판단하고 전체기간 기대신용손실을 ₩50,000으로 추정하였다. 20x2년 말에 이자는 정상적으로 수취하였으나 상각후원가측정 금융자산의 신용이 손상되었다고 판단하였다. 20x2년 말 현재 채무불이행 발생확률을 고려하여 향후 이자는 받을 수 없으며, 만기일에 수취할 원금의 현금흐름을 ₩700,000으로 추정하였다. 상각후원가측정 금융자산 관련 회계처리가 (주)세무의 20x1년도와 20x2년도의 당기순이익에 미치는 영향으로 옳은 것은?(단, 20x1년 말과 20x2년 말의 시장이자율은 각각 10%와 12%이며, 회사채 취득 시 손상은 없다)

기 간	단일금액 ₩1의 현재가치			정상연금 ₩1의 현재가치		
	8%	10%	12%	8%	10%	12%
1년	0.9259	0.9091	0.8929	0.9259	0.9091	0.8929
2년	0.8573	0.8264	0.7972	1.7833	1.7355	1.6901
3년	0.7938	0.7513	0.7118	2.5771	2.4869	2.4018
4년	0.7350	0.6830	0.6355	3.3121	3.1699	3.0373

	20x1년	20x2년
①	₩19,399 증가	₩206,773 감소
②	₩19,399 증가	₩216,913 감소
③	₩19,399 증가	₩248,843 감소
④	₩31,834 증가	₩206,773 감소
⑤	₩31,834 증가	₩248,843 감소

금융자산의 재분류 시 회계처리에 관한 설명으로 옳지 않은 것은?

① 상각후원가측정금융자산을 당기손익-공정가치측금융자산으로 재분류할 경우 재분류일의 공정가치로 측정하고, 재분류 전 상각후원가와 공정가치의 차이를 당기손익으로 인식한다.

② 상각후원가측정금융자산을 기타포괄손익-공정가치측정 금융자산으로 재분류할 경우 재분류일의 공정가치로 측정하고, 재분류 전 상각후원가와 공정가치의 차이를 기타포괄손익으로 인식하며, 재분류에 따라 유효이자율과 기대신용손실 측정치는 조정하지 않는다.

③ 기타포괄손익-공정가치측정금융자산을 당기손익-공정가치측정금융자산으로 재분류할 경우 계속 공정가치로 측정하고, 재분류 전에 인식한 기타포괄손익누계액은 재분류일에 이익잉여금으로 대체한다.

④ 기타포괄손익-공정가치측정금융자산을 상각후원가측정금융자산으로 재분류할 경우 재분류일의 공정가치로 측정하고, 재분류 전에 인식한 기타포괄손익누계액은 자본에서 제거하고 재분류일의 금융자산의 공정가치에서 조정하며, 재분류에 따라 유효이자율과 기대신용손실 측정치는 조정하지 않는다.

⑤ 당기손익-공정가치측정금융자산을 기타포괄손익-공정가치측정금융자산으로 재분류할 경우 계속 공정가치로 측정하고, 재분류일의 공정가치에 기초하여 유효이자율을 다시 계산한다.

금융자산의 손상에 관한 설명으로 옳지 않은 것은?

① 당기손익-공정가치 측정범주의 금융자산은 기대신용손실을 손실충당금으로 인식한다.

② 취득 시 신용이 손상되어 있는 금융자산 등 일정한 경우를 제외하고는 최초 인식 후에 금융상품의 신용위험이 유의적으로 증가하지 아니한 경우에는 보고기간 말에 12개월 기대신용손실에 해당하는 금액으로 손실충당금을 측정한다.

③ 기타포괄손익-공정가치 측정범주의 금융자산에 대한 손실충당금은 기타포괄손익에 인식하고, 재무상태표에서 금융자산의 장부가액을 줄이지 아니한다.

④ 최초 인식 후에 금융상품의 신용위험이 유의적으로 증가하였는지를 매 보고기간 말에 평가한다. 신용위험의 유의적인 증가를 평가할 때 기대신용손실액의 변동이 아니라 금융상품의 기대존속기간에 걸친 채무불이행 발생 위험의 변동을 사용한다.

⑤ 취득 시 신용이 손상되어 있는 금융자산의 이자수익을 계산할 때에는 최초 인식시점부터 상각후원가에 신용조정 유효이자율을 적용한다.

(주)세무는 20x1년 1월 1일에 (주)한국이 발행한 채권을 ₩927,910에 취득하였다. 동 채권의 액면금액은 ₩1,000,000, 표시이자율은 연 10%(매년 말 지급)이며, 취득 당시 유효이자율은 연 12%이었다. 20x1년 말 동 채권의 이자수취 후 공정가치는 ₩990,000이며, (주)세무는 20x2년 3월 31일에 발생이자를 포함하여 ₩1,020,000에 동 채권을 처분하였다. (주)세무의 동 채권과 관련된 회계처리에 관한 설명으로 옳지 않은 것은?(단, 채권 취득과 직접 관련된 거래원가는 없다)

① 당기손익-공정가치측정금융자산으로 분류한 경우나 기타포괄손익-공정가치측정 금융자산으로분류한 경우, 20x1년 말 재무상태표상에 표시되는 금융자산은 ₩990,000으로 동일하다.
② 당기손익-공정가치측정금융자산으로 분류한 경우, 20x1년 당기순이익은 ₩162,090 증가한다.
③ 당기손익-공정가치측정금융자산으로 분류한 경우나 기타포괄손익-공정가치측정 금융자산으로 분류한 경우, 20x1년 총포괄손익금액에 미치는 영향은 동일하다.
④ 당기손익-공정가치측정금융자산으로 분류한 경우, 20x2년 당기순이익은 ₩30,000 증가한다.
⑤ 기타포괄손익-공정가치측정금융자산으로 분류한 경우, 20x2년 당기순이익은 ₩75,741 증가한다.

(주)세무는 (주)한국이 발행한 다음의 사채를 20x6년 10월 1일에 원리금만을 수취할 목적으로 취득하여 상각후원가측정금융자산으로 분류하였다.

• 액면금액	₩1,000,000	• 발행일	20x6년 7월 1일
• 표시이자율	연 8%	• 만기일	20x9년 6월 30일
• 발행일 유효이자율	연 10%	• 이자지급일	매년 6월 30일

사채의 취득금액에는 경과이자가 포함되어 있으며, 사채 취득시점의 유효이자율은 연 8%이다. 동 거래와 관련하여 (주)세무가 20x6년에 인식할 이자수익 금액과 20x6년 말 인식할 금융자산 장부금액의 합계액은? (단, 이자는 월할계산한다)

기 간	단일금액 ₩1의 현재가치		정상연금 ₩1의 현재가치	
	8%	10%	8%	10%
1년	0.9259	0.9091	0.9259	0.9091
2년	0.8573	0.8264	1.7833	1.7355
3년	0.7938	0.7513	2.5771	2.4869

① ₩981,521
② ₩977,765
③ ₩990,765
④ ₩1,020,000
⑤ ₩1,023,756

13 CTA 2016

금융자산과 금융부채에 관한 설명으로 옳지 않은 것은?

① 금융자산을 관리하는 사업모형을 변경하는 경우에만 금융자산의 재분류를 허용하고 있다.

② 기업 자신의 지분상품(자기지분상품)으로 결제하거나 결제할 수 있는 계약 중 수취할 자기지분상품의 수량이 변동 가능한 비파생상품은 금융자산이다.

③ 기존 차입자와 대여자가 실질적으로 다른 조건으로 채무상품을 교환하거나 기존 금융부채의 조건이 실질적으로 변경된 경우에는 최초의 금융부채를 제거하고 새로운 금융부채를 인식한다.

④ 금융자산의 최초 인식 시 거래가격과 공정가치가 다를 경우 거래가격으로 측정한다.

⑤ 잠재적으로 불리한 조건으로 거래상대방과 금융자산이나 금융부채를 교환하기로 한 계약상 의무는 금융부채이다.

14 CPA 2025

(주)대한은 (주)민국이 20x1년 1월 1일 발행한 사채를 발행일에 취득하여 기타포괄손익-공정가치측정(FVOCI) **금융자산으로 분류하였다. (주)민국이 발행한 사채의 조건은 다음과 같다.**

- 액면금액 : ₩100,000
- 표시이자율 : 연 10%
- 이자지급일 : 매년 말
- 유효이자율 : 연 12%
- 만기일 : 20x3년 12월 31일(일시상환)
- 적용할 현가계수는 아래의 표와 같다.

기 간 \ 할인율	단일금액 ₩1의 현재가치		정상연금 ₩1의 현재가치	
	10%	12%	10%	12%
3년	0.7513	0.7118	2.4868	2.4018

20x1년 말과 20x2년 말 사채의 공정가치는 각각 ₩97,000과 ₩98,000이었으며, (주)대한은 동 사채를 20x3년 초 ₩98,000에 처분하였다. (주)대한이 동 사채와 관련하여 20x2년도 포괄손익계산서에 인식할 이자수익과 20x2년 말 재무상태표 상 자본에 표시할 FVOCI 금융자산평가손익은 얼마인가?(단, 기대신용손실은 없으며, 단수차이로 인해 오차가 있다면 가장 근사치를 선택한다)

	이자수익	FVOCI 금융자산평가손익
①	₩11,424	₩217 손실
②	₩11,424	₩378 이익
③	₩11,595	₩595 손실
④	₩11,595	₩217 손실
⑤	₩11,783	₩595 이익

기업회계기준서 제1109호 '금융상품'에 대한 다음 설명 중 옳지 않은 것은?

① 양도자산이 양도하기 전 금융자산 전체 중 일부이고 그 양도한 부분 전체가 제거 조건을 충족한다면, 양도하기 전 금융자산 전체의 장부금액은 계속 인식하는 부분과 제거하는 부분에 대해 양도일 현재 각 부분의 상대적 공정가치를 기준으로 배분한다.

② 사업모형의 변경은 사업계열의 취득, 처분, 종결과 같이 영업에 유의적인 활동을 시작하거나 중단하는 경우에만 발생할 것이다. 그러나 특정 금융자산과 관련된 의도의 변경, 금융자산에 대한 특정 시장의 일시적 소멸, 기업 내 서로 다른 사업모형을 갖고 있는 부문 간 금융자산의 이전 등은 사업모형의 변경에 해당하지 않는다.

③ 양도자가 양도자산의 소유에 따른 위험과 보상의 대부분을 보유하지도 이전하지도 않고, 양도자가 양도자산을 통제하고 있다면, 그 양도자산에 지속적으로 관여하는 정도까지 그 양도자산을 계속 인식한다.

④ 금융상품의 기대신용손실은 일정 범위의 발생 가능한 결과를 평가하여 산정한 금액으로서 편의가 없고 확률로 가중한 금액, 화폐의 시간가치 및 보고기간 말에 과거사건, 현재 상황과 미래 경제적 상황의 예측에 대한 정보로서 합리적이고 뒷받침될 수 있으며 과도한 원가나 노력 없이 이용할 수 있는 정보를 반영하도록 측정한다.

⑤ 금융자산을 재분류하기 위해서는 그 재분류를 중요도에 따라 구분하며, 중요한 재분류는 소급법을 적용하고, 중요하지 않은 재분류는 전진법을 적용한다.

(주)대한과 관련된 다음의 자료를 활용하여 물음에 답하시오.

- (주)대한은 다음과 같은 A, B, C사채를 발행일에 취득하였다.

사 채	A사채	B사채	C사채
액면금액	₩2,000,000	₩1,500,000	₩500,000
표시이자율	연 6%	연 8%	연 10%
만기일	20x3.12.31.	20x3.12.31.	20x3.12.31.
발행일	20x1. 1. 1.	20x1. 1. 1.	20x1. 1. 1.

- (주)대한은 A, B, C사채를 구입한 직후에 A사채는 당기손익-공정가치측정(FVPL)금융자산으로, B사채와 C사채는 기타포괄손익-공정가치측정(FVOCI)금융자산으로 각각 분류하였다.
- A, B, C사채 모두 이자 지급일은 매년 말이며, 사채발행일 현재 유효이자율은 연 10%이다.
- (주)대한이 사채에 대해서 발행일에 취득한 가격은 A사채 ₩1,801,016, B사채 ₩1,425,366, C사채 ₩500,000이고, 해당 취득가격은 공정가치와 같다.
- 20x1년 12월 31일, 연말 이자수취 직후의 금액인 공정가치는 A사채의 경우 ₩1,888,234이고, B사채는 ₩1,466,300이며, C사채는 ₩501,000이다.

(주)대한의 금융자산에 대한 회계처리가 20x1년도 포괄손익계산서의 당기순이익에 미치는 영향은 얼마인가?(단, 단수차이로 인해 오차가 있다면 가장 근사치를 선택한다)

① ₩50,755 증가
② ₩120,755 증가
③ ₩399,755 증가
④ ₩417,218 증가
⑤ ₩427,218 증가

☑ 확인Check! ○ △ ✕

(주)대한은 (주)민국이 20x1년 1월 1일에 발행한 사채를 발행일에 취득하였으며, 취득 시 동 사채를 기타포괄손익－공정가치측정금융자산(FVOCI 금융자산)으로 분류하였다. (주)민국의 사채는 다음과 같은 조건으로 발행되었다.

- 액면금액 : ₩1,000,000
- 만기일 : 20x3년 12월 31일(일시상환)
- 표시이자율 : 연 4%, 매년 말 지급
- 유효이자율 : 연 6%

(주)대한은 (주)민국으로부터 20x1년도 표시이자는 정상적으로 수취하였으나, 20x1년 말에 상기 사채의 신용이 손상되어 향후 표시이자 수령 없이 만기일에 원금의 80%만 회수가능할 것으로 추정하였다. (주)대한은 20x2년에 예상대로 이자는 회수하지 못하였으나, 20x2년 말 현재 상황이 호전되어 사채의 만기일에 원금의 100%를 회수할 수 있을 것으로 추정하였다(이자는 회수불가능). 상기사채의 20x1년 말과 20x2년 말 현재 공정가치는 각각 ₩700,000과 ₩820,000이다. (주)대한의 상기 금융자산이 (1)20x1년도 총포괄이익에 미치는 영향과 (2)20x2년도 당기순이익에 미치는 영향은 각각 얼마인가?(단, 단수차이로 인해 오차가 있다면 가장 근사치를 선택한다)

기 간	단일금액 ₩1의 현재가치		정상연금 ₩1의 현재가치	
	4%	6%	4%	6%
1년	0.9615	0.9434	0.9615	0.9434
2년	0.9246	0.8900	1.8861	1.8334
3년	0.8890	0.8396	2.7751	2.6730

	(1) 20x1년도 총포괄이익	(2) 20x2년도 당기순이익
①	₩206,520 감소	₩213,200 증가
②	₩206,520 감소	₩231,400 증가
③	₩186,520 감소	₩213,200 증가
④	₩186,520 감소	₩231,400 증가
⑤	₩186,520 감소	₩121,200 증가

18 CPA 2023

(주)대한은 (주)민국이 20x1년 1월 1일에 발행한 사채를 동 일자에 ₩950,244에 취득하였으며, 이를 상각후원가로 측정하는 금융자산(AC 금융자산)으로 분류하였다. (주)민국의 사채는 다음과 같은 조건으로 발행되었다.

- 액면금액 : ₩1,000,000
- 만기일 : 20x3년 12월 31일(일시상환)
- 표시이자율 : 연 8%, 매년 말 지급
- 유효이자율 : 연 10%

20x1년 12월 31일에 (주)대한과 (주)민국은 다음과 같은 조건으로 재협상하여 계약상 현금흐름을 변경하였다.

- 만기일: 20x4년 12월 31일로 1년 연장(일시상환)
- 표시이자율: 20x2년부터 연 5%로 인하, 매년 말 지급
- 변경시점의 현행시장이자율: 연 12%

계약상 현금흐름의 변경과 관련하여 발생한 수수료 ₩124,360은 (주)대한이 부담하였다. (주)대한은 재협상을 통한 계약상 현금흐름의 변경이 금융자산의 제거조건을 충족하지 않는 것으로 판단하였다. 상기 금융자산과 관련하여 (주)대한이 20x2년도에 인식할 이자수익은 얼마인가?(단, 단수차이로 인해 오차가 있다면 가장 근사치를 선택한다)

기 간	단일금액 ₩1의 현재가치		정상연금 ₩1의 현재가치	
	10%	12%	10%	12%
1년	0.9091	0.8929	0.9091	0.8929
2년	0.8264	0.7972	1.7355	1.6901
3년	0.7513	0.7118	2.4868	2.4019

① ₩50,000
② ₩87,564
③ ₩89,628
④ ₩95,024
⑤ ₩96,527

(주)대한은 20x1년 4월 1일에 (주)민국이 20x1년 1월 1일 발행한 액면금액 ₩1,000,000(만기 3년, 표시이자율 연 4%, 매년 말 이자지급)의 사채를 취득하면서 상각후원가로 측정하는 금융자산(AC금융자산)으로 분류하였다. (주)대한이 사채 취득 시 적용할 유효이자율은 연6%이다. (주)민국이 20x2년 10월 1일 사채액면금액의 60%를 ₩610,000(경과이자 포함)에 조기상환 시 (주)대한이 인식할 처분손익은 얼마인가?(단, 이자는 월할로 계산하며, 단수차이로 인해 오차가 있다면 가장 근사치를 선택한다)

기 간	단일금액 ₩1의 현재가치		정상연금 ₩1의 현재가치	
	4%	6%	4%	6%
1년	0.9615	0.9434	0.9615	0.9434
2년	0.9246	0.8900	1.8861	1.8334
3년	0.8890	0.8396	2.7751	2.6730

① 처분이익 ₩24,004
② 처분이익 ₩6,004
③ ₩0
④ 처분손실 ₩6,004
⑤ 처분손실 ₩24,004

(주)대한은 (주)민국이 20x1년 1월 1일 발행한 사채를 발행일에 취득하였으며, 취득 시 상각후원가로 측정하는 금융자산(AC금융자산)으로 분류하였다. (주)민국의 사채는 다음과 같은 조건으로 발행되었다.

- 액면금액 : ₩500,000
- 표시이자율 : 연 6%
- 이자지급일 : 매년 말
- 유효이자율 : 연 8%
- 만기일 : 20x3년 12월 31일

20x2년 12월 31일 (주)대한과 (주)민국은 다음과 같은 조건으로 재협상하여 계약상 현금흐름을 변경하였다. 변경시점의 현행시장이자율은 연 10%이다.

- 만기일을 20x4년 12월 31일로 연장
- 표시이자율을 연 4%로 인하

위 계약상 현금흐름의 변경이 금융자산의 제거조건을 충족하지 않는 경우 (주)대한이 인식할 변경손익은 얼마인가?(단, 단수차이로 인해 오차가 있다면 가장 근사치를 선택한다)

기 간	단일금액 ₩1의 현재가치			정상연금 ₩1의 현재가치		
	6%	8%	10%	6%	8%	10%
1년	0.9434	0.9259	0.9091	0.9434	0.9259	0.9091
2년	0.8900	0.8573	0.8264	1.8334	1.7832	1.7355
3년	0.8396	0.7938	0.7513	2.6730	2.5770	2.4868

① 변경이익 ₩42,809
② 변경이익 ₩26,405
③ ₩0
④ 변경손실 ₩26,405
⑤ 변경손실 ₩42,809

21 CPA 2021

☑ 확인 Check! ○ △ ✕

(주)대한은 (주)민국이 20x1년 1월 1일에 발행한 액면금액 ₩50,000(만기 5년(일시상환), 표시이자율 연 10%, 매년 말 이자지급)인 사채를 동 일자에 액면금액으로 취득하고, 상각후원가로 측정하는 금융자산(AC 금융자산)으로 분류하여 회계처리하였다. 그러나 (주)대한은 20x2년 중 사업모형의 변경으로 동 사채를 당기손익-공정가치로 측정하는 금융자산(FVPL 금융자산)으로 재분류하였다. 20x2년 말 현재 동 사채와관련하여 인식한 손실충당금은 ₩3,000이다. 동 사채의 20x3년 초와 20x3년 말의 공정가치는 각각 ₩45,000과 ₩46,000이다. 동 사채가 (주)대한의 20x3년 포괄손익계산서 상 당기순이익에 미치는 영향은 얼마인가? (단, 동 사채의 20x3년 말 공정가치는 이자수령 후 금액이다)

① ₩2,000 감소   ② ₩1,000 감소
③ ₩4,000 증가   ④ ₩5,000 증가
⑤ ₩6,000 증가

22 CPA 2021

☑ 확인 Check! ○ △ ✕

(주)대한은 (주)민국이 20x1년 1월 1일에 발행한 액면금액 ₩100,000(만기 3년(일시상환), 표시이자율 연 10%, 매년 말 이자지급)의 사채를 동 일자에 ₩95,198(유효이자율 연 12%)을 지급하고 취득하였다. 동 금융자산의 20x1년 말과 20x2년 말의 이자수령 후 공정가치는 각각 ₩93,417과 ₩99,099이며, (주)대한은 20x3년 초 ₩99,099에 동 금융자산을 처분하였다. 동 금융자산과 관련한 다음의 설명 중 옳지 않은 것은? (단, 필요 시 소수점 첫째자리에서 반올림한다)

① 금융자산을 상각후원가로 측정하는 금융자산(AC 금융자산)으로 분류한 경우에 기타포괄손익-공정가치로 측정하는 금융자산(FVOCI 금융자산)으로 분류한 경우보다 (주)대한의 20x1년 말 자본총액은 더 크게 계상된다.

② 금융자산을 상각후원가로 측정하는 금융자산(AC 금융자산)으로 분류한 경우 (주)대한이 금융자산과 관련하여 20x1년의 이자수익으로 인식할 금액은 ₩11,424이다.

③ 금융자산을 상각후원가로 측정하는 금융자산(AC 금융자산)으로 분류한 경우와 기타포괄손익-공정가치로 측정하는 금융자산(FVOCI 금융자산)으로 분류한 경우를 비교하였을 때, 금융자산이 (주)대한의 20x2년 당기손익에 미치는 영향은 차이가 없다.

④ 금융자산을 기타포괄손익-공정가치로 측정하는 금융자산(FVOCI금융자산)으로 분류한 경우 금융자산과 관련한 (주)대한의 20x2년 말 재무상태표 상 기타포괄손익누계액은 ₩882이다.

⑤ 금융자산을 상각후원가로 측정하는 금융자산(AC 금융자산)으로 분류한 경우에 기타포괄손익-공정가치로 측정하는 금융자산(FVOCI 금융자산)으로 분류한 경우보다 (주)대한이 20x3년 초 금융자산 처분 시 처분이익을 많이 인식한다.

23 CTA 2021

(주)세무는 20x1년 1월 1일 금융회사인 (주)대한에 장부금액 ₩500,000의 매출채권을 양도하였다. (주)세무는 동 매출채권의 위험과 보상의 대부분을 이전하지도 않고 보유하지도 않으며, (주)대한은 양도받은 동 매출채권을 제3자에게 매도할 수 있는 능력이 없다한편 (주)세무는 매출채권 양도 후 5개월간 동 매출채권의 손상발생에 대해 ₩100,000까지 지급을 보증하기로 하였으며, 동 보증의 공정가치(보증의 대가로 수취한 금액)는 ₩20,000이다. (주)세무가 동 매출채권을 양도하면서 (주)대한으로부터 보증의 대가를 포함하여 ₩480,000을 수령하였다면, (주)세무가 20x1년 1월 1일 매출채권 양도 시 부채로 인식할 금액은?

① ₩20,000

② ₩40,000

③ ₩80,000

④ ₩100,000

⑤ ₩120,000

24 CTA 2018

(주)세무의 20x1년 말 자료가 다음과 같을 때, 재무상태표의 현금및현금성자산으로 인식하는 금액은?

• 당좌개설보증금	₩10,000	• 당좌차월	₩1,200
• 당좌예금	( )	• 우편환증서	4,000
• 차용증서	1,000	• 수입인지	500
• 소액현금	300	• 배당금지급통지서	1,500
• 종업원 가불증서	2,500	• 환매체	1,500
• 타인발행약속어음	10,000	• 정기예금	2,000

〈추가자료〉
• 아래 사항을 조정하기 이전 은행 측 당좌예금 잔액은 ₩12,800이다.
 – 거래처에 상품 매입 대금 결제로 발행한 수표 ₩7,500이 아직 인출되지 않았다.
 – 거래처에서 판매 대금으로 입금 통보한 ₩2,800을 (주)세무는 회계처리하였으나, 은행은 전산장애로 인해 입금처리하지 못했다.
• 환매체의 취득일은 20x1년 12월 1일이며, 4개월 후 환매조건이다.
• 정기예금은 1년 만기이며, 만기일은 20x2년 1월 31일이다.

① ₩12,100

② ₩13,900

③ ₩15,400

④ ₩15,900

⑤ ₩25,100

25 CTA 2018

☑ 확인 Check! ○ △ ✕

(주)세무는 (주)한국에 상품을 판매한 대가로 이자부약속어음(액면가액 ₩160,000, 5개월 만기, 표시이자 연 9%를 받고, 이 어음을 2개월간 보유한 후 은행에서 할인하여 ₩161,518을 수령하였다. 동 어음할인 거래는 금융자산의 제거요건을 충족한다. 이 어음 거래에 적용된 연간 할인율은? (단 이자는 월할 계산한다)

① 10.2%   ② 10.4%

③ 10.5%   ④ 10.6%

⑤ 10.8%

26 CTA 2016

☑ 확인 Check! ○ △ ✕

20x1년 말 (주)세무와 관련된 자료는 다음과 같다. 20x1년 말 (주)세무의 재무상태표에 표시해야 하는 현금및현금성자산은?(단, 사용이 제한된 것은 없다)

---

(1) (주)세무의 실사 및 조회자료

- 소액현금 : ₩100,000
- 지급기일이 도래한 공채이자표 : ₩200,000
- 수입인지 : ₩100,000
- 양도성예금증서(만기 20x2년 5월 31일) : ₩200,000
- 타인발행당좌수표 : ₩100,000
- 우표 : ₩100,000
- 차용증서 : ₩300,000
- 은행이 발급한 당좌예금잔액증명서 금액 : ₩700,000

(2) (주)세무와 은행 간 당좌예금잔액 차이 원인

- 은행이 (주)세무에 통보하지 않은 매출채권 추심액 : ₩50,000
- 은행이 (주)세무에 통보하지 않은 은행수수료 : ₩100,000
- (주)세무가 당해연도 발행했지만 은행에서 미인출된 수표 : ₩200,000
- 마감시간 후 입금으로 인한 은행미기입예금 : ₩300,000

---

① ₩1,050,000   ② ₩1,200,000

③ ₩1,300,000   ④ ₩1,350,000

⑤ ₩1,400,000

(주)대한은 다음과 같은 조건의 받을어음을 거래처로부터 수취하여 보유 중에 있다.

- 액면금액 : ₩2,400,000
- 발행일 및 취득일 : 20X1년 10월 1일
- 만기일 : 20X2년 1월 31일
- 표시이자율 : 연 10%(이자는 만기에 일시 지급하며, 이자율은 시장이자율을 반영하여 결정)

(주)대한은 20x1년 12월 1일 위 받을어음을 민국은행에 할인율 연 15%를 적용하여 양도하였다. (주)대한이 상기 받을어음 보유에 따른 위험과 보상의 대부분을 민국은행에 이전한 경우, 받을어음 관련 회계처리가 (주)대한의 20x1년도 포괄손익계산서 상 당기순이익에 미치는 영향과 받을어음 양도 시 (주)대한이 수취할 현금액은 각각 얼마인가?(단, 이자는 월할 계산하며, 화폐의 시간가치는 고려하지 않는다)

	20x1년도 당기순이익	현금 수취액
①	₩38,000 증가	₩2,370,000
②	₩18,000 증가	₩2,418,000
③	₩18,000 증가	₩2,370,000
④	₩22,000 감소	₩2,418,000
⑤	₩22,000 감소	₩2,370,000

01 CTA 2025 ☑ 확인 Check! ○ △ ✕

(주)세무는 20x1년 1월 1일 다음과 같은 조건의 전환사채를 발행하였다.

- 액면금액 : ₩1,000,000
- 만기일 : 20x3년 12월 31일
- 액면이자율 : 2%(매년 말 지급)
- 발행일 현재 전환사채 시장이자율 : 5%
- 발행일 현재 동일한 조건의 일반사채 시장이자율 : 6%
- 보장수익률 : 4%
- 전환조건 : 20x1년 2월 1일부터 20x3년 11월 30일까지 액면금액 ₩10,000당 액면금액 ₩5,000의 보통주 1주로 전환 가능

(주)세무가 전환사채의 발행일에 인식할 자본요소(전환권대가)는?(단, 현재가치계산 시 다음에 제시된 현가계수표를 이용한다)

기 간	단일금액 ₩1의 현재가치			정상연금 ₩1의 현재가치		
	4%	5%	6%	4%	5%	6%
3	0.8890	0.8638	0.8396	2.7751	2.7232	2.6730

① ₩24,507
② ₩26,715
③ ₩27,807
④ ₩54,522
⑤ ₩62,432

(주)세무는 20x1년 1월 1일 액면금액 ₩1,000,000의 전환사채를 액면발행하였다. 다음 자료를 이용할 경우, 전환사채 상환 회계처리가 (주)세무의 20x2년도 당기순이익에 미치는 영향은?(단, 현재가치 계산 시 다음에 제시된 현가계수표를 이용한다)

- 표시이자율 연 5%, 매년 말 이자지급
- 만기상환일 : 20x3년 12월 31일
- 일반사채의 유효이자율 : 20x1년 1월 1일 연 10%, 20x2년 1월 1일 연 12%
- 상환조건 : 상환기일에 액면금액의 115%를 일시상환
- 전환조건 : 사채액면 ₩1,000당 보통주식 1주(주당액면 ₩500)로 전환
- 20x2년 1월 1일에 전환사채 중 50%를 동 일자의 공정가치 ₩550,000에 상환

기 간	단일금액 ₩1의 현재가치		정상연금 ₩1의 현재가치	
	10%	12%	10%	12%
1년	0.9091	0.8929	0.9091	0.8929
2년	0.8265	0.7972	1.7355	1.6901
3년	0.7513	0.7118	2.4869	2.4018

① ₩25,583 감소   ② ₩31,413 감소
③ ₩55,830 감소   ④ ₩17,944 증가
⑤ ₩25,456 증가

08

(주)세무는 20x1년 1월 1일 액면 ₩100,000(표시이자율 6% 매년 말 지급, 만기 3년)인 전환사채를 ₩100,000에 발행하였다. 발행 당시 일반사채의 유효이자율은 12%이다. 전환조건은 전환사채 액면 ₩800당 보통주 1주(액면 ₩500)이며, 만기일까지 전환권이 행사되지 않은 경우에는 액면의 113.24%를 지급한다. 동 전환사채와 관련된 설명으로 옳지 않은 것은?

기 간	단일금액 ₩1의 현재가치 (할인율 12%)	정상연금 ₩1의 현재가치 (할인율 12%)
1년	0.8929	0.8929
2년	0.7972	1.6901
3년	0.7118	2.4018

① 전환사채 발행시점 부채요소의 장부금액은 ₩95,015이다.
② 20x1년 12월 31일 전환사채의 자본요소는 ₩4,985이다.
③ 20x2년 부채 증가금액은 ₩6,050이다.
④ 20x3년 1월 1일 전환사채 액면 ₩40,000의 전환청구가 이루어지면 전환권대가 ₩1,994을 자본잉여금으로 대체할 수 있다.
⑤ 20x3년 1월 1일 전환사채 전부를 ₩100,000에 상환할 경우 인식할 사채상환이익은 ₩11,452이다.

(주)세무는 20x1년 초 다음과 같은 전환사채를 액면발행하였으며, 20x2년 초 전환사채 전부를 ₩1,070,000 (상환시점의 공정가치)에 조기상환하였다. 이 전환사채의 회계처리에 관한 설명으로 옳지 않은 것은?(단, 주어진 현가계수표를 이용하며, 현가계산 시 소수점 이하는 첫째자리에서 반올림한다)

- 액면금액 : 1,000,000
- 표시이자율 : 연 4%
- 일반사채의 시장수익률 : 연 8%
- 이자지급일 : 매년 12월 31일
- 만기상환일 : 20x3년 12월 31일
- 조기상환일 일반사채의 시장수익률 : 연 15%
- 상환할증금 : 없음
- 발행 시 주식전환 옵션은 전환 조건이 확정되어 있다.
- 현가계수

기 간	단일금액 ₩1의 현재가치		정상연금 ₩1의 현재가치	
	8%	15%	8%	15%
2	0.85733	0.75614	1.78326	1.62571
3	0.79383	0.65752	2.57710	2.28323

① 발행 당시 전환권대가는 ₩103,086이다.
② 20x1년도 전환권조정 상각액은 ₩31,753이다.
③ 20x2년 초 장부금액은 ₩928,667이다.
④ 20x2년 전환사채의 조기상환일에 부채요소의 공정가치는 ₩821,168이다.
⑤ 20x2년 전환사채의 조기상환과 관련하여 당기손익에 반영되는 사채상환손실은 ₩38,247이다.

전환사채 회계처리에 관한 설명으로 옳지 않은 것은?

① 전환사채 발행자는 재무상태표에 부채요소와 자본요소를 분리하여 표시한다.
② 전환조건이 변경되면 발행자는 '변경된 조건에 따라 전환으로 보유자가 수취하게 되는 대가의공정가치'와 '원래의 조건에 따라 전환으로 보유자가 수취하였을 대가의 공정가치'의 차이를 조건이 변경되는 시점에 당기손익으로 인식한다.
③ 전환사채의 전환에 따라 전환사채 장부금액이 자본으로 대체되므로 인식할 손익은 없다.
④ 복합금융상품의 발행과 관련된 거래원가는 배분된 발행금액에 비례하여 부채요소와 자본요소로 배분한다.
⑤ 전환권을 행사할 가능성이 변동하는 경우에는 전환상품의 부채요소와 자본요소의 분류를 수정한다.

(주)대한은 20x1년 1월 1일에 전환사채를 다음과 같은 조건으로 액면 발행하였다.

- 액면금액 : ₩1,000,000
- 표시이자율 : 연 4%
- 이자지급일 : 매년 말
- 만기일 : 20X3년 12월 31일(일시상환)
- 발행일 현재 동일한 조건의 전환권이 없는 일반사채의 시장이자율 : 연 8%
- 보장수익률 : 연 5%
- 전환가격 : 전환사채 ₩10,000당 보통주 1주(1주당 액면금액 ₩5,000)로 전환
- 전환청구기간 : 사채발행일 2개월 이후부터 만기일 1개월 전까지
- 적용할 현가계수는 아래의 표와 같다.

기 간 \ 할인율	단일금액 ₩1의 현재가치			정상연금 ₩1의 현재가치		
	4%	5%	8%	4%	5%	8%
1년	0.9615	0.9524	0.9259	0.9615	0.9524	0.9259
2년	0.9246	0.9070	0.8573	1.8861	1.8594	1.7832
3년	0.8890	0.8638	0.7938	2.7751	2.7232	2.5770

20x3년 1월 1일 전환사채의 액면금액 중 60%의 전환권이 행사되어 보통주 60주가 발행되었으며, 나머지는 만기에 상환되었다. (주)대한이 동 사채와 관련하여 전환사채 발행일에 인식할 전환권대가와 전환사채 발행일로부터 만기일까지 인식할 총 이자비용은 각각 얼마인가?(단, 전환권은 자본으로 분류하며, 단수차이로 인해 오차가 있다면 가장 근사치를 선택한다)

	전환권대가	총 이자비용
①	₩31,525	₩136,082
②	₩31,525	₩181,953
③	₩78,095	₩181,953
④	₩78,095	₩229,574
⑤	₩109,620	₩229,574

(주)대한은 20x1년 1월 1일 다음과 같은 조건의 전환사채를 ₩980,000에 발행하였으며, 관련 자료는 다음과 같다.

- 발행일 : 20x1년 1월 1일
- 액면금액 : ₩1,000,000
- 만기일 : 20x3년 12월 31일(일시상환)
- 표시이자율 : 연 4%, 매년 말 지급
- 원금상환방법 : 상환기일에 액면금액의 106%를 일시상환
- 전환사채 발행시점의 자본요소가 결합되지 않은 유사한 일반사채의 시장이자율 : 연 8%
- 전환조건 : 전환사채발행시점부터 1개월 경과 후 만기시점까지 전환청구 가능하며, 전환가격은 전환사채 액면금액 ₩10,000이다.
- 적용할 현가계수는 아래의 표와 같다.

기 간	할인율	단일금액 ₩1의 현재가치		정상연금 ₩1의 현재가치	
		4%	8%	4%	8%
1년		0.9615	0.9259	0.9615	0.9259
2년		0.9246	0.8573	1.8861	1.7832
3년		0.8890	0.7938	2.7751	2.5770

(주)대한의 전환사채 중 액면금액 ₩600,000이 20x2년 1월 1일 보통주식(주당 액면금액 ₩5,000)으로 전환되었다. 전환권대가는 전환권이 행사되어 주식을 발행할 때 행사된 부분만큼 주식발행초과금으로 대체되며, 전환간주일은 기초시점으로 가정한다. (주)대한의 20x2년 말 재무상태표에 인식될 (A) 전환사채의 장부금액과 (B) 전환권대가의 장부금액은 각각 얼마인가?(단, 단수차이로 인한 오차가 있다면 가장 근사치를 선택한다)

	(A) 전환사채	(B) 전환권대가
①	₩383,700	₩8,038
②	₩385,719	₩12,038
③	₩387,267	₩12,038
④	₩401,396	₩14,197
⑤	₩407,390	₩14,197

〈자 료〉

(주)대한은 20x1년 1월 1일 액면금액 ₩1,000,000의 전환사채를 다음과 같은 조건으로 액면발행하였다.

- 표시이자율 : 연 4%
- 일반사채 시장이자율 : 연 8%
- 이자지급일 : 매년 말
- 만기일 : 20x3년 12월 31일
- 전환조건 : 사채액면금액 ₩5,000당 1주의 보통주(1주당 액면금액 ₩3,000)로 전환되며, 후속적으로 변경되지 않는다.
- 만기일까지 전환권을 행사하지 않으면 만기일에 액면금액의 108.6%를 지급

- 적용할 현가계수는 아래의 표와 같다.

기 간	단일금액 ₩1의 현재가치			정상연금 ₩1의 현재가치		
	4%	8%	10%	4%	8%	10%
1년	0.9615	0.9259	0.9091	0.9615	0.9259	0.9091
2년	0.9246	0.8573	0.8264	1.8861	1.7832	1.7355
3년	0.8890	0.7938	0.7513	2.7751	2.5770	2.4868

08 CPA 2022 ☑ 확인Check! ○ △ ✕

20x2년 1월 1일 위 전환사채의 액면금액 40%가 전환되었을 때, (주)대한의 자본증가액은 얼마인가?(단, 단수차이로 인해 오차가 있다면 가장 근사치를 선택한다)

① ₩365,081
② ₩379,274
③ ₩387,003
④ ₩400,944
⑤ ₩414,885

09 CPA 2022 ☑ 확인Check! ○ △ ✕

(주)대한은 전환되지 않고 남아있는 전환사채를 모두 20x3년 1월 1일 조기상환하였다. 조기상환 시 전환사채의 공정가치는 ₩650,000이며, 일반사채의 시장이자율은 연 10%이다. (주)대한의 조기상환이 당기순이익에 미치는 영향은 얼마인가?(단, 단수차이로 인해 오차가 있다면 가장 근사치를 선택한다)

① ₩3,560 증가
② ₩11,340 증가
③ ₩14,900 증가
④ ₩3,560 감소
⑤ ₩11,340 감소

(주)세무는 20x1년 초 다음과 같은 조건의 비분리형 신주인수권부사채를 액면발행하였다.

- 액면금액 : ₩1,000,000
- 표시이자율 : 5%(매년 말 지급)
- 사채발행시 신주인수권이 부여되지 않은 일반사채의 시장이자율 : 10%
- 만기상환일 : 20x3년 말
- 행사가격 : 사채액면금액 ₩20,000당 보통주 1주(액면금액 ₩10,000)를 ₩20,000에 인수
- 행사기간 : 발행일로부터 12개월이 경과한 날부터 상환기일 30일 전까지
- 상환조건 : 신주인수권 미행사시 상환기일에 액면금액의 115%를 일시상환
- 신주인수권(지분상품에 해당)이 행사된 부분은 주식발행초과금으로 대체되며, 만기 때까지 신주인수권부사채는 상환되지 않음

20x2년 초 상기 신주인수권의 40%가 행사되었으며, 이후 신주인수권이 행사되지 않았을 때, 동 사채에 관한 설명으로 옳은 것은?(단, 현재가치 계산이 필요한 경우 다음에 제시된 현가계수표를 이용한다)

기 간	단일금액 ₩1의 현재가치		정상연금 ₩1의 현재가치	
	5%	10%	5%	10%
1년	0.9524	0.9091	0.9524	0.9091
2년	0.9070	0.8265	1.8594	1.7355
3년	0.8638	0.7513	2.7233	2.4869

① 20x1년 초 인식된 신주인수권대가는 ₩124,355이다.

② 20x1년도 이자비용은 ₩87,565이다.

③ 20x2년 초 신주인수권 행사시 자본 증가액은 ₩454,254이다.

④ 20x2년 초 신주인수권 행사 직후 상환할증금을 포함한 사채의 장부금액은 ₩1,037,174이다.

⑤ 20x2년도 이자비용은 ₩98,758이다.

(주)세무는 20x1년 1월 1일 다음과 같은 조건의 신주인수권부사채를 액면발행하였다.

> • 액면금액 : ₩100,000
> • 표시이자율 : 연 4%
> • 사채발행시 신주인수권이 부여되지 않은 일반사채의 시장이자율 : 연 6%
> • 이자지급일 : 매년 12월 31일
> • 행사가격 : 1주당 ₩1,000
> • 만기상환일 : 20x3년 12월 31일
> • 상환조건 : 신주인수권 미행사시 상환기일에 액면금액의 105%를 일시상환

20x2년 초 상기 신주인수권의 60%가 행사되어 주식 60주가 발행되었다. 20x2년 초 상기 신주인수권의 행사로 인한 (주)세무의 자본총계 증가액은?(단, 상기 신주인수권은 지분상품에 해당하며, 현재가치 계산이 필요한 경우 다음에 제시된 현가계수표를 이용한다)

기 간	단일금액 ₩1의 현재가치		정상연금 ₩1의 현재가치	
	4%	6%	4%	6%
1년	0.9615	0.9434	0.9615	0.9434
2년	0.9246	0.8900	1.8861	1.8334
3년	0.8890	0.8396	2.7751	2.6730

① ₩60,000
② ₩62,670
③ ₩63,000
④ ₩63,700
⑤ ₩65,000

(주)세무는 20x1년 1월 1일 액면금액 ₩1,000,000인 신주인수권부사채(만기 3년, 표시이자율 연 7%, 매년 말 이자지급)를 액면발행하였다. 동 신주인수권부사채 발행 당시 동일한 조건의 일반사채의 유효이자율은 연 12%이다. 동 사채는 발행일로부터 18개월이 경과한 시점부터 상환기일 30일 전까지 사채의 액면금액 10,000당 보통주 1주(주당 액면금액 ₩5,000)를 인수할 수 있는 권리가 부여되어 있다. 만기까지 신주인수권을 행사하지 않을 경우 액면금액의 113.5%를 보장한다. (주)세무의 20x1년도 이자비용은?(단, 계산금액은 소수점 이하 첫째자리에서 반올림한다)

기 간	단일금액 ₩1의 현재가치		정상연금 ₩1의 현재가치	
	7%	12%	7%	12%
1년	0.9346	0.8929	0.9346	0.8929
2년	0.8734	0.7972	1.8080	1.6901
3년	0.8163	0.7118	2.6243	2.4018

① ₩70,000
② ₩117,122
③ ₩122,777
④ ₩135,000
⑤ ₩158,981

(주)대한은 비분리형 신주인수권부사채를 액면발행하였으며, 관련된 자료는 다음과 같다.

- 발행일 : 20x1년 1월 1일
- 액면금액 : ₩100,000
- 만기일 : 20x3년 12월 31일(일시상환)
- 표시이자율 : 연 4%, 매년 말 지급
- 발행당시 신주인수권이 없는 일반사채의 시장이자율: 연 8%
- 보장수익률은 연 6%이며, 동 신주인수권부사채는 액면금액 ₩10,000당 보통주 1주(액면금액 : ₩5,000)를 인수(행사가격 : ₩10,000)할 수 있다.
- 신주인수권 행사기간은 발행일로부터 1개월이 경과한 날부터 상환기일 30일 전까지이다.
- 적용할 현가계수는 아래의 표와 같다.

기 간 ＼ 할인율	단일금액 ₩1의 현재가치		정상연금 ₩1의 현재가치	
	6%	8%	6%	8%
1년	0.9434	0.9259	0.9434	0.9259
2년	0.8900	0.8573	1.8334	1.7832
3년	0.8396	0.7938	2.6730	2.5770

20x2년 1월 1일 (주)대한의 신주인수권부사채 40%(액면금액 기준)에 해당하는 신주인수권이 행사되었다. (주)대한은 신주인수권 발행 시 인식한 자본요소(신주인수권대가) 중 행사된 부분은 주식발행초과금으로 대체하는 회계처리를 한다. (주)대한의 신주인수권과 관련된 회계처리와 관련하여 20x2년 1월 1일 신주인수권 행사로 인한 (주)대한의 주식발행초과금 증가액은 얼마인가?(단, 만기 전에 상환된 신주인수권부사채는 없다. 단수차이로 인한 오차가 있다면 가장 근사치를 선택한다)

① ₩15,431
② ₩22,431
③ ₩23,286
④ ₩24,286
⑤ ₩28,431

※ 다음 〈자료〉를 이용하여 05번과 06번에 답하시오.

〈자료〉

- (주)대한은 20x1년 1월 1일에 액면금액 ₩1,000,000의 비분리형 신주인수권부사채를 다음과 같은 조건으로 액면 발행하였다.

  - 만기일 : 20x3년 12월 31일(일시상환)
  - 표시이자율 : 연 4%, 매년 말 지급
  - 발행시점의 일반사채 시장이자율 : 연 8%
  - 신주인수권 행사가액: 사채액면금액 ₩20,000당 보통주 1주(주당 액면금액 ₩5,000)를 ₩20,000에 인수
  - 상환할증금 : 만기일까지 신주인수권을 행사하지 않으면 만기일에 액면금액의 10%를 지급

- 적용할 현가계수는 아래의 표와 같다.

기 간	단일금액 ₩1의 현재가치			정상연금 ₩1의 현재가치		
	4%	8%	10%	4%	8%	10%
1년	0.9615	0.9259	0.9091	0.9615	0.9259	0.9091
2년	0.9246	0.8573	0.8264	1.8861	1.7832	1.7355
3년	0.8890	0.7938	0.7513	2.7751	2.5770	2.4868

- (주)대한은 신주인수권부사채 발행 시 인식한 자본요소(신주인수권대가) 중 신주인수권이 행사된 부분은 주식발행초과금으로 대체하는 회계처리를 한다.
- 20x2년 1월 1일에 (주)대한의 신주인수권부사채 액면금액 중 40%에 해당하는 신주인수권이 행사되었다.

14 CPA 2023

확인 Check! ○ △ ✕

(주)대한이 신주인수권부사채를 발행할 때 인식할 신주인수권대가는 얼마인가?(단, 단수차이로 인해 오차가 있다면 가장 근사치를 선택한다)

① ₩20,000
② ₩23,740
③ ₩79,380
④ ₩100,000
⑤ ₩103,120

15 CPA 2023

확인 Check! ○ △ ✕

신주인수권 행사 시점에 (주)대한이 인식해야 하는 자본 변동액은 얼마인가?(단, 단수차이로 인해 오차가 있다면 가장 근사치를 선택한다)

① ₩405,744 증가
② ₩409,496 증가
③ ₩415,240 증가
④ ₩434,292 증가
⑤ ₩443,788 증가

01 　CTA　2025　☑ 확인 Check! ○ △ ✕

(주)세무는 20x1년 1월 1일 다음과 같은 조건의 비참가적 우선주를 공정가치로 발행하였다. 20x1년과 20x2년에는 배당을 못하였으나, 20x3년에는 조건에 따라 배당을 전액 현금으로 지급하였다.

구 분	주당 액면금액	발행 주식수	액면금액 기준 연 배당률	비 고
우선주 A	₩1,000	100주	3% (누적적)	(주)세무가 20x4년 12월 31일 1주당 ₩1,000에 상환할 수 있는 권리 보유
우선주 B	₩1,000	100주	5% (비누적적)	(주)세무가 20x4년 12월 31일 1주당 ₩1,200에 의무적으로 상환

우선주 A와 B에 대한 (주)세무의 회계처리가 20x1년도, 20x2년도, 20x3년도의 당기순이익에 미치는 영향의 합계액은?(단, 우선주 발행시점의 적절한 할인율은 5%로 가정하고, 배당금이 지급될 경우 해당연도 배당금 지급시기는 해당연도 말이며, 현재가치 계산 시 다음에 제시된 현가계수표를 이용한다)

기 간	5%	
	단일금액 ₩1의 현재가치	정상연금 ₩1의 현재가치
1	0.9524	0.9524
2	0.9070	1.8594
3	0.8638	2.7232
4	0.8227	3.5460

① ₩12,970 감소　　　　② ₩15,000 감소

③ ₩15,561 감소　　　　④ ₩17,596 감소

⑤ ₩18,000 감소

(주)세무는 20x1년 초 보통주와 우선주를 발행하여 영업을 개시하였으며, 영업개시 이후 자본금의 변동은 없었다. 20x3년 말 현재 (주)세무의 자본금 구성은 다음과 같다.

구 분	1주당 액면금액	배당률	자본금	비고
보통주	₩1,000	2%	₩8,000,000	
우선주	₩1,000	3%	₩2,000,000	누적적, 5% 부분참가적

20x4년 3월 말 주주총회에서 ₩600,000의 현금배당이 결의되었다. (주)세무의 보통주에 배분될 배당금은? (단, 과거에 배당을 실시하지 않았고, 배당가능이익은 충분하다.)

① ₩360,000
② ₩380,000
③ ₩400,000
④ ₩420,000
⑤ ₩440,000

자본항목에 관한 설명으로 옳지 않은 것은?

① 지분상품의 상환이나 차환은 자본의 변동으로 인식하지만, 지분상품의 공정가치 변동은 재무제표에 인식하지 않는다.

② 확정수량의 보통주로 전환되는 조건으로 발행된 전환우선주는 지분상품으로 회계처리 한다.

③ 기업이 자기지분상품을 재취득하는 경우에는 자본에서 차감하며, 자기지분상품을 매입, 매도, 발행, 소각하는 경우의 손익은 당기손익으로 인식하지 않는다.

④ 액면주식을 액면발행한 경우, 발생한 주식발행 직접원가는 주식할인발행차금으로 차변에 기록된다.

⑤ 보유자가 발행자에게 특정일이나 그 후에 확정되었거나 결정 가능한 금액으로 상환해 줄 것을 청구할 수 있는 권리가 있는 우선주는 지분상품으로 분류한다.

04 CTA 2022
☑ 확인 Check! ○ △ ✕

(주)세무의 20x1년 초 자본총계는 ₩3,000,000이었다. 20x1년 중 자본과 관련된 자료가 다음과 같을 때, 20x1년 말 자본총계는?

- 4월 1일 : 1주당 액면금액 ₩5,000인 보통주 100주를 1주당 ₩12,000에 발행하였다.
- 7월 30일 : 이사회에서 총 ₩200,000의 중간배당을 결의하고 즉시 현금으로 지급하였다.
- 10월 1일 : 20주의 보통주(자기주식)를 1주당 ₩11,000에 취득하였다.
- 11월 30일 : 10월 1일에 취득하였던 보통주(자기주식) 중에서 10주는 1주당 ₩13,000에 재발행하였고, 나머지 10주는 소각하였다.
- 12월 31일 : 20x1년도의 당기순이익과 기타포괄이익으로 각각 ₩850,000과 ₩130,000을 보고하였다.

① ₩4,040,000
② ₩4,470,000
③ ₩4,690,000
④ ₩4,760,000
⑤ ₩4,890,000

05 CTA 2020
☑ 확인 Check! ○ △ ✕

(주)세무의 20x1년 초 자본잉여금은 ₩100,000이고 20x1년 기중 거래내역이 다음과 같을 때, 20x1년 12월 31일 자본잉여금은?

일 자	거래내역
2월 1일	보통주 600주(주당액면₩500)를 주당 ₩700에 발행하고, 주식발행비용 ₩30,000이 발생하였다.
3월 10일	이월결손금 ₩250,000을 보전하기 위하여 기발행주식수 3,000주(주당 액면금액 ₩500)를 1주당 0.8주로 교부하는 주식병합을 실시하였다(20x1년 초 감자차손 없음).
5월 2일	화재발생으로 유형자산(장부금액 ₩400,000)이 전소되고, 보험회사로부터 ₩40,000의 화재보험금을 수령하였다
8월 23일	이익준비금 ₩200,000을 재원으로 하여 보통주 400주(주당액면₩500)를 무상증자하였다
9월 30일	신제품 생산용 기계장치 구입을 위해 정부보조금 ₩80,000을 수령하였다.
11월 17일	보유 중인 자기주식 500주(재취득가 주당 ₩650)를 주당 ₩700에 재발행하였다(20x1년 초 자기주식처분손실은 없으며, 자기주식은 원가법으로 회계처리함).

① ₩215,000
② ₩235,000
③ ₩240,000
④ ₩245,000
⑤ ₩265,000

(주)세무는 20x1년 초 보통주와 우선주(누적적, 완전참가)를 발행하여 영업을 개시하였으며, 영업개시 이후 자본금의 변동은 없었다. 20x3년 기말 현재 발행된 주식과 배당 관련 자료는 다음과 같다.

	액면금액	₩1,000
보통주	발행주식수	3,000주
	배당률	4%
우선주 (누적적, 완전참가)	액면금액	₩1,000
	발행주식수	2,000주
	배당률	6%

20x4년 3월 말 주주총회에서 ₩1,000,000의 현금배당을 결의하였을 경우, 보통주 주주에게 지급할 배당금은?(단, 과거에 현금배당을 실시하지 않았고, 배당가능이익은 충분하다)

① ₩432,000
② ₩568,000
③ ₩576,000
④ ₩640,000
⑤ ₩880,000

(주)세무의 보통주(주당 액면금액 ₩5,000, 주당 발행가 ₩6,500)와 관련된 거래가 다음과 같이 발생했을 때, 20x1년 4월 30일 회계처리로 옳은 것은?(단, 회계처리는 선입선출법을 적용한다)

거래일자	주식수	주당 재취득금액	주당 재발행금액
20x1년 3월 1일	50	₩6,800	–
20x1년 4월 1일	20	5,600	–
20x1년 4월 21일	30	–	₩6,900
20x1년 4월 30일	10	–	4,800

	(차변)		(대변)	
①	현금	48,000	자기주식	68,000
	자기주식처분이익	3,000		
	자기주식처분손실	17,000		
②	현금	48,000	자기주식	68,000
	자기주식처분손실	20,000		
③	현금	48,000	자기주식	56,000
	자기주식처분손실	8,000		
④	현금	48,000	자기주식	50,000
	감자차익	2,000		
⑤	현금	48,000	자기주식	50,000
	감자차손	2,000		

08 CTA 2017

20x1년 말 (주)세무의 자산총액은 기초 대비 ₩4,000,000 증가하였고, 부채총액은 기초 대비 ₩2,000,000 감소하였다. 20x1년 중에 유상증자를 하고 그 대가 전액 ₩500,000을 토지 취득에 사용하였으며, 이후 무상증자 ₩1,000,000을 실시하였다. 또한 현금배당 ₩800,000과 주식배당 ₩500,000을 결의·지급하였고, 자기주식을 ₩600,000에 취득하였다. 기타포괄손익-공정가치측정금융자산 기말 공정가치가 기초 대비 ₩400,000 증가하였다면, 20x1년도 당기순이익은?

① ₩5,000,000
② ₩5,500,000
③ ₩6,000,000
④ ₩6,500,000
⑤ ₩7,000,000

09 CTA 2017

(주)세무의 20x1년 중 자본 관련 자료가 다음과 같을 때, 20x1년도 자본 증가액은?(단, (주)세무는 주당 액면금액이 ₩1,000인 보통주만을 발행하고 있다)

• 2월 1일	2월 1일 보통주 200주를 주당 ₩1,500에 유상증자
• 3월 31일	자기주식 50주를 주당 ₩1,000에 취득
• 5월 10일	3월 31일에 취득한 자기주식 중 20주를 소각
• 7월 1일	상장기업 A사 주식 150주를 주당 ₩1,500에 취득하여 기타포괄손익-공정가치측정금융자산 으로 분류
• 8월 25일	보통주 50주를 무상감자
• 9월 1일	보통주 100주를 주당 ₩800에 유상감자
• 12월 31일	상장기업 A사 주식 공정가치 주당 ₩1,200

① ₩55,000
② ₩105,000
③ ₩115,000
④ ₩125,000
⑤ ₩235,000

(주)대한의 20x1년 기초 자본총계는 ₩1,000,000이며, 이 중 이익잉여금은 ₩320,000이다. 다음은 (주)대한의 20x1년 중 발생한 순자산 변동과 관련된 자료이다.

- 20x0년도 정기주주총회(20x1년 3월 28일 개최)에서 현금배당 ₩100,000과 주식배당 ₩100,000을 결의하고 지급하였으며, 상법상 이익준비금 ₩10,000을 적립하였다.
- 20x1년 중 취득한 기타포괄손익-공정가치측정(FVOCI) 금융자산의 기말 공정가치 평가로 발생한 평가손실 ₩30,000을 인식하였다.
- 20x1년 중 취득한 유형자산을 당기 말 재평가하여 재평가잉여금 ₩50,000을 인식하였다. 동 유형자산 외 다른 재평가 대상 자산은 없다.
- 20x0년에 취득한 자기주식(취득원가 ₩50,000)을 당기 중 ₩45,000에 재발행하였다.
- 20x1년도 포괄손익계산서 상 총포괄이익은 ₩300,000이다

(주)대한의 20x1년 말 재무상태표 상 자본총계와 이익잉여금은 각각 얼마인가?(단, 배당가능이익은 충분하다)

	자본총계	이익잉여금
①	₩945,000	₩300,000
②	₩945,000	₩400,000
③	₩1,245,000	₩300,000
④	₩1,245,000	₩400,000
⑤	₩1,300,000	₩300,000

11 CPA 2023

20x1년 1월 1일에 (주)대한은 보통주와 우선주(배당률 2%)를 발행하여 영업을 개시하였다. 설립 이후 자본금의 변동은 없으며, 배당결의와 지급은 없었다. 20x3년 12월 31일 현재 (주)대한의 보통주자본금과 우선주자본금의 내역은 다음과 같다.

구 분	1주당 액면금액	자본금
보통주	₩1,000	₩10,000,000
우선주	₩1,000	₩6,000,000

20x4년 2월, 주주총회에서 총 ₩1,080,000의 현금배당이 결의되었다. (주)대한의 우선주가 (1)누적적, 5% 부분참가적인 경우와 (2)비누적적, 완전참가적인 경우, 보통주에 배분될 배당금은 각각 얼마인가?(단, (주)대한의 배당가능이익은 충분하며 자기주식은 취득하지 않았다고 가정한다)

	(1)	(2)
①	₩525,000	₩475,000
②	₩525,000	₩675,000
③	₩540,000	₩405,000
④	₩540,000	₩675,000
⑤	₩555,000	₩405,000

12 CPA 2021

(주)대한은 20x1년 1월 1일에 상환우선주 200주(1주당 액면금액 ₩500)를 공정가치로 발행하였다. 동 상환우선주와 관련된 자료는 다음과 같다.

- (주)대한은 상환우선주를 20x2년 12월 31일에 1주당 ₩600에 의무적으로 상환해야 한다.
- 상환우선주의 배당률은 액면금액기준 연 3%이며, 배당은 매년 말에 지급한다. 배당이 지급되지 않는 경우에는 상환금액에 가산하여 지급한다.
- 20x1년 1월 1일 현재 상환우선주에 적용되는 유효이자율은 연 6%이며, 그 현가계수는 아래 표와 같다.

기 간	6%	
	단일금액 ₩1의 현재가치	정상연금 ₩1의 현재가치
2년	0.8900	1.8334

- 20x1년 말에 (주)대한은 동 상환우선주의 보유자에게 배당을 결의하고 지급하였다.

(주)대한이 동 상환우선주와 관련하여 20x1년 포괄손익계산서 상 이자비용으로 인식해야 할 금액은 얼마인가?(단, 단수차이로 인해 오차가 있다면 가장 근사치를 선택한다)

① ₩0
② ₩3,000
③ ₩3,600
④ ₩6,408
⑤ ₩6,738

01 CTA 2025 　　　　　　　　　　　　　　　　☑ 확인Check! ○ △ ✕

(주)세무는 20x1년 초 고객에게 기계장치를 납품하고 기계장치에 대해 유지보수 용역을 5년간 제공하기로 약속하였다. (주)세무는 기계장치와 유지보수용역을 보통 따로 판매하지는 않으며, 기계장치와 5년간의 유지보수용역을 함께 제공하는 조건으로 고객과 거래가격을 ₩1,800,000으로 합의하였다. 기계장치와 5년간 유지보수용역의 개별 판매가격은 다음과 같다.

구분	기계장치	5년간 유지보수용역
개별 판매가격	₩1,500,000	₩500,000

(주)세무는 20x1년 초 고객에게 기계장치의 통제를 이전하였으며, 20x1년 말까지 유지보수용역도 계약대로 이행하였다. 20x2년 초 (주)세무와 고객은 4년의 잔여기간 동안 제공할 유지보수용역의 빈도와 범위를 축소하기로 합의하고, 4년간 제공할 유지보수용역을 ₩200,000으로 결정하였다. 축소된 유지보수용역은 4년간 매년 동일하게 제공된다. 계약변경일 이후에 제공할 유지보수용역은 기계장치의 납품과 구별되며, 계약변경 전에 제공한 유지보수용역과도 구별된다. (주)세무가 20x1년도와 20x2년도에 인식할 수익은?

	20x1년	20x2년
①	₩1,440,000	₩50,000
②	₩1,440,000	₩90,000
③	₩1,590,000	₩50,000
④	₩1,590,000	₩90,000
⑤	₩1,590,000	₩100,000

02 CTA 2024 　　　　　　　　　　　　　　　　☑ 확인Check! ○ △ ✕

(주)세무는 제품 A를 ₩2,000에 판매하기로 계약을 체결하였으며, 이 계약의 일부로 앞으로 30일 이내에 ₩2,000 한도의 구매에 대해 30% 할인권을 고객에게 주었다. (주)세무는 계절 판촉활동을 위해 앞으로 30일 동안 모든 판매에 대해 10% 할인을 제공할 계획인데, 10% 할인은 30% 할인권에 추가하여 사용할 수 없다. (주)세무는 고객의 80%가 할인권을 사용하고 추가 제품을 평균 ₩1,500에 구매할 것이라고 추정하였을 때, 제품판매 시 배분될 계약부채(할인권)는?(단, 제시된 거래의 효과만을 반영하기로 한다)

① ₩214　　　　　　　　　　② ₩240

③ ₩305　　　　　　　　　　④ ₩400

⑤ ₩500

03 CTA 2023

프랜차이즈를 운영하는 (주)세무가 20x1년 11월 초 고객과 체결한 계약과 관련된정보가 다음과 같을 때, (주)세무가 20x1년도에 인식할 수익은?(단, 라이선스를 부여하기로 하는 것과 설비를 이전하기로 하는 것은 구별되며, 변동대가와 고정대가는 모두 개별 판매금액을 반영한 것이다)

- (주)세무는 계약일로부터 5년 동안 고객이 (주)세무의 상호를 사용하고 제품을 판매할 권리를 제공하는 프랜차이즈 라이선스를 부여하기로 하였으며, 라이선스에 추가하여 상점을 운영하기 위해 필요한 장비를 제공하기로 약속하였다.
- (주)세무는 라이선스를 부여하는 대가로 고객의 월 매출액 중 3%(변동대가)를 판매기준 로열티로 다음달 15일에 수령하기로 하였다.
- (주)세무는 설비가 인도되는 시점에 설비의 대가로 ₩1,500,000(고정대가)을 받기로 하였다.
- 계약과 동시에 설비를 고객에게 이전하였으며, 고객의 20x1년 11월과 12월의 매출액은 각각 ₩7,000,000과 ₩8,000,000이다.

① ₩210,000
② ₩450,000
③ ₩500,000
④ ₩1,710,000
⑤ ₩1,950,000

04 CTA 2022

(주)세무는 고객에게 제품을 이전하기로 한 약속을 수행의무로 식별하고, 제품을 고객에게 이전할 때 각각의 수행의무에 대한 수익을 인식하고 있다. (주)세무는 (주)한국에게 제품A와 제품B를 이전하기로 하는 계약을 20x1년 12월 1일에 체결하였고, 동 계약에 따라 받기로 한 대가는 총 ₩10,000이다. 동 계약에 따르면, 제품A를 먼저 인도한 후 제품B를 나중에 인도하기로 하였지만, 대가 ₩10,000은 모든 제품(제품A와 제품B)을 인도한 이후에만 받을 권리가 생긴다. (주)세무는 20x1년 12월 15일에 제품A를 인도하였고, 제품B에 대한 인도는 20x2년 1월 10일에 이루어졌으며, 20x2년 1월 15일에 대가 ₩10,000을 수령하였다. (주)세무는 제품A를 개별적으로 판매할 경우 ₩8,000에 판매하고 있지만, 제품B는 판매경험 및 유사제품에 대한 시장정보가 없어 개별판매가격을 알지 못한다. 따라서 잔여접근법으로 거래가격을 배분하기로 한다. (주)세무의 상기거래에 관한 설명으로 옳지 않은 것은?(단, 제시된 거래의 효과만을 반영하기로 한다)

① 20x1년 말 (주)세무의 재무상태표에 표시할 수취채권의 금액은 영(0)이다.
② 20x1년 말 (주)세무의 재무상태표에 표시할 계약자산의 금액은 ₩8,000이다.
③ (주)세무가 20x1년도 포괄손익계산서에 수익으로 인식할 금액은 ₩8,000이다.
④ 20x1년 말 (주)세무의 재무상태표에 표시할 계약부채는 없다.
⑤ (주)세무의 20x2년 1월 10일 회계처리로 인하여 계약자산은 ₩2,000 증가한다.

(주)세무는 고객이 구매한 금액 ₩2당 포인트 1점을 보상하는 고객충성제도를 운영하고 있으며, 각 포인트는 (주)세무의 제품을 구매할 때 ₩1의 할인과 교환할 수 있다. (주)세무가 고객에게 포인트를 제공하는 약속은 수행의무에 해당한다. 고객으로부터 수취한 대가는 고정금액이고, 고객이 구매한 제품의 개별 판매가격은 ₩1,000,000이다. 고객은 20x1년에 제품 ₩1,000,000을 구매하였으며, 미래에 제품 구매 시 사용할 수 있는 500,000포인트를 얻었다. (주)세무는 20x1년도에 고객에게 부여한 포인트 중 50%가 교환될 것으로 예상하여 포인트 당 개별 판매가격을 ₩0.5로 추정하였다. 20x1년과 20x2년의 포인트에 대한 자료는 다음과 같다.

구 분	20x1년	20x2년
교환된 포인트	180,000	252,000
전체적으로 교환이 예상되는 포인트	450,000	480,000

(주)세무가 20x2년 12월 31일 재무상태표에 보고해야 할 계약부채는?

① ₩10,000 　　　　　　　　　② ₩20,000

③ ₩30,000 　　　　　　　　　④ ₩40,000

⑤ ₩50,000

(주)세무는 20x1년 초 (주)한국과 건설계약(공사기간 3년, 계약금액 ₩600,000)을 체결하였다. (주)세무의 건설용역에 대한 통제는 기간에 걸쳐 이전된다. (주)세무는 발생원가에 기초한 투입법으로 진행률을 측정한다. 건설계약과 관련된 자료는 다음과 같다. (주)세무의 20x2년도 공사이익은?

- 20x1년 말 공사완료시까지의 추가소요원가를 추정할 수 없어 합리적으로 진행률을 측정할 수 없었으나, 20x1년 말 현재 이미 발생한 원가 ₩120,000은 모두 회수할 수 있다고 판단하였다.
- 20x2년 말 공사완료시까지 추가소요원가를 ₩200,000으로 추정하였다.
- 연도별 당기발생 공사원가는 다음과 같다.

구 분	20x1년	20x2년	20x3년
당기발생 공사원가	₩120,000	₩180,000	₩200,000

① ₩0 　　　　　　　　　② ₩40,000

③ ₩60,000 　　　　　　　　　④ ₩120,000

⑤ ₩180,000

07 CTA 2020

수익의 인식에 관한 설명으로 옳지 않은 것은?

① 거래가격은 고객에게 약속한 재화나 용역을 이전하고 그 대가로 기업이 받을 권리를 갖게 될 것으로 예상하는 금액이며, 제삼자를 대신해서 회수한 금액(예 일부 판매세)은 제외한다.

② 약속한 재화나 용역이 구별되지 않는다면, 구별되는 재화나 용역의 묶음을 식별할 수 있을 때까지 그 재화나 용역을 약속한 다른 재화나 용역과 결합한다.

③ 변동대가(금액)는 기댓값 또는 가능성이 가장 높은 금액 중에서 고객이 받을 권리를 갖게 될 대가(금액)를 더 잘 예측할 것으로 예상하는 방법을 사용하여 추정한다.

④ 계약의 각 당사자가 전혀 수행되지 않은 계약에 대해 상대방(들)에게 보상하지 않고 종료할 수 있는 일방적이고 집행 가능한 권리를 갖는다면, 그 계약은 존재하지 않는다고 본다.

⑤ 계약을 개시한 다음에는 계약 당사자들이 수행의무를 실질적으로 변경하는 계약변경을 승인하지 않는 한, 자산이 기업에 대체 용도가 있는지를 다시 판단하지 않는다.

08 CTA 2020

(주)세무는 20x1년 초 (주)대한과 건설계약(공사기간 3년, 계약금액 ₩850,000)을 체결하였다. 관련 자료가 다음과 같을 때, 20x1년 말 계약자산금액(또는 계약부채금액)과 20x2년도 공사이익은?(단, 진행기준으로 수익을 인식하고 진행률은 누적발생계약원가를 추정총계약원가로 나눈 비율로 측정한다)

구 분	20x1년	20x2년	20x3년
누적발생계약원가	₩432,000	₩580,000	₩740,000
추정총계약원가	720,000	725,000	740,000
계약대금청구금액	390,000	310,000	150,000
계약대금수령금액	450,000	200,000	200,000

	20x1년 말 계약자산(계약부채)	20x2년 공사이익
①	계약부채 ₩0	₩78,000
②	계약부채 ₩20,000	₩22,000
③	계약부채 ₩20,000	₩78,000
④	계약자산 ₩120,000	₩22,000
⑤	계약자산 ₩120,000	₩78,000

09 CTA 2019

확인 Check! ○ △ ✕

(주)세무는 20x1년 12월 31일 개당 원가 ₩150인 제품 100개를 개당 ₩200에 현금 판매하였다. (주)세무는 판매 후 30일 이내에 고객이 반품하면 전액 환불해주고 있다. 반품률은 5%로 추정되며, 반품제품 회수비용, 반품제품 가치하락 및 판매당일 반품은 없다. 동 거래에 관한 설명으로 옳지 않은 것은?

① 20x1년 인식할 매출액은 ₩19,000이다.

② 20x1년 인식할 이익은 ₩4,750이다.

③ '환불이 발생할 경우 고객으로부터 제품을 회수할 권리'를 20x1년 말 자산으로 인식하며, 그 금액은 ₩750이다.

④ 동거래의 거래가격은 변동대가에 해당하기 때문에 받을 권리를 갖게 될 금액을 추정하여 수익으로 인식한다.

⑤ 20x1년 말 인식할 부채는 ₩250이다.

10 CTA 2019

확인 Check! ○ △ ✕

20x1년 1월 1일 (주)세무는 제품 200개를 고객에게 1년에 걸쳐 개당 ₩1,000에 판매하기로 약속하였다. 각 제품에 대한 통제는 한 시점에 이전된다. (주)세무는 20x1년 4월 1일 동일한 제품 100개를 개당 ₩800에 고객에게 추가 납품하기로 계약을 변경하였으며, 동 시점까지 기존 계약 수량 200개 가운데 30개에 대한 통제를 고객에게 이전하였다. 추가된 제품은 구별되는 재화에 해당하며, 추가 제품의 계약금액은 개별 판매가격을 반영하지 않는다. 20x1년 4월 1일부터 6월 30일까지 기존 계약수량 중 58개와 추가 계약 수량 중 50개의 통제를 고객에게 이전하였다. 동 거래와 관련하여 (주)세무가 20x1년 1월 1일부터 6월 30일 사이에 인식할 총수익은?

① ₩100,000
② ₩100,800
③ ₩118,000
④ ₩128,000
⑤ ₩130,000

11 CTA 2019

확인 Check! ○ △ ✕

(주)세무는 20x1년 1월 1일 (주)한국에게 원가 ₩100,000의 제품을 ₩200,000에 현금 판매하였다. 판매계약에는 20x1년 6월 30일 이전에 (주)한국이 요구할 경우 (주)세무가 판매한 제품을 ₩210,000에 재매입해야 하는 풋옵션이 포함된다. 풋옵션이 행사될 유인은 판매시점에서 유의적일 것으로 판단하였으나 실제로 20x1년 6월 30일까지 풋옵션이 행사되지 않은 채 권리가 소멸하였다. 동 거래에 관한 설명으로 옳지 않은 것은?(단, 20x1년 1월 1일 기준으로 재매입일 예상 시장가 ₩210,000 미만이다)

① 20x1년 1월 1일 (주)한국은 제품의 취득을 인식하지 못한다.

② 20x1년 1월 1일 (주)한국은 금융자산을 인식한다.

③ 동x1년 1월 1일 (주)세무는 금융부채 ₩200,000을 인식한다.

④ 20x1년 6월 30일 (주)세무는 이자비용 ₩10,000을 인식한다.

⑤ 20x1년 6월 30일 (주)세무는 매출액 ₩200,000을 인식한다.

(주)세무는 20x1년 초 (주)한국과 건설계약(공사기간 4년, 계약금액 ₩2,000,000)을 체결하였으며, 관련 자료는 다음과 같다.

구 분	20x1년	20x2년	20x3년	20x4년
누적발생계약원가	₩280,000	₩960,000	₩1,280,000	₩1,600,000
추정총계약원가	1,400,000	1,600,000	1,600,000	1,600,000

(주)세무는 20x1년에 건설계약의 결과를 신뢰성 있게 추정하였으나, 20x2년 초부터 시작된 (주)한국의 재무상태 악화로 20x2년에 건설계약의 결과를 신뢰성 있게 추정할 수 없게 되었고 계약금액 중 보험에 가입된 ₩800,000만 회수할 수 있다고 판단하였다. 하지만 20x3년 초 (주)한국의 재무상태가 다시 정상화됨에 따라 계약금액 전액을 회수할 수 있다면, (주)세무가 20x1년, 20x2년 및 20x3년에 인식할 공사손익은? (단, (주)세무는 진행기준으로 수익을 인식하고 진행률은 누적발생계약원가를 추정총계약원가로 나눈 비율로 측정한다)

	20x1년	20x2년	20x3년
①	₩120,000 이익	₩280,000 손실	₩480,000 이익
②	₩120,000 이익	₩120,000 손실	₩320,000 이익
③	₩120,000 이익	₩0	₩200,000 이익
④	₩120,000 이익	₩120,000 이익	₩80,000 이익
⑤	₩0	₩0	₩320,000 이익

20x5년에 설립한 (주)세무는 (주)한국과 건설기간 3년, 계약금액 ₩1,000,000인 건설계약을 체결하고 준공시점인 20x7년까지는 동 공사만 진행하였다. (주)세무는 진행기준으로 수익을 인식하며, 진행률은 발생한 누적계약원가를 추정총계약원가로 나눈 비율로 측정한다. 건설계약과 관련된 자료가 다음과 같을 때, (주)세무가 20x6년과 20x7년에 인식할 당기 공사이익은 각각 얼마인가?(단, 취득한 건설자재는 동 건설계약을 위해 별도로 제작된 경우에 해당하지 않는다)

구 분	20x5년	20x6년	20x7년
당기 건설자재 취득원가	₩90,000	₩100,000	₩50,000
기말 미사용 건설자재	10,000	40,000	40,000
당기 건설노무원가	120,000	140,000	250,000
당기 건설장비 감가상각비	10,000	12,000	18,000
추정총계약원가	700,000	720,000	–

	20x6년	20x7년
①	₩74,111	₩69,222
②	₩74,111	₩85,889
③	₩78,000	₩82,000
④	₩78,000	₩84,000
⑤	₩78,000	₩85,889

(주)대한은 20x1년 11월 1일 두 가지 지적재산 라이선스(라이선스 A와 B)에 대해 고객과 계약을 체결하였는데, 이는 한 시점에 각각 이행되는 두 가지 수행의무를 나타낸다. 라이선스 A와 B의 개별 판매가격은 각각 ₩900과 ₩1,100이다. 동 계약과 관련한 추가자료는 다음과 같다.

- 계약에 표시된 라이선스 A의 가격은 고정금액 ₩200이고, 라이선스 B의 대가는 고객이 라이선스 B를 사용한 제품을 미래에 판매하여 얻은 수익의 5%이다. (주)대한의 판매기준 로열티(변동대가) 추정치는 ₩1,800이다.
- (주)대한은 고정금액은 계약과 동시에 받고, 판매기준 로열티는 매년 말 받기로 하였다.
- (주)대한은 라이선스 A는 계약 시점에 이전하고, 라이선스 B는 3개월 이후인 20x2년 2월 1일에 고객에게 이전한다.
- (주)대한은 20x1년 말과 20x2년 말에 고객으로부터 각각 ₩400과 ₩900의 판매기준 로열티를 받았다.

상기 계약과 관련하여 (주)대한이 20x2년도에 인식할 수익은 얼마인가?

① ₩900　　　　　　　　　② ₩1,010

③ ₩1,100　　　　　　　　④ ₩1,230

⑤ ₩1,300

(주)대한은 인공지능(AI) 로봇을 대당 ₩270,000에 판매하면서, 2년간 총 4회의 유지·보수를 위한 방문서비스를 함께 제공하기로 하였다. AI 로봇은 어떠한 변형 없이 즉시 사용할 수 있으며, 유지·보수 방문서비스는 다른 대체 용역제공자가 수행할 수도 있다. AI 로봇의 개별 판매가격은 대당 ₩260,000이며, 방문서비스의 1회당 개별 판매가격은 ₩10,000이다. (주)대한은 20x1년과 20x2년에 각각 20대와 30대의 AI 로봇을 판매하였으며, 고객에게 제공한 방문서비스 현황은 다음과 같다. (주)대한이 20x2년도에 인식할 수익은 얼마인가?(단, (주)대한이 AI 로봇과 유지·보수 방문서비스를 따로 판매하지 않는다고 가정한다)

구 분	20x1년	20x2년	20x3년	20x4년
20x1년도 판매분	10회	40회	30회	–
20x2년도 판매분	–	50회	30회	40회

① ₩6,720,000

② ₩7,020,000

③ ₩7,830,000

④ ₩8,100,000

⑤ ₩8,700,000

(주)대한은 20x1년 초에 건물관리 용역을 제공하는 계약을 고객과 체결하였다. 계약기간은 2년이며, 고객은 매년 말에 건물관리 용역의 개별 판매가격에 해당하는 ₩1,000,000을 후급하기로 하였다. 이후 20x2년 초에 고객은 계약기간을 4년 추가하는 대신 추가된 기간(20x3년부터 20x6년까지)동안에는 ₩900,000을 지급할 것을 요구하였으며, (주)대한은 추가된 기간에 대한 용역 대가가 개별 판매가격을 반영하지 않는 금액이지만 매년 초에 선급하는 조건으로 계약변경에 합의하였다. (주)대한이 20x3년에 인식할 수익 금액은 얼마인가?(단, 계약변경일 이후에 제공할 용역은 이미 제공한 용역과 구별된다고 간주하며, 현재가치 평가는 고려하지 않는다)

① ₩900,000

② ₩920,000

③ ₩950,000

④ ₩1,150,000

⑤ ₩1,900,000

다음은 (주)대한의 공사계약과 관련된 자료이다. 당해 공사는 20x1년 초에 시작되어 20x3년 말에 완성되었으며, 총계약금액은 ₩5,000,000이다. (주)대한은 건설 용역에 대한 통제가 기간에 걸쳐 이전되는 것으로 판단하였으며, 진행률은 발생원가에 기초한 투입법으로 측정한다.

구 분	20x1년	20x2년	20x3년
당기발생원가	₩1,000,000	₩2,000,000	₩1,500,000
완성시까지 추가소요원가	₩3,000,000	₩1,000,000	–

(주)대한의 20x2년도 공사손익은 얼마인가?

① ₩250,000 손실 ② ₩250,000 이익
③ ₩500,000 이익 ④ ₩1,750,000 이익
⑤ ₩3,500,000 이익

유통업을 영위하는 (주)대한은 20x1년 1월 1일에 액면금액 ₩10,000인 상품권 50매를 액면금액으로 발행하였다. 20x1년 1월 1일 이전까지 (주)대한이 상품권을 발행한 사실은 없으며, 이후 20x2년 1월 1일에 추가로 100매를 액면금액으로 발행하였다. (주)대한은 상품권 액면금액의 60% 이상 사용하고 남은 금액은 현금으로 반환하며, 상품권의 만기는 발행일로부터 1년이다. 만기까지 사용되지 않은 상품권은 만기 이후 1년 이내에는 90%의 현금으로 상환해줄 의무가 있으나, 1년이 경과하면 그 의무는 소멸한다. 20x1년도 발행 상품권 중 42매가 정상적으로 사용되었으며, 사용되지 않은 상품권 중 5매는 20x2년 중에 현금으로 상환되었고, 나머지 3매는 상환되지 않아 20x2년 12월 31일 현재 (주)대한의 의무는 소멸하였다. 한편, 20x2년도 발행 상품권은 20x2년 중에 90매가 정상적으로 사용되었다. 상품권 사용 시 상품권 잔액을 현금으로 반환한 금액은 다음과 같다.

구 분	금액
20x1년도 발행분	₩31,000
20x2년도 발행분	₩77,000

(주)대한의 상품권에 대한 회계처리와 관련하여 20x2년도 포괄손익계산서에 인식할 수익은 얼마인가?(단, (주)대한은 고객의 미행사권리에 대한 대가를 다른 당사자에게 납부하도록 요구받지 않는다고 가정한다)

① ₩823,000 ② ₩833,000
③ ₩850,000 ④ ₩858,000
⑤ ₩860,000

19 CPA 2023

20x1년 10월 1일에 (주)대한은 제품 120개를 고객에게 개당 ₩1,000에 판매하기로 약속하였다. 제품은 6개월에 걸쳐 고객에게 이전되며, 각 제품에 대한 통제는 한 시점에 이전된다. (주)대한은 20x1년 10월 31일에 제품 50개에 대한 통제를 고객에게 이전한 후, 추가로 제품 30개를 개당 ₩800에 고객에게 납품하기로 계약을 변경하였다. 추가된 제품 30개는 구별되는 재화에 해당하며, 최초 계약에 포함되지 않았다. 20x1년 11월 1일부터 20x1년 12월 31일까지 기존 계약수량 중 40개와 추가 계약수량 중 20개에 대한 통제를 고객에게 이전하였다. 계약을 변경할 때, 추가 제품의 가격(₩800/개)이 (1)계약변경 시점의 개별 판매가격을 반영하여 책정된 경우와 (2)계약변경 시점의 개별판매가격을 반영하지 않은 경우, (주)대한이 20x1년도 포괄손익계산서에 인식할 수익은 각각 얼마인가?(단, 계약변경일에 아직 이전되지 않은 약속한 제품은 계약변경일 전에 이전한 제품과 구별된다)

	(1)	(2)
①	₩16,000	₩18,800
②	₩90,000	₩87,600
③	₩90,000	₩106,400
④	₩106,000	₩87,600
⑤	₩106,000	₩106,400

20 CPA 2022

기업회계기준서 제1115호 '고객과의 계약에서 생기는 수익'에 대한 다음 설명 중 옳지 않은 것은?

① 일반적으로 고객과의 계약에는 기업이 고객에게 이전하기로 약속하는 재화나 용역을 분명히 기재한다. 그러나 고객과의 계약에서 식별되는 수행의무는 계약에 분명히 기재한 재화나 용역에만 한정되지 않을 수 있다.

② 계약을 이행하기 위해 해야 하지만 고객에게 재화나 용역을 이전하는 활동이 아니라면 그 활동은 수행의무에 포함되지 않는다.

③ 고객이 약속한 대가(판매대가) 중 상당한 금액이 변동될 수 있으며 그 대가의 금액과 시기가 고객이나 기업이 실질적으로 통제할 수 없는 미래 사건의 발생 여부에 따라 달라진다면 판매대가에 유의적인 금융요소는 없는 것으로 본다.

④ 적절한 진행률 측정방법에는 산출법과 투입법이 포함된다. 진행률 측정방법을 적용할 때, 고객에게 통제를 이전하지 않은 재화나 용역은 진행률 측정에서 제외하는 반면, 수행의무를 이행할 때 고객에게 통제를 이전하는 재화나 용역은 모두 진행률 측정에 포함한다.

⑤ 수익은 한 시점에 이행하는 수행의무 또는 기간에 걸쳐 이행하는 수행의무로 구분한다. 이러한 구분을 위해 먼저 통제 이전 지표에 의해 한 시점에 이행하는 수행의무인지를 판단하고, 이에 해당하지 않는다면 그 수행의무는 기간에 걸쳐 이행되는것으로 본다.

유통업을 영위하고 있는 (주)대한은 20x1년 1월 1일 제품A와 제품B를 생산하는 (주)민국과 각 제품에 대해 다음과 같은 조건의 판매 계약을 체결하였다.

〈제품A〉

- (주)대한은 제품A에 대해 매년 최소 200개의 판매를 보장하며, 이에 대해서는 재판매여부에 관계없이 (주)민국에게 매입대금을 지급한다. 다만, (주)대한이 200개를 초과하여 제품A를 판매한 경우 (주)대한은 판매되지 않은 제품A를 모두 조건 없이 (주)민국에게 반환할 수 있다.
- 고객에게 판매할 제품A의 판매가격은 (주)대한이 결정한다.
- (주)민국은 (주)대한에 제품A를 1개당 ₩1,350에 인도하며, (주)대한은 판매수수료 ₩150을 가산하여 1개당 ₩1,500에 고객에게 판매한다.

〈제품B〉

- (주)대한은 제품B에 대해 연간 최소 판매 수량을 보장하지 않으며, 매년 말까지 판매하지 못한 제품B를 모두 조건 없이 (주)민국에게 반환할 수 있다.
- 고객에게 판매할 제품B의 판매가격은 (주)민국이 결정한다.
- (주)대한은 인도 받은 제품B 중 제3자에게 판매한 부분에 대해서만 (주)민국에게 관련 대금을 지급한다.
- (주)민국은 고객에게 판매할 제품B의 판매가격을 1개당 ₩1,000으로 결정하였으며, (주)대한은 해당 판매가격에서 ₩50의 판매수수료를 차감한 금액을 (주)민국에게 지급한다.

(주)민국은 위 계약을 체결한 즉시 (주)대한에게 제품A 250개와 제품B 100개를 인도하였다. (주)대한이 20x1년에 제품A 150개와 제품B 80개를 판매하였을 경우 동 거래로 인해 (주)대한과 (주)민국이 20x1년도에 인식할 수익은 각각 얼마인가?

	(주)대한	(주)민국
①	₩26,500	₩278,500
②	₩26,500	₩305,000
③	₩229,000	₩305,000
④	₩229,000	₩350,000
⑤	₩305,000	₩278,500

(주)대한은 상업용 로봇을 제작하여 고객에게 판매한다. 20x1년 9월1일에 (주)대한은 청소용역업체인 (주)민국에게 청소로봇 1대를 ₩600,000에 판매하고, (주)민국으로부터 2개월 간 청소용역을 제공받는 계약을 체결하였다. (주)대한은 (주)민국의 청소용역에 대한 대가로 ₩50,000을 지급하기로 하였다. (주)대한은 20x1년 10월 1일 청소로봇 1대를 (주)민국에게 인도하고 현금 ₩600,000을 수취하였으며, (주)민국으로부터 20x1년 10월 1일부터 2개월 간 청소용역을 제공받고 현금 ₩50,000을 지급하였다. 다음의 독립적인 2가지 상황(상황 1, 상황 2)에서 상기 거래로 인해 (주)대한이 20x1년도에 인식할 수익은 각각 얼마인가?

(상황 1) (주)민국이 (주)대한에 제공한 청소용역의 공정가치가 ₩40,000인 경우
(상황 2) (주)민국이 (주)대한에 제공한 청소용역의 공정가치를 합리적으로 추정할 수 없는 경우

	(상황 1)	(상황 2)
①	₩590,000	₩550,000
②	₩590,000	₩600,000
③	₩560,000	₩550,000
④	₩560,000	₩600,000
⑤	₩600,000	₩600,000

20x1년 9월 1일에 (주)대한은 (주)민국에게 1년 간의 하자보증조건으로 중장비 1대를 ₩500,000에 현금 판매하였다. 동 하자보증은 용역 유형의 보증에 해당한다. (주)대한은 1년 간의 하자보증을 제공하지 않는 조건으로도 중장비를 판매하고 있으며, 이 경우 중장비의 개별판매가격은 보증조건 없이 1대당 ₩481,000이 며, 1년 간의 하자보증용역의 개별 판매가격은 ₩39,000이다. (주)대한은 (주)민국에게 판매한 중장비 1대에 대한 하자보증으로 20x1년에 ₩10,000의 원가를 투입하였으며, 20x2년 8월 말까지 추가로 ₩20,000을 투입하여 하자보증을 완료할 계획이다. 상기 하자보증조건부판매와 관련하여 (주)대한이20x1년에 인식할 총수익금액과 20x1년 말 재무상태표에 인식할 부채는 각각 얼마인가?

	총수익	부채
①	₩475,000	₩25,000
②	₩475,000	₩20,000
③	₩462,500	₩37,500
④	₩462,500	₩20,000
⑤	₩500,000	₩0

(주)대한은 20x1년 12월 1일에 (주)민국에게 원가 ₩500,000의 제품을 ₩1,000,000에 현금 판매하였다. 판매계약에는 20x2년 3월 31일에 동 제품을 ₩1,100,000에 다시 살 수 있는 권리를 (주)대한에게 부여하는 콜옵션이 포함되어 있다. (주)대한은 20x2년 3월 31일에 계약에 포함된 콜옵션을 행사하지 않았으며, 이에 따라 해당 콜옵션은 동 일자에 소멸되었다. 상기 재매입약정 거래가 (주)대한의 20x2년 당기순이익에 미치는 영향은 얼마인가?(단, 현재가치평가는 고려하지 않으며, 계산과정에 오차가 있으면 가장 근사치를 선택한다)

① ₩100,000 감소
② ₩75,000 감소
③ ₩500,000 증가
④ ₩525,000 증가
⑤ ₩600,000 증가

기업회계기준서 제1115호 '고객과의 계약에서 생기는 수익'에 대한 다음 설명 중 옳지 않은 것은?

① 유형자산의 처분은 계약상대방이 기업회계기준서 제1115호에서 정의하고 있는 고객에 해당되지 않기 때문에 유형자산 처분손익에 포함되는 대가(금액)를 산정함에 있어 처분유형에 관계없이 동 기준서의 거래가격 산정에 관한 요구사항을 적용할 수 없다.

② 기업이 수행하여 만든 자산이 기업 자체에는 대체 용도가 없고, 지금까지 수행을 완료한 부분에 대해 집행 가능한 지급청구권이 기업에 있다면, 기업은 재화나 용역에 대한 통제를 기간에 걸쳐 이전하므로, 기간에 걸쳐 수행의무를 이행하는 것이고 기간에 걸쳐 수익을 인식한다.

③ 고객이 약속한 대가 중 상당한 금액이 변동될 수 있으며 그 대가의 금액과 시기는 고객이나 기업이 실질적으로 통제할 수 없는 미래 사건의 발생 여부에 따라 달라진다면, 그 계약에는 유의적인 금융요소가 없을 것이다.

④ 고객이 현금 외의 형태로 대가를 약속한 계약의 경우에 거래가격을 산정하기 위하여 비현금 대가(또는 비현금 대가의 약속)를 공정가치로 측정한다.

⑤ 고객에게 지급할 대가가 고객에게서 받은 구별되는 재화나 용역의 공정가치를 초과한다면, 그 초과액을 거래가격에서 차감하여 회계처리한다.

01 CTA 2025

☑ 확인Check! ○ △ ✕

종업원급여에 관한 설명으로 옳지 않은 것은?

① 단기종업원급여에 해당하는 누적 유급휴가의 예상원가는 종업원이 휴가를 실제로 사용할 때 인식한다.

② 이익분배제도와 상여금제도에 따라 기업이 부담하는 의무는 종업원이 제공하는 근무용역에서 생기는 것이지 주주와의 거래에서 생기는 것은 아니므로, 이익분배제도와 상여금제도와 관련된 원가는 이익분배가 아닌 당기 비용으로 인식한다.

③ 퇴직급여채무를 할인하기 위해 사용하는 할인율은 보고기간 말 현재 우량회사채의 시장수익률을 참조하여 결정하되, 그러한 우량회사채에 대해 거래층이 두터운 해당 통화의 시장이 없는 경우에는 보고기간 말 현재 그 통화로 표시된 국공채의 시장수익률을 사용한다.

④ 자산인식상한효과의 이자는 순확정급여부채(자산)의 순이자에 포함되며, 당기손익으로 인식한다.

⑤ 퇴직급여가 아닌 기타장기종업원급여의 재측정요소는 기타포괄손익으로 인식하지 않는다.

(주)세무는 확정급여제도를 채택하여 시행하고 있으며, 관련 자료는 다음과 같다. (주)세무가 20x2년도에 인식할 퇴직급여와 기타포괄손익은?

- 20x1년 말 사외적립자산 잔액은 ₩300,000이며, 확정급여채무 잔액은 ₩305,000이다.
- 20x2년 초에 현금 ₩180,000을 사외적립자산에 출연하였다.
- 20x2년도의 당기근무원가는 ₩190,000이다.
- 20x2년 말에 사외적립자산 ₩150,000이 퇴직종업원에게 현금으로 지급되었다.
- 20x2년 말 현재 확정급여채무의 현재가치와 사외적립자산의 공정가치는 각각 ₩373,000과 ₩375,000이며, 자산인식상한은 ₩1,000이다.
- 순확정급여부채(자산) 계산 시 적용한 할인율은 연 10%로 변동이 없다.

	퇴직급여	기타포괄손익
①	₩172,500	손실 ₩500
②	₩172,500	손실 ₩1,500
③	₩172,500	이익 ₩1,500
④	₩190,500	손실 ₩16,500
⑤	₩190,500	이익 ₩16,500

(주)세무는 확정급여제도를 채택하여 시행하고 있으며, 관련 자료는 다음과 같다. (주)세무의 확정급여채무 및 사외적립자산과 관련된 회계처리가 20x1년도의 기타포괄이익에 미치는 영향은?

- 20x1년 초 확정급여채무와 사외적립자산의 잔액은 각각 ₩1,000,000과 ₩600,000이다.
- 확정급여채무의 현재가치 계산에 적용할 할인율은 연 10%이다.
- 20x1년도의 당기근무원가 발생액은 ₩240,000이고, 20x1년 말 퇴직한 종업원에게 ₩100,000을 사외적립자산에서 지급하였다.
- 20x1년 말 현금 ₩300,000을 사외적립자산에 출연하였다.
- 20x1년 말 현재 확정급여채무의 현재가치와 사외적립자산의 공정가치는 각각 ₩1,200,000과 ₩850,000이다.

---

① ₩30,000 감소
② ₩10,000 감소
③ ₩10,000 증가
④ ₩30,000 증가
⑤ ₩40,000 증가

04 CTA 2021
☑ 확인 Check! ○ △ ✕

(주)세무는 확정급여제도를 채택하여 시행하고 있다. (주)세무의 확정급여채무와 관련된 자료가 다음과 같을 때, 20x1년도에 인식할 퇴직급여와 기타포괄손익은?

- 20x1년 초 사외적립자산 잔액은 ₩560,000이며, 확정급여채무 잔액은 ₩600,000이다.
- 20x1년도의 당기근무원가는 ₩450,000이다.
- 20x1년 말에 사외적립자산 ₩150,000이 퇴직종업원에게 현금으로 지급되었다.
- 20x1년 말에 현금 ₩400,000을 사외적립자산에 출연하였다.
- 20x1년 말 현재 사외적립자산의 공정가치는 ₩920,000이며, 할인율을 제외한 보험수리적 가정의 변동을 반영한 20x1년 말 확정급여채무는 ₩1,050,000이다.
- 확정급여채무 계산시 적용한 할인율은 연 15%이다.

	퇴직급여	기타포괄손익
①	₩456,000	손실 ₩34,000
②	₩456,000	이익 ₩26,000
③	₩540,000	손실 ₩34,000
④	₩540,000	이익 ₩26,000
⑤	₩540,000	손실 ₩60,000

05 CTA 2020
☑ 확인 Check! ○ △ ✕

(주)세무는 확정급여제도를 채택하여 시행하고 있다. 20x1년 초 확정급여채무의 현재가치는 ₩900,000이고, 사외적립자산의 공정가치는 ₩720,000이다. 20x1년 동안 당기근무원가는 ₩120,000이다. 20x1년 9월 1일 퇴직한 종업원에게 ₩90,000의 퇴직급여가 사외적립자산에서 지급되었으며, 20x1년 10월 1일 사외적립자산에 대한 기여금 ₩60,000을 납부하였다. 20x1년 말 순확정급여부채는?(단, 우량회사채의 시장수익률은 연 10%이고, 이자원가 및 이자수익은 월할계산한다)

① ₩240,000
② ₩256,500
③ ₩258,000
④ ₩316,500
⑤ ₩318,000

(주)세무의 확정급여제도와 관련된 20x1년도 자료가 다음과 같을 때, 포괄손익계산서상 당기손익으로 인식할 퇴직급여 관련 비용은?

가. 확정급여채무(현재가치)		나. 사외적립자산(공정가치)	
기초금액	₩150,000	기초금액	₩120,000
당기근무원가	25,000	이자수익	12,000
이자비용	15,000	현금출연	35,000
과거근무원가	5,000	퇴직금 지급	(3,000)
퇴직금 지급	(3,000)	재측정요소	500
재측정요소	(600)	기말금액	₩164,500
기말금액	₩191,400		

① ₩30,000
② ₩33,000
③ ₩40,000
④ ₩45,000
⑤ ₩50,000

(주)대한은 100명의 종업원에게 1년에 7일의 근무일수에 해당하는 유급병가를 제공하고 있으며, 미사용 유급병가는 다음 1년 동안 이월하여 사용할 수 있다. 유급병가는 당해연도에 부여된 권리가 먼저 사용된 다음 직전연도에서 이월된 권리가 사용되는 것으로 본다(후입선출법). 20x1년 말 현재 미사용 유급병가 일수는 종업원 1인당 3일이며, 과거의 경험에 비추어 볼 때 20x2년 중에 종업원 80명은 7일 이하의 유급병가를 사용하고, 그 외 20명은 평균 9.5일의 유급병가를 사용할 것으로 예상된다. 유급병가의 예상원가가 1일당 ₩1,500일 경우 (주)대한이 유급병가와 관련하여 20x1년 말 재무상태표에 부채로 인식할 금액은 얼마인가?

① ₩0
② ₩60,000
③ ₩75,000
④ ₩360,000
⑤ ₩375,000

08   CPA   2024   ☑ 확인Check! ○ △ ✕

기업회계기준서 제1019호 '종업원급여'에 대한 다음 설명 중 옳지 않은 것은?

① 퇴직급여가 아닌 기타장기종업원급여에서의 재측정요소는 기타포괄손익으로 인식하지 않고 당기손익으로 인식한다.

② 확정급여제도에서 순확정급여부채(자산)의 순이자는 당기손익으로 인식한다.

③ 확정급여채무의 현재가치와 당기근무원가를 결정하기 위해서는 예측단위적립방식을 사용하며, 적용할 수 있다면 과거근무원가를 결정할 때에도 동일한 방식을 사용한다.

④ 확정급여제도에서 순확정급여부채(자산)의 재측정요소는 기타포괄손익으로 인식하며, 후속기간에 당기손익으로 재분류할 수 없다.

⑤ 확정급여제도에서 순확정급여부채(자산)을 재측정하는 경우가 아닌 일반적인 순확정급여부채(자산)의 순이자는 연차보고기간 말의 순확정급여부채(자산)와 할인율을 사용하여 결정한다.

09   CPA   2023   ☑ 확인Check! ○ △ ✕

'종업원급여'에 대한 다음 설명 중 옳지 않은 것은?

① 확정기여제도에서 가입자의 미래급여금액은 사용자나 가입자가 출연하는 기여금과 기금의 운영효율성 및 투자수익에 따라결정된다.

② 확정급여제도에서 자산의 원가에 포함하는 경우를 제외한 확정급여원가의 구성요소 중 순확정급여부채의 재측정요소는 기타포괄손익으로 인식한다.

③ 확정급여제도에서 확정급여채무와 사외적립자산에 대한 순확정급여부채(자산)의 순이자는 당기손익으로 인식하나, 자산인식상한효과에 대한 순확정급여부채(자산)의 순이자는 기타포괄손익으로 인식한다.

④ 확정급여제도에서 보험수리적손익은 보험수리적 가정의 변동과 경험조정으로 인한 확정급여채무 현재가치의 증감에 따라 생긴다.

⑤ 퇴직급여가 아닌 기타장기종업원급여에서의 재측정요소는 기타포괄손익으로 인식하지 않고 당기손익으로 인식한다.

10 CPA 2023 ☑ 확인 Check! ○ △ ✕

(주)대한은 확정급여제도를 채택하고 있으며, 관련 자료는 다음과 같다.

- 20x1년 초 확정급여채무의 현재가치와 사외적립자산의 공정가치는 각각 ₩1,200,000과 ₩900,000이다.
- 20x1년 5월 1일에 퇴직종업원에게 ₩240,000의 현금이 사외적립자산에서 지급되었다.
- 20x1년 9월 1일에 사외적립자산에 ₩120,000을 현금으로 출연하였다.
- 20x1년도의 당기근무원가 발생액은 ₩300,000이다.
- 할인율을 제외한 보험수리적 가정의 변동을 반영한 20x1년 말 확정급여채무의 현재가치는 ₩1,400,000이다.
- 20x1년 말 현재 사외적립자산의 공정가치는 ₩920,000이다.
- 순확정급여자산(부채) 계산 시 적용한 할인율은 연 10%로 매년 변동이 없다.
- 관련 이자비용 및 이자수익은 월할로 계산한다.

(주)대한의 확정급여제도 적용이 20x1년도 총포괄이익에 미치는 영향은 얼마인가?

① ₩300,000 감소 ② ₩280,000 감소
③ ₩260,000 감소 ④ ₩240,000 감소
⑤ ₩220,000 감소

11 CPA 2022 ☑ 확인 Check! ○ △ ✕

20x1년 1월 1일에 설립된 (주)대한은 확정급여제도를 채택하고 있으며, 관련 자료는 다음과 같다. 순확정급여자산(부채) 계산 시 적용한 할인율은 연 6%로 매년 변동이 없다.

〈20x1년〉
- 20x1년 말 확정급여채무 장부금액은 ₩500,000이다.
- 20x1년 말 사외적립자산에 ₩460,000을 현금으로 출연하였다.

〈20x2년〉
- 20x2년 말에 퇴직종업원에게 ₩40,000의 현금이 사외적립자산에서 지급되었다.
- 20x2년 말에 사외적립자산에 ₩380,000을 현금으로 출연하였다.
- 당기근무원가는 ₩650,000이다.
- 20x2년 말 현재 사외적립자산의 공정가치는 ₩850,000이다.
- 할인율을 제외한 보험수리적가정의 변동을 반영한 20x2년 말확정급여채무는 ₩1,150,000이다.

(주)대한의 확정급여제도 적용이 20x2년도 총포괄이익에 미치는 영향은 얼마인가?

① ₩580,000 감소 ② ₩635,200 감소
③ ₩640,000 감소 ④ ₩685,000 감소
⑤ ₩692,400 감소

20x1년 1월 1일에 설립된 (주)대한은 확정급여제도를 채택하고 있으며, 관련 자료는 다음과 같다. 순확정급여자산(부채) 계산 시 적용한 할인율은 연 8%로 매년 변동이 없다.

〈20x1년〉

- 20x1년 말 사외적립자산의 공정가치는 ₩1,100,000이다.
- 20x1년 말 확정급여채무의 현재가치는 ₩1,000,000이다.
- 20x1년 말 순확정급여자산의 자산인식상한금액은 ₩60,000이다

〈20x2년〉

- 20x2년 당기근무원가는 ₩900,000이다.
- 20x2년 말에 일부 종업원의 퇴직으로 ₩100,000을 사외적립자산에서 현금으로 지급하였다.
- 20x2년 말에 ₩1,000,000을 현금으로 사외적립자산에 출연하였다.
- 20x2년 말 사외적립자산의 공정가치는 ₩2,300,000이다.
- 20x2년 말 확정급여채무의 현재가치는 ₩2,100,000이다.

(주)대한의 20x2년 말 재무상태표에 표시될 순확정급여자산이 ₩150,000인 경우, (주)대한의 확정급여제도 적용이 20x2년 포괄손익계산서의 기타포괄이익(OCI)에 미치는 영향은 얼마인가?

① ₩12,800 감소   ② ₩14,800 감소
③ ₩17,800 감소   ④ ₩46,800 감소
⑤ ₩54,800 감소

01   CTA   2025   ☑ 확인 Check! ○ △ ✕

주식기준보상에 관한 설명으로 옳지 않은 것은?

① 주식결제형 주식기준보상거래에서 시장조건이 아닌 가득조건이 충족되지 못하여 부여한 지분상품이 가득되지 못한다면, 누적기준으로 볼 때 제공받은 재화나 용역에 대해 어떠한 금액도 인식하지 아니한다.

② 주식결제형 주식기준보상거래에서 시장조건이 있는 지분상품을 부여한 때에는 그 시장조건이 충족되는지에 관계없이 다른 모든 가득조건을 충족하는 거래상대방에게서 제공받는 재화나 용역을 인식한다.

③ 주식결제형 주식기준보상거래에서 비가득조건이 있는 지분상품을 부여하면 그러한 비가득조건이 충족되는지에 관계없이 시장조건이 아닌 모든 가득조건을 충족하는 거래상대방에게서 제공받는 재화나 용역을 인식한다.

④ 가득기간 이후에 현금결제형 주식기준보상거래의 조건이 변경되어 주식결제형으로 변경되는 경우, 그 주식결제형 주식기준보상거래에서 지분상품은 가득기간 종료일을 기준으로 공정가치를 측정하여 자본으로 회계처리한다.

⑤ 기업이 현금이나 지분상품발행으로 결제할 수 있는 선택권을 갖는 조건이 있는 주식기준보상거래의 경우에는, 현금을 지급해야 하는 현재의무가 있는지를 결정하고 그에 따라 주식기준보상거래를 회계처리한다.

(주)세무는 20x1년 초 종업원 100명에게 각각 주식선택권을 10개씩 부여하였다. 주식선택권은 3년간 종업원이 용역을 제공하는 조건으로 부여되었으며, 주식선택권의 만기는 6년이다. 주식의 주당 액면금액은 ₩40이고, 주식선택권의 행사가격은 ₩50, 부여일 현재 기업의 주가도 주당 ₩50이다. (주)세무는 부여일 현재 종업원으로부터 제공받는 근로용역의 공정가치와 주식선택권의 공정가치를 신뢰성 있게 측정할 수 없다고 판단하여 내재가치법을 적용하기로 하였다. 행사된 주식선택권은 모두 회계연도 말에 행사되었으며, 주식선택권과 관련된 자료가 다음과 같을 때, (주)세무가 (A) 20x3년도에 인식할 보상비용과 (B) 20x4년 말 재무상태표에 보고할 주식선택권은?

- 20x1년 중 실제퇴사자는 5명이며, 20x1년 말 추정한 미래 예상퇴사자는 12명이다.
- 20x2년 중 실제퇴사자는 8명이며, 20x2년 말 추정한 미래 예상퇴사자는 7명이다.
- 20x3년 중 실제퇴사자는 15명이며, 주식선택권 최종 가득자는 72명이다.
- 매 연도말 (주)세무의 주가와 행사된 주식선택권의 수량은 다음과 같다.

연 도	연도 말 주가	행사된 주식선택권 수량
20x1년	₩53	–
20x2년	55	–
20x3년	60	–
20x4년	70	400개
20x5년	65	100
20x6년	80	220

	(A)	(B)
①	₩3,000	₩6,400
②	₩4,533	₩6,400
③	₩4,533	₩7,200
④	₩7,200	₩10,400
⑤	₩7,200	₩14,400

주식기준보상에 관한 설명으로 옳은 것은?

① 현금결제형 주식기준보상거래의 경우에 제공받는 재화나 용역과 그 대가로 부담하는 부채를 부채의 공정가치로 측정하며, 부채가 결제될 때까지 매 보고기간 말과 결제일에 부채의 공정가치를 재측정하지 않는다.

② 주식결제형 주식기준보상거래로 가득된 지분상품이 추후 상실되거나 주식선택권이 행사되지 않은 경우에는 종업원에게서 제공받은 근무용역에 대해 인식한 금액을 환입하여 당기손익으로 인식한다.

③ 부여한 지분상품의 공정가치를 신뢰성 있게 추정할 수 없어 내재가치로 측정한 경우에는 부여일부터 가득일까지 내재가치 변동을 재측정하여 당기손익으로 인식하고, 가득일 이후의 내재가치 변동은 수정하지 않는다.

④ 시장조건이 있는 지분상품을 부여한 때에는 그 시장조건이 충족되는 시점에 거래상대방에게서 제공받는 재화나 용역을 인식한다.

⑤ 거래상대방이 결제방식을 선택할 수 있는 주식기준보상거래의 경우, 기업이 결제일에 현금을 지급하는 대신 지분상품을 발행하면 부채를 발행되는 지분상품의 대가로 보아 자본으로 직접 대체한다.

(주)세무는 20x1년 1월 1일 현재 근무 중인 임직원 300명에게 20x4년 12월 31일까지 의무적으로 근무할 것을 조건으로 임직원 1명당 주식선택권 10개씩을 부여하였다. 주식선택권 부여일 현재 동 주식선택권의 단위당 공정가치는 ₩200이다. 동 주식선택권은 20x5년 1월 1일부터 행사할 수 있다. 20x2년 1월 1일 (주)세무는 주가가 크게 하락하여 주식선택권의 행사가격을 조정하였다. 이러한 조정으로 주식선택권의 단위당 공정가치는 ₩20 증가하였다. (주)세무는 20x1년 말까지 상기 주식선택권을 부여받은 종업원 중 20%가 퇴사할 것으로 예상하여, 주식선택권의 가득률을 80%로 추정하였으나, 20x2년 말에는 향후 2년 내 퇴사율을 10%로 예상함에 따라 주식선택권의 가득률을 90%로 추정하였다. 부여한 주식선택권과 관련하여 (주)세무가 20x2년에 인식할 주식보상비용은?

① ₩120,000　　　　　　　　　② ₩150,000
③ ₩168,000　　　　　　　　　④ ₩240,000
⑤ ₩270,000

(주)세무는 20x1년 1월 1일 종업원 100명에게 각각 현금결제형 주가차액보상권10개씩 부여하였다. 주가차액보상권은 3년간 종업원이 용역을 제공하는 조건으로 부여되었으며, 주가차액보상권과 관련된 자료는 다음과 같다. (주)세무가 20x3년도에 인식할 당기비용은?

- 20x1년 실제퇴사자는 10명이며, 미래 예상퇴사자는 15명이다.
- 20x2년 실제퇴사자는 12명이며, 미래 예상퇴사자는 8명이다.
- 20x3년 실제퇴사자는 5명이며, 주가차액보상권 최종 가득자는 73명이다.
- 20x3년 말 주가차액보상권을 행사한 종업원 수는 28명이다.
- 매 연도말 주가차액보상권에 대한 현금지급액과 공정가치는 다음과 같다.

연 도	현금지급액	공정가치
20x1	–	₩1,000
20x2	–	1,260
20x3	₩1,200	1,400

① ₩56,000
② ₩378,000
③ ₩434,000
④ ₩490,000
⑤ ₩498,000

(주)세무의 20x1년 중 주식기준보상 거래내용 및 주가자료는 다음과 같다.

- 주식기준보상 A

  20x1년 4월 1일 현재 근무하고 있는 종업원 100명에게 향후 12개월을 근무할 경우 1인당 주식20주를 지급하기로 하였다. 20x1년 말 기준 예상 가득인원은 90명이다.
- 주식기준보상 B

  20x1년 8월 1일 (주)대한으로부터 기계장치를 취득하고 주식 200주를 지급하였다. 기계장치의 공정가치는 신뢰성 있게 측정할 수 없다.
- 주식기준보상 C

  20x1년 11월 1일 (주)민국이 2개월 이내에 원재료 1톤을 공급하면 주식 300주를 지급하기로 하였다. 동 계약에 따라 (주)민국은 11월 1일에 공정가치 ₩80,000의 원재료 0.7톤을 공급하였으며, 12월 1일에 공정가치 ₩50,000의 원재료 0.3톤을 공급하여 주식 300주를 수취하였다.

일 자	1주당 주가	일 자	1주당 주가
4월 1일	₩300	12월 1일	₩420
8월 1일	320	12월 31일	450
11월 1일	400		

동 거래로 인한 (주)세무의 20x1년 당기손익의 영향을 제외한 당기 자본 증가금액은?

① ₩589,000
② ₩590,800
③ ₩599,000
④ ₩791,500
⑤ ₩801,500

(주)세무는 20x3년 1월 1일 종업원 40명에게 1인당 주식선택권 40개씩 부여하였다. 동 주식선택권은 종업원이 향후 3년 동안 (주)세무에 근무해야 가득된다. 20x3년 1월 1일 현재 주식선택권의 단위당 공정가치는 ₩300으로 추정되었으며, 행사가격은 단위당 ₩600이다. 각 연도말 주식선택권의 공정가치와 퇴직 종업원 수는 다음과 같다.

연도 말	주식선택권 단위당 공정가치	실제 퇴직자	추가 퇴직 예상자
20x3	₩300	2명	6명
20x4	400	4	2
20x5	500	1	–

20x6년 초에 가득된 주식선택권의 50%가 행사되어 (주)세무가 주식(단위당 액면금액₩500)을 교부하였다면, 주식선택권 행사로 인해 증가되는 자본은?

① ₩66,000
② ₩198,000
③ ₩264,000
④ ₩330,000
⑤ ₩396,000

(주)대한은 20x1년 1월 1일 종업원 100명에게 3년 용역제공 조건의 주식선택권을 1인당 10개씩 부여하였다. 동 주식선택권의 만기는 4년(20x4년 말)이다. 주식선택권의 단위당 행사가격은 ₩200이고 부여일 현재 (주)대한의 주가도 1주당 ₩200이다. (주)대한은 부여일 현재 주식선택권의 공정가치를 신뢰성 있게 추정할 수 없다고 판단하였다. (주)대한은 주식기준보상약정을 체결한 종업원 모두가 20x3년 말까지 근무할 것으로 예측하였는데, 이 예측은 실현되었다. 20x3년 말과 20x4년 말 (주)대한의 주가는 각각 1주당 ₩350과 ₩400이다. 20x4년 말에 850개의 주식선택권이 행사되었으며, 나머지 150개는 소멸되었다고 할 때, 동 주식기준보상거래에 대한 회계처리가 (주)대한의 20x4년도 포괄손익계산서 상 당기순이익에 미치는 영향은 얼마인가?

① ₩20,000 감소
② ₩42,500 감소
③ ₩50,000 감소
④ ₩170,000 감소
⑤ ₩0

기업회계기준서 제1102호 '주식기준보상'에 대한 다음 설명 중 옳지 않은 것은?

① 종업원 및 유사용역제공자와의 주식결제형 주식기준보상거래에서는 기업이 부여한 지분상품의 공정가치는 부여일 기준으로 측정한다.

② 현금결제형 주식기준보상거래의 경우에 제공받는 재화나 용역과 그 대가로 부담하는 부채를 부채의 공정가치로 측정한다. 또 부채가 결제될 때까지 매 보고기간 말과 결제일에 부채의 공정가치를 재측정하고, 공정가치의 변동액은 기타포괄손익으로 인식한다.

③ 주식결제형 주식기준보상거래에서 지분상품이 부여되자마자 가득된다면 거래상대방은 지분상품에 대한 무조건적 권리를 획득하려고 특정기간에 용역을 제공할 의무가 없다.

④ 거래상대방이 결제방식을 선택할 수 있는 주식기준보상거래의 경우 종업원과의 주식기준보상거래를 포함하여 제공받는 재화나 용역의 공정가치를 직접 측정할 수 없는 거래에서는 현금이나 지분상품에 부여된 권리의 조건을 고려하여 측정기준일 현재 복합금융상품의 공정가치를 측정한다.

⑤ 주식결제형 주식기준보상거래에서, 시장조건이 아닌 가득조건이 충족되지 못하여 부여한 지분상품이 가득되지 못한다면, 누적기준으로 볼 때 제공받은 재화나 용역에 대해 어떠한 금액도 인식하지 아니한다.

(주)대한은 20x1년 1월 1일 종업원 100명에게 각각 3년의 용역제공조건으로 1인당 주식결제형 주식선택권 100개를 부여하였다. (주)대한은 20x3년 중에 종업원과 합의하여 주식선택권 전량을 현금 ₩700/개에 중도청산 하였다. 시점별 주식선택권의 단위당 공정가치는 다음과 같다.

부여일	중도청산일
₩600	₩660

(주)대한의 주식기준보상거래가 20x3년도 당기순이익에 미치는 영향은 얼마인가?(단, 종업원의 중도퇴사는 고려하지 않는다)

① ₩400,000 감소
② ₩1,000,000 감소
③ ₩2,000,000 감소
④ ₩2,400,000 감소
⑤ ₩3,000,000 감소

유통업을 영위하는 (주)대한은 20x1년 1월 1일에 종업원 100명에게 각각 3년의 용역제공조건과 함께 주식선택권을 부여하고, 부여일 현재 주식선택권의 단위당 공정가치를 ₩300으로 추정하였다. 가득되는 주식선택권 수량은 연평균 매출액증가율에 따라 결정되며, 그 조건은 다음과 같다.

연평균 매출액증가율	1인당 가득되는 주식선택권 수량
10% 미만	0개 (가득되지 않음)
10% 이상 15% 미만	150개
15% 이상	200개

20x1년의 매출액증가율은 15%이었으며, 20x3년까지 동일한 증가율이 유지될 것으로 예상하였다. 20x2년의 매출액증가율은 11%이었으며 20x3년에도 11%로 예상하였다. 그러나, 20x3년의 매출액증가율은 1%에 불과하여 최종적으로 가득요건을 충족하지 못하였다. 주식기준보상 약정을 체결한 종업원 모두가 20x3년 말까지 근무할 것으로 예측하였고, 이 예측은 실현되었다. (주)대한의 주식기준보상거래에 대한 회계처리가 20x3년도 당기순이익에 미치는 영향은 얼마인가?

① ₩3,000,000 감소
② ₩1,000,000 감소
③ ₩0 (영향 없음)
④ ₩1,000,000 증가
⑤ ₩3,000,000 증가

기업회계기준서 제1102호 '주식기준보상'에 대한 다음 설명 중 옳지 않은 것은?

① 주식결제형 주식기준보상거래에서는, 제공받는 재화나 용역과 그에 상응하는 자본의 증가를 제공받는 재화나 용역의 공정가치로 직접 측정한다. 그러나 제공받는 재화나 용역의 공정가치를 신뢰성 있게 추정할 수 없다면, 제공받는 재화나 용역과 그에 상응하는 자본의 증가는 부여한 지분상품의 공정가치에 기초하여 간접 측정한다.

② 주식결제형 주식기준보상거래에서 부여한 지분상품의 공정가치에 기초하여 거래를 측정하는 때에는 시장가격을 구할 수 있다면, 지분상품의 부여조건을 고려한 공정가치와 가치평가기법을 사용하여 부여한 지분상품의 공정가치 중 한 가지를 선택하여 측정한다.

③ 현금결제형 주식기준보상거래에서 주가차액보상권을 부여함에 따라 인식하는 부채는 부여일과 부채가 결제될 때까지 매 보고기간 말과 결제일에 주가차액보상권의 공정가치로 측정한다.

④ 거래상대방이 결제방식을 선택할 수 있는 주식기준보상거래의 경우 종업원과의 주식기준보상거래를 포함하여 제공받는 재화나 용역의 공정가치를 직접 측정할 수 없는 거래에서는 현금이나 지분상품에 부여된 권리의 조건을 고려하여 측정기준일 현재 복합금융상품의 공정가치를 측정한다.

⑤ 기업이 현금이나 지분상품발행으로 결제할 수 있는 선택권을 갖는 조건이 있는 주식기준보상거래의 경우에는, 현금을 지급해야 하는 현재의무가 있는지를 결정하고 그에 따라 주식기준보상거래를 회계처리한다.

(주)대한은 20x1년 1월 1일에 종업원 30명 각각에게 앞으로 5년 간 근무할 것을 조건으로 주가차액보상권(SARs) 30개씩을 부여하였다. 20x1년 말과 20x2년 말 주가차액보상권의 1개당 공정가치는 각각 ₩100과 ₩110이다. 20x2년 말 (주)대한은 동 주가차액보상권을 모두 취소하고, 그 대신 상기 종업원 30명 각각에게 앞으로 3년 간 근무할 것을 조건으로 주식선택권 30개씩을 부여하였다. 따라서 당초 가득 기간에는 변함이 없다. 또한 (주)대한은 모든 종업원이 요구되는 용역을 제공할 것으로 예상하였으며, 실제로도 모든 종업원이 용역을 제공하였다. (주)대한의 주식기준보상거래 관련 회계처리가 20x2년 포괄손익계산서의 당기순이익을 ₩28,800만큼 감소시키는 경우, 20x2년 말 주식선택권의 1개당 공정가치는 얼마인가?

① ₩100
② ₩110
③ ₩120
④ ₩130
⑤ ₩140

01 CTA 2024

법인세회계에 관한 설명으로 옳지 않은 것은?

① 이연법인세자산은 차감할 일시적차이, 미사용 세무상결손금의 이월액, 미사용 세액공제 등의 이월액과 관련하여 미래 회계기간에 회수될 수 있는 법인세 금액이다.

② 매 보고기간말에 인식되지 않은 이연법인세자산에 대하여 재검토하며, 미래 과세소득에 의해 이연법인세자산이 회수될 가능성이 높아진 범위까지 과거 인식되지 않은 이연법인세자산을 인식한다.

③ 당기법인세자산과 부채는 기업이 인식된 금액에 대한 법적으로 집행가능한 상계권리를 가지고 있는 경우 또는 순액으로 결제하거나, 자산을 실현하고 부채를 결제할 의도가 있는 경우에 상계한다.

④ 과세대상수익의 수준에 따라 적용되는 세율이 다른 경우에는 일시적차이가 소멸될 것으로 예상되는 기간의 과세소득(세무상결손금)에 적용될 것으로 기대되는 평균세율을 사용하여 이연법인세 자산과 부채를 측정한다.

⑤ 사업결합에서 발생한 영업권을 최초로 인식하는 경우에는 이연법인세부채를 인식하지 않는다.

02 CTA 2023

법인세회계에 관한 설명으로 옳지 않은 것은?

① 자산의 세무기준액은 자산의 장부금액이 회수될 때 기업에 유입될 과세대상 경제적효익에 세무상 가산될 금액을 말한다.

② 과거기간에 이미 납부한 법인세 금액이 그 기간 동안 납부하여야 할 금액을 초과하였다면 그 초과금액은 자산으로 인식한다.

③ 사업결합에서 발생한 영업권을 최초로 인식하는 경우에는 이연법인세부채를 인식하지 않는다.

④ 이연법인세자산의 일부 또는 전부에 대한 혜택이 사용되기에 충분한 과세소득이 발생할 가능성이 더 이상 높지 않다면 이연법인세자산의 장부금액을 감액시킨다.

⑤ 이연법인세 자산과 부채는 현재가치로 할인하지 않는다.

03 CTA 2023

☑ 확인Check! ○ △ ✕

(주)세무의 20x1년도 법인세 관련 자료가 다음과 같을 때, 20x1년도 법인세비용은?

- 20x1년도 법인세비용차감전순이익은 ₩1,000,000이다.
- 20x1년 10월 말에 자기주식처분이익 ₩20,000이 발생하였다.
- 20x1년 말 재고자산평가손실의 세법상 부인액은 ₩30,000, 접대비 한도초과액은 ₩50,000이다.
- 20x1년 초에 ₩3,000,000에 취득한 토지의 20x1년 말 현재 공정가치는 ₩3,100,000이다. (주)세무는 토지에 대해 재평가모형을 적용하고 있으나, 세법에서는 이를 인정하지 않는다.
- 차감할 일시적차이가 사용될 수 있는 과세소득의 발생가능성은 매우 높다.
- 법인세율은 20%로 매년 일정하며, 전기이월 일시적차이는 없다고 가정한다.

① ₩190,000
② ₩194,000
③ ₩210,000
④ ₩220,000
⑤ ₩234,000

04 CTA 2022

☑ 확인Check! ○ △ ✕

(주)세무의 20x2년도 법인세 관련 자료가 다음과 같을 때, 20x2년도 법인세비용은?

- 20x2년도 법인세비용차감전순이익 ₩500,000
- 세무조정사항
  - 전기 감가상각비 한도초과액 ₩(80,000)
  - 접대비 한도초과액 ₩130,000
- 감가상각비 한도초과액은 전기 이전 발생한 일시적차이의 소멸분이고, 접대비 한도초과액은 일시적차이가 아니다.
- 20x2년 말 미소멸 일시적차이(전기 감가상각비 한도초과액)는 ₩160,000이고, 20x3년과 20x4년에 각각 ₩80,000씩 소멸될 것으로 예상된다.
- 20x1년 말 이연법인세자산은 ₩48,000이고, 이연법인세부채는 없다.
- 차감할 일시적차이가 사용될 수 있는 과세소득의 발생가능성은 매우 높다.
- 적용될 법인세율은 매년 20%로 일정하고, 언급된 사항 이외의 세무조정 사항은 없다.

① ₩94,000
② ₩110,000
③ ₩126,000
④ ₩132,000
⑤ ₩148,000

20x1년 초에 설립된 (주)세무의 20x1년도 포괄손익계산서상 법인세비용차감전순이익은 ₩700,000이고, 법인세율은 20%이다. 당기 법인세부담액을 계산하기 위한 세무조정사항 및 이연법인세자산(부채) 자료가 다음과 같을 때, 20x1년도 법인세비용은?

- 20x1년도에 당기손익-공정가치측정금융자산평가손실로 ₩100,000을 인식하였으며, 동 금융자산은 20x2년에 처분한다.
- 20x1년 세법상 손금한도를 초과하여 지출한 접대비는 ₩100,000이다.
- 20x1년 정기예금(만기 20x2년)에서 발생한 이자 ₩20,000을 미수수익으로 인식하였다.
- 20x2년 법인세율은 18%로 예상된다.
- 일시적 차이가 사용될 수 있는 미래 과세소득의 발생가능성은 높다.

① ₩158,000 ② ₩161,600
③ ₩176,000 ④ ₩179,600
⑤ ₩190,400

다음은 (주)세무의 법인세 관련 자료이다.

- 20x1년도 각사업연도사업소득에 대한 법인세부담액은 ₩70,000이며, 20x1년 중 당기 법인세 관련 원천징수·중간예납으로 ₩30,000을 현금으로 지급하고 당기법인세자산 차변에 기입하였다. 나머지 ₩40,000은 20x2년 3월 말에 관련 세법규정을 준수하여 납부한다.
- 세무조정에 따른 유보 처분액(일시적차이)의 증감내용을 나타내는 20x1년도 자본금과적립금조정명세서(을)는 다음과 같다.

구 분	기초잔액	당기중 증감		기말잔액
		감 소	증 가	
매출채권 손실충당금	₩90,000	₩18,000	₩13,000	₩85,000
정기예금 미수이자	△50,000		△10,000	△60,000
건물 감가상각누계액	120,000		30,000	150,000
당기손익-공정가치측정금융자산			△5,000	△5,000
합 계	₩160,000	₩18,000	₩28,000	₩170,000

- 이연법인세자산의 실현가능성은 거의 확실하며, 20x0년 말과 20x1년 말 미사용 세무상결손금과 세액공제는 없다.
- 연도별 법인세율은 20%로 일정하다.

20x1년도 포괄손익계산서에 표시할 법인세비용은?(단, 제시된 사항 외의 세무조정사항은 없으며, 자본금과 적립금조정명세서(을)에 나타난 △는 (−)유보를 나타낸다)

① ₩28,000   ② ₩36,000

③ ₩38,000   ④ ₩68,000

⑤ ₩102,000

20x1년 초 설립된 (주)세무의 법인세 관련 자료가 다음과 같을 때, 20x1년도 법인세비용은?

- 법인세비용차감전순이익 :   ₩1,000,000
- 세무조정사항 :
  - 정기예금 미수이자   ₩200,000
  - 접대비 한도초과액   150,000
  - 벌금과 과태료   70,000
  - 감가상각 한도초과액   50,000
- 법인세율은 20%로 유지된다.
- 일시적 차이가 사용될 수 있는 미래 과세소득의 발생가능성은 높다.

---

① ₩214,000   ② ₩244,000
③ ₩258,000   ④ ₩288,000
⑤ ₩298,000

(주)대한의 20x2년도 법인세비용차감전순이익은 ₩1,000,000이다. (주)대한은 20x1년에 영업을 개시하였으며, 법인세율은 20%로 일정하다. (주)대한의 법인세와 관련된 자료는 다음과 같다.

- 20x1년에 발생한 감가상각비 한도초과액 ₩100,000은 20x2년부터 매년 ₩20,000씩 소멸된다.
- 20x2년 말 접대비 한도초과액은 ₩20,000이다.
- 20x2년 말 정기예금 미수이자의 세법상 부인액은 ₩5,000이며, 동 정기예금의 이자는 만기일인 20x3년 12월 31일에 수취한다.
- 20x2년 4월 1일 ₩50,000에 취득한 자기주식을 20x2년 11월 1일 ₩40,000에 처분하였다.
- 20x2년 말 기타포괄손익-공정가치측정(FVOCI) 금융자산(지분상품, 20x2년 초 취득)의 평가손실 ₩10,000을 기타포괄손익으로 인식하였다.

(주)대한의 20x2년도 포괄손익계산서 상 총포괄이익은 얼마인가?(단, 제시된 사항 외의 세무조정 사항이나 세무상 결손금은 없으며, 일시적 차이에 사용될 수 있는 과세소득의 발생가능성은 높다)

① ₩788,000   ② ₩790,000
③ ₩796,000   ④ ₩800,000
⑤ ₩806,000

다음은 (주)대한의 법인세와 관련된 자료이다. 다음의 자료를 활용하여 물음에 답하시오.

- 〈추가자료〉를 제외한 20x2년의 세무조정내역은 다음과 같다.

세무조정내역	금 액
법인세비용차감전순이익	₩1,200,000
한도초과	₩(50,000)
과세소득	₩1,150,000

- 20x1년 말의 이연법인세자산과 이연법인세부채는 각각 ₩31,200과 ₩0이며, 이연법인세자산의 실현가능성은 거의 확실하다.
- 20x2년 법인세율은 24%, 20x3년과 20x4년 이후의 세율은 각각 22%, 20%로 20x2년 말에 입법완료되었다.
- 20x2년도에 당기손익–공정가치측정(FVPL)금융자산평가손실은 ₩90,000을 인식하였으며, 동 금융자산은 20x3년에 전부 처분할 예정이다.
- 20x1년에 발생한 퇴직급여 한도초과액 ₩80,000은 20x2년부터 4년간 각각 ₩20,000씩 손금추인된다.
- 20x2년도 세법상 손금한도를 초과하여 지출한 접대비는 ₩30,000이다.

(주)대한의 20x2년도 포괄손익계산서에 인식할 법인세비용은 얼마인가?

① ₩267,800
② ₩282,200
③ ₩299,000
④ ₩300,000
⑤ ₩320,000

(주)대한의 20x1년도와 20x2년도의 법인세비용차감전순이익은 각각 ₩815,000과 ₩600,000이다. (주)대한의 20x1년과 20x2년의 법인세와 관련된 세무조정사항은 다음과 같다.

항 목	20x1년도	20x2년도
감가상각비 한도초과액	₩6,000	–
당기손익-공정가치 측정 금융자산평가이익	2,000	–
제품보증충당부채	–	₩3,000
정기예금 미수이자	–	4,000

20x1년도 세무조정 항목 중 감가상각비 한도초과액 ₩6,000은 20x2년부터 매년 ₩2,000씩 소멸되며, 당기손익-공정가치 측정 금융자산(FVPL 금융자산)은 20x2년 중에 처분될 예정이다. 20x2년도 세무조정 항목 중 제품보증충당부채 ₩3,000은 20x3년부터 매년 ₩1,000씩 소멸되며, 정기예금의 이자는 만기일인 20x3년 3월 말에 수취한다. (주)대한의 20x1년도 법인세율은 30%이며, 미래의 과세소득에 적용될 법인세율은 다음과 같다.

구 분	20x2년도	20x3년도 이후
적용세율	30%	25%

(주)대한의 20x2년도 법인세비용은 얼마인가?(단, 20x1년 1월 1일 현재 이연법인세자산(부채)의 잔액은 없으며, 일시적 차이에 사용될 수 있는 과세소득의 발생가능성은 높다)

① ₩176,800
② ₩177,750
③ ₩178,400
④ ₩179,950
⑤ ₩180,350

다음은 기업회계기준서 제1012호 '법인세'와 관련된 내용이다. 이에 대한 설명으로 옳은 것은?

① 복합금융상품(예 전환사채)의 발행자가 해당 금융상품의 부채요소와 자본요소를 각각 부채와 자본으로 분류하였다면, 그러한 자본요소의 최초 인식 금액에 대한 법인세효과(이연법인세)는 자본요소의 장부금액에 직접 반영한다.

② 과세대상수익의 수준에 따라 적용되는 세율이 다른 경우에는 일시적차이가 소멸될 것으로 예상되는 기간의 과세소득(세무상 결손금)에 적용될 것으로 기대되는 한계세율을 사용하여 이연법인세 자산과 부채를 측정한다.

③ 일시적차이는 포괄손익계산서 상 법인세비용차감전순이익과 과세당국이 제정한 법규에 따라 납부할 법인세를 산출하는 대상이 되는 이익 즉, 과세소득 간의 차이를 말한다.

④ 재평가모형을 적용하고 있는 유형자산과 관련된 재평가잉여금은 법인세효과를 차감한 후의 금액으로 기타포괄손익에 표시하고 법인세효과는 이연법인세자산으로 인식한다.

⑤ 이연법인세 자산과 부채는 장기성 채권과 채무이기 때문에 각 일시적차이의 소멸시점을 상세히 추정하여 신뢰성 있게 현재가치로 할인한다.

다음은 (주)대한의 20x1년 법인세 관련 자료이다.

- 20x1년 법인세비용차감전순이익은 ₩500,000이다.
- 20x1년 말 접대비 한도초과액은 ₩20,000이며, 20x1년 말 재고자산 평가손실의 세법 상 부인액은 ₩5,000이다.
- 20x1년 5월 1일에 ₩30,000에 취득한 자기주식을 20x1년 10월 1일에 ₩40,000에 처분하였다.
- 20x1년 말 기타포괄손익−공정가치(FVOCI)로 측정하는 금융자산(지분상품) 평가손실 ₩20,000을 기타포괄손익으로 인식하였다.
- 20x1년 10월 1일 본사 사옥을 건설하기 위하여 ₩100,000에 취득한 토지의 20x1년 말 현재 공정가치는 ₩120,000이다. (주)대한은 유형자산에 대해 재평가모형을 적용하고 있으나, 세법에서는 이를 인정하지 않는다.
- 연도별 법인세율은 20%로 일정하다.
- 일시적 차이에 사용될 수 있는 과세소득의 발생가능성은 높으며, 전기이월 일시적차이는 없다.

(주)대한이 20x1년 포괄손익계산서에 당기비용으로 인식할 법인세비용은 얼마인가?

① ₩96,000   ② ₩100,000

③ ₩104,000   ④ ₩106,000

⑤ ₩108,000

01 CTA 2025 ☑ 확인 Check! ○ △ ✕

(주)세무의 20x1년도 주당이익과 관련된 자료는 다음과 같다.

- 20x1년 1월 1일 (주)세무의 유통보통주식수는 10,000주이다.
- (주)세무는 20x1년 1월 1일 사업결합과 관련하여 20x1년도와 20x2년도의 당기순이익 평균이 ₩1,050,000을 초과하면, 매 초과액 ₩3,000당 보통주 1주를 발행하기로 합의하였다.
- 20x1년 1월 1일 (주)세무는 신주인수권 1,000개를 부여하였으며, 동 신주인수권 1개당 보통주 1주를 인수할 수 있다. 신주인수권의 개당 행사가격은 ₩4,000이고 20x1년도 보통주식의 주당 시장가격은 다음과 같다.

4월 1일 종가	12월 31일 종가	1월 1일 ~ 12월 31일 평균주가
₩4,000	₩6,000	₩5,000

  20x1년 9월 1일에 신주인수권 600개가 행사되어 (주)세무는 보통주 600주를 발행하였다.
- 20x1년도 당기순이익은 ₩1,470,000이다

(주)세무의 20x1년도 포괄손익계산서에 표시될 희석주당이익은?(단, 가중평균유통보통주식수는 월할 계산한다)

① ₩134
② ₩140
③ ₩142
④ ₩144
⑤ ₩147

02 CTA 2024
☑ 확인 Check! ○ △ ✕

(주)세무의 20x1년도 당기순이익은 ₩10,000,000이며, 주당이익과 관련된 자료는 다음과 같다.

- 20x1년 초 유통보통주식수는 10,000주(주당 액면금액 ₩5,000)이고, 유통우선주식수는 5,000주(주당 액면금액 ₩5,000)이다.
- 상기 우선주는 전환우선주로서 누적적이며 배당률은 10%이다.
- 3월 1일 주주총회에서 보통주 8,000주의 주식배당을 의결하고 즉시 발행하였다.
- 4월 1일에 유상증자를 실시하여 보통주 4,000주가 증가하였다. 동 유상증자에 대한 주당 발행금액은 ₩5,000이며, 유상증자 직전 공정가치는 주당 ₩10,000이다. 발행금액 전액이 발행일에 납입완료되었다.
- 9월 1일에 자기주식 4,350주를 취득하여 20x1년 말까지 보유하고 있다.
- 12월 31일 상기 전환우선주 전액이 주식으로 전환청구되어 보통주 5,000주를 발행하였다.
- 기중에 전환된 전환우선주에 대해서는 전환일까지의 기간에 대해 우선주 배당금을 지급한다.

(주)세무의 20x1년도 기본주당이익은?(단, 가중평균유통보통주식수는 월할 계산한다)

① ₩375
② ₩384
③ ₩405
④ ₩500
⑤ ₩512

03 CTA 2023
☑ 확인 Check! ○ △ ✕

(주)세무의 20x1년도 주당이익과 관련된 자료는 다음과 같다. (주)세무의 20x1년도 희석주당이익은?

- 20x1년 초 유통보통주식수는 10,000주이고, 유통우선주식수는 5,000주이다.
- 우선주(누적적 비참가적, 주당 액면금액 ₩1,000, 배당률 연 10%)는 전환우선주로 우선주 5주당 보통주 1주로 전환이 가능하다.
- 20x1년도 당기순이익은 ₩993,600이다.
- 4월 1일 신주인수권 10,000개(신주인수권 1개당 보통주 1주 인수, 행사가격 개당 ₩3,000)를 발행하였다.
- 7월 1일 우선주 2,000주가 보통주로 전환되었다.
- 보통주식의 4월 1일 종가는 주당 ₩4,000, 12월 31일 종가는 주당 ₩6,000이고, 당기 평균주가는 주당 ₩5,000이다.
- 기중에 전환된 전환우선주에 대해서 우선주배당금을 지급하지 않으며, 가중평균주식수는 월할 계산한다.

① ₩50
② ₩53
③ ₩57
④ ₩68
⑤ ₩71

04 CTA 2022

☑ 확인Check! ○ △ ✕

(주)세무의 20x1년도 주당이익 계산과 관련된 자료는 다음과 같다. (주)세무의 20x1년도 기본주당순이익은?

- (주)세무의 20x1년 초 유통보통주식수는 800주이며, 우선주는 모두 비참가적, 비누적적 우선주이다
- (주)세무는 20x1년 4월 1일 유상증자를 실시하여 보통주 300주를 추가발행하였다. 동 유상증자시 발행금액은 1주당 ₩1,000이었으나, 유상증자 전일의 보통주 종가는 1주당 ₩1,500이었다.
- (주)세무는 20x1년 10월 1일 보통주(자기주식) 60주를 취득하여 20x1년 말까지 보유하고 있다.
- 20x1년도 우선주에 대하여 지급하기로 결의된 배당금은 ₩50,000이다.
- (주)세무의 20x1년도 당기순이익은 ₩575,300이다.
- 가중평균유통보통주식수는 월할계산하고, 유상증자의 경우 발행금액 전액이 발행일에 납입완료되었다.

① ₩495 ② ₩498
③ ₩500 ④ ₩505
⑤ ₩510

05 CTA 2021

☑ 확인Check! ○ △ ✕

(주)세무의 20x1년 초 유통보통주식수는 10,000주이고, 유통우선주식수는 3,000주(1주당 액면금액 ₩100, 연 배당률 10%)로 우선주 2주당 보통주 1주로 전환이 가능하다. (주)세무의 20x1년도 당기순이익은 ₩1,335,600이며, 주당이익과 관련된자료는 다음과 같다.

- 4월 1일 전년도에 발행한 전환사채(액면금액 ₩20,000, 전환가격 ₩50) 중 40%가 보통주로 전환되었다. 20x1년 말 전환사채에서 발생한 이자비용은 ₩1,200이며, 법인세율은 20%이다.
- 7월 1일 자기주식 250주를 취득하였다.
- 10월 1일 우선주 1,000주가 보통주로 전환되었다.

(주)세무의 20x1년도 기본주당이익은?(단, 기중에 전환된 전환우선주에 대해서 우선주배당금을 지급하지 않으며, 가중평균주식수는 월할계산한다)

① ₩110 ② ₩120
③ ₩130 ④ ₩140
⑤ ₩150

06 CTA 2020

☑ 확인Check! ○ △ ✕

(주)세무의 20x1년 초 유통보통주식수는 8,000주(1주당 액면금액 ₩100)이다. 20x1년도 희석주당이익 계산을 위한 자료는 다음과 같다.

- 4월 1일 유상증자로 보통주 3,000주 발행(신주 발행금액은 주당 ₩400으로 유상증자일 직전 종가 ₩600보다 현저히 낮았음)
- 9월 1일 자기주식 300주 취득
- 10월 1일 옵션 600개 발행(옵션 1개당 1주의 보통주 발행, 행사가격은 1주당 ₩300, 보통주 1주의 평균주가는 ₩500)
- 12월 31일 전년도 발행 전환사채(액면금액 ₩500,000, 액면금액 ₩10,000당 1주의 보통주로 전환가능)는 전환되지 않았음

20x1년도 희석주당이익 계산을 위해 가중평균한 유통보통주식수와 잠재적보통주식수의 합계는? (단, 주식수는 월수계산하고, 소수점 이하 첫째자리에서 반올림한다)

① 10,150주
② 10,260주
③ 10,310주
④ 10,460주
⑤ 10,850주

07 CTA 2019

☑ 확인Check! ○ △ ✕

다음은 (주)세무의 20x1년도 주당이익과 관련된 자료이다.

- 20x1년 중 보통주 변동내용은 다음과 같다.

일 자	변동내용
1월 1일	기초유통보통주식수(액면금액 ₩5,000)는 1,000주이다
4월 1일	자기주식 200주를 1주당 ₩8,500에 취득하다.
7월 1일	자기주식 100주를 1주당 ₩10,000에 재발행하다
10월 1일	자기주식 100주를 소각하다

- 20x1년 초 신주인수권 600개를 부여하였는데, 동 신주인수권 1개로 보통주 1주를 인수할 수 있다. 신주인수권의 개당 행사가격은 ₩8,0000이고, 20x1년도 보통주 가격현황은 다음과 같다.

1월 1일 종가	1월 1일 ~ 12월 31일 평균주가	12월 31일 종가
₩7,000	₩10,000	₩12,000

20x1년도 희석주당순이익이 ₩840일 때, 기본주당순이익은?(단, 가중평균주식수는 월할계산한다)

① ₩840
② ₩941
③ ₩952
④ ₩966
⑤ ₩1,027

(주)세무의 20x1년 초 유통보통주식수는 2,000주이다. (주)세무는 20x1년 4월 1일 처음 전환사채(액면금액 ₩50,000, 전환가격 ₩100)를 발행하였고, 동 전환사채는 당기 중 전환되지 않았다. 20x1년 당기순이익이 ₩1,500,000, 전환사채 이자비용은 ₩120,000, 법인세율이 20%일 때, 희석주당이익은?(단, 계산에 필요한 기간은 월 단위로 한다)

① ₩632
② ₩638
③ ₩672
④ ₩750
⑤ ₩798

(주)세무의 20x1년 초 유통보통주식수는 15,000주였다. 20x1년 중 보통주식수의 변동내역이 다음과 같다면, 20x1년도 기본주당이익 계산을 위한 가중평균유통보통주식수는?(단, 가중평균유통보통주식수는 월할계산한다)

- 2월 1일 유상증자(발행가격 : 공정가치) 20%
- 7월 1일 주식배당 10%
- 9월 1일 자기주식 취득 1,800주
- 10월 1일 자기주식 소각 600주
- 11월 1일 자기주식 재발행 900주

---

① 17,750주
② 18,050주
③ 18,200주
④ 18,925주
⑤ 19,075주

(주)세무의 20x6년 당기순이익은 ₩2,450,000이며, 기초 유통보통주식수는 1,800주이다. 20x6년 9월 1일 주주우선배정 방식으로 보통주 300주를 유상증자하였다. 이때 발행금액은 주당 ₩40,000이며, 유상증자 직전 종가는 주당 ₩60,000이다. (주)세무의 20x6년 기본주당순이익은?(단, 가중평균유통보통주식수는 월할계산한다)

① ₩1,167
② ₩1,225
③ ₩1,250
④ ₩1,289
⑤ ₩1,321

11 CPA 2025

(주)대한의 20x1년도 주당이익과 관련된 자료는 다음과 같다.

- 20x1년 1월 1일 (주)대한의 유통보통주식수는 800주이며, 자기주식과 우선주는 없다.
- 20x1년 1월 1일 (주)대한은 신주인수권 400개를 부여하였으며, 동 신주인수권 1개로 보통주 1주를 인수할 수 있다. 신주인수권의 행사가격은 1개당 ₩1,000이며, (주)대한의 20x1년 평균시장가격과 20x1년 말 종가는 각각 1주당 ₩1,250과 ₩1,300이다. 20x1년 중 행사된 신주인수권은 없다.
- 20x1년 7월 1일 (주)대한은 유상증자를 실시하여 보통주 300주를 추가발행하였다. 동 유상증자는 기존의 모든 주주에게 부여되는 주주우선배정 신주발행으로 유상증자 시 1주당 발행금액은 ₩1,000이며, 유상증자 직전 1주당 공정가치는 ₩1,500이다.
- 20x1년도 당기순이익은 ₩514,800이다.

(주)대한의 20x1년도 희석주당이익은 얼마인가?(단, 가중평균유통보통주식수는 월할 계산하며, 단수차이로 인해 오차가 있다면 가장 근사치를 선택한다)

① ₩370
② ₩381
③ ₩471
④ ₩481
⑤ ₩500

12 CPA 2024

기업회계기준서 제1033호 '주당이익'에 대한 다음 설명 중 옳지 않은 것은?

① 희석주당이익 계산시 희석성 잠재적보통주는 회계기간의 기초에 전환된 것으로 보되 당기에 발행된 것은 그 발행일에 전환된 것으로 본다.
② 당기 회계기간과 관련한 누적적 우선주에 대한 세후배당금은 배당결의 여부와 관계없이 보통주에 귀속되는 당기순손익에서 차감한다.
③ 희석주당이익을 계산할 때 희석효과가 있는 옵션이나 주식매입권은 행사된 것으로 가정한다. 이 경우 권리행사에서 예상되는 현금유입액은 보통주를 보고기간 말의 시장가격으로 발행하여 유입된 것으로 가정한다.
④ 유통되는 보통주식수나 잠재적보통주식수가 자본금전입, 무상증자, 주식분할로 증가하였거나 주식병합으로 감소하였다면, 비교표시하는 모든 기본주당이익과 희석주당이익을 소급하여 수정한다.
⑤ 행사가격이 주식의 공정가치보다 작은 기존주주에 대한 주주우선배정 신주발행은 무상증자 요소를 수반한다.

13 CPA 2024

20x1년 1월 1일 현재 (주)대한의 유통보통주식수는 100,000주이며, 20x0년 4분기에 실시했던 사업결합과 관련하여 다음 조건에 따라 보통주를 추가로 발행하기로 합의하였다.

• 20x1년 중에 새로 개점하는 영업점 1개당 보통주 5,000주를 개점일에 발행

(주)대한은 20x1년 5월 1일과 9월 1일에 각각 1개의 영업점을 실제로 개점하였다. (주)대한의 보통주에 귀속되는 당기순이익이 ₩42,000,000일 때, (주)대한의 20x1년도 희석주당이익은 얼마인가?(단, 가중평균 유통주식수는 월할로 계산하며, 단수차이로 인해 오차가 있다면 가장 근사치를 선택한다)

① ₩382 ② ₩386
③ ₩390 ④ ₩396
⑤ ₩400

14 CPA 2023

(주)대한의 20x1년도 당기순이익은 ₩15,260,000이며, 주당이익과 관련된 자료는 다음과 같다.

• 20x1년 1월 1일 현재 유통보통주식수는 30,000주(주당 액면금액 ₩1,500)이며, 유통우선주식수는 20,000주(주당 액면금액 ₩5,000, 배당률 5%)이다. 우선주는 누적적우선주이며, 전년도에 지급하지 못한 우선주배당금을 함께 지급하기로 결의하였다.
• 20x1년 7월 1일에 보통주 2,000주를 공정가치로 유상증자하였으며, 9월 1일에 3,200주를 무상증자하였다.
• 20x1년 10월 1일에 전년도에 발행한 전환사채 액면금액 ₩1,000,000 중 20%가 보통주로 전환되었으며, 전환가격은 ₩500이다. 20x1년도 포괄손익계산서에 계상된 전환사채의 이자비용은 ₩171,000이며, 세율은 20%이다.

(주)대한의 20x1년도 희석주당이익은 얼마인가?(단, 가중평균유통주식수는 월할로 계산하며, 단수차이로 인해 오차가 있다면 가장 근사치를 선택한다)

① ₩149 ② ₩166
③ ₩193 ④ ₩288
⑤ ₩296

15 CPA 2022

☑ 확인 Check! ○ △ ✕

20x1년 1월 1일 현재 (주)대한의 보통주 발행주식수는 7,000주(1주당 액면금액 ₩500)이며, 이 중 600주는 자기주식이고, 전환우선주(누적적) 발행주식수는 900주(1주당 액면금액 ₩200, 연 배당률 20%, 3주당 보통주 1주로 전환 가능)이다.

- 3월 1일 유상증자를 실시하여 보통주 2,000주가 증가하였다. 유상증자 시 1주당 발행금액은 ₩2,000이고 유상증자 직전 1주당 공정가치는 ₩2,500이다.
- 7월 1일 전년도에 발행한 전환사채(액면금액 ₩500,000, 액면금액 ₩500당 1주의 보통주로 전환) 중 25%가 보통주로 전환되었다.
- 10월 1일 전환우선주 600주가 보통주로 전환되었다

(주)대한이 20x1년 당기순이익으로 ₩2,334,600을 보고한 경우 20x1년도 기본주당이익은 얼마인가?(단, 기중에 전환된 전환우선주에 대해서는 우선주배당금을 지급하지 않는다. 가중평균유통보통주식수는 월할 계산하되, 잠재적보통주(전환사채, 전환우선주)에 대해서는 실제 전환일을 기준으로 한다)

① ₩220

② ₩240

③ ₩260

④ ₩280

⑤ ₩300

16 CPA 2021

☑ 확인 Check! ○ △ ✕

20x1년 1월 1일 현재 (주)대한의 유통보통주식수는 200,000주(1주당 액면금액 ₩1,000)이며, 자기주식과 우선주는 없다. (주)대한은 20x1년 1월 1일에 주식매입권 30,000개(20x3년 말까지 행사가능)를 발행하였으며, 주식매입권 1개가 행사되면 보통주 1주가 발행된다. 주식매입권의 행사가격은 1개당 ₩20,000이며, 20x1년 보통주의 평균시장가격은 1주당 ₩25,000이다. 20x1년 10월 1일에 동 주식매입권 20,000개가 행사되었다. (주)대한이 20x1년 당기순이익으로 ₩205,000,000을 보고한 경우 20x1년 희석주당이익은 얼마인가?(단, 가중평균유통보통주식수는 월할로 계산하며, 단수차이로 인해 오차가 있다면 가장 근사치를 선택한다)

① ₩960

② ₩972

③ ₩976

④ ₩982

⑤ ₩987

15 | 리 스

01 CTA 2025

 확인Check! ○ △ ✕

(주)세무는 차량운반구를 제조·판매하고 있다. (주)세무는 20x1년 초 (주)대한에게 차량운반구를 다음과 같은 조건으로 판매하였으며, 차량운반구의 판매는 실질적으로 금융리스에 해당한다. 리스계약단계에서 (주)세무는 ₩1,000의 비용을 부담하였다.

- 차량운반구의 공정가치는 ₩1,300,000이며, 제조원가(장부금액)는 ₩1,000,000이다.
- 차량운반구의 20x3년 말 예상 잔존가치는 ₩50,000이며, 이 중 보증잔존가치는 ₩30,000이다.
- (주)대한은 차량운반구를 20x1년 초부터 20x3년 말까지 사용한다.
- (주)대한은 차량운반구 사용료 ₩500,000을 매년 말 지급한다.
- (주)대한은 사용기간 종료시점에 차량운반구를 (주)세무에게 반환한다.
- 20x1년 초 (주)세무의 내재이자율은 5%이고, 시장이자율은 10%이며, 내재이자율은 시장이자율보다 인위적으로 낮은 이자율이다.

차량운반구 판매에 대한 (주)세무의 회계처리가 20x1년도 당기순이익에 미치는 영향은?(단, 현재가치 계산 시 다음에 제시된 현가계수표를 이용한다)

기 간	단일금액 ₩1의 현재가치		정상연금 ₩1의 현재가치	
	5%	10%	5%	10%
1	0.9524	0.9091	0.9524	0.9091
2	0.9070	0.8265	1.8594	1.7355
3	0.8638	0.7513	2.7232	2.4869

① ₩393,091 증가　　　　　　　　② ₩394,091 증가
③ ₩408,117 증가　　　　　　　　④ ₩409,117 증가
⑤ ₩423,143 증가

(주)세무는 20x1년 1월 1일 (주)대한리스로부터 기계장치(기초자산)를 리스하는 해지금지조건의 금융리스 계약을 체결하였다. 계약상 리스개시일은 20x1년 1월 1일, 리스기간은 20x1년 1월 1일부터 20x3년 12월 31일, 내재이자율은 연 10%, 고정리스료는 매년 말 일정금액을 지급한다. (주)대한리스의 동 기계장치 취득금액은 ₩2,000,000으로 리스개시일의 공정가치이다. 동 기계장치의 내용연수는 4년, 내용연수 종료 시점의 잔존가치는 없고, 정액법으로 감가상각한다. (주)세무는 리스기간 종료시점에 매수선택권을 ₩400,000에 행사할 것이 리스약정일 현재 상당히 확실하다. (주)대한리스가 리스기간 동안 매년 말 수취하는 연간 고정리스료는?(단, 리스계약은 소액자산리스 및 단기리스가 아니라고 가정하며, 현재가치계산 시 다음에 제시된 현가계수표를 이용한다)

기 간	단일금액 ₩1의 현재가치 (할인율=10%)	정상연금 ₩1의 현재가치 (할인율=10%)
3	0.7513	2.4869
4	0.6830	3.1699

① ₩544,749　　　　　　　　　② ₩630,935

③ ₩683,373　　　　　　　　　④ ₩804,214

⑤ ₩925,055

(주)세무의 리스거래 관련 자료는 다음과 같다. (주)세무의 리스 회계처리가 20x2년도 당기순이익에 미치는 영향은?(단, 현재가치 계산 시 다음에 제시된 현가계수표를 이용한다)

- 리스기간 : 20x1.1.1. ~ 20x4.12.31.
- 고정리스료 : 리스기간 매년 말 ₩100,000 지급
- 리스계약 체결시점의 내재이자율은 연 8%이며, 리스기간 종료시 추정 잔존가치는 ₩5,000이고, 보증잔존가치는 없다.
- 리스자산의 경제적 내용연수는 5년, 잔존가치 ₩0, 정액법으로 상각한다.
- 20x1년 말 현재 사용권자산과 리스부채는 각각 ₩248,408과 ₩257,707이다.
- 20x2년 1월 1일 (주)세무는 잔여 리스기간을 3년에서 2년으로 단축하는 리스계약 조건변경에 합의하였다. 변경된 계약은 별도 리스로 회계처리 할 수 있는 요건을 충족하지 않는다. 리스계약 변경시점의 새로운 내재이자율은 연 10%이다.

기 간	단일금액 ₩1의 현재가치		정상연금 ₩1의 현재가치	
	8%	10%	8%	10%
1	0.9259	0.9091	0.9259	0.9091
2	0.8573	0.8265	1.7833	1.7355
3	0.7938	0.7513	2.5771	2.4869
4	0.7350	0.6830	3.3121	3.1699

① ₩62,730 감소
② ₩74,389 감소
③ ₩97,770 감소
④ ₩101,194 감소
⑤ ₩116,357 감소

리스부채의 측정에 관한 설명으로 옳지 않은 것은?

① 리스부채의 최초 측정시 리스료의 현재가치는 리스이용자의 증분차입이자율을 사용하여 산정한다. 다만, 증분차입이자율을 쉽게 산정할 수 없는 경우에는 리스의 내재이자율로 리스료를 할인한다.

② 리스개시일에 리스부채의 측정치에 포함되는 리스료는 리스기간에 걸쳐 기초자산을 사용하는 권리에 대한 지급액 중 그날 현재 지급되지 않은 금액으로 구성된다.

③ 리스가 리스기간 종료시점 이전에 리스이용자에게 기초자산의 소유권을 이전하는 경우에, 리스이용자는 리스개시일부터 기초자산의 내용연수 종료시점까지 사용권자산을 감가상각한다.

④ 리스이용자는 리스개시일 후에 리스부채에 대한 이자를 반영하여 리스부채의 장부금액을 증액하고, 지급한 리스료를 반영하여 리스부채의 장부금액을 감액한다.

⑤ 리스개시일 후 리스료에 변동이 생기는 경우, 리스이용자는 사용권자산을 조정하여 리스부채의 재측정 금액을 인식하지만, 사용권자산의 장부금액이 영(0)으로 줄어들고 리스부채 측정치가 그보다 많이 줄어드는 경우에는 나머지 재측정 금액을 당기손익으로 인식한다.

20x1년 1월 1일 (주)세무는 (주)한국리스로부터 건물 3개층 모두를 5년 동안 리스하는 계약을 체결하였다. (주)세무는 리스료로 매년 말 ₩30,000씩 지급하며, 리스 관련 내재이자율은 알 수 없고 증분차입이자율은 5%이다. 20x4년 1월 1일 (주)세무는 건물 3개층 중 2개층만 사용하기로 (주)한국리스와 합의하였으며, 남은 기간 동안 매년 말에 ₩23,000씩 지급하기로 하였다. 20x4년 1월 1일 리스 관련 내재이자율은 알 수 없으며, 증분차입이자율은 8%이다. (주)세무의 리스변경으로 인한 20x4년 말 사용권자산의 장부금액은?(단, 계산금액은 소수점이하 첫째자리에서 반올림한다)

기 간	단일금액 ₩1의 현재가치		정상연금 ₩1의 현재가치	
	5%	8%	5%	8%
2년	0.9070	0.8573	1.8594	1.7833
5년	0.7835	0.6806	4.3295	3.9927

① ₩17,318

② ₩19,232

③ ₩24,063

④ ₩25,977

⑤ ₩27,891

(주)세무리스는 20x1년 1월 1일(리스개시일)에 (주)한국에게 건설장비를 5년 동안 제공하고 고정리스료로 매년 말 ₩2,000,000씩 수취하는 금융리스계약을 체결하였다. 체결당시 (주)세무리스는 리스개설직접원가 ₩50,000을 지출하였으며, 건설장비의 공정가치는 ₩8,152,500이다. 리스개시일 당시 (주)세무리스의 내재이자율은 10%이다. 리스기간 종료시 (주)한국은 건설장비를 반환하는 조건이며, 예상잔존가치 ₩1,000,000 중 ₩600,000을 보증한다. (주)세무리스는 20x3년 1월 1일 무보증잔존가치의 추정을 ₩200,000으로 변경하였다. (주)세무리스가 20x3년도에 인식해야할 이자수익은?

기 간	단일금액 ₩1의 현재가치 (할인율 10%)	정상연금 ₩1의 현재가치 (할인율 10%)
3년	0.7513	2.4868
5년	0.6209	3.7908

① ₩542,438

② ₩557,464

③ ₩572,490

④ ₩578,260

⑤ ₩582,642

리스에 관한 설명으로 옳은 것은?

① 제조자 또는 판매자인 리스제공자의 운용리스 체결은 운용리스 체결 시점에 매출이익을 인식한다.

② 금융리스로 분류되는 경우 리스제공자는 자신의 리스총투자 금액에 일정한 기간수익률을 반영하는 방식으로 리스기간에 걸쳐 금융수익을 인식한다.

③ 리스제공자는 운용리스 체결 과정에서 부담하는 리스개설직접원가를 기초자산의 장부금액에 더하고 리스료수익과 같은 기준으로 리스기간에 걸쳐 비용으로 인식한다.

④ 기초자산의 소유에 따른 위험과 보상의 대부분을 이전하는 리스는 운용리스로 분류하고, 기초자산의 소유에 따른 위험과 보상의 대부분을 이전하지 않는 리스는 금융리스로 분류한다.

⑤ 제조자 또는 판매자인 리스제공자의 금융리스 체결은 금융리스 체결 시점에 기초자산의 원가(원가와 장부금액이 다를 경우에는 장부금액)에서 보증잔존가치를 뺀 금액을 매출원가로 인식한다.

(주)세무는 20x1년 1월 1일에 (주)한국리스로부터 기초자산A와 기초자산B를 리스하는 계약을 체결하였다. 리스개시일은 20x1년 1월 1일로 리스기간은 3년이며, 리스료는 매년 초 지급한다. 리스 내재이자율은 알 수 없으며 (주)세무의 20x1년 초와 20x2년 초 증분차입이자율은 각각 8%와 10%이다. 리스계약은 다음의 변동리스료 조건을 포함한다.

- 변동리스료 조건

기초자산A	리스개시일 1회차 리스료 : ₩50,000 변동조건 : 기초자산 사용으로 발생하는 직전 연도 수익의 1%를 매년 초 추가지급
기초자산B	리스개시일 1회차 리스료 : ₩30,000 변동조건 : 직전 연도 1년간의 소비자물가지수 변동에 기초하여 2회차 리스료부터 매년 변동

- 시점별 소비자물가지수

구 분	20x0년 12월 31일	20x1년 12월 31일
소비자물가지수	120	132

20x1년 기초자산A의 사용으로 ₩200,000의 수익이 발생하였다. 리스료 변동으로 인한 20x1년 말 리스부채 증가금액은?

기 간	단일금액 ₩1의 현재가치 (할인율 8%)	단일금액 ₩1의 현재가치 (할인율 10%)
1년	0.9259	0.9091
2년	0.8573	0.8264
3년	0.7938	0.7513

① ₩5,527
② ₩5,727
③ ₩5,778
④ ₩7,727
⑤ ₩7,778

20x0년 11월 1일 (주)세무는 (주)대한리스로부터 업무용 컴퓨터 서버(기초자산)를 리스하는 계약을 체결하였다. 리스기간은 20x1년 1월 1일부터 3년이며, 고정리스료는 리스개시일에 지급을 시작하여 매년 ₩500,000씩 총 3회 지급한다. 리스계약에 따라 (주)세무는 연장선택권(리스기간을 1년 연장할 수 있으며 동시에 기초자산의 소유권도 리스이용자에게 귀속)을 20x3년 12월 31일에 행사할 수 있으며, 연장된 기간의 리스료 ₩300,000은 20x4년 1월 1일에 지급한다. 리스개시일 현재 (주)세무가 연장선택권을 행사할 것은 상당히 확실하다. 20x1년 1월 1일 기초자산인 업무용 컴퓨터 서버(내용연수 5년, 잔존가치 ₩0, 정액법으로 감가상각)가 인도되어 사용 개시되었으며, (주)세무는 리스개설과 관련된 법률비용 ₩30,000을 동 일자에 지출하였다. (주)세무의 증분차입이자율은 10%이며, 리스 관련 내재이자율은 알 수 없다. 이 리스거래와 관련하여 (주)세무가 20x1년에 인식할 이자비용과 사용권자산 상각비의 합계액은?

기 간	단일금액 ₩1의 현재가치 (할인율 10%)	정상연금 ₩1의 현재가치 (할인율 10%)
1년	0.9091	0.9091
2년	0.8264	1.7355
3년	0.7513	2.4869
4년	0.6830	3.1699

① ₩408,263   ② ₩433,942

③ ₩437,942   ④ ₩457,263

⑤ ₩481,047

(주)세무리스는 (주)한국과 운용리스 계약을 체결하고, 20x2년 10월 1일 생산설비(취득원가 ₩800,000, 내용연수 10년, 잔존가치 ₩0, 정액법 감가상각)를 취득과 동시에 인도하였다. 리스기간은 3년이고, 리스료는 매년 9월 30일에 수령한다. (주)세무리스가 리스료를 다음과 같이 수령한다면, 동 거래가 20x2년 (주)세무리스의 당기순이익에 미치는 영향은 얼마인가?(단, 리스와 관련된 효익의 기간적 형태를 더 잘 나타내는 다른 체계적인 인식기준은 없고, 리스료와 감가상각비는 월할 계산한다)

일 자	리스료
20x3년 9월 30일	₩100,000
20x4년 9월 30일	₩120,000
20x5년 9월 30일	₩140,000

① ₩5,000 증가   ② ₩10,000 증가

② ₩25,000 증가   ④ ₩30,000 증가

⑤ ₩30,000 증가

(주)세무리스는 20x1년 1월 1일에 (주)한국과 해지불능 금융리스계약을 체결하였다. 관련 자료는 다음과 같다.

- 리스자산 : 내용연수 5년, 잔존가치 ₩100,000, 정액법 감가상각
- 리스기간 : 리스개시일(20x1년 1월 1일)부터 5년
- 연간리스료 : 매년 12월 31일 지급
- 리스개설직접원가 : (주)세무리스와 (주)한국 모두 없음
- 내재이자율 : 연 10%, (주)한국은 (주)세무리스의 내재이자율을 알고 있음
- (주)세무리스는 리스기간개시일에 리스채권으로 ₩19,016,090을 인식함
- (주)한국은 리스기간개시일에 리스부채로 ₩18,991,254를 인식함
- 특약사항 : 리스기간 종료 시 반환조건이며, (주)한국은 리스기간 종료 시 잔존가치 ₩100,000중 일부를 보장함

(주)한국이 동 리스와 관련하여 잔존가치보증에 따라 리스이용자가 지급할 것으로 예상되는 금액은?(단, 기간 5년, 할인율 연 10%일 때, 단위금액 ₩1의 현재가치 계수는 0.6209, 정상연금 1의 현재가치 계수는 3.7908이다. 단수차이로 인한 오차는 가장 근사치를 선택한다)

① ₩18,955
② ₩40,000
③ ₩60,000
④ ₩81,045
⑤ ₩100,000

12 CPA 2025

 ☑ 확인 Check! ○ △ ✕

(주)대한은 리스이용자로 20x1년 1월 1일(리스개시일)에 리스계약을 체결하였으며, 관련 자료는 다음과 같다.

- 리스기간 : 20x1년 1월 1일 ~ 20x3년 12월 31일
- 리스료 : (주)대한은 리스기간 동안 매년 말에 ₩1,000,000의 고정리스료를 지급하기로 약정하였다.
- 리스개시일 현재 기초자산의 잔존내용연수는 5년이며, 내용연수 종료시점에 잔존가치는 ₩0이다.
- 리스기간 종료 시 기초자산을 리스제공자에게 반환하되, 반환 시 실제 잔존가치가 ₩200,000에 미달할 경우, 미달한 금액을 보증하기로 하였다. 리스개시일 현재 잔존가치 보증으로 인하여 리스기간 종료 시 지급할 것으로 예상되는 금액은 없는 것으로 추정하였다.
- (주)대한은 사용권자산에 대해 원가모형을 적용한다.
- (주)대한은 사용권자산을 정액법으로 감가상각하며, 감가상각 시 잔존가치 보증에 따라 지급할 것으로 예상되는 금액은 차감하지 않는다.
- 내재이자율 : (주)대한은 동 리스에 적용되는 내재이자율을 쉽게 산정할 수 없다.
- (주)대한의 증분차입이자율 : 연 8%(20x1.1.1.), 연 10%(20x1.12.31.)
- 적용할 현가계수는 아래의 표와 같다.

기 간	단일금액 ₩1의 현재가치		정상연금 ₩1의 현재가치	
	8%	10%	8%	10%
1년	0.9259	0.9091	0.9259	0.9091
2년	0.8573	0.8264	1.7832	1.7355
2년	0.7938	0.7513	2.5770	2.4868

20x1년 말에 (주)대한이 잔존가치 보증에 따라 리스종료일에 지급할 것으로 예상되는 금액을 ₩50,000으로 추정할 경우, (주)대한이 20x1년 말 재무상태표에 표시할 사용권자산의 장부금액은 얼마인가?(단, 동 리스는 소액 기초자산 리스에 해당하지 않으며, 단수차이로 인해 오차가 있다면 가장 근사치를 선택한다)

① ₩1,718,000
② ₩1,760,905
③ ₩1,826,065
④ ₩2,061,600
⑤ ₩2,104,505

13 ☑확인 Check! ○ △ ✕

기업회계기준서 제1116호 '리스'에 대한 다음 설명 중 옳지 않은 것은?

① 리스제공자는 각 리스를 운용리스 아니면 금융리스로 분류한다. 기초자산의 소유에 따른 위험과 보상의 대부분을 이전하는 리스는 금융리스로 분류하고, 기초자산의 소유에 따른 위험과 보상의 대부분을 이전하지 않는 리스는 운용리스로 분류한다.

② 계약 자체가 리스인지, 계약이 리스를 포함하는지는 리스개시일에 판단한다. 계약에서 대가와 교환하여, 식별되는 자산의 사용 통제권을 일정 기간 이전하게 한다면 그 계약은 리스이거나 리스를 포함한다.

③ 리스이용자는 리스부채의 원금에 해당하는 현금 지급액은 현금흐름표에 재무활동으로 분류하고, 리스부채 측정치에 포함되지 않은 단기리스료, 소액자산 리스료, 변동리스료는 현금흐름표에 영업활동으로 분류한다.

④ 리스이용자는 리스개시일에 사용권자산과 리스부채를 인식한다.

⑤ 리스이용자는 리스개시일에 사용권자산을 원가로 측정한다.

14 ☑확인 Check! ○ △ ✕

(주)대한은 금융업을 영위하는 (주)민국리스와 다음과 같은 조건으로 금융리스계약을 체결하였다.

- 리스개시일 : 20x1년 1월 1일
- 리스기간 : 20x1년 1월 1일 ~ 20x3년 12월 31일(3년)
- 연간 정기리스료 : 매년 말 ₩743,823 후급
- 선급리스료 : (주)대한은 (주)민국리스에게 리스개시일 이전에 ₩100,000의 리스료를 지급하였다.
- 리스개설직접원가 : (주)대한은 ₩50,000의 리스개설직접원가를 부담하였으며, (주)민국리스가 부담한 리스개설직접원가는 없다.
- 소유권이전 약정 : (주)민국리스는 리스기간 종료시점에 (주)대한에게 리스자산의 소유권을 ₩200,000에 이전한다.
- 리스의 내재이자율은 연 10%이며, 그 현가계수는 아래의 표와 같다.

기 간	단일금액 ₩1의 현재가치	정상연금 ₩1의 현재가치
	10%	10%
3년	0.7513	2.4868

(주)대한이 20x1년 12월 31일 재무상태표에 보고해야 하는 리스부채 금액은 얼마인가?(단, 단수차이로 인해 오차가 있다면 가장 근사치를 선택한다)

① ₩1,456,177
② ₩1,511,177
③ ₩1,566,177
④ ₩1,621,177
⑤ ₩2,000,000

(주)대한은 (주)민국과 다음과 같은 조건으로 사무실에 대한 리스계약을 체결하였다.

- 리스기간 : 20x1년 1월 1일 ~ 20x3년 12월 31일(3년)
- 연장선택권 : (주)대한은 리스기간을 3년에서 5년으로 2년 연장할 수 있는 선택권이 있으나 리스개시일 현재 동 선택권을 행사할 의도는 전혀 없다.
- 리스료 : (주)대한은 리스기간 동안 매년 말에 ₩2,000,000의 고정리스료를 (주)민국에게 지급하며, 연장선택권을 행사하면 20x4년 말과 20x5년 말에는 각각 ₩2,200,000을 지급하기로 약정하였다.
- 내재이자율 : (주)대한은 동 리스에 적용되는 (주)민국의 내재이자율은 쉽게 산정할 수 없다.
- (주)대한의 증분차입이자율 : 연 8%(20x1.1.1.), 연 10%(20x3.1.1.)
- 리스개설직접원가 : (주)대한은 리스계약과 관련하여 ₩246,000을 수수료로 지급하였다.
- 리스계약 당시 (주)민국이 소유하고 있는 사무실의 잔존내용연수는 20년이다.
- 적용할 현가계수는 아래의 표와 같다.

기 간	단일금액 ₩1의 현재가치		정상연금 ₩1의 현재가치	
	8%	10%	8%	10%
1년	0.9259	0.9091	0.9259	0.9091
2년	0.8573	0.8264	1.7832	1.7355
3년	0.7938	0.7513	2.5770	2.4868

(주)대한은 모든 유형자산에 대해 원가모형을 적용하며, 감가상각은 잔존가치 없이 정액법을 사용한다. 20x3년 1월 1일에 영업환경의 변화 때문에 연장선택권을 행사할 것이 상당히 확실해졌다면 (주)대한의 20x3년 말 재무상태표에 보고할 사용권자산의 장부금액은 얼마인가?(단, 단수차이로 인해 오차가 있다면 가장 근사치를 선택한다)

① ₩3,436,893
② ₩3,491,560
③ ₩3,526,093
④ ₩3,621,613
⑤ ₩3,760,080

금융업을 영위하는 (주)대한리스는 20x1년 1월 1일에 (주)민국과 다음과 같은 조건으로 리스계약을 체결하였다.

- (주)대한리스는 (주)민국이 지정하는 기계설비를 제조사인 (주)만세로부터 신규 취득하여 20x1년 1월 1일부터 (주)민국이 사용할 수 있는 장소로 배송한다.
- 리스기간 : 20x1년 1월 1일 ~ 20x3년 12월 31일(리스기간 종료 후 반환조건)
- 잔존가치 보증 : (주)대한리스는 리스기간 종료 시 리스자산의 잔존가치를 ₩10,000,000으로 예상하며, (주)민국은 ₩7,000,000을 보증하기로 약정하였다.
- 리스개설직접원가 : (주)대한리스와 (주)민국이 각각 ₩300,000과 ₩200,000을 부담하였다.
- (주)대한리스는 상기 리스를 금융리스로 분류하였고, 동 리스에 대한 내재이자율로 연 10%를 산정하였다.
- 연간 정기리스료 : 매년 말 ₩3,000,000 지급
- 할인율이 10%인 경우 현가계수는 아래의 표와 같다.

기 간	단일금액 ₩1의 현재가치	정상연금 ₩1의 현재가치
3년	0.7513	2.4868

(주)대한리스의 (1)기계설비 취득원가(공정가치)와 (2)리스기간 종료 시 회수된 기계설비의 실제 잔존가치가 ₩5,000,000인 경우의 손실금액은 각각 얼마인가?(단, 단수차이로 인해 오차가 있다면 가장 근사치를 선택한다)

	(1)취득원가	(2)회수 시 손실금액
①	₩14,673,400	₩3,000,000
②	₩14,673,400	₩5,000,000
③	₩14,973,400	₩2,000,000
④	₩14,973,400	₩3,000,000
⑤	₩14,973,400	₩5,000,000

(주)대한리스는 (주)민국과 리스개시일인 20x1년 1월 1일에 운용리스에 해당하는 리스계약(리스기간 3년)을 체결하였으며, 관련 정보는 다음과 같다.

- (주)대한리스는 리스개시일인 20x1년 1월 1일에 기초자산인 기계장치를 ₩40,000,000(잔존가치 ₩0, 내용연수 10년)에 신규 취득하였다. (주)대한리스는 동 기초자산에 대해 원가모형을 적용하며, 정액법으로 감가상각한다.
- 정액 기준 외 기초자산의 사용으로 생기는 효익의 감소형태를 보다 잘 나타내는 다른 체계적인 기준은 없다.
- (주)대한리스는 리스기간 종료일인 20x3년 12월 31일에 기초자산을 반환받으며, 리스종료일에 리스이용자가 보증한 잔존가치는 없다.
- (주)대한리스는 (주)민국으로부터 각 회계연도 말에 다음과 같은 고정리스료를 받는다.

20x1년 말	20x2년 말	20x3년 말
₩6,000,000	₩8,000,000	₩10,000,000

- (주)대한리스와 (주)민국은 20x1년 1월 1일 운용리스 개설과 관련한 직접원가로 ₩600,000과 ₩300,000을 각각 지출하였다.
- (주)민국은 사용권자산에 대해 원가모형을 적용하며, 정액법으로 감가상각한다.
- 동 거래는 운용리스거래이기 때문에 (주)민국은 (주)대한리스의 내재이자율을 쉽게 산정할 수 없으며, 리스개시일 현재 (주)민국의 증분차입이자율은 연 8%이다.
- 적용할 현가계수는 아래의 표와 같다.

| 기 간 | 8% | |
	단일금액 ₩1의 현재가치	정상연금 ₩1의 현재가치
1년	0.9259	0.9259
2년	0.8573	1.7832
3년	0.7938	2.5770

동 운용리스거래가 리스제공자인 (주)대한리스와 리스이용자인 (주)민국의 20x1년도 포괄손익계산서 상 당기순이익에 미치는 영향은 각각 얼마인가?(단, 감가상각비의 자본화는 고려하지 않으며, 단수차이로 인해 오차가 있다면 가장 근사치를 선택한다)

	(주)대한리스	(주)민국
①	₩1,400,000 증가	₩8,412,077 감소
②	₩3,400,000 증가	₩8,412,077 감소
③	₩3,400,000 증가	₩8,512,077 감소
④	₩3,800,000 증가	₩8,412,077 감소
⑤	₩3,800,000 증가	₩8,512,077 감소

(주)대한은 기계장치를 제조 및 판매하는 기업이다. 20x1년 1월 1일 (주)대한은 (주)민국에게 원가(장부금액) ₩100,000의 재고자산(기초 자산)을 아래와 같은 조건으로 판매하였는데, 이 거래는 금융리스에 해당한다.

- 리스개시일은 20x1년 1월 1일이며, 리스개시일 현재 재고자산(기초자산)의 공정가치는 ₩130,000이다.
- (주)대한은 20x1년부터 20x3년까지 매년 12월 31일에 (주)민국으로부터 ₩50,000의 고정리스료를 받는다.
- (주)대한은 동 금융리스 계약의 체결과 관련하여 리스개시일에 ₩1,000의 수수료를 지출하였다.
- (주)민국은 리스기간 종료일인 20x3년 12월 31일에 리스자산을 해당 시점의 공정가치보다 충분히 낮은 금액인 ₩8,000에 매수할 수 있는 선택권을 가지고 있으며, 20x1년 1월 1일 현재 (주)민국이 이를 행사할 것이 상당히 확실하다고 판단된다.
- 20x1년 1월 1일에 (주)대한의 증분차입이자율은 연 8%이며, 시장이자율은 연 12%이다.
- 적용할 현가계수는 아래의 표와 같다.

기 간	단일금액 ₩1의 현재가치		정상연금 ₩1의 현재가치	
	8%	12%	8%	12%
1년	0.9259	0.8929	0.9259	0.8929
2년	0.8573	0.7972	1.7832	1.6901
3년	0.7938	0.7118	2.5770	2.4019

위 거래가 (주)대한의 20x1년도 포괄손익계산서 상 당기순이익에 미치는 영향은 얼마인가?(단, 단수차이로 인해 오차가 있다면 가장 근사치를 선택한다)

① ₩24,789 증가
② ₩25,789 증가
③ ₩39,884 증가
④ ₩40,884 증가
⑤ ₩42,000 증가

기업회계기준서 제1116호 '리스'에 관한 다음 설명 중 옳지 않은 것은?

① 리스개설직접원가는 리스를 체결하지 않았더라면 부담하지 않았을 리스체결의 증분원가이다. 다만, 금융리스와 관련하여 제조자 또는 판매자인 리스제공자가 부담하는 원가는 제외한다.
② 포괄손익계산서에서 리스이용자는 리스부채에 대한 이자비용을 사용권자산의 감가상각비와 구분하여 표시한다.
③ 리스이용자는 리스부채의 원금에 해당하는 현금 지급액은 현금흐름표에 재무활동으로 분류하고, 리스부채 측정치에 포함되지 않은 단기리스료, 소액자산 리스료, 변동리스료는 현금흐름표에 영업활동으로 분류한다.
④ 무보증잔존가치는 리스제공자가 실현할 수 있을지 확실하지 않거나 리스제공자의 특수관계자만이 보증한, 기초자산의 잔존가치 부분이다.
⑤ 리스이용자는 하나 이상의 기초자산 사용권이 추가되어 리스의 범위가 넓어진 경우 또는 개별 가격에 적절히 상응하여 리스대가가 증액된 경우에 리스변경을 별도 리스로 회계처리한다.

리스이용자인 (주)대한은 리스제공자인 (주)민국리스와 리스개시일인 20x1년 1월 1일에 다음과 같은 조건의 리스계약을 체결하였다.

- 기초자산(생산공정에 사용할 기계장치)의 리스기간은 20x1년 1월 1일부터 20x3년 12월 31일까지이다.
- 기초자산의 내용연수는 4년으로 내용연수 종료시점의 잔존가치는 없으며, 정액법으로 감가상각한다.
- (주)대한은 리스기간 동안 매년 말 ₩3,000,000의 고정리스료를 지급한다.
- 사용권자산은 원가모형을 적용하여 정액법으로 감가상각하고, 잔존가치는 없다.
- 20x1년 1월 1일에 동 리스의 내재이자율은 연 8%로 리스제공자와 리스이용자가 이를 쉽게 산정할 수 있다.
- (주)대한은 리스기간 종료시점에 기초자산을 현금 ₩500,000에 매수할 수 있는 선택권을 가지고 있으나, 리스개시일 현재 동 매수선택권을 행사하지 않을 것이 상당히 확실하다고 판단하였다. 그러나 20x2년 말에 (주)대한은 유의적인 상황변화로 인해 동 매수선택권을 행사할 것이 상당히 확실하다고 판단을 변경하였다.
- 20x2년 말 현재 (주)대한은 남은 리스기간의 내재이자율을 쉽게 산정할 수 없으며, (주)대한의 증분차입이자율은 연 10%이다.
- 적용할 현가계수는 아래의 표와 같다.

기 간	단일금액 ₩1의 현재가치		정상연금 ₩1의 현재가치	
	8%	10%	8%	10%
1년	0.9259	0.9091	0.9259	0.9091
2년	0.8573	0.8264	1.7832	1.7355
3년	0.7938	0.7513	2.5770	2.4868

(주)대한이 20x3년에 인식할 사용권자산의 감가상각비는 얼마인가?(단, 단수차이로 인해 오차가 있다면 가장 근사치를 선택한다)

① ₩993,804
② ₩1,288,505
③ ₩1,490,706
④ ₩2,577,003
⑤ ₩2,981,412

CHAPTER 16 | 회계변경과 오류수정

01 CTA 2023 ☑ 확인 Check! ○ △ ✕

(주)세무는 20x2년도 장부마감 전에 다음과 같은 중요한 오류를 발견하였다. (주)세무의 20x2년도 오류수정 전 당기순이익이 ₩500,000일 때, 오류수정 후 당기순이익은?

- 20x1년 기말재고자산을 ₩10,000 과대평가하였으며, 20x2년 기말재고자산을 ₩5,000 과소평가하였다.
- 20x1년 미지급이자를 ₩7,000 과소계상하였으며, 20x2년 미지급이자를 ₩3,000 과소계상하였다.
- 20x2년 초에 취득한 투자주식(지분율 30%)에 대하여 지분법으로 처리해야 하는데 원가법으로 잘못 회계처리하였다. 20x2년 중에 ₩6,000의 중간배당금을 현금으로 수령하였으며, 피투자회사의 20x2년도 당기순이익은 ₩400,0000이다.

① ₩595,000
② ₩601,000
③ ₩603,000
④ ₩633,000
⑤ ₩639,000

02 CTA 2022 ☑ 확인 Check! ○ △ ✕

(주)세무는 20x1년 초에 사채(상각후원가로 측정하는 금융부채)를 발행하였다. 20x1년 말 장부마감 과정에서 동 사채의 회계처리와 관련한 다음과 같은 중요한 오류를 발견하였다.

- 사채의 발행일에 사채발행비 ₩9,500이 발생하였으나 이를 사채의 발행금액에서 차감하지 않고, 전액 20x1년도의 당기비용으로 처리하였다.
- 20x1년 초 사채의 발행금액(사채발행비 차감전)은 ₩274,000이고, (주)세무는 동 발행금액에 유효이자율 연 10%를 적용하여 20x1년도 이자비용을 인식하였다.
- 상기 사채발행비를 사채 발행금액에서 차감할 경우 사채발행시점의 유효이자율은 연 12%로 증가한다.

(주)세무의 오류수정 전 20x1년도의 당기순이익이 ₩100,000인 경우, 오류를 수정한 후의 20x1년도 당기순이익은?

① ₩90,500
② ₩95,660
③ ₩104,340
④ ₩105,160
⑤ ₩109,500

03 CTA 2019

(주)세무는 20x1년 10월 1일 3년치 영업용 건물 관련 화재보험료 ₩1,200,000을 선급하고 전액 20x1년 비용으로 인식하였다. 동 오류는 20x2년 말 장부마감 전에 발견되어 수정되었다. (주)세무의 오류수정 회계처리가 20x2년 재무제표에 미친 영향으로 옳은 것은?(단, 보험료는 매 기간 균등하게 발생하고, 모든 오류는 중요한 것으로 간주한다)

① 전기이월이익잉여금이 ₩1,100,000 증가한다.
② 당기 비용이 ₩700,000 발생한다.
③ 기말 이익잉여금이 ₩400,000 증가한다.
④ 기말 자산항목이 ₩400,000 증가한다.
⑤ 기말 순자산이 ₩300,000 증가한다.

04 CTA 2017

(주)세무는 20x1년 초 사채(액면금액 ₩100,000, 만기 3년, 매 연말 이자지급 표시이자율 5%)를 ₩87,565에 발행하였으며, 유효이자율은 10%이다. 20x2년 말 사채 관련 이자비용 회계처리를 한 후 장부마감 전에 20x1년과 20x2년에 사채할인발행차금을 유효이자율법이 아닌 정액법으로 상각하였다는 것을 발견하였을 때, 20x2년 수정분개로 옳은 것은?

기 간	단일금액 ₩1의 현재가치		정상연금 ₩1의 현재가치	
	5%	10%	5%	10%
1	0.95238	0.90909	0.95238	0.90909
2	0.90703	0.82645	1.85941	1.73554
3	0.86384	0.75131	2.72325	2.48685

① (차) 사채할인발행차금 401 (대) 이자비용 401
② (차) 사채할인발행차금 401 (대) 이자비용 13
　　　　　　　　　　　　　　　　　　　 이익잉여금 388
③ (차) 사채할인발행차금 401 (대) 이익잉여금 401
④ (차) 이자비용 401 (대) 사채할인발행차금 401
⑤ (차) 이자비용 13 (대) 사채할인발행차금 401
　　　 이익잉여금 388

(주)세무는 20x1년 설립 이후 재고자산 단위원가 결정방법으로 가중평균법을 사용하여 왔다. 그러나 선입선출법이 보다 목적적합하고 신뢰성있는 정보를 제공할 수 있다고 판단하여, 20x4년 초에 단위원가 결정방법을 선입선출법으로 변경하였다. (주)세무가 재고자산 단위원가 결정방법을 선입선출법으로 변경하는 경우, 다음 자료를 이용하여 20x4년도 재무제표에 비교정보로 공시될 20x3년 매출원가와 20x3년 기말이익잉여금은?

구 분	20x1년	20x2년	20x3년
가중평균법적용 기말재고자산	₩10,000	₩11,000	₩12,000
선입선출법적용 기말재고자산	12,000	14,000	16,000
회계정책 변경 전 매출원가	₩50,000	₩60,000	₩70,000
회계정책 변경 전 기말이익잉여금	100,000	300,000	600,000

	매출원가	기말이익잉여금
①	₩61,000	₩607,000
②	₩61,000	₩604,000
③	₩69,000	₩599,000
④	₩69,000	₩604,000
⑤	₩71,000	₩599,000

20x1년 초에 설립된 (주)대한은 재고자산에 대해 20x2년 말까지 가중평균법을 적용하여 단가결정을 하였으나, 20x3년 초에 선입선출법으로 단가결정방법을 변경하였다. 이러한 회계정책의 변경은 한국채택국제회계기준에서 제시하는 조건을 충족한다. 단가결정방법에 따른 20x1년 말과 20x2년 말의 재고자산 장부금액은 다음과 같다.

구 분	20x1년 말	20x2년 말
가중평균법	₩48,000	₩53,000
선입선출법	?	61,000

상기 회계정책의 변경을 반영하기 전 (주)대한의 20x2년도 당기순이익은 ₩210,000이며, 회계정책 변경의 영향을 반영한 20x2년도 당기순이익은 ₩212,000이다. 이 경우 회계정책 변경의 영향을 반영한 (주)대한의 20x1년 말 재고자산의 장부금액은 얼마인가?

① ₩40,000   ② ₩42,000
③ ₩50,000   ④ ₩52,000
⑤ ₩54,000

(주)대한은 제조기업이며, 20x1년 초에 제품의 생산을 위해 기계장치를 취득하였다(취득원가 : ₩6,000,000, 내용연수 : 10년, 잔존가치 : ₩500,000, 감가상각방법 : 정액법). (주)대한은 기계장치에 대하여 재평가모형을 적용하기로 하였으며, 기계장치의 각 연도 말 공정가치는 다음과 같다.

20x1년 말	20x2년 말	20x3년 말
₩5,000,000	₩5,500,000	₩3,500,000

(주)대한은 20x3년 초에 기계장치의 잔존내용연수를 5년, 잔존가치는 ₩600,000으로 추정을 변경하였다. (주)대한의 기계장치 관련 회계처리가 20x3년도 당기순이익에 미치는 영향은 얼마인가?(단, (주)대한은 기계장치를 사용하는 기간 동안 재평가잉여금을 이익잉여금으로 대체하지 않으며, 손상차손은 고려하지 않는다)

① ₩980,000 감소
② ₩1,020,000 감소
③ ₩1,300,000 감소
④ ₩1,450,000 감소
⑤ ₩2,000,000 감소

08 CPA 2024

(주)대한의 회계담당자는 20x2년도 장부를 마감하기 전에 다음과 같은 오류사항을 발견하였으며, 이는 모두 중요한 오류에 해당한다.

- (주)대한은 실지재고조사법을 적용하면서 선적지인도조건으로 매입한 상품에 대해 매입을 인식하였지만, 매기 말 현재 운송 중인 상품을 기말재고자산에서 누락하였다. 이로 인해 20x0년 말의 재고자산이 ₩100,000 과소계상 되었으며, 20x1년 말의 재고자산도 ₩150,000 과소계상되었다. 과소계상된 재고자산은 그 다음 연도에 모두 판매되었고, 관련 매출은 모두 기록되었다.
- 20x1년 초 (주)대한은 정액법으로 감가상각하고 있는 기계장치A에 대해서 ₩60,000의 지출을 하였다. 동 지출은 기계장치A의 장부금액에 포함하여 인식 및 감가상각하여야 하나, (주)대한은 이를 지출 시점에 즉시 비용(수선비) 으로 처리하였다. 20x2년 말 현재 동 기계장치A의 잔존내용연수는 2년이고 잔존가치는 없다. (주)대한은 모든 유형자산에 대하여 원가모형을 적용하고 있다.
- (주)대한은 20x1년 1월 1일에 액면금액이 ₩100,000이고 표시이자율이 연 6%인 3년 만기의 사채를 ₩94,842에 발행하였다. 해당 사채의 이자지급일은 매년 말이고, 유효이자율법으로 사채할인발행차금을 상각하며, 사채발행 시점의 유효이자율은 연 8%이다. (주)대한은 20x1년도, 20x2년도의 포괄손익계산서에 위 사채와 관련된 이자비용 을 각각 ₩6,000씩 인식하였다.

위 오류사항에 대한 수정효과가 (주)대한의 (가) 20x2년 전기이월이익잉여금과 (나) 20x2년도 당기순이익 에 미치는 영향은 각각 얼마인가?

	(가) 전기이월이익잉여금	(나) 당기순이익
①	₩98,627 증가	₩115,000 감소
②	₩161,627 증가	₩115,000 감소
③	₩161,627 증가	₩166,714 감소
④	₩193,413 증가	₩166,714 감소
⑤	₩193,413 증가	₩175,857 감소

(주)대한의 회계감사인은 20x2년도 재무제표에 대한 감사과정에서 20x1년 말 재고자산 금액이 ₩10,000만큼 과대계상되어 있음을 발견하였으며, 이는 중요한 오류에 해당한다. 동 재고자산의 과대계상 오류가 수정되지 않은 (주)대한의 20x1년과 20x2년의 손익은 다음과 같다.

구 분	20x1년	20x2년
수 익	₩150,000	₩170,000
비 용	90,000	40,000
당기순이익	₩60,000	₩130,000

한편, 20x2년 말 재고자산 금액은 정확하게 계상되어 있으며, (주)대한의 20x1년 초 이익잉여금은 ₩150,000이다. 상기 재고자산 오류를 수정하여 비교재무제표를 작성할 경우, (주)대한의 20x1년 말과 20x2년 말의 이익잉여금은 각각 얼마인가?

	20x1년 말	20x2년 말
①	₩200,000	₩330,000
②	₩200,000	₩340,000
③	₩210,000	₩330,000
④	₩210,000	₩340,000
⑤	₩220,000	₩340,000

(주)대한은 20x3년 말 장부 마감 전에 과거 3년 간의 회계장부를 검토한 결과 다음과 같은 오류사항을 발견하였으며, 이는 모두 중요한 오류에 해당한다.

- 기말재고자산은 20x1년에 ₩20,000 과소계상, 20x2년에 ₩30,000 과대계상, 20x3년에 ₩35,000 과대계상되었다.
- 20x2년에 보험료로 비용 처리한 금액 중 ₩15,000은 20x3년 보험료의 선납분이다.
- 20x1년 초 (주)대한은 잔존가치없이 정액법으로 감가상각하고 있던 기계장치에 대해 ₩50,000의 지출을 하였다. 동 지출은 기계장치의 장부금액에 포함하여 인식 및 감가상각하여야 하나, (주)대한은 이를 지출 시점에 즉시 비용(수선비)으로 처리하였다. 20x3년 말 현재 동 기계장치의 잔존내용연수는 2년이며, (주)대한은 모든 유형자산에 대하여 원가모형을 적용하고 있다.

위 오류사항에 대한 수정효과가 (주)대한의 20x3년 전기이월이익잉여금과 당기순이익에 미치는 영향은 각각 얼마인가?

	전기이월이익잉여금	당기순이익
①	₩15,000 감소	₩15,000 감소
②	₩15,000 증가	₩15,000 감소
③	₩15,000 감소	₩30,000 감소
④	₩15,000 증가	₩30,000 감소
⑤	₩0	₩0

CHAPTER
17 | 현금흐름표

01   CTA   2025

현금흐름표에 관한 설명으로 옳은 것은?

① 역사적 현금흐름정보는 미래현금흐름의 금액, 시기 및 확실성에 대한 지표로 자주 사용되고, 과거에 추정한 미래현금흐름의 정확성을 검증하며, 수익성과 순현금흐름 간의 관계 및 물가 변동의 영향을 분석하는 데 유용하다.

② 현금흐름정보는 동일한 거래와 사건에 대하여 서로 다른 회계처리를 적용함에 따라 발생하는 영향을 제거하지만, 영업성과에 대한 기업 간의 비교가능성은 떨어진다.

③ 현금및현금성자산을 구성하는 항목 간 이동은 영업활동, 투자활동 및 재무활동의 일부이므로 이러한 항목 간의 변동은 현금흐름에 포함한다.

④ 역사적 영업현금흐름의 특정 구성요소에 대한 정보를 다른 정보와 함께 사용하면, 미래 영업현금흐름을 예측하는 데 유용하지 않다.

⑤ 기업은 단기매매목적으로 유가증권을 보유할 수 있으며, 이 때 유가증권은 판매를 목적으로 취득한 재고자산과 보유목적이 다르므로, 단기매매목적으로 보유하는 유가증권의 취득과 판매에 따른 현금흐름은 투자활동으로 분류한다.

02 CTA 2023

(주)세무의 20x1년도 현금흐름표 상 영업활동순현금유입액은 ₩100,000이다. 다음자료를 이용하여 계산한 (주)세무의 20x1년도 당기순이익은?

- 법인세비용 ₩50,000
- 대손상각비 ₩20,000
- 감가상각비 ₩25,000
- 사채이자비용 ₩40,000(사채할인발행차금 상각액 ₩10,000 포함)
- 토지처분이익 ₩30,000
- 미지급이자 감소액 ₩10,000
- 매출채권(순액) 증가액 ₩15,000
- 법인세부채 증가액 ₩5,000
- (주)세무는 간접법을 사용하여 영업활동현금흐름을 산출하며, 이자지급 및 법인세납부는 영업활동으로 구분한다.

① ₩105,000
② ₩115,000
③ ₩125,000
④ ₩135,000
⑤ ₩145,000

(주)세무의 20x1년도 현금흐름표를 작성하기 위한 자료는 다음과 같다. (주)세무가 20x1년도 현금흐름표에 보고할 영업활동순현금유입액은?

- 법인세비용차감전순이익 : ₩1,000,000
- 법인세비용 : ₩120,000(20x1년 중 법인세납부액과 동일)
- 이자비용 : ₩30,000(모두 사채의 이자비용이며, 사채할인발행차금 상각액을 포함함)
- 자산과 부채의 증감

계정과목	기초금액	기말금액
매출채권	₩200,000	₩210,000
재고자산	280,000	315,000
건 물	1,200,000	1,150,000
건물감가상각누계액	(380,000)	(370,000)
사 채	300,000	300,000
사채할인발행차금	(15,000)	(10,000)

- 20x1년 중 건물관련 거래가 (주)세무의 순현금흐름을 ₩30,000 증가시켰다.
- 20x1년 중 사채관련 거래가 (주)세무의 순현금흐름을 ₩25,000 감소시켰으며, 20x1년 중 사채의 발행 및 상환은 없었다.
- (주)세무는 간접법을 사용하여 영업활동현금흐름을 산출하며, 이자지급 및 법인세납부는 영업활동으로 구분한다.

① ₩850,000
② ₩880,000
③ ₩890,000
④ ₩930,000
⑤ ₩970,000

04 CTA 2021 ☑ 확인 Check! ○ △ ✕

현금흐름표에 관한 설명으로 옳지 않은 것은?

① 영업활동 현금흐름은 일반적으로 당기순손익의 결정에 영향을 미치는 거래나 그 밖의 사건의 결과로 발생한다.

② 법인세로 인한 현금흐름은 별도로 공시하며, 재무활동과 투자활동에 명백히 관련되지 않는 한 영업활동 현금흐름으로 분류한다.

③ 현금및현금성자산의 사용을 수반하지 않는 투자활동과 재무활동 거래는 현금흐름표에서 제외한다.

④ 이자와 배당금의 수취 및 지급에 따른 현금흐름은 각각 별도로 공시한다. 각 현금흐름은 매 기간 일관성 있게 영업활동, 투자활동 또는 재무활동으로 분류한다.

⑤ 단기매매목적으로 보유하는 유가증권의 취득과 판매에 따른 현금흐름은 투자활동으로 분류한다.

05 CTA 2020 ☑ 확인 Check! ○ △ ✕

(주)세무는 재고자산의 매입과 매출을 모두 외상으로 처리한 후, 나중에 현금으로 결제하고 있다. 다음은 이와 관련된 거래내역 일부를 20x0년과 20x1년도 재무상태표와 포괄손익계산서로부터 추출한 것이다. 20x1년 12월 31일 (A)에 표시될 현금은?(단, 현금의 변동은 제시된 영업활동에서만 영향을 받는다고 가정한다)

재무상태표 계정과목	20x1.12.31.	20x0.12.31.
현 금	(A)	₩300,000
매출채권	110,000	100,000
매출채권 손실충당금	10,000	9,000
재고자산	100,000	80,000
매입채무	80,000	60,000

포괄손익계산서 계정과목	20x1년도	20x0년도
매 출	₩1,800,000	₩1,500,000
매출원가	1,500,000	1,200,000
매출채권 손상차손	7,000	6,000

① ₩584,000

② ₩590,000

③ ₩594,000

④ ₩604,000

⑤ ₩610,000

다음은 (주)세무의 20x1년도 간접법에 의한 현금흐름표를 작성하기 위한 자료의 일부이다.

- 20x1년도 포괄손익계산서 자료
  - 당기순이익 : ₩500,000
  - 법인세비용 : ₩60,000
  - 매출채권손상차손 : ₩9,000
  - 감가상각비 : ₩40,000
  - 상각후원가측정금융자산처분손실 : ₩3,500
  - 사채상환이익 : ₩5,000
  - 유형자산처분손실 : ₩50,000
- 20x1년도 말 재무상태표 자료

구 분	20x1년 1월 1일	20x1년 12월 31일
매출채권(순액)	₩120,000	₩90,000
재고자산(순액)	80,000	97,000
매입채무	65,000	78,000
유형자산(순액)	3,000,000	2,760,000
당기법인세부채	40,000	38,000
이연법인세부채	55,000	70,000

20x1년도 현금흐름표상 영업활동순현금흐름은?(단, 법인세납부는 영업활동으로 분류한다)

① ₩627,500
② ₩640,500
③ ₩649,500
④ ₩687,500
⑤ ₩877,000

(주)세무의 20x2년도 현금흐름표의 영업활동현금흐름에 표시된 항목과 금액이 다음과 같을 때, 영업활동순현금흐름은?

항 목	금 액	항 목	금 액
당기순이익	₩200,000	매출채권 감소	₩15,000
이자수익	20,000	매입채무 감소	12,000
이자비용	35,000	미지급급여 증가	6,000
법인세비용	40,000	이자지급	26,000
감가상각비	50,000	이자수취	18,000
기계장치처분이익	8,000	법인세납부	42,000
재고자산 증가	25,000		

① ₩223,000
② ₩231,000
③ ₩239,000
④ ₩281,000
⑤ ₩311,000

(주)세무의 현금흐름표 작성을 위한 20x1년 자료가 다음과 같을 때, (주)세무의 20x1년도 투자활동순현금흐름과 재무활동순현금흐름은?(단, (주)세무는 이자의 지급, 이자 및 배당금의 수입은 영업활동으로, 배당금의 지급은 재무활동으로 분류하고 있다)

- 유상증자로 ₩250,000, 장기차입금으로 ₩300,000을 조달하였다.
- 20x1년 초 매출채권 잔액은 ₩300,000이었고, 여기에 대손충당금 잔액이₩20,000 설정되어있다. 20x1년 말 매출채권 잔액은 ₩500,000이며, 대손추정을 통하여 기말 대손충당금 잔액이 ₩50,000으로 증가하였다.
- 20x0년 경영성과에 대해 20x1년 3월 주주총회 결의를 통해 주주들에게 배당금으로 ₩200,000을 지급하였다.
- 기초와 기말의 법인세 부채는 각각 ₩300,000과 ₩400,000이었다
- 당기에 유형자산을 총원가 ₩1,500,000에 취득하였으며, 이 중에서 900,000은 금융리스로 취득하였다. 나머지 ₩600,000은 현금으로 지급하였다. 금융리스부채의 상환은 20x2년 초부터 이루어진다
- 취득원가가 ₩800,000이고 감가상각누계액이 ₩500,000인 공장 설비를 현금매각하고, 유형자산처분이익 ₩100,000을 인식하였다.

	투자활동순현금흐름	재무활동순현금흐름
①	₩200,000 유출	₩350,000 유입
②	₩200,000 유출	₩550,000 유입
③	₩400,000 유입	₩200,000 유출
④	₩600,000 유출	₩350,000 유입
⑤	₩600,000 유출	₩550,000 유입

17

(주)세무의 20x1년도 재무제표의 상품매매와 관련된 자료이다. 20x1년도 (주)세무의 상품매입과 관련된 현금유출액은?

• 기초매출채권	₩40,000	• 기말매출채권	₩50,000
• 기초상품재고액	30,000	• 기말상품재고액	28,000
• 기초매입채무	19,000	• 기말매입채무	20,000
• 기초선수금	20,000	• 기말선수금	15,000
• 기초선급금	10,000	• 기말선급금	5,000
• 매출액	400,000	• 매출원가	240,000
• 환율변동이익*	4,000		

*환율변동이익은 매입채무에 포함된 외화외상매입금에서만 발생함

① ₩222,000

② ₩228,000

③ ₩236,000

④ ₩240,000

⑤ ₩248,000

다음은 (주)대한의 20x1년도 간접법에 의한 현금흐름표를 작성하기 위한 자료이다.

---

(1) 20x1년도 포괄손익계산서 자료
- 당기순이익: ₩9,000
- 법인세비용: ₩1,000
- 매출채권 손상차손: ₩1,000
- 재고자산평가손실(매출원가 외의 기타비용): ₩1,500
- 외화환산이익: ₩300(매출채권에서 발생)
- 이자비용: ₩2,000(전액 사채에 대한 이자비용이며, 사채할인발행차금 상각액이 포함됨)
- 유형자산 감가상각비: ₩1,300
- 유형자산 중 토지 처분이익: ₩800

(2) 20x1년 말 재무상태표 자료
- 20x1년 기초금액 대비 기말금액의 증감은 다음과 같다.

자산		부채 및 자본	
계정과목	증가(감소)	계정과목	증가(감소)
현금및현금성자산	₩1,000	매입채무	(₩1,200)
선급급여	1,200	미지급이자	500
매출채권(순액)	3,100	당기법인세부채	100
재고자산(순액)	(800)	사채(순액)	300

(3) (주)대한은 20x1년 4월 1일 토지를 ₩2,000에 처분하였고, 20x1년 중 사채의 추가 발행이나 상환은 없었다.
(4) (주)대한은 이자지급 및 법인세납부는 영업활동으로, 배당금의 지급은 재무활동으로 분류한다.

(주)대한이 20x1년도 현금흐름표에 보고할 영업활동 순현금흐름은 얼마인가?

① ₩3,700   ② ₩4,700

③ ₩5,400   ④ ₩5,700

⑤ ₩7,800

다음은 유통업을 영위하는 (주)대한의 현금흐름표 관련 자료이다.

- 20x1년 재무상태표 관련 자료

계정과목	기 초	기 말
재고자산	₩300,000	₩170,000
재고자산평가충당금	–	3,000
매입채무	280,000	400,000

- (주)대한의 재고자산은 전부 상품이며, 재고자산평가충당금은 전액 재고자산평가손실로 인한 것이다. (주)대한은 당기 발생한 재고자산평가손실 ₩3,000을 기타비용(영업외비용)으로 처리하였다.
- (주)대한의 당기 상품 매입액 중 ₩25,000은 현금매입액이며, 나머지는 외상매입액이다.
- 20x1년도에 매입채무와 관련하여 발생한 외화환산이익은 ₩11,000이다.

(주)대한의 20x1년도 현금흐름표 상 공급자에 대한 현금유출(상품 매입)이 ₩660,000이라면, 20x1년도 포괄손익계산서 상 매출원가는 얼마인가?

① ₩885,000
② ₩896,000
③ ₩910,000
④ ₩921,000
⑤ ₩924,000

다음은 (주)대한의 20x1년도 현금흐름표를 작성하기 위한 자료이다.

- 20x1년도 포괄손익계산서 관련 자료

법인세비용차감전순이익	₩2,150,000
법인세비용	?
이자비용	30,000
감가상각비	77,000

- 20x1년 말 재무상태표 관련 자료

계정과목	기말잔액	기초잔액	증 감
매출채권	₩186,000	₩224,000	₩38,000 감소
재고자산	130,000	115,000	15,000 증가
매입채무	144,000	152,000	8,000 감소
미지급이자	9,500	12,000	2,500 감소
당기법인세부채	31,000	28,000	3,000 증가
이연법인세부채	2,600	4,000	1,400 감소

(주)대한은 간접법으로 현금흐름표를 작성하며, 이자지급과 법인세 납부는 영업활동현금흐름으로 분류한다. (주)대한이 20x1년도 현금흐름표에 보고한 영업활동순현금유입액이 ₩1,884,900일 경우, 20x1년도 당기순이익은 얼마인가?

① ₩1,713,600
② ₩1,754,200
③ ₩1,791,300
④ ₩1,793,800
⑤ ₩1,844,100

다음의 자료를 이용하여 (주)대한의 20x1년도 매출액과 매출원가를 구하면 각각얼마인가?

- (주)대한의 20x1년도 현금흐름표 상 '고객으로부터 유입된 현금'과 '공급자에 대한 현금유출'은 각각 ₩730,000과 ₩580,000이다.
- (주)대한의 재무상태표에 표시된 매출채권, 매출채권 관련 손실충당금, 재고자산, 매입채무의 금액은 각각 다음과 같다.

구 분	20x1년 초	20x1년 말
매출채권	₩150,000	₩115,000
(손실충당금)	(40,000)	(30,000)
재고자산	200,000	230,000
매입채무	90,000	110,000

- 20x1년도 포괄손익계산서에 매출채권 관련 외환차익과 매입채무관련 외환차익이 각각 ₩200,000과 ₩300,000으로 계상되어 있다.
- 20x1년도 포괄손익계산서에 매출채권에 대한 손상차손₩20,000과 기타비용(영업외비용)으로 표시된 재고자산감모손실 ₩15,000이 각각 계상되어 있다.

	매출액	매출원가
①	₩525,000	₩855,000
②	₩525,000	₩645,000
③	₩545,000	₩855,000
④	₩545,000	₩645,000
⑤	₩725,000	₩555,000

다음은 (주)대한의 재무상태표에 표시된 두 종류의 상각후원가(AC)로 측정하는 금융부채(A사채, B사채)와 관련된 계정의 장부금액이다. 상기 금융부채 외에 (주)대한이 보유한 이자발생 부채는 없으며, (주)대한은 20x1년 포괄손익계산서 상 당기손익으로 이자비용 ₩48,191을 인식하였다. 이자지급을 영업활동으로 분류할 경우, (주)대한이 20x1년 현금흐름표의 영업활동현금흐름에 표시할 이자지급액은 얼마인가?(단, 당기 중 사채의 추가발행ㆍ상환ㆍ출자전환 및 차입금의 신규차입은 없었으며, 차입원가의 자본화는 고려하지 않는다)

구 분	20x1년 1월 1일	20x1년 12월 31일
미지급이자	₩10,000	₩15,000
A사채(순액)	94,996	97,345
B사채(순액)	110,692	107,334

① ₩42,182　　　　　　　　　　　② ₩43,192

③ ₩44,200　　　　　　　　　　　④ ₩45,843

⑤ ₩49,200

CHAPTER 18 | 기타의 재무보고

01 CTA 2025

☑ 확인 Check! ○ △ ✕

매각예정비유동자산에 관한 설명으로 옳지 않은 것은?

① 비유동자산(또는 처분자산집단)의 장부금액이 계속사용이 아닌 매각거래를 통하여 주로 회수될 것이라면 이를 매각예정으로 분류하고, 이와 같이 분류하기 위해서는 당해 자산(또는 처분자산집단)은 현재의 상태에서 통상적이고 관습적인 거래조건만으로 즉시 매각가능하여야 하며 매각될 가능성이 매우 높아야 한다.

② 매각될 가능성이 매우 높으려면 적절한 지위의 경영진이 자산(또는 처분자산집단)의 매각계획을 확약하고, 매수자를 물색하고 매각계획을 이행하기 위한 적극적인 업무진행을 이미 시작하였어야 한다.

③ 1년 이후에 매각될 것으로 예상된다면 처분부대원가는 현재가치로 측정한다.

④ 매각예정으로 분류된 비유동자산(또는 처분자산집단)은 공정가치에서 처분부대원가를 뺀 금액과 장부금액 중 큰 금액으로 측정한다.

⑤ 비유동자산이 매각예정으로 분류되거나 매각예정으로 분류된 처분자산집단의 일부이면 그 자산은 감가상각 (또는 상각)하지 아니한다.

(주)세무는 20x1년 12월 말에 다음의 자산집단을 매각방식으로 처분하기로 하였고, 이는 매각예정의 분류기준을 충족한다. 처분자산집단에 속한 자산은 다음과 같이 측정한다.

구 분	매각예정으로 분류하기 전 12월 말의 장부가액	매각예정으로 분류하기 직전에 재측정한 장부가액
재고자산	₩1,100	₩1,000
기타포괄손익-공정가치 측정 금융자산	1,300	1,000
유형자산 Ⅰ(재평가액으로 표시)	1,200	1,000
유형자산 Ⅱ(원가로 표시)	3,400	3,000
영업권	1,000	1,000
합 계	₩8,000	₩7,000

한편, (주)세무는 매각예정으로 분류하는 시점에서 처분자산집단의 순공정가치를 ₩4,000으로 추정하였다. 20x1년 12월 말 손상차손 배분 후, 재고자산과 유형자산 Ⅱ의 장부금액은?

	재고자산	유형자산 Ⅱ
①	₩500	₩1,500
②	₩500	₩2,500
③	₩500	₩3,000
④	₩1,000	₩1,500
⑤	₩1,000	₩2,500

중간재무보고에 관한 설명으로 옳지 않은 것은?

① 직전 연차재무보고서를 연결기준으로 작성하였다면 중간재무보고서도 연결기준으로 작성해야 한다.

② 중간재무보고서에 포함해야 하는 최소한의 구성요소는 요약재무상태표, 요약된 하나 또는 그 이상의 포괄손익계산서, 요약자본변동표, 요약현금흐름표이다.

③ 중간재무보고서에는 직전 연차보고기간말 후 발생한 재무상태와 경영성과의 변동을 이해하는 데 유의적인 거래나 사건에 대한 설명을 포함한다.

④ 중요성을 평가하는 과정에서 중간기간의 측정은 연차재무자료의 측정에 비하여 추정치에 의존하는 정도가 크다는 점을 고려하여야 한다.

⑤ 계절적, 주기적 또는 일시적으로 발생하는 수익은 연차보고기간말에 미리 예측하여 인식하거나 이연하는 것이 적절하지 않은 경우 중간보고기간말에도 미리 예측하여 인식하거나 이연하여서는 아니된다.

보고기간 후 사건에 관한 설명으로 옳은 것은?

① 보고기간 후에 발생한 상황을 나타내는 사건을 반영하기 위하여, 재무제표에 인식된 금액을 수정한다.

② 보고기간 말과 재무제표 발행승인일 사이에 투자자산의 공정가치가 하락한다면, 재무제표에 투자자산으로 인식된 금액을 수정한다.

③ 보고기간 후에 지분상품 보유자에 대해 배당을 선언한 경우, 그 배당금을 보고기간말의 부채로 인식하지 아니한다.

④ 보고기간 말에 존재하였던 상황에 대한 정보를 보고기간 후에 추가로 입수한 경우에도 그 정보를 반영하여 공시 내용을 수정하지 않는다.

⑤ 경영진이 보고기간 후에, 기업을 청산하거나 경영활동을 중단할 의도를 가지고 있거나, 청산 또는 경영활동의 중단 외에 다른 현실적 대안이 없다고 판단하는 경우에도 계속기업의 기준에 따라 재무제표를 작성할 수 있다.

중간재무보고에 관한 내용으로 옳은 것은?

① 한국채택국제회계기준에 따라 중간재무보고서를 작성한 경우, 그 사실을 공시할 필요는 없다.

② 중간재무보고서상의 재무상태표는 당해 중간보고기간 말과 직전연도 동일 기간 말을 비교하는형식으로 작성한다.

③ 중간재무보고서상의 포괄손익계산서는 당해 중간기간과 당해 회계연도 누적기간을 직전 회계연도의 동일기간과 비교하는 형식으로 작성한다.

④ 중간재무보고서를 작성할 때 인식, 측정, 분류 및 공시와 관련된 중요성의 판단은 직전 회계연도의 재무자료에 근거하여 이루어져야 한다.

⑤ 중간재무보고서상의 재무제표는 연차재무제표보다 더 많은 정보를 제공하므로 신뢰성은 높고, 적시성은 낮다.

06 CTA 2019

중단영업에 관한 설명으로 옳은 것은?

① 매각만을 목적으로 취득한 종속기업의 경우에는 이미 처분된 경우에만 중단영업에 해당한다.

② '세후 중단영업손익'과 '중단영업에 포함된 자산이나 처분자산집단을 순공정가치로 측정하거나 처분함에 따른 세후 손익'을 구분하여 포괄손익계산서에 별도로 표시한다.

③ 중단영업의 영업활동, 투자활동 및 재무활동으로부터 발생한 순현금흐름은 주석으로 공시해야하며, 재무제표 본문에 표시할 수 없다.

④ 기업의 구분단위를 매각예정으로 더 이상 분류할 수 없는 경우, 중단영업으로 표시하였던 당해 구분단위의 영업성과를 비교표시되는 모든 회계기간에 재분류하여 계속영업손익에 포함하고 과거기간에 해당하는 금액이 재분류되었음을 주석으로 기재한다.

⑤ 중단영업의 정의를 충족하지 않더라도 매각예정으로 분류된 처분자산집단과 관련하여 발생한 평가손익은 중단영업손익에 포함한다.

07 CTA 2019

재무제표에 인식된 금액을 수정할 필요가 없는 보고기간 후 사건의 예로 옳은 것은?

① 보고기간말에 존재하였던 현재의무가 보고기간 후에 소송사건의 확정에 의해 확인되는 경우

② 보고기간말에 이미 자산손상이 발생되었음을 나타내는 정보를 보고기간 후에 입수하는 경우나 이미 손상차손을 인식한 자산에 대하여 손상차손금액의 수정이 필요한 정보를 보고기간 후에 입수하는 경우

③ 보고기간말 이전 사건의 결과로서 보고기간말에 종업원에게 지급하여야 할 법적 의무나 의제의무가 있는 이익분배나 상여금지급 금액을 보고기간 후에 확정하는 경우

④ 보고기간말과 재무제표 발행승인일 사이에 투자자산의 공정가치 하락이 중요하여 정보이용자의 의사결정에 영향을 줄 수 있는 경우

⑤ 보고기간말 이전에 구입한 자산의 취득원가나 매각한 자산의 대가를 보고기간 후에 결정하는 경우

중간재무보고에 관한 설명으로 옳지 않은 것은?

① 직전 연차재무보고서를 연결기준으로 작성하였다면 중간재무보고서도 연결기준으로 작성해야한다. 연차보고기간말에 연결재무제표를 작성할 때에 자세하게 조정되는 일부 내부거래 잔액은 중간보고기간말에 연결재무제표를 작성할 때는 덜 자세하게 조정될 수 있다.

② 중간재무보고서는 당해 중간보고기간말과 직전 연차보고기간말을 비교하는 형식으로 작성한 재무상태표, 당해 중간기간과 당해 회계연도 누적기간을 직전 회계연도의 동일기간과 비교하는 형식으로 작성한 포괄손익계산서, 당해 회계연도 누적기간을 직전 회계연도의 동일기간과 비교하는 형식으로 작성한 자본변동표와 당해 회계연도 누적기간을 직전 회계연도의 동일기간과 비교하는 형식으로 작성한 현금흐름표를 포함한다.

③ 계절적, 주기적 또는 일시적으로 발생하는 수익은 연차보고기간말에 미리 예측하여 인식하거나 이연하는 것이 적절하지 않은 경우 중간보고기간말에도 미리 예측하여 인식하거나 이연하여서는 아니된다. 배당수익, 로열티수익 및 정부보조금 등이 예이다.

④ 중간재무보고서를 작성할 때 인식, 측정, 분류 및 공시와 관련된 중요성의 판단은 연차재무보고서의 재무자료에 근거하여 이루어져야 한다. 중요성을 평가하는 과정에서 중간기간의 측정은 연차 재무자료의 측정에 비하여 추정에 의존하는 정도가 크다는 점을 고려하여야 한다.

⑤ 중간기간의 법인세비용은 기대총연간이익에 적용될 수 있는 법인세율, 즉 추정평균연간유효법인세율을 중간기간의 세전이익에 적용하여 계산한다. 세무상결손금의 소급공제 혜택은 관련 세무상결손금이 발생한 중간기간에 반영한다.

기업회계기준서 제1010호 '보고기간후사건'에 대한 다음 설명 중 옳지 않은 것은?

① 보고기간후사건은 보고기간말에 존재하였던 상황에 대해 증거를 제공하는 사건과 보고기간 후에 발생한 상황을 나타내는 사건으로 구분한다.

② 보고기간말에 존재하였던 상황에 대한 정보를 보고기간 후에 추가로 입수한 경우에는 그 정보를 반영하여 공시 내용을 수정한다.

③ 경영진이 보고기간 후에 청산 또는 경영활동의 중단 외에 다른 현실적 대안이 없다고 판단하는 경우에는 계속기업의 기준에 따라 재무제표를 작성해서는 아니 된다.

④ 재무제표의 발행승인일과 승인자를 공시한다. 재무제표 발행승인일 후에 발생한 사건의 영향은 재무제표에 반영하지 않으므로 재무제표 발행승인일의 공시는 이용자에게 중요한 정보가 된다.

⑤ 보고기간 후에 지분상품 보유자에 대해 배당을 선언한 경우, 그 배당금은 보고기간말의 부채로 인식한다.

기업회계기준서 제1034호 '중간재무보고'에 대한 다음 설명 중 옳지 않은 것은?

① 중간재무보고서는 최소한 요약재무상태표, 요약된 하나 또는 그 이상의 포괄손익계산서, 요약자본변동표, 요약현금흐름표 그리고 선별적 주석을 포함하여야 한다.

② 중간재무보고서에는 직전 연차보고기간 말 후 발생한 재무상태와 경영성과의 변동을 이해하는 데 유의적인 거래나 사건에 대한 설명을 포함한다.

③ 특정 중간기간에 보고된 추정금액이 최종 중간기간에 중요하게 변동하였지만 최종 중간기간에 대하여 별도의 재무보고를 하지 않는 경우에는, 추정의 변동 성격과 금액을 해당 회계연도의 연차재무제표에 주석으로 공시하지 않는다.

④ 중간재무보고서를 작성할 때 인식, 측정, 분류 및 공시와 관련된 중요성의 판단은 해당 중간기간의 재무자료에 근거하여 이루어져야 한다.

⑤ 중간재무제표는 연차재무제표에 적용하는 회계정책과 동일한 회계정책을 적용하여 작성한다. 다만 직전 연차보고기간 말 후에 회계정책을 변경하여 그 후의 연차재무제표에 반영하는 경우에는 변경된 회계정책을 적용한다.

기업회계기준서 제1105호 '매각예정비유동자산과 중단영업'에 대한 다음 설명 중 옳지 않은 것은?

① 비유동자산의 장부금액이 계속사용이 아닌 매각거래를 통하여 주로 회수될 것이라면 이를 매각예정으로 분류한다.

② 매각예정비유동자산으로 분류하기 위한 요건이 보고기간 후에 충족된 경우 당해 비유동자산은 보고기간 후 발행되는 당해 재무제표에서 매각예정으로 분류할 수 없다.

③ 매각예정으로 분류된 비유동자산은 공정가치에서 처분부대원가를 뺀 금액과 장부금액 중 작은 금액으로 측정한다.

④ 비유동자산이 매각예정으로 분류되거나 매각예정으로 분류된 처분자산집단의 일부이면 그 자산은 감가상각(또는 상각)하지 아니하며, 매각예정으로 분류된 처분자산집단의 부채와 관련된 이자와 기타 비용 또한 인식하지 아니한다.

⑤ 과거 재무상태표에 매각예정으로 분류된 비유동자산 또는 처분자산집단에 포함된 자산과 부채의 금액은 최근 재무상태표의 분류를 반영하기 위하여 재분류하거나 재작성하지 아니한다.

잊지 마세요.

당신이 버티고 버텨
가려던 곳을

– 작자 미상 –

제3편

정답 및 해설

01 답 ④

┃해설┃

많은 현재 및 잠재적 투자자, 대여자 및 그 밖의 채권자는 정보를 제공하도록 보고기업에 직접 요구할 수 없고, 그들이 필요로 하는 재무정보의 많은 부분을 일반목적재무보고서에 의존한다. 따라서 그들이 일반목적재무보고서의 대상이 되는 주요이용자이다.

02 답 ③

┃해설┃

보고기업의 경제적 자원 및 청구권의 변동은 그 기업의 재무성과 그리고 채무상품이나 지분상품의 발행과 같은 그 밖의 사건이나 거래에서 발생한다.

03 답 ①

┃해설┃

현재 및 잠재적 투자자, 대여자 및 기타채권자에 해당하지 않는 기타 당사자들(예를 들어, 감독당국)이 일반목적재무보고서가 유용하다고 여긴다고 하더라도 일반목적재무보고서는 이러한 그 밖의 당사자를 주요 대상으로 한 것이 아니다.

04 답 ⑤

┃해설┃

보고기업의 경제적자원 및 청구권은 재무성과 외의 사유(채무상품이나 지분상품의 발행)로는 변동될 수 있다.

05 답 ①

┃해설┃

보고기업이 지배─종속관계로 모두 연결되어 있지는 않은 둘 이상 실체들로 구성된다면 그 보고기업의 재무제표를 '결합재무제표'라고 부른다.

06

답 ⑤

┃ 해설 ┃

일반목적재무보고서는 보고기업의 가치를 보여주기 위해 <u>고안된 것이 아니다.</u> 그러나 그것은 현재 및 잠재적 투자자, 대여자와 그 밖의 채권자가 보고기업의 가치를 추정하는 데 도움이 되는 정보를 제공한다.

07

답 ③

┃ 해설 ┃

중립적 서술은 재무정보의 선택이나 표시에 편의가 없는 것이다. 중립적 서술은 이용자들이 재무정보를 유리하게 또는 불리하게 받아들일 가능성을 높이기 위해 편파적이 되거나, 편중되거나, 강조되거나, 경시되거나 그 밖의 방식으로 조작되지 않는다. 중립적 정보는 목적이 없거나 행동에 대한 영향력이 없는 정보를 <u>의미하지 않는다.</u> 오히려 목적적합한 재무정보는 정의상 이용자들의 의사결정에 차이가 나도록 할 수 있는 정보이다.

08

답 ⑤

┃ 해설 ┃

보강적 질적특성은 정보가 목적적합하지 않거나 나타내고자 하는 바를 충실하게 표현하지 <u>않으면, 개별적으로든 집단적으로든 그 정보를 유용하게 할 수 없다.</u>

09

답 ③

┃ 해설 ┃

검증가능성은 합리적인 판단력이 있고 독립적인 서로 다른 관찰자가 어떤 서술이 표현충실성이라는 데, 비록 반드시 완전히 일치하지는 못하더라도, 의견이 일치할 수 있다는 것을 의미한다. 계량화된 정보가 검증가능하기 위해서 <u>단일 점추정치이어야 할 필요는 없다.</u>

10

답 ②

┃ 해설 ┃

유용한 재무정보의 질적 특성은 재무제표에서 제공되는 재무정보에 적용되며, 그 밖의 방법으로 제공되는 <u>재무정보에도 적용된다.</u>

11
답 ②

┃해설┃

기초자본 100,000 + 자본유지조정 25,000$^{(주1)}$ + 이익 15,000$^{(주2)}$ = 기말자본 140,000

> **주1** 유지자본 : 50개(= 기초자본 100,000 ÷ 기초현행원가 @2,000) × 2,500 = 125,000
>   ∴ 자본유지조정 : 유지자본 125,000 − 기초자본 100,000 = 25,000
> **주2** 40개 × (3,000 − 2,000) − 자본유지조정 25,000 = 15,000

12
답 ①

┃해설┃

자본유지조정 : 2,100* − 1,800 = 300

> *① 20x1년 초 취득가능상품수량 : 1,800 ÷ @600 = 3개
> ② 20x1년 말 유지자본(화폐금액) : 3개 × @700 = 2,100
> ∴ 20x1년 초 자본 1,800 + 자본유지조정 300 + 당기손익 100 = 20x1년 말 자본 2,200

13
답 ④

┃해설┃

실물자본유지개념을 사용하기 위해서는 현행원가기준에 따라 측정해야 하며, 재무자본유지개념은 특정한 측정기준의 적용을 요구하지 아니한다.

14
답 ①

┃해설┃

기말유지자본(화폐금액) : 500개* × 4,000 = 2,000,000

> *(1,000주 × 1,500) ÷ @3,000 = 500개
> ∴ 20x1년도 당기순이익 : 2,100,000 − 2,000,000 = 100,000

15
답 ④

┃해설┃

경제적효익의 유입가능성이 낮다면, 그 자산에 대해 가장 목적적합한 정보는 발생가능한 유입의 크기, 발생가능한 시기 및 발생가능성에 영향을 미치는 요인에 대한 정보일 수 있다.
이러한 정보는 일반적으로 주석으로 기재한다.

16

답 ④

┃해설┃

사용가치와 이행가치는 자산을 취득하거나 부채를 인수할 때 발생하는 거래원가를 <u>포함하지 않는다</u>.

17

답 ⑤

┃해설┃

경제적 효익의 유입가능성이 낮더라도 자산으로 인식할 수 있다. 그럼에도 불구하고, 그러한 낮은 가능성은 자산의 인식 여부와 측정방법을 포함하여, 자산과 관련하여 제공해야 할 정보와 그 정보를 제공하는 방법에 대한 결정에 영향을 미칠 수 있다.

18

답 ①

┃해설┃

거래원가가 존재하는 경우 자산이나 부채의 공정가치를 측정하기 위해서는 주된 시장의 가격에서 동 거래원가를 <u>조정하지 않는다</u>. 이때, 거래원가는 운송원가를 포함하지 않는다.

19

답 ③

┃해설┃

재무제표이용자들에게 자산이나 부채 그리고 이에 따른 결과로 발생하는 수익, 비용 또는 자본변동에 대한 목적적합한 정보와 충실한 표현 <u>모두</u>를 제공하는 경우 자산이나 부채를 인식한다.

20

답 ⑤

┃해설┃

이행가치는 부채가 <u>이전되거나 협상으로 결제될 때보다는 이행될 경우</u>에 특히 예측가치를 가진다.

01
답 ⑤

┃ 해설 ┃

일부 한국채택국제회계기준에서는 재무제표(주석 포함)에 포함하도록 요구하는 정보를 명시하고 있으므로, 한국채택국제회계기준의 요구에 따라 공시되는 정보가 중요하지 않다면 그 공시를 제공할 필요는 없다.

02
답 ①

┃ 해설 ┃

② 각각의 재무제표는 전체 재무제표에서 <u>동등한 비중으로</u> 표시한다.
③ 상이한 성격이나 기능을 가진 항목은 <u>구분하여 표시한다. 다만 중요하지 않은 항목은</u> 성격이나 기능이 유사한 항목과 <u>통합하여 표시할 수 있다.</u>
④ 동일 거래에서 발생하는 수익과 관련 비용의 상계표시가 거래나 그 밖의 사건의 실질을 <u>반영한다면 그러한 거래의 결과는 상계하여 표시한다.</u>
　　㉲ '충당부채, 우발부채, 우발자산'에 따라 인식한 충당부채와 관련된 지출을 제3자와의 계약관계(㉲ 공급자의 보증약정)에 따라 보전 받는 경우, 당해 지출과 보전받는 금액은 상계하여 표시할 수 있다.
⑤ 공시나 주석 또는 보충 자료를 통해 충분히 설명한다면 부적절한 회계정책은 정당화될 수 <u>없다.</u>

03
답 ②

┃ 해설 ┃

계속기업의 가정이 적절한지의 여부를 평가할 때 기업이 상당 기간 계속 사업이익을 보고하였고 보고기간 말 현재 경영에 필요한 재무자원을 확보하고 있는 경우에도 <u>자세한 분석이 없이도 계속기업을 전제로 한 회계처리가 적절하다는 결론을 내릴 수 있다.</u>

04

┃ 해설 ┃

② 한국채택국제회계기준은 재무제표 이외에도 연차보고서 및 감독기구 제출서류에 반드시 적용하지 않는다.

③ 서술형 정보의 경우에는 당기 재무제표를 이해하는 데 목적적합하다면 비교정보를 포함한다.

④ 재무상태표에 자산과 부채는 유동자산과 비유동자산, 그리고 유동부채와 비유동부채로 구분하여 표시하며, 유동성순서에 따른 표시방법은 허용한다.

⑤ 한국채택국제회계기준의 요구에 따라 공시되는 정보가 중요하지 않다면 그 공시를 제공할 필요는 없다.

05

답 ③

┃ 해설 ┃

비용의 성격별 분류 정보가 비용의 기능에 대한 정보보다 미래현금흐름을 예측하는데 유용하다.

06

답 ③

┃ 해설 ┃

기타포괄손익 항목 중 후속적으로 당기손익으로 재분류조정될 수 있는 것은 아래와 같다.

• FVOCI 금융자산(채무상품) 평가손익

• F/S 환산시 발생하는 외환 차이

• 현금흐름위험회피 파생상품 평가손익 중 효과적인 부분

더 알아보기	기타포괄손익의 재분류조정 금지 항목
(1) 유형자산과 무형자산 재평가잉여금의 변동	
(2) 확정급여제도의 재측정요소	
(3) FVOCI 선택 금융자산 평가손익,	
(4) FVPL 지정 금융부채의 신용위험 변동에 따른 평가손익	
※ 재평가잉여금과 재측정요소는 이익잉여금 대체 가능	

07

답 ④

┃ 해설 ┃

이익의 분배에 대해 서로 다른 권리를 가지는 보통주 종류별로 이에 대한 기본주당이익과 희석주당이익을 포괄손익계산서에 표시한다. 그러나 기본주당이익과 희석주당이익이 부의 금액(즉, 주당손실)인 경우에는 표시한다.

08

답 ④

┃해설┃

기타포괄손익–공정가치측정금융자산의 재측정손익은 채무상품에 한정하여 재분류조정이 가능하고, 확정급여제도의 재측정요소는 재분류조정이 금지된 기타포괄손익이다.

09

답 ①

┃해설┃

(가) 보고기간 말 이전에 장기차입약정의 약정사항을 위반했을 때 대여자가 즉시 상환을 요구할 수 있는 채무는 보고기간 후 재무제표 발행승인일 전에 대여자가 약정위반을 이유로 상환을 요구하지 않기로 <u>합의하더라도 유동부채로 분류한다</u>.
→ 그 이유는 기업이 보고기간말 현재 그 시점으로부터 적어도 12개월 이상 결제를 연기할 수 있는 권리를 가지고 있지 않기 때문이다.

(나) 기업이 재무상태표에 유동자산과 비유동자산, 그리고 유동부채와 비유동부채로 구분하여 표시하는 경우, 이연법인세자산 (부채)은 유동자산(부채)으로 <u>분류하지 않는다</u>.

CHAPTER 03 | 유형자산 · 무형자산

01

 답 ④

해설

20x1.1.1.	(차)	설비	440,000	(대)	현금	440,000
		설비	75,130		복구충당부채	(주1)75,130
20x1.12.31.	(차)	감가상각비	(주2)170,000	(대)	감가상각누계액	170,000
		이자비용	(주3)7,513		복구충당부채	7,513
20x2.12.31.	(차)	감가상각비	170,000	(대)	감가상각누계액	170,000
		이자비용	(주4)8,264		복구충당부채	8,264
20x3.12.31.	(차)	감가상각비	170,000	(대)	감가상각누계액	170,000
		이자비용	(주5)9,091		복구충당부채	9,091
	(차)	복구충당부채	100,000	(대)	현금	120,000
		복구비용	20,000			
	(차)	현금	3,830	(대)	잔존설비	5,130
		처분손실	1,300			

> 주1 $100,000 \times 0.7513 = 75,130$
> 주2 $\{(440,000 + 73,130) - 5,130\} \div 3년 = 170,000$
> 주3 $75,130 \times 10\% = 7,513$
> 주4 $(75,130 + 7,513) \times 10\% = 8,264$
> 주5 $(75,130 + 7,513 + 8,264) \times 10\% = 9,091$

$\therefore 170,000 + 9,091 + 20,000 + 1,300 = 200,391$

실전풀이

- 감가상각비 : $\{(440,000 + 73,130) - 5,130\} \div 3년 = 170,000$
- 이자비용 : $(100,000 \times 0.7513) \times 1.12 \times 10\% = 9,091$
- 복구비용 : 실제지출액 $120,000 -$ 당초예상액 $100,000 = 20,000$
- 처분손익 : 처분금액 $3,830 -$ 장부금액 $5,130 = 1,300$
- $\therefore 170,000 + 9,091 + 20,000 + 1,300 = 200,391$

┃해설┃

20x1.1.1.	(차) 설비		3,900,000	(대) 현금	3,900,000
	설비		294,000	복구충당부채	(주1)294,000
20x1.12.31.	(차) 감가상각비		(주2)1,168,200	(대) 감가상각누계액	1,168,200
	이자비용		(주3)17,640	복구충당부채	17,640

> 주1 400,000 × 0.7350 = 294,000
> 주2 {(3,900,000 + 294,000) − 300,000} × 4/10 × 9/12 = 1,168,200
> 주3 294,000 × 8% × 9/12 = 17,640

∴ 1,168,200 + 17,640 = 1,185,840

실전풀이

- 감가상각비 : {(3,900,000 + 294,000) − 300,000} × 4/10 × 9/12 = 1,168,200
- 이자비용 : 294,000 × 8% × 9/12 = 17,640
∴ 1,168,200 + 17,640 = 1,185,840

┃해설┃

건물신축 허가비 25,000 + 신축건물 공사원가 150,000 + 건축설계비 15,000 + 건물등록비 20,000 = 210,000

※ 가건물 철거비용은 당기비용으로 처리한다.

※ 이외에는 모두 토지의 취득원가에 해당한다. 단, 아래의 경우는 유의해야한다.

- 진입로 공사비
  - 기업이 유지·관리 : 구축물로 인식
  - 국가나 지방자치단체가 유지·관리 : 토지의 취득원가
- 울타리 설치공사
  - 내용연수 한정적 : 구축물로 인식
  - 내용연수 영구적 : 토지의 취득원가

04

▌해설▐

(주)세무

(차)	기계장치	3,400,000	(대)	건물	3,600,000
	현금	400,000		유형자산처분이익	200,000

(주)한국

(차)	건물	3,800,000	(대)	기계장치	3,400,000
				현금	400,000

※ (주)세무의 건물에 대한 공정가치가 (주)한국의 기계장치에 대한 공정가치보다 더 명백하다고 하였으므로, (주)한국의 기계장치의 공정가치는 없는 것으로 본다.

05
답 ⑤

▌해설▐

①·⑤

(차)	(신)기계장치	290,000	(대)	(구)기계장치	280,000
	처분손실	10,000		현금	20,000

②·⑤

(차)	(신)기계장치	280,000	(대)	(구)기계장치	330,000
	현금	20,000			
	처분손실	30,000			

③

(차)	(신)기계장치	300,000	(대)	(구)기계장치	280,000
				현금	20,000

④ 상업적 실질이 없는 경우, 손익은 인식하지 않는다.

06
답 ③

▌해설▐

〈상황 1〉 상업적 실질 ○

(차)	(신)기계장치	2,800,000	(대)	(구)기계장치	800,000
				현금	1,800,000
				처분이익	200,000

〈상황 2〉 상업적 실질 ×

(차)	(신)기계장치	800,000	(대)	(구)기계장치	800,000

┃ 해설 ┃

① 감가상각이 완전히 이루어지기 <u>전까지는</u> 유형자산이 운휴 중이거나 적극적인 사용상태가 아니어도 감가상각을 중단하지 않는다. 그러나 유형자산의 사용정도에 따라 감가상각을 하는 경우에는 생산활동이 이루어지지 않을 때 감가상각액을 인식하지 않을 수 있다.

② 유형자산의 잔존가치와 내용연수는 적어도 매 회계연도 말에 재검토한다.

③ 유형자산의 전체원가에 비교하여 해당 원가가 유의적이지 않은 부분은 별도로 분리하여 감가상각 할 수 있다.

⑤ 유형자산의 공정가치가 장부금액을 초과하는 상황이 발생하면 <u>잔존가치가 장부금액을 초과하지 않는 한</u> 감가상각액을 계속 인식할 수 있다.

08

답 ④

┃ 해설 ┃

20x1.7.1.	(차)	설비	1,000,000	(대)	현금	1,000,000
		설비	204,900		복구충당부채	(주1)204,900
20x1.12.31.	(차)	감가상각비	(주2)200,980	(대)	감가상각누계액	200,980
		이자비용	(주3)10,245		복구충당부채	10,245
20x2.12.31.	(차)	감가상각비	(주4)351,715	(대)	감가상각누계액	351,715
		이자비용	(주5)21,515		복구충당부채	21,515

- **주1** $300,000 \times 0.6830 = 204,900$
- **주2** $(1,204,900 - 200,000) \times 4/10 \times 6/12 = 200,980$
- **주3** $204,900 \times 10\% \times 6/12 = 10,245$
- **주4** $(1,204,900 - 200,000) \times 4/10 \times 6/12 + (1,204,900 - 200,000) \times 3/10 \times 6/12 = 351,715$
- **주5** $215,145 \times 10\% = 21,515$

∴ $351,715 + 21,515 = 373,230$

실전풀이

- 감가상각비 : $(1,204,900 - 200,000) \times 4/10 \times 6/12 + (1,204,900 - 200,000) \times 3/10 \times 6/12 = 351,715$
- 이자비용 : $(204,900 \times 10\% \times 6/12) + (204,900 \times 1.1 \times 10\% \times 6/12) = 21,515$
- ∴ $351,715 + 21,515 = 373,230$

09

답 ④

해설

20x1.7.1.	(차)	건물	(주1)6,000,000	(대) 현금	6,000,0000
20x1.12.31.	(차)	감가상각비	(주2)1,000,000	(대) 감가상각누계액	1,000,000
20x2.12.31.	(차)	감가상각비	(주3)750,000	(대) 감가상각누계액	750,000

주1 $(14,000,000 + 1,000,000) \times \dfrac{6,400,000}{(9,600,000 + 6,400,000)} = 6,000,000$

주2 $(6,000,000 - 1,000,000) \times 4/10 \times 6/12 = 1,000,000$

주3 $(6,000,000 - 1,000,000) \times 3/10 \times 6/12 = 750,000$

실전풀이

- 건물의 취득원가 : $(14,000,000 + 1,000,000) \times \dfrac{6,400,000}{(9,600,000 + 6,400,000)} = 6,000,000$

∴ 감가상각비 : $(5,000,000 \times 4/10 \times 6/12) + (5,000,000 \times 3/10 \times 6/12) = 1,750,000$

10

답 ①

해설

20x1.1.1.	(차)	토지	(주2)5,501,760	(대) 현금	1,000,000
		건물	(주3)3,667,840	장기미지급금	(주1)8,169,600
20x1.12.31.	(차)	감가상각비	(주4)733,568	(대) 감가상각누계액	733,568
	(차)	이자비용	(주5)408,480	(대) 현금	3,000,000
		장기미지급금	2,591,520		
20x2.12.31.	(차)	감가상각비	733,568	(대) 감가상각누계액	733,568
	(차)	이자비용	(주6)278,904	(대) 현금	3,000,000
		장기미지급금	2,721,096		

주1 $3,000,000 \times (0.9524 + 0.9070 + 0.8638) = 8,169,600$

주2 $9,169,600 \times 60\% = 5,501,760$

주3 $9,169,600 \times 40\% = 3,667,840$

주4 $(3,667,840 - 0) \div 5년 = 733,568$

주5 $8,169,600 \times 5\% = 408,480$

주6 $5,578,080 \times 5\% = 278,904$

∴ 20x2년도 포괄손익계산서 상 당기순이익에 미치는 영향 : $733,568 + 278,904 = 1,012,472$ 감소

실전풀이

- 총취득원가 : 9,169,600
  - 현금 : 1,000,000
  - 장기미지급금 : $3,000,000 \times (0.9524 + 0.9070 + 0.8638) = 8,169,600$
- 건물의 취득원가 : $9,169,600 \times 40\% = 3,667,840$
- 20x2년도 감가상각비와 이자비용
  - 감가상각비 : $(3,667,840 - 0) \div 5년 = 733,568$
  - 이자비용 : $(8,169,600 \times 1.05 - 3,000,000) \times 5\% = 278,904$
- $\therefore 733,568 + 278,904 = 1,012,472$ 감소

11
답 ④

해설

20x1.7.1.	(차) (신)기계장치	(주1)6,000	(대) (구)기계장치	7,000
	유형자산처분손실	1,000		
	(차) (신)기계장치	500	(대) 현금	500
	(차) (신)기계장치	(주2)1,000	(대) 현금	1,000
20x1.12.31.	(차) 감가상각비	(주3)1,750	(대) 감가상각누계액	1,750
20x2.12.31.	(차) 감가상각비	(주4)2,917	(대) 감가상각누계액	2,917

주1 문제에서 동 자산의 교환은 상업적실질이 있으며 (주)세무의 기계장치 공정가치는 신뢰성 있게 측정가능하고 (주)국세의 기계장치 공정가치보다 명백하다고 가정하였으므로, (신)기계장치의 취득원가는 (주)세무가 궁극적으로 준 것의 공정가치에 해당한다.

주2 기계장치와 관련한 설치장소 준비원가 500 + 설치원가 500 = 1,000

주3 $(7,500 - 500) \times 3/6 \times 6/12 = 1,750$

주4 $(7,500 - 500) \times 3/6 \times 6/12 + (7,500 - 500) \times 2/6 \times 6/12 = 2,917$

$\therefore$ (주)세무의 20x2년도 기계장치 감가상각비 : 2,917

실전풀이

- (주)세무의 (신)기계장치 취득원가 : $(7,000 - 1,000) + 500 + 500 + 500 = 7,500$
- 20x2년도 기계장치 감가상각비 : $(7,500 - 500) \times 3/6 \times 6/12 + (7,500 - 500) \times 2/6 \times 6/12 = 2,917$

12

┃해설┃

20x1.1.1.	(차) (신)기계장치	(주1)600,000	(대) (구)기계장치	700,000
	유형자산처분손실	100,000		
	(차) (신)기계장치	50,000	(대) 현금	50,000
	(차) (신)기계장치	(주2)100,000	(대) 현금	100,000
20x1.12.31.	(차) 감가상각비	(주3)140,000	(대) 감가상각누계액	140,000

> **주1** 문제에서 동 자산의 교환은 상업적실질이 있으며 (주)대한의 기계장치 공정가치는 신뢰성 있게 측정가능하고 (주)민국
> 의 기계장치 공정가치보다 명백하다고 가정하였으므로, (신)기계장치의 취득원가는 (주)대한이 궁극적으로 준 것의
> 공정가치에 해당한다.
> **주2** 기계장치와 관련한 설치장소 준비원가 50,000 + 설치원가 50,000 = 100,000
> **주3** (750,000 − 50,000) ÷ 5년 = 140,000

∴ (주)대한의 20x1년도 기계장치 감가상각비 : 140,000

실전풀이

- (주)대한의 (신)기계장치 취득원가 : (700,000 − 100,000) + 50,000 + 50,000 + 50,000 = 750,000
- 20x1년도 기계장치 감가상각비 : (750,000 − 50,000) ÷ 5년 = 140,000

13

┃해설┃

20x1.1.1.	(차) 건물	1,000,000	(대) 현금	1,000,000
20x1.12.31.	(차) 감가상각비	(주1)160,000	(대) 감가상각누계액	160,000
	비용	(주2)140,000	건물	140,000
20x2.12.31.	(차) 감가상각비	(주3)125,000	(대) 감가상각누계액	125,000
	건물	(주4)225,000	수익	140,000
			자본	85,000

> **주1** (1,000,000 − 200,000) ÷ 5년 = 160,000
> **주2** 20x1년말 장부금액 840,000 − 20x1년 말 공정가치 700,000 = 140,000
> **주3** (700,000 − 200,000) ÷ 4년 = 125,000 (전진법처리)
> **주4** 20x2년 말 장부금액 575,000 − 20x2년 말 공정가치 800,000 = 225,000

∴ 20x2년도 당기순이익에 미치는 영향 : (−)125,000 + 140,000 = 15,000 증가

```
X1초    1,000,000
             │  − 160,000
             ↓
X1말      840,000  ─────────→  700,000
              비용 140,000        │  − 125,000
                                  ↓
X2말                          575,000  ─────────→  800,000
                                      수익 140,000
                                      자본 85,000
```

14

┃해설┃

〈토지〉

20x1.1.1.	(차)	토지	100,000	(대)	현금	100,000
20x1.12.31.	(차)	비용	5,000	(대)	토지	5,000
20x2.12.31.	(차)	토지	(주1)25,000	(대)	수익	5,000
					자본	20,000

> 주1 20x2년 말 장부가액 95,000 − 20x2년 말 공정가치 120,000 = 25,000

〈건물〉

20x1.1.1.	(차)	건물	10,000	(대)	현금	10,000
20x1.12.31.	(차)	감가상각비	(주1)2,500	(대)	감가상각누계액	2,500
		비용	(주2)500		건물	500
20x2.1.1.	(차)	건물	(주3)9,000	(대)	현금	9,000
20x1.12.31.	(차)	감가상각비	(주4)3,000	(대)	감가상각누계액	3,000
		건물	(주5)500		수익	500

> 주1 (10,000 − 0) ÷ 4년 = 2,500
> 주2 20x1년 말 장부가액 7,500 − 20x1년 말 공정가치 7,000 = 500
> 주3 20x1년 말 공정가치 7,000 + 자산인식기준을 충족하는 후속원가 2,000 = 9,000
> 주4 (7,000 + 2,000) ÷ 3년 = 3,000
> 주5 20x2년 말 장부가액 6,000 − 20x2년 말 공정가치 6,500 = 500

∴ 20x2년 당기순이익에 미치는 영향 : 5,000 + (−)3,000 + 500 = **2,500 증가**

〈토지〉

X1초　100,000
　　　　　↓ 0
X1말　100,000 ──────→ 95,000
　　　　　　비용 5,000　　　↓ 0
X2말　　　　　　　　95,000 ──────→ 120,000
　　　　　　　　　　　　수익 5,000
　　　　　　　　　　　　자본 20,000

〈건물〉

X1초　10,000
　　　　　↓ − 2,500
X1말　7,500 ──────→ 7,000 + 2,000*
　　　　　비용 500　　　↓ − 3,000
X2말　　　　　　6,000 ──────→ 6,500
　　　　　　　　　　수익 500

*후속원가 2,000원은 재평가 이후 반영

15

답 ④

┃해설┃

20x1.1.1.	(차)	차량운반구	600,000	(대)	현금	600,000
20x1.12.31.	(차)	감가상각비	(주1)100,000	(대)	감가상각누계액	100,000
		자본	(주2)50,000		차량운반구	50,000
20x2.12.31.	(차)	감가상각비	(주3)110,000	(대)	감가상각누계액	110,000
		자본	50,000		차량운반구	(주4)66,000
		비용	16,000			

주1 (600,000 − 0) ÷ 6년 = 100,000
주2 20x1년 말 장부가액 500,000 − 20x1년 말 공정가치 550,000 = 50,000
주3 (550,000 − 0) ÷ 5년 = 110,000(전진법처리)
주4 20x2년 말 장부가액 440,000 − 20x2년 말 공정가치 374,000 = 66,000

∴ 20x2년 인식해야 할 당기비용 : 110,000 + 16,000 = 126,000

```
X1초    600,000
          │ - 100,000
          ↓
X1말    500,000 ─────────→ 550,000
              자본 50,000      │ - 110,000
                              ↓
X2말                      440,000 ─────────→ 374,000
                               자본 50,000
                               비용 16,000
```

16   답 ①

┃해설┃

20x1.1.1.	(차)	건물	1,000,000	(대)	현금	1,000,000
20x1.12.31.	(차)	감가상각비	(주1)400,000	(대)	감가상각누계액	400,000
		감가상각누계액	400,000		자본	(주2)300,000
					건물	100,000

주1 1,000,000 × 40% = 400,000
주2 20x1년 말 장부가액 600,000 − 20x1년 말 공정가치 900,000 = 300,000

더 알아보기   감가상각자산의 재평가시 회계처리 – 총비례법과 총제거법

(1) **총비례법**
    재평가 후 자산의 장부금액이 재평가금액과 일치하도록 총장부금액과 감가상각누계액을 비례적으로 수정하는
    방법
(2) **총제거법**
    총장부금액에서 기존의 감가상각누계액을 모두 제거하여 순장부금액이 재평가금액과 일치하도록 하는 방법
※ 어떤 방법을 사용해도 재평가잉여금(자본), 재평가손익(수익, 비용)의 금액은 동일하다.

17

▌해설▌

20x1.1.1.	(차)	토지		1,000,000	(대)	현금	1,000,000
20x1.12.31.	(차)	토지		100,000	(대)	자본	^(주1)100,000
20x2.12.31.	(차)	자본		100,000	(대)	토지	^(주2)200,000
		비용		100,000			
20x3.12.31.	(차)	토지	^(주3)	300,000	(대)	수익	100,000
						자본	200,000
20x4.1.1	(차)	현금		1,150,000	(대)	토지	1,200,000
		처분손실		50,000			
	(차)	자본	^(주4)	200,000	(대)	이익잉여금	200,000

> **주1** 20x1년 말 장부금액 1,000,000 – 20x1년 말 공정가치 1,100,000 = 100,000
> **주2** 20x2년 말 장부금액 1,100,000 – 20x2년 말 공정가치 900,000 = 200,000
> **주3** 20x3년 말 장부금액 900,000 – 20x3년 말 공정가치 1,200,000 = 300,000
> **주4** 자본 : 200,000(20x1.12.31) – 100,000(20x2.12.31) + 200,000(20x3.12.31) = 200,000

∴ 20x4년도 포괄손익계산서에 인식해야 할 **당기손익은 50,000, 기타포괄손익은 0**

※ 기타포괄손익이 200,000이 아님에 주의한다. 이익잉여금으로 대체되는 재평가잉여금은 자본내 대체이므로 포괄손익계산서의 기타포괄손익에 기재하지 않는다.

> **실전풀이**
> - 토지의 처분손익 : 1,150,000 – 1,200,000 = (–)50,000
> - 기타포괄손익 : 0

18

▌해설▌

20x1.1.1.	(차)	(신)기계장치		800,000	(대)	(구)기계장치	1,000,000
		처분손실		200,000			
20x1.12.31.	(차)	감가상각비	^(주1)	200,000	(대)	감가상각누계액	200,000
		비용	^(주2)	30,000		(신)기계장치	30,000
20x2.12.31.	(차)	감가상각비	^(주3)	190,000	(대)	감가상각누계액	190,000
		(신)기계장치	^(주4)	40,000		수익	30,000
						자본	10,000

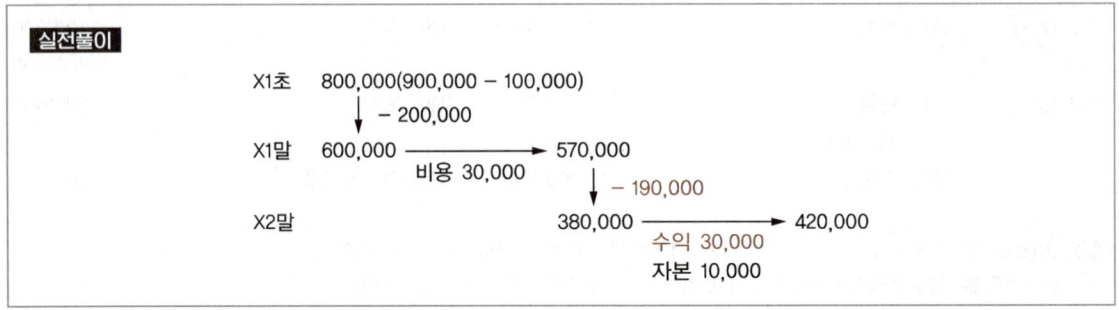

주1 (800,000 − 0) ÷ 4 = 200,000
주2 20x1년 말 장부가액 600,000 − 20x1년 말 공정가치 570,000 = 30,000
주3 (570,000 − 0) ÷ 3 = 190,000
주4 20x2년 말 장부가액 380,000 − 20x2년 말 공정가치 420,000 = 40,000

∴ 20x2년 포괄손익계산서상 당기순이익에 미치는 영향 : (−)190,000 + 수익 30,000 = 160,000 감소

실전풀이

X1초   800,000(900,000 − 100,000)
              ↓ − 200,000
X1말   600,000 ——————→ 570,000
              비용 30,000
                          ↓ − 190,000
X2말   380,000 ——————→ 420,000
                          수익 30,000
                          자본 10,000

19 답 ①

해설

20x1.1.1.	(차)	기계장치	1,500,000	(대)	현금	1,500,000
20x1.12.31.	(차)	감가상각비	(주1)280,000	(대)	감가상각누계액	280,000
		비용	200,000		기계장치	(주2)200,000
20x2.1.1.	(차)	기계장치	300,000	(대)	현금	300,000
20x2.12.31.	(차)	감가상각비	(주3)200,000		감가상각누계액	200,000
		기계장치	(주4)230,000		수익	200,000
					자본	30,000

주1 (1,500,000 − 100,000) ÷ 5년 = 280,000
주2 20x1년 말 장부금액 1,220,000 − 20x1년 말 공정가치 1,020,000 = 200,000
주3 (1,320,000 − 120,000) ÷ 6년 = 200,000
주4 20x2년 말 장부금액 1,120,000 − 20x2년 말 공정가치 1,350,000 = 230,000

∴ 20x1년도 당기순이익에 미치는 영향 : (−)280,000 + (−)200,000 = 480,000 감소
　20x2년도 당기순이익에 미치는 영향 : (−)200,000 + 200,000 = 0(영향 없음)

X1초 1,500,000
         ↓ − 280,000
X1말 1,220,000 ──→ 1,020,000 + 300,000
       비용 200,000   ↓ − 200,000
X2말　　　　　　　　　　1,120,000 ──→ 1,350,000
　　　　　　　　　　　　　　수익 200,000
　　　　　　　　　　　　　　자본 30,000

20

답 ④

∥ 해설 ∥

20x1.1.1.	(차)	기계	100,000	(대)	현금		100,000
20x1.12.31.	(차)	감가상각비	(주1)20,000	(대)	감가상각누계액		20,000
	(차)	기계	20,000	(대)	자본		(주2)20,000
20x2.12.31.	(차)	감가상각비	(주3)25,000	(대)	감가상각누계액		25,000
	(차)	자본	(주4)5,000	(대)	이익잉여금		5,000
	(차)	자본	(주5)12,000	(대)	기계		12,000
20x3.12.31.	(차)	감가상각비	(주6)21,000	(대)	감가상각누계액		21,000
	(차)	자본	(주7)1,000	(대)	이익잉여금		1,000
	(차)	자본	2,000	(대)	기계		(주8)3,000
		비용	1,000				

주1 (100,000 − 0) ÷ 5년 = 20,000
주2 20x1년 말 장부금액 80,000 − 20x1년 말 공정가치 100,000 = 20,000
주3 (100,000 − 0) ÷ 5년 = 25,000
주4 자본(재평가잉여금)의 이익잉여금 대체 : 20x1년 말 감가상각비 20,000와 20x2년 말 감가상각비 25,000의 차이인 5,000을 대체
주5 20x2년 말 장부금액 75,000 − 20x2년 말 공정가치 63,000 = 12,000
주6 (63,000 − 0) ÷ 3년 = 21,000
주7 자본(재평가잉여금)의 이익잉여금 대체 : 20x1년 말 감가상각비 20,000와 20x3년 말 감가상각비 21,000의 차이인 1,000을 대체
주8 20x3년 말 장부금액 42,000 − 20x3년 말 공정가치 39,000 = 3,000

② 20x2년도 이익잉여금 당기 변동분 : 감가상각비 (−)25,000 + 이익잉여금 대체 5,000 = (−)20,000
④ 20x3년 말 당기손익으로 인식할 재평가손실은 ₩1,000이다.
⑤ 20x3년도 이익잉여금 당기 변동분 : 감가상각비 (−)21,000 + 이익잉여금 대체 1,000 + 재평가손실 (−)1,000 = (−)21,000

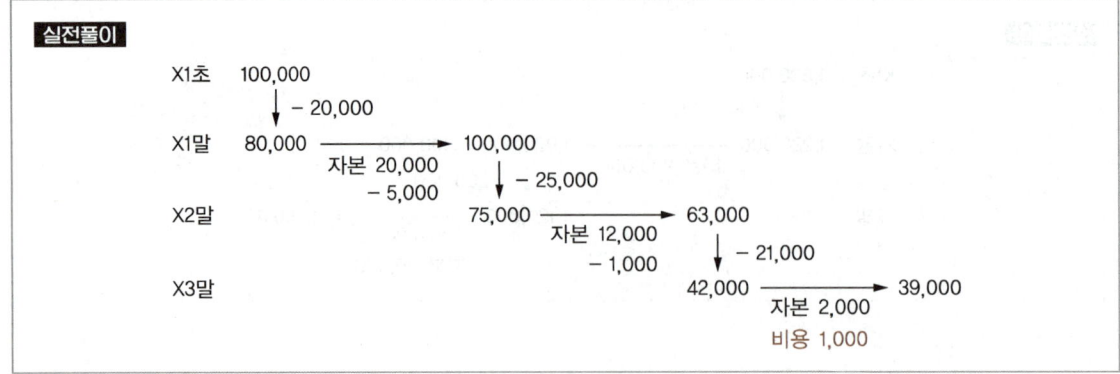

실전풀이

```
X1초    100,000
            ↓ − 20,000
X1말     80,000  ────────→  100,000
              자본 20,000       ↓ − 25,000
                − 5,000
X2말                       75,000  ────────→  63,000
                             자본 12,000        ↓ − 21,000
                               − 1,000
X3말                                       42,000  ────────→  39,000
                                             자본 2,000
                                             비용 1,000
```

21

답 ④

▌해설▐

20x1.1.1.	(차) 기계장치	1,200,000	(대) 현금	1,200,000
20x1.12.31.	(차) 감가상각비	(주1)200,000	(대) 감가상각누계액	200,000
	기계장치	(주2)50,000	자본	50,000
20x2.12.31.	(차) 감가상각비	(주3)210,000	(대) 감가상각누계액	210,000
	자본	(주4)10,000	이익잉여금	10,000
	자본	40,000	기계장치	(주5)60,000
	비용	20,000		

주1 (1,200,000 − 0) ÷ 6년 = 200,000
주2 20x1년 말 장부금액 1,000,000 − 20x1년 말 공정가치 1,050,000 = 50,000
주3 (1,050,000 − 0) ÷ 5년 = 210,000
주4 자본(재평가잉여금)의 이익잉여금 대체 : 20x1년 말 감가상각비 200,000와 20x2년 말 감가상각비 210,000의 차이인 10,000을 대체
주5 20x2년 말 장부금액 840,000 − 20x2년 말 공정가치 780,000 = 60,000

∴ 20x2년 포괄손익계산서상 당기순이익에 미치는 영향 : (−)210,000 + (−)20,000 = 230,000 감소
　20x2년 포괄손익계산서상 기타포괄이익에 미치는 영향 : 40,000 감소
※ 이익잉여금으로 대체되는 재평가잉여금은 자본내 대체이므로 포괄손익계산서의 기타포괄손익에 기재하지 않는다.

실전풀이

```
X1초    1,200,000
             ↓ − 200,000
X1말    1,000,000  ────────→  1,050,000
              자본 50,000          ↓ − 210,000
                − 10,000
X2말                          840,000  ────────→  780,000
                               자본 40,000
                               비용 20,000
```

22

▌해설▐

20x1.1.1.	(차)	기계장치	(주1)280,000	(대)	현금	280,000
20x1.12.31.	(차)	감가상각비	(주2)70,000	(대)	감가상각누계액	70,000
		손상(비용)	(주3)60,000		기계장치	60,000
20x2.12.31.	(차)	감가상각비	(주4)50,000	(대)	감가상각누계액	50,000
		기계장치	40,000		환입(수익)	(주5)40,000

주1 240,000 + 40,000 = 280,000
   ※ 시제품의 순매각금액과 재배치하기 위해 지출한 운반비와 설치원가는 당기손익으로 처리한다.
주2 (280,000 − 0) ÷ 4년 = 70,000
주3 20x1년 말 장부금액 210,000 − 회수가능액 Max(150,000, 120,000) = 60,000
주4 (150,000 − 0) ÷ 3년 = 50,000
주5 20x2년 말 장부금액 100,000 − 회수가능액 Min{Max(160,000, 170,000), 환입한도 140,000} = 40,000

① 20x1년 손상차손은 ₩60,000이다.
② 20x1년 감가상각비는 ₩70,000이다.
③ 20x2년 감가상각비는 ₩50,000이다.
④ 20x2년 말 장부금액은 ₩140,000이다(= 280,000 − 70,000 − 60,000 − 50,000 + 40,000).
⑤ 20x2년 손상차손환입액은 ₩40,000이다.

실전풀이

```
X1초    280,000
           │ − 70,000
           ↓
X1말    210,000  ───────→  150,000
            손상 60,000        │ 50,000
                              ↓
X2말               100,000 ───────→  170,000
                        환입 40,000   한도 140,000
```

23

답 ④

┃해설┃

20x1.1.1.	(차)	기계장치	2,000,000	(대)	현금		2,000,000
20x1.12.31.	(차)	감가상각비	(주1)360,000	(대)	감가상각누계액		360,000
20x2.12.31.	(차)	감가상각비	360,000	(대)	감가상각누계액		360,000
		손상(비용)	(주2)510,000		기계장치		510,000
20x3.12.31	(차)	감가상각비	(주3)190,000	(대)	감가상각누계액		190,000
		기계장치	200,000		환입(수익)		(주4)200,000

주1 (2,000,000 − 200,000) ÷ 5년 = 360,000
주2 20x2년 말 장부금액(상각후) 1,280,000 − 회수가능액 Max(770,000, 700,000) = 510,000
주3 (770,000 − 200,000) ÷ 3년 = 190,000
주4 20x3년 말 장부금액(상각후) 580,000 − Min(회수가능액 780,000, 환입한도 920,000) = 200,000

∴ 20x3년도 당기순이익에 미치는 영향 : (−)190,000 + 200,000 = 10,000 증가

실전풀이

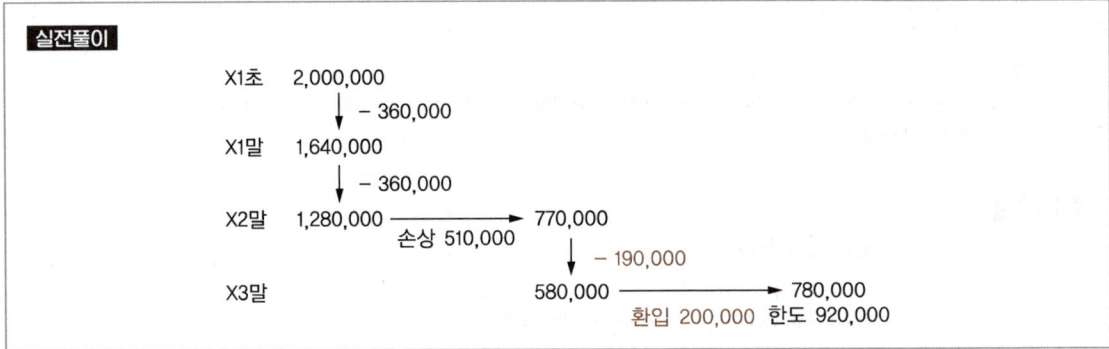

24

답 ⑤

┃해설┃

실전풀이

20x1년 말 장부금액 560,000 − 손상차손과 감가상각비 130,000 = 430,000
※ 유형자산의 장부금액 변동은 감가상각, 손상의 합계로 추정 가능하다(단, 취득이나 처분이 없는 경우에 한함).

25

해설

20x1.1.1.	(차)	건물	2,000,000	(대)	현금	2,000,000
20x1.12.31.		감가상각비	(주1)160,000		감가상각누계액	160,000
20x2.12.31.	(차)	감가상각비	160,000	(대)	감가상각누계액	160,000
		손상(비용)	(주2)280,000		건물	280,000
20x3.12.31.	(차)	감가상각비	(주3)125,000	(대)	감가상각누계액	125,000
20x4.12.31.	(차)	감가상각비	125,000	(대)	감가상각누계액	125,000
		건물	210,000		환입(수익)	(주4)210,000

주1 (2,000,000 − 400,000) ÷ 10년 = 160,000
주1 20x2년 말 장부금액(상각후) 1,680,000 − 회수가능액 Max(1,200,000, 1,400,000) = 280,000
주1 (1,400,000 − 400,000) ÷ 8년 = 125,000
주1 20x4년 말 장부금액(상각후) 1,150,000 − 회수가능액 Min{Max(1,500,000, 1,300,000), 환입한도 1,360,000} = 210,000

실전풀이

```
X1초   2,000,000
         ↓ − 160,000
X1말   1,840,000
         ↓ − 160,000
X2말   1,680,000 ─────────→ 1,400,000
         손상 280,000        ↓ − 125,000
X3말                        1,275,000
                            ↓ − 125,000
X4말                        1,150,000 ─────────→ 1,500,000
                            환입 210,000  (한도 1,360,000)
```

26

┃해설┃

X1초   1,000,000
         ↓ − 200,000
X1말   800,000 ──손상 100,000──→ 700,000
                                    ↓ − 175,000
X2말   525,000 ──손상 105,000──→ 420,000
                                                          ↓ − 140,000
X3말   280,000 ─────────→ 580,000
                                                    환입 120,000 (한도 400,000)

실전풀이

- 20x3년 말 감가상각비 : (420,000 − 0) ÷ 3년 = 140,000
- 20x3년 말 손상차손환입
  20x3년 말 장부금액(상각후) 280,000[주1] − 회수가능액 580,000(한도 400,000[주2]) = 120,000
  ∴ (−)140,000 + 120,000 = 20,000 감소

주1 420,000 − 140,000 = 280,000
주2 1,000,000 − 1,000,000 ÷ 5년 × 3 = 400,000

27

┃해설┃

20x1.1.1.	(차) 기계	[주1]5,000,000	(대) 현금	5,000,000
20x1.12.31.	감가상각비	[주2]1,000,000	감가상각누계액	1,000,000
	손상(비용)	[주3]2,000,000	(대) 기계	2,000,000
20x2.12.31.	(차) 감가상각비	[주4]500,000	(대) 감가상각누계액	500,000
	기계	1,500,000	환입(수익)	[주5]1,500,000

주1 건물의 매입원가 4,500,000 + 설치장소 준비원가 500,000 = 5,000,000
주2 (5,000,000 − 0) ÷ 5년 = 1,000,0000
주3 20x1년 말 장부금액 4,000,000 − 20x1년 말 회수가능액 Max(2,000,000, 1,800,000) = 2,000,000
주4 (2,000,000 − 0) ÷ 4년 = 500,000
주5 20x2년 말 장부금액(상각후) 1,500,000 − 회수가능액 Min{Max(3,500,000, 2,500,000), 환입한도 3,000,000}
     = 1,500,000

∴ ⑤ 20x2년 말 기계의 장부금액은 ₩3,000,000이다.

```
X1초   4,500,000 + 500,000
              ↓   − 1,000,000
X1말   4,000,000  ──────────→  2,000,000
              손상 2,000,000        ↓  − 500,000
X2말                  1,500,000  ──────────→  3,500,000
                            환입 1,500,000  (한도 3,000,000)
```

28

답 ⑤

해설

20x1.1.1.	(차)	기계장치	550,000	(대)	현금	550,000
20x1.12.31.	(차)	감가상각비	(주1)54,000	(대)	감가상각누계액	54,000
20x2.12.31.	(차)	감가상각비	54,000	(대)	감가상각누계액	54,000
		손상(비용)	142,000		기계장치	(주2)142,000
20x3.12.31.	(차)	감가상각비	(주3)36,250	(대)	감가상각누계액	36,250
20x4.12.31.	(차)	감가상각비	36,250	(대)	감가상각누계액	36,250
		기계장치	106,500		환입(수익)	(주4)106,500

주1 (550,000 − 10,000) ÷ 10년 = 54,000
주1 20x2년 말 장부금액 442,000 − 20x2년 말 회수가능액 300,000 = 142,000
주1 (300,000 − 10,000) ÷ 8년 = 36,250
주1 20x4년 말 장부금액 227,500 − 20x4년 말 회수가능액 340,000(한도 334,000) = 106,500

∴ ⑤ 20x4년에 인식하는 손상차손환입액은 ₩106,500이다.

```
X1초   550,000
            ↓  − 54,000
X1말   496,000
            ↓  − 54,000
X2말   442,000  ──────────→  300,000
            손상 142,000          ↓  − 36,250
X3말                  263,750
                          ↓  − 36,250
X4말                  227,500  ──────────→  340,000
                            환입 106,500  (한도 334,000)
```

29

④

┃해설┃

20x1.1.1.	(차)	기계장치	2,000	(대)	현금	2,000
20x1.12.31.	(차)	감가상각비	[주1]360	(대)	감가상각누계액	360
		기계장치	[주2]160		자본	160
20x2.12.31.	(차)	감가상각비	[주3]400	(대)	감가상각누계액	400
		자본	160		기계장치	[주4]300
		비용	140			

주1 (2,000 − 200) ÷ 5년 = 360
주2 20x1년 말 장부금액 1,640 − 공정가치와 회수가능액 1,800으로 동일 = 160
주3 (1,800 − 200) ÷ 4년 = 400
주4 20x2년 말 장부금액(상각후) 1,400 − 회수가능액 1,100 = 300

∴ 20x2년도 포괄손익계산서에 당기비용으로 인식할 금액 : 400 + 140 = 540

실전풀이

```
X1초    2,000
          ↓ − 360
X1말    1,640 ───────→ 1,800
              자본 160    ↓ − 400
X2말              1,400 ───────→ 1,100
                      자본 160
                      비용 140
```

30

답 ④

┃해설┃

20x1.1.1.	(차)	차량운반구	2,000,000	(대)	현금	2,000,000
20x1.12.31.	(차)	감가상각비	[주1]600,000	(대)	감가상각누계액	600,000
		차량운반구	[주2]200,000		자본	200,000
20x2.12.31.	(차)	감가상각비	[주3]700,000	(대)	감가상각누계액	700,000
		자본	200,000		차량운반구	[주4]600,000
		비용	400,000			

주1 (2,000,000 − 200,000) ÷ 3년 = 600,000
주2 20x1년 말 장부금액 1,400,000 − 1,600,000(공정가치와 회수가능액 금액 동일) = 200,000
주3 (1,600,000 − 200,000) ÷ 3년 = 700,000
주4 20x2년 말 장부금액(상각후) 900,000 − 20x2년 말 회수가능액 300,000 = 600,000

∴ 20x2년도 당기순이익에 미치는 영향 : 700,000 + 400,000 = 1,100,000 감소

```
X1초   2,000,000
           ↓  − 600,000
X1말   1,400,000 ──────────→ 1,600,000
            자본 200,000           ↓  − 700,000
X2말                        900,000 ──────────→ 300,000
                                 자본 200,000
                                 비용 400,000
```

31

┃해설┃

20x1.1.1.	(차) 차량운반구	2,000,000	(대) 현금	2,000,000
20x1.12.31.	(차) 감가상각비	(주1)360,000	(대) 감가상각누계액	360,000
	차량운반구	(주2)160,000	자본	160,000
20x2.12.31.	(차) 감가상각비	(주3)400,000	(대) 감가상각누계액	400,000
	자본	160,000	차량운반구	(주4)300,000
	비용	140,000		

주1 (2,000,000 − 200,000) ÷ 5년 = 360,000
주2 20x1년 말 장부금액(상각후) 1,640,000 − 20x1년 말 공정가치와 회수가능액 1,800,000 = 160,000
주3 (1,800,000 − 200,000) ÷ 5년 = 400,000
주4 20x2년 말 장부금액(상각후) 1,400,000 − 20x2년 말 회수가능액 1,100,000 = 300,000

∴ 20x2년 포괄손익계산서에 당기비용으로 인식할 총 금액 : 400,000 + 140,000 = 540,000

```
X1초   2,000,000
           ↓  − 360,000
X1말   1,640,000 ──────────→ 1,800,000
            자본 160,000           ↓  − 400,000
X2말                        1,400,000 ──────────→ 1,100,000
                                 자본 160,000
                                 비용 140,000
```

32

①

┃해설┃

① 적격자산을 취득하기 위한 목적으로 특정하여 차입한 자금에 한하여 관련 차입원가를 자본화하되, 동 차입금과 관련하여 자본화기간 내에 발생한 일시적 투자수익을 자본화가능차입원가에서 차감한다.

33

답 ③

┃해설┃

(1) 20x1년 연평균지출액

$(2,000,000 \times 9/12) + (4,800,000 \times 7/12) = 4,300,000$

(2) 20x1년 차입원가

① 특정차입금 차입원가 : $1,000,000 \times 9/12 = 750,000(5\%) \longrightarrow 37,500$

② 일반차입금 차입원가 : $(4,300,000 - 750,000) \times 10\%^{(주1)} = 355,000$(한도 $120,000 + 180,000$)

> **주1** 가중평균차입이자율
> - $1,500,000 \times 12/12 = 1,500,000(8\%) \longrightarrow 120,000$
> - $1,800,000 \times 10/12 = 1,500,000(12\%) \longrightarrow 180,000$
> $$\longrightarrow \frac{120,000 + 180,000}{1,500,000 + 1,500,000} = 10\%$$

(3) 20x1년 자본화할 차입원가

$37,500 + 300,000 = 337,500$

34

답 ①

┃해설┃

(1) 20x1년 연평균지출액

$(10,000 \times 12/12) + (7,000 \times 6/12) = 13,500$

(2) 20x1년 차입원가

① 특정차입금 차입원가 : $10,000 \times 12/12 = 10,000(5\%) \longrightarrow 500$

② 일반차입금 차입원가 : $(13,500 - 10,000) \times 7\%^{(주1)} = 245$(한도 $80 + 60$)

> **주1** 가중평균차입이자율
> - $1,000 \times 12/12 = 1,000(8\%) \longrightarrow 80$
> - $3,000 \times 4/12 = 1,000(6\%) \longrightarrow 60$
> $$\longrightarrow \frac{80 + 60}{1,000 + 1,000} = 7\%$$

(3) 20x1년 자본화할 차입원가

$500 + 140 = 640$

 세무사 1차 객관식 **재무회계**

35

┃해설┃

(1) 20x1년 연평균지출액

$$12,000,000 \times 6/12 = 6,000,000$$

(2) 20x1년 차입원가

① 특정차입금 차입원가 : $2,000,000 \times 6/12 = 1,000,000(5\%) \rightarrow 50,000$

①-1 일시운용 투자수익 : $1,000,000 \times 3/12 = 250,000(2\%) \rightarrow 5,000$

∴ 특정차입금 사용액 : $1,000,000 - 250,000 = 750,000$

특정차입금 차입원가 : $50,000 - 5,000 = 45,000$

② 일반차입금 차입원가 : $(6,000,000 - 750,000) \times$ 이자율 $= 150,000 - 45,000$

∴ 이자율 : $105,000 \div 5,250,000 = 2\%$

36

┃해설┃

(1) 20x1년 연평균지출액

$$500,000 \times 6/12 + 600,000 \times 3/12 + 1,200,000 \times 1/12 = 500,000$$

(2) 20x1년 차입원가

① 특정차입금 차입원가 : $800,000 \times 6/12 = 400,000(5\%) \rightarrow 20,000$

①-1 일시운용 투자수익 : $400,000 \times 3/12 = 100,000(3\%) \rightarrow 3,000$

⇒ 특정차입금 사용액 : $400,000 - 100,000 = 300,000$

특정차입금 차입원가 : $20,000 - 3,000 = 17,000$

② 일반차입금 차입원가 : $(500,000 - 300,000) \times$ 이자율 $= 16,000^{(주1)}$

> **주1** 일반차입금 차입원가
> ① 자본화가능 차입원가 : 건설중인자산(유형자산) $2,333,000 -$ 공사비 지출액 $2,300,000 = 33,000$
> ② 일반차입금 차입원가 : 자본화가능 차입원가 $33,000 -$ 특정차입금 차입원가 $17,000 = 16,000$

∴ 이자율 : $16,000 \div 200,000 = 8\%$

┃해설┃

〈20x1년 자본화할 차입원가〉

(1) 연평균지출액

$100,000 \times 9/12 + 30,000 \times 2/12 = 80,000$

(2) 차입원가

① 특정차입금 차입원가 : $90,000 \times 9/12 = 67,500(3\%) \rightarrow 2,025$

①-1 일시운용 투자수익 : $30,000 \times 3/12 = 7,500(2\%) \rightarrow 150$

⇒ 특정차입금 사용원가 : $67,500 - 7,500 = 60,000$

특정차입금 차입원가 : $2,025 - 150 = 1,875$

② 일반차입금 차입원가 : $(80,000 - 60,000) \times 6\%^{(주1)} = 1,200$

> 주1 가중평균차입이자율
>
> • B : $60,000 \times 8/12 = 40,000(5\%) \rightarrow 2,000$
>
> • C : $30,000 \times 4/12 = 10,000(10\%) \rightarrow 1,000$
>
> $\rightarrow \dfrac{2,000 + 1,000}{40,000 + 10,000} = 6\%$

∴ 20x1년에 자본화할 차입원가 : $1,875 + 1,200 = 3,075$

〈20x2년 자본화할 차입원가〉

(1) 연평균지출액

$130,000 \times 10/12 + 20,000 \times 9/12 + 20,000 \times 4/12 = 130,000$

(2) 차입원가

① 특정차입금 차입원가 : $90,000 \times 10/12 = 75,000(3\%) \rightarrow 2,250$

② 일반차입금 차입원가 : $(130,000 - 75,000) \times 6\%^{(주1)} = 3,300(한도\ 3,000)$

> 주1 가중평균차입이자율
>
> • B : $60,000 \times 8/12 = 40,000(5\%) \rightarrow 2,000$
>
> • C : $30,000 \times 4/12 = 10,000(10\%) \rightarrow 1,000$
>
> $\rightarrow \dfrac{2,000 + 1,000}{40,000 + 10,000} = 6\%$

∴ 20x2년에 자본화할 차입원가 : $2,250 + 3,000 = 5,250$

┃해설┃

〈20x1년 자본화할 차입원가〉

(1) 연평균지출액

$500,000 \times 9/12 + 600,000 \times 4/12 = 575,000$

(2) 차입원가

① 특정차입금 차입원가 : $650,000 \times 9/12 = 487,500(8\%) \rightarrow 39,000$

①-1 일시운용 투자수익 : $50,000 \times 3/12 = 12,500(8\%) \rightarrow 1,000$

⇒ 특정차입금 사용원가 : $487,500 - 12,500 = 475,000$

특정차입금 차입원가 : $39,000 - 1,000 = 38,000$

② 일반차입금 차입원가 : $(575,000 - 475,000) \times 9.40\%^{(주1)} = 9,400$

> 주1 **가중평균차입이자율**
>
> • B : $950,000 \times 12/12 = 950,000(9\%) \rightarrow 85,500$
>
> • C : $860,000 \times 9/12 = 645,000(10\%) \rightarrow 64,500$
>
> $\rightarrow \dfrac{85,500 + 64,500}{950,000 + 645,000} = 9.40\%$

∴ 20x1년에 자본화할 차입원가 : $38,000 + 9,400 = 47,400$

〈20x2년 자본화할 차입원가〉

(1) 연평균지출액

$1,147,400^{(주1)} \times 9/12 + 900,000 \times 8/12 + 700,000 \times 3/12 = 1,635,550$

> 주1 문제에서 전기에 자본화한 차입원가 47,400원을 연평균지출액 계산 시 포함한다고 하였다.

(2) 차입원가

① 특정차입금 차입원가 : $650,000 \times 6/12 = 325,000(8\%) \rightarrow 26,000$

② 일반차입금 차입원가 : $(1,635,550 - 325,000) \times 9.55\%^{(주2)} = 125,158$

> 주2 **가중평균차입이자율**
>
> • B : $950,000 \times 9/12 = 712,500(9\%) \rightarrow 64,125$
>
> • C : $860,000 \times 12/12 = 860,000(10\%) \rightarrow 86,000$
>
> $\rightarrow \dfrac{64,125 + 86,000}{712,500 + 860,000} = 9.55\%$

∴ 20x2년에 자본화할 차입원가 : $26,000 + 125,158 = 151,158$

┃해설┃

〈20x1년 자본화할 차입원가〉

(1) 연평균지출액

$1,000,000 \times 6/12 + 2,000,000 \times 3/12 -$ 정부보조금 $500,000 \times 6/12 = 750,000$

(2) 차입원가

① 특정차입금 차입원가 : $1,500,000 \times 6/12 = 750,000(5\%) \rightarrow 37,500$

② 일반차입금 차입원가 : $(750,000 - 750,000) \times 4\%^{(주1)} = 0$

> **주1** 가중평균차입이자율
>
> A : $2,000,000 \times 3/12 = 500,000(4\%) \rightarrow 20,000$

∴ 20x1년에 자본화할 차입원가 : $37,500 + 0 = 37,500$

〈20x2년 자본화할 차입원가〉

(1) 연평균지출액

$2,500,000^{(주1)} \times 9/12 + 1,500,000 \times 6/12 + 2,400,000 \times 1/12 = 2,825,000$

> **주1** $1,000,000 + 2,000,000 - 500,000 = 2,500,000$

(2) 차입원가

① 특정차입금 차입원가 : $1,500,000 \times 6/12 = 750,000(5\%) \rightarrow 37,500$

② 일반차입금 차입원가 : $(2,825,000 - 750,000) \times 6\%^{(주2)} = 124,500$(한도 180,000)

> **주2** 가중평균차입이자율
> - A : $2,000,000 \times 9/12 = 1,500,000(4\%) \rightarrow 60,000$
> - B : $2,000,000 \times 9/12 = 1,500,000(8\%) \rightarrow 120,000$

∴ 20x2년에 자본화할 차입원가 : $37,500 + 124,500 = 162,000$

실전풀이

문제에서 자본화한 차입원가(20x1년)는 연평균지출액 계산 시 포함하지 않는다고 하였으므로, 20x1년 계산과정을 생략하고 위에 제시한 20x2년 계산과정을 바로 구한다.

40

답 ②

▌해설▐

(1) 연평균지출액

  $300,000 \times 6/12 + 960,000 \times 3/12 + 1,200,000 \times 1/12 - 정부보조금 240,000 \times 3/12 = 430,000$

(2) 차입원가

  ① 특정차입금 차입원가 : $500,000 \times 6/12 = 250,000(8\%) \rightarrow 20,000$

  ①-1 일시운용 투자수익 : $200,000 \times 3/12 = 50,000(10\%) \rightarrow 5,000$

  ⇒ 특정차입금 사용원가 : $250,000 - 50,000 = 200,000$

   특정차입금 차입원가 : $20,000 - 5,000 = 15,000$

  ② 일반차입금 차입원가 : $(430,000 - 200,000) \times 7\%^{(주1)} = 16,100$

> 주1 가중평균차입이자율
> • A : $500,000 \times 12/12 = 500,000(8\%) \rightarrow 40,000$
> • B : $1,000,000 \times 6/12 = 500,000(6\%) \rightarrow 30,000$

∴ 20x1년에 자본화할 차입원가 : $15,000 + 16,100 = 31,100$

41

답 ③

▌해설▐

〈20x1년 자본화할 차입원가〉

(1) 연평균지출액

  $300,000 \times 10/12 + 400,000 \times 3/12 - 정부보조금 200,000 \times 10/12 = 183,333$

(2) 차입원가

  ① 특정차입금 차입원가 : $240,000 \times 10/12 = 200,000(6\%) \rightarrow 12,000$

  ①-1 일시운용 투자수익 : $100,000 \times 9/12 = 75,000(3\%) \rightarrow 2,250$

  ⇒ 특정차입금 사용원가 : $200,000 - 75,000 = 125,000$

   특정차입금 차입원가 : $12,000 - 2,250 = 9,750$

  ② 일반차입금 차입원가 : $(183,333 - 125,000) \times 6.45\%^{(주1)} = 3,762$

> 주1 가중평균차입이자율
> • B : $240,000 \times 10/12 = 200,000(6\%) \rightarrow 12,000$
> • C : $60,000 \times 7/12 = 35,000(9\%) \rightarrow 3,150$

∴ 20x1년에 자본화할 차입원가 : $9,750 + 3,762 = 13,512$

〈20x2년 자본화할 차입원가〉

(1) 연평균지출액

(700,000 − 정부보조금 200,000 + 300,000) × 9/12 + 120,000 × 1/12 = 610,000

(2) 차입원가

① 특정차입금 차입원가 : 240,000 × 9/12 = 180,000(6%) → 10,800

② 일반차입금 차입원가 : (610,000 − 180,000) × 7%[주2] = 30,100(한도 12,600)

> [주2] **가중평균차입이자율**
> - B : 240,000 × 6/12 = 120,000(6%) → 7,200
> - C : 60,000 × 12/12 = 60,000(9%) → 5,400

∴ 20x2년에 자본화할 차입원가 : 10,800 + 12,600 = 23,400

> **실전풀이**
>
> 문제에서 전기 이전에 자본화한 차입원가는 연평균지출액 계산 시 포함하지 않는다고 하였으므로, 20x1년 계산과정을 생략하고 위에 제시한 20x2년 계산과정을 바로 구한다.

42 답 ①

해설

(1) 연평균지출액

1,500,000 × 6/12 + 3,000,000 × 3/12 − 정부보조금 200,000 × 6/12 = 1,400,000

(2) 차입원가

① 특정차입금 차입원가 : 2,500,000 × 6/12 = 1,250,000(5%) → 62,500

①-1 일시운용 투자수익 : 300,000 × 3/12 = 75,000(4%) → 3,000

⇒ 특정차입금 사용원가 : 1,250,000 − 75,000 = 1,175,000

특정차입금 차입원가 : 62,500 − 3,000 = 59,500

② 일반차입금 차입원가 : (1,400,000 − 1,175,000) × 6%[주1] = 13,500

> [주1] **가중평균차입이자율**
> - B : 2,000,000 × 12/12 = 2,000,000(4%) → 80,000
> - C : 4,000,000 × 6/12 = 2,000,000(8%) → 160,000

∴ 20x1년에 자본화할 차입원가 : 59,500 + 13,500 = 73,000

43

답 ③

┃ 해설 ┃

내용연수가 비한정인 무형자산을 유한 내용연수로 재평가하는 것은 그 자산의 손상을 시사하는 징후에 <u>해당하므로 손상차손을 인식한다</u>.

44

답 ③

┃ 해설 ┃

미래경제적효익이 기업에 유입될 가능성은 무형자산의 내용연수 동안의 경제적 상황에 대한 <u>경영자</u>의 최선의 추정치를 반영하는 합리적이고 객관적인 가정에 근거하여 평가하여야 한다.

45

답 ①

┃ 해설 ┃

개별 취득하는 무형자산과 사업결합으로 취득하는 무형자산은 무형자산 인식조건 중 자산에서 발생하는 미래경제적효익이 기업에 유입될 가능성이 높다는 조건을 <u>항상 충족하는 것으로 본다</u>.

46

답 ①

┃ 해설 ┃

(차)	자산	(주1)3,200,000	(대)	부채	(주1)2,800,000
	무형자산	(주2)50,000		현금	700,000
	영업권	(주3)250,000			

주1 사업결합으로 인한 취득자산과 인수 부채는 공정가치로 측정한다.
주2 공정가치를 신뢰성 있게 측정할 수 있다면 사업결합 전에 피취득회사가 그 자산을 인식했는지 여부와 관계없이 취득일에 당해 무형자산을 인식한다.
주3 순자산과(3,200,000 + 50,000 - 2,800,000) 이전대가(700,000)의 차이(250,000)는 영업권으로 처리한다. 만약 결과값이 양수인 경우에는 염가매수차익으로 처리한다.

47

┃해설┃

(차)	현금	100,000	(대)	매입채무	50,000
	매출채권	100,000		사채	170,000
	제품	240,000		현금	1,200,000
	투자부동산	250,000			
	토지	300,000			
	매각예정비유동자산	(주1)400,000			
	영업권	30,000			

> **주1** 매각예정으로 분류된 비유동자산은 순공정가치와 장부금액 중 작은 금액으로 측정한다.

48

답 ④

┃해설┃

① 내용연수가 비한정인 무형자산의 비한정 내용연수를 유한 내용연수로 변경하는 것은 회계추정의 변경이다.
② 자산을 운용하는 직원의 교육훈련과 관련된 지출은 내부적으로 창출한 내용연수가 비한정인 무형자산의 원가에 포함하지 않는다.
③ 내부적으로 창출한 브랜드, 제호, 출판표제, 고객 목록과 이와 실질이 유사한 항목은 내용연수가 비한정인 무형자산으로 인식하지 않는다.
⑤ 경제적 효익이 소비될 것으로 예상되는 형태를 신뢰성 있게 결정할 수 없는 내용연수가 비한정인 무형자산은 상각하지 않는다.

49

답 ②

┃해설┃

무형자산의 미래경제적효익에 대한 통제능력은 일반적으로 법원에서 강제할 수 있는 법적 권리에서 나오며, 법적 권리가 없는 경우에는 통제를 제시하기 어렵다. 따라서 권리의 법적 집행가능성은 통제의 필요조건은 아니다. 다른 방법으로도 미래경제적효익을 통제할 수 있기 때문이다.

50

답 ⑤

┃해설┃

개별 취득하는 무형자산의 원가는 그 자산을 경영자가 의도하는 방식으로 운용될 수 있는 상태에 이를 때까지 인식하므로 무형자산을 사용하거나 재배치하는 데 발생하는 원가도 자산의 취득원가에 포함하지 않는다. 즉시 당기비용으로 처리한다.

348 세무사 1차 객관식 **재무회계**

51

답 ①

▌해설▌

무형자산 원가의 인식은 그 자산을 경영자가 의도하는 방식으로 운용될 수 있는 상태에 이르면 중지한다. 따라서 무형자산을 사용하거나 재배치하는 데 발생하는 원가는 자산의 장부금액에 포함하지 않는다. 예를 들면, 다음의 원가는 무형자산의 장부금액에 포함하지 아니한다.

• 경영자가 의도하는 방식으로 운용될 수 있으나 아직 사용하지 않고 있는 기간에 발생한 원가
• 자산의 산출물에 대한 수요가 확립되기 전까지 발생하는 손실과 같은 초기 영업손실

답 ④

▌해설▌

20x1.12.31.	(차) 개발비		4,500,000	(대) 현금	4,500,000
20x2.4.30.	(차) 개발비		7,500,000	(대) 현금	7,500,000
20x2.12.31.	(차) 무형자산상각비	(주1)800,000		(대) 개발비	800,000
20x3.12.31.	(차) 무형자산상각비	(주2)1,200,000		(대) 개발비	1,200,000
	손상차손	(주3)1,800,000		개발비	1,800,000
20x4.12.31.	(차) 무형자산상각비	(주4)984,000		(대) 개발비	984,000
	개발비	(주5)1,584,000		손상차손환입	1,584,000

주1 $(12,000,000 - 0) \times 1/10 \times 8/12 = 800,000$
주2 $(12,000,000 - 0) \times 1/10 = 1,200,000$
주3 $(12,000,000 - 2,000,000) - 8,200,000 = 1,800,000$
주4 $(8,200,000 - 0) \times 12개월/100개월 = 984,000$
주5 $8,800,000^* - (8,200,000 - 984,000) = 1,584,000$
  *환입한도 : $12,000,000 - 2,000,000 - 1,200,000 = 8,800,000$

∴ (A)20x3년도 손상차손 1,800,000, (B)20x4년도 손상차손환입 1,584,000

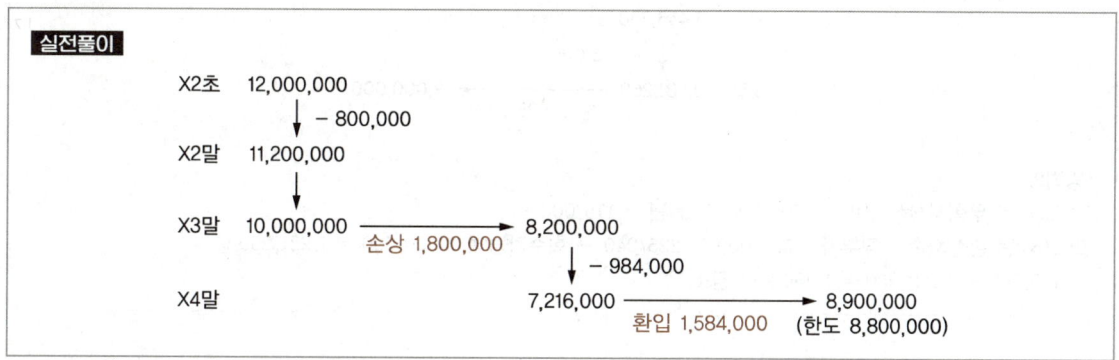

실전풀이

X2초 12,000,000
↓ − 800,000
X2말 11,200,000
↓
X3말 10,000,000 → 8,200,000   손상 1,800,000
↓ − 984,000
X4말 7,216,000 → 8,900,000   환입 1,584,000 (한도 8,800,000)

53

┃해설┃

취득원가 60,000^(주1) − 감가상각비 6,000^(주2) = 54,000

> **주1** 30,000 + 20,000 + 5,000 + 5,000 = 60,000
>
> ※ 20x1년은 연구단계이므로 당기비용으로 처리하며, 20x2년은 개발단계로 무형자산의 인식요건을 충족한다고 하였으므로 취득원가로 처리한다.
>
> **주2** (60,000 − 0) ÷ 5년 × 6/12 = 6,000

54

┃해설┃

20x2 취득	(차) 개발비	3,500,000	(대) 현금	3,500,000
20x2.12.31.	(차) 무형자산상각비	^(주1)43,750	(대) 개발비	43,750
20x3.12.31.	(차) 무형자산상각비	^(주2)175,000	(대) 개발비	175,000
	(차) 손상차손	^(주3)1,281,250	(대) 개발비	1,281,250

> **주1** 3,500,000 ÷ 20년 × 3/12 = 43,750
> **주2** 3,500,000 ÷ 20년 = 175,000
> **주3** 3,281,250 − 2,000,000 = 1,281,250

∴ 175,000 + 1,281,250 = 1,456,250 감소

실전풀이

(방법1)

```
        X2    3,500,000
                 ↓  − 43,750
       X2말   3,456,250
                 ↓  − 175,000
       X3말   3,281,250 ──────────→ 2,000,000
                          손상 1,281,250
```

(방법2)

① 20x3년 무형자산상각비 : 3,500,000 ÷ 20년 = 175,000
② 20x3년 손상차손 : 장부가 3,500,000 × 225/240 − 회수가능액 2,000,000 = 1,281,250

∴ 175,000 + 1,281,250 = 1,456,250 **감소**

CHAPTER 04 | 투자부동산과 생물자산

01
답 ④

❙해설❙

부동산 중 일부는 시세차익을 얻기 위하여 보유하고, 일부분은 재화의 생산에 사용하기 위하여 보유하고 있으나, 이를 부분별로 나누어 매각할 수 없다면, 재화의 생산에 사용하기 위하여 보유하는 부분이 경미한 경우에만 전체 부동산을 투자부동산으로 분류한다.

02
답 ①

❙해설❙

지배기업 또는 다른 종속기업에게 부동산을 리스하는 경우, 이러한 부동산은 연결재무제표에 투자부동산으로 분류할 수 없다.

03
답 ④

❙해설❙

① 통상적인 영업과정에서 가까운 장래에 개발하여 판매하기 위해 취득한 부동산은 재고자산으로 분류한다.
② 토지를 자가사용할지 통상적인 영업과정에서 단기간에 판매할지를 결정하지 못한 경우 투자부동산으로 분류한다.
③ 호텔을 소유하고 직접 경영하는 경우 투숙객에게 제공하는 용역이 전체 계약에서 유의적인 비중을 차지하므로 자가사용부동산으로 분류한다.
⑤ 사무실 건물의 소유자가 그 건물을 사용하는 리스이용자에게 경미한 비중의 보안과 관리용역을 제공하는 경우 부동산 보유자는 당해 부동산을 투자부동산으로 분류한다.

04
답 ③

❙해설❙

장래 자가사용할지 또는 통상적인 영업과정에서 단기간에 판매할지를 결정하지 못한 토지는 시세차익을 얻기 위하여 보유하고 있는 것으로 보아 투자부동산으로 분류한다.

05

답 ⑤

┃해설┃

투자부동산을 공정가치로 측정해 온 경우라도 비교할만한 시장의 거래가 줄어들거나 시장가격 정보를 쉽게 얻을 수 없게 되면, 당해 부동산을 처분할 때까지 또는 자가사용부동산으로 대체하거나 통상적인 영업과정에서 판매하기 위하여 개발을 시작하기 전까지는 계속하여 공정가치로 측정한다.

06

답 ⑤

┃해설┃

20x1.5.1.	(차) 투자부동산	1,000,000	(대) 현금	1,000,000
20x1.12.31.	(차) 평가손실	20,000	(대) 투자부동산	(주1)20,000
20x2.5.1.	(차) 유형자산	1,050,000	(대) 투자부동산	980,000
			평가이익	70,000
20x2.12.31.	(차) 감가상각비	(주2)35,000	(대) 감가상각누계액	35,000
	비용	25,000	유형자산	(주3)25,000

주1 1,000,000 − 980,000 = 20,000
주2 1,050,000 ÷ 20년 × 8/12 = 35,000
주3 1,015,000 − 990,000 = 25,000

∴ 20x2년도 당기순이익에 미치는 영향 : 70,000 + (−)35,000 + (−)25,000 = 10,000 증가

실전풀이

① 20x2.5.1 계정 대체시 평가손익 : 1,050,000 − 980,000 = 70,000
② 20x2.12.31 감가상각비 : 1,050,000 ÷ 20년 × 8/12 = (−)35,000
③ 20x2.12.31 재평가 : 공정가치 990,000 − 장부가 (1,050,000 − 35,000*) = (−)25,000

   *1,050,000 ÷ 20년 × 8/12 = 35,000

∴ 70,000 + (−)35,000 + (−)25,000 = 10,000 증가

07

┃해설┃

20x1.4.1.	(차)	투자부동산	2,000,000	(대)	현금	2,000,000
20x1.12.31.	(차)	투자부동산	400,000	(대)	평가이익	400,000
20x2.4.1.	(차)	유형자산	2,600,000	(대)	투자부동산	2,400,000
					평가이익	200,000
20x2.12.31.	(차)	감가상각비	(주1)360,000	(대)	감가상각누계액	360,000

주1 (2,600,000 − 200,000) ÷ 5년 × 9/12 = 360,000

∴ 20x2년도 당기순이익에 미치는 영향 : 200,000 + (−)360,000 = **160,000 감소**

┃실전풀이┃

① 20x2.4.1 계정대체시 평가이익 : 2,600,000 − 2,400,000 = 200,000
② 20x2.12.31 감가상각비 : (2,600,000 − 200,000) ÷ 5년 × 9/12 = 360,000
∴ 20x2 당기순이익에 미치는 영향 : 200,000 + (−)360,000 = (−)160,000

08

┃해설┃

20x1.12.31.	(차)	투자부동산	1,000,000	(대)	현금	1,000,000
20x2.7.1.	(차)	유형자산	1,200,000	(대)	투자부동산	1,000,000
					평가이익	200,000
20x2.12.31.	(차)	감가상각비	(주1)60,000	(대)	감가상각누계액	60,000
재평가시		비용	140,000		유형자산	(주2)140,000

주1 (1,200,000 − 0) ÷ 10년 × 6/12 = 60,000
주2 1,140,000 − 1,000,000 = 140,000

∴ 원가모형과 재평가모형의 차이는 재평가 여부의 차이며, 그 차이만큼 당기손익의 차이가 발생한다. 풀이에 의하면 재평가모형이 (−)140,000만큼 당기손익이 작다. 따라서 재평가 모형 적용시 당기순이익은 750,000 − 140,000 = **610,000**이다.

┃실전풀이┃

① 20x2.7.1 계정 대체시 평가손익 : 1,200,000 − 1,000,000 = (+)200,000
② 20x2.12.31 감가상각비 : 1,200,000 ÷ 10년 × 6/12 = (−)60,000
   ⇒ 원가모형 적용시 당기순이익에 미치는 영향 : ① + ② = 140,000
③ 20x2.12.31 재평가 적용시 추가되는 부분 : 공정가치 1,000,000 − 장부가 (1,200,000 − 600,000) = (−)140,000
   ⇒ 재평가모형 적용시 당기순이익에 미치는 영향 : ① + ② + ③ = 0
∴ 750,000 − 140,000(원가모형과 재평가모형의 당기순이익 차이) = 610,000

09

┃ 해설 ┃

20x1.1.1.	(차)	투자부동산		2,000,000	(대)	현금	2,000,000
20x1.12.31.	(차)	투자부동산	(주1)200,000		(대)	평가이익	200,000
20x2.7.1.	(차)	유형자산		2,400,000	(대)	투자부동산	2,200,000
						평가이익	200,000
20x2.12.31.	(차)	감가상각비	(주2)480,000		(대)	감가상각누계액	480,000
		유형자산	(주3)580,000			자본	580,000

주1 2,000,000 − 2,200,000 = 200,000
주2 (2,400,000 − 0) ÷ 2.5년(잔존내용연수) × 6/12 = 480,000
주3 1,920,000− 2,500,000 = 580,000

∴ 20x2년도 당기순이익에 미치는 영향 : 200,000 + (−)480,000 = **280,000 감소**

실전풀이

① 20x2.7.1 계정 대체시 평가손익 : 공정가치 2,400,000 − 장부금액 2,200,000 = 200,000
② 20x2.12.31 감가상각비 : 2,400,000 ÷ 2.5년(잔존내용연수) × 6/12 = 480,000
∴ 200,000 − 480,000 = (−)280,000

10

┃ 해설 ┃

20x1.1.1.	(차)	유형자산		2,000,000	(대)	현금	2,000,000
20x1.12.31.	(차)	감가상각비	(주1)200,000		(대)	감가상각누계액	200,000
20x2.4.1.	(차)	감가상각비	(주2)50,000		(대)	감가상각누계액	50,000
		투자부동산		1,800,000		유형자산	1,750,000
						자본	50,000
20x2.7.1.	(차)	투자부동산	(주3)20,000		(대)	평가이익	20,000
20x2.12.31.	(차)	평가손실	(주4)90,000		(대)	투자부동산	90,000

주1 (2,000,000 − 0) ÷ 10년 = 200,000
주2 (2,000,000 − 0) ÷ 10년 × 3/12 = 50,000
주3 1,820,000 − 1,800,000 = 20,000
주4 1,730,000 − 1,820,000 = (−)90,000

∴ 20x2년도 당기순이익에 미치는 영향 : (−)50,000 + 20,000 + (−)90,000 = **120,000 감소**

11
답 ②

해설

20x1.1.1.	(차)	유형자산	2,000,000	(대)	현금	2,000,000
20x1.12.31.	(차)	감가상각비	(주1)90,000	(대)	감가상각누계액	90,000
20x2.12.31.	(차)	감가상각비	(주1)90,000	(대)	감가상각누계액	90,000
20x3.7.1.	(차)	감가상각비	(주2)45,000	(대)	감가상각누계액	45,000
	(차)	투자부동산	2,500,000	(대)	유형자산	1,775,000
					자본	725,000
20x3.12.31.	(차)	투자부동산	(주3)500,000	(대)	평가이익	500,000

주1 $(2,000,000 - 200,000) \div 20년 = 90,000$

주2 $(2,000,000 - 200,000) \div 20년 \times 6/12 = 45,000$

주3 $3,000,000 - 2,500,000 = 500,000$

∴ 20x3년도 당기순이익에 미치는 영향 : $(-)45,000 + 500,000 = 455,000$ 증가

12
답 ③

해설

당해 자산에 대한 자금 조달 또는 수확 후 생물자산의 복구 관련 현금흐름(예 수확 후 조림지에 나무를 다시 심는 원가)은 생물자산의 원가에 포함하지 아니한다.

13
답 ⑤

해설

과일과 목재 모두를 얻기 위해 재배하는 나무는 생산용식물이 아니다.

14

┃해설┃

〈생물자산〉

최초인식	(차)	생물자산	(주1)25,000,000	(대)	현금	(주2)26,000,000
		생물자산취득손실	1,000,000			
보고기간말	(차)	생물자산	(주3)500,000	(대)	생물자산평가이익	500,000

〈수확물〉

수확시	(차)	수확물	(주4)10,000,000	(대)	수확물평가이익	10,000,000
판매시	(차)	현금	4,500,000	(대)	매출	4,500,000
		매출원가	5,000,000		수확물	5,000,000

주1 5,000,000 × 5마리 = 25,000,000
주2 5,200,000 × 5마리 = 26,000,000
주3 (5,100,000 − 5,000,000) × 5마리 = 500,000
주4 10,000 × 1,000ℓ = 10,000,000

∴ 20x1년도 포괄손익계산서상 당기순이익에 미치는 영향 : (−)1,000,000 + 500,000 + 10,000,000 + (4,500,000 −
5,000,000) = 9,000,000 증가

15

┃해설┃

20x1년 6월	(차)	생물자산	(주1)950,000	(대)	현금	1,000,000
		생물자산평가손실	50,000			
20x1년 중	(차)	수확물	(주2)300,000	(대)	수확물평가이익	300,000
	(차)	현금	(주3)500,000	(대)	수확물	300,000
					수확물평가이익	200,000
20x1년 말			−			

주1 95,000 × 10마리 = 950,000
주2 3,000 × 100ℓ = 300,000
주3 5,000 × 100ℓ = 500,000

∴ 20x1년 당기순이익의 증가액 : (−)50,000 + 300,000 + 200,000 = 450,000

실전풀이

(95,000 − 100,000) × 10마리 + 3,000 × 100ℓ + (5,000 − 3,000) × 100ℓ + (100,000 − 105,000) × 10마리 +
(100,000 − 95,000) × 10마리 = 450,000

CHAPTER 05 | 재고자산

01

답 ⑤

해설

① 재고자산의 매입원가는 매입가격에 수입관세와 제세금, 매입운임, 하역료 그리고 완제품, 원재료 및 용역의 취득과정에 직접 관련된 기타 원가, 리베이트 및 기타 유사한 항목을 <u>차감한</u> 금액이다.

② 재고자산을 후불조건으로 취득할 때 그 계약이 실질적인 금융요소를 포함하고 있다면, 정상신용조건의 매입가격과 실제 지급액간의 차이는 <u>이자비용으로 처리한다</u>.

③ 확정판매계약 또는 용역계약만을 이행하기 위하여 보유하는 재고자산의 순실현가능가치는 <u>계약가격</u>에 기초하여 추정한다.

④ 완성될 제품이 원가 이상으로 판매될 것으로 예상되는 경우에는 그 생산에 투입하기 위해 보유하는 원재료 및 기타 소모품에 대해서는 <u>감액하지 않는다</u>.

02

답 ③

해설

순실현가능가치를 추정할 때 재고자산의 보유 목적도 <u>고려해야한다</u>.

03

답 ③

해설

후속 생산단계에 투입하기 전에 보관이 필요한 경우 이외의 보관원가는 <u>발생기간의 비용으로 인식한다</u>.

04

답 ①

해설

완성될 제품이 원가 이상으로 판매될 것으로 <u>예상되는 경우에는 그 생산에 투입하기 위해 보유하는 원재료 및 기타소모품에 대해서는 감액하지 않는다</u>.

05

┃ 해설 ┃

순실현가능가치는 통상적인 영업과정에서 재고자산의 판매를 통해 실현할 것으로 기대하는 순매각금액을 말하며, 기업특유가치에 해당한다. 반면 공정가치는 측정일에 재고자산의 주된(또는 가장 유리한) 시장에서 시장참여자 사이에 일어날 수 있는 그 재고자산을 판매하는 정상거래의 가격을 반영하며, 기업특유가치에 해당하지 않는다.

06

답 ①

┃ 해설 ┃

재고자산의 지역별 위치나 과세방식이 다르다는 이유만으로 동일한 재고자산에 다른 단위원가 결정방법을 적용하는 것은 <u>정당화될 수 없다</u>.

07

답 ⑤

┃ 해설 ┃

실사금액 $50,000$ + (1) $40,000^{(주1)}$ + (2) $20,000^{(주2)}$ + (3) $20,000 \times 60\%^{(주3)}$ + (4) $30,000 \times 80\%^{(주4)}$ + (5) $10,000^{(주5)}$
= $156,000$

> 주1 FOB 선적지인도기준은 '선적시점'에 구매자의 것이 되므로 기말재고자산에 포함한다.
> 주2 FOB 도착지인도기준은 '도착시점'에 구매자의 것이 되므로 기말재고자산에 포함한다.
> 주3 적송품의 40%가 판매되었으므로 나머지 60%가 기말재고자산에 포함한다.
> 주4 시송품의 20%가 고객의 매입의사를 통보받았으므로 나머지 80%를 기말재고자산에 포함한다.
> 주5 재구매 조건부 판매는 재고자산에 원가로 포함한다.

08

답 ③

┃ 해설 ┃

(1) 창고에 보관중인 상품 $100,000$ + (2) 시송품 $80,000^{(주1)}$ + (3) 담보차입 $80,000^{(주2)}$ + (4) 위탁판매 $40,000^{(주3)}$ + (5) 도착지인도조건 매입 $0^{(주4)}$ = $300,000$

> 주1 고객의 매입의사 표시가 없으므로 전액 기말재고자산에 포함한다.
> 주2 담보차입은 기말재고자산에 포함한다.
> 주3 위탁품 중 판매한 자산은 매출로 인식하며, 미판매된 자산은 기말재고자산에 포함한다.
> 주4 FOB도착지인도기준은 '도착시점'에 구매자의 것이 되므로 기말재고자산에 포함하지 않는다.

09

┃해설┃

기초재고자산 200,000 + 당기 매입액 1,000,000 − (기말재고자산 260,000[주1] + 반품조건부판매 50,000[주2]) = 매출원가 890,000

> [주1] 실사금액 300,000 − 수탁품 100,000 + 선적지인도조건 매입 60,000 = 260,000
> [주2] 반품률을 신뢰성 있게 추정할 수 없으므로 반품회수권으로 처리한다.
>
> | (차) 현금 | xxx | (대) 환불부채 | xxx |
> |---|---|---|---|
> | 반품회수권 | 50,000 | 재고자산 | 50,000 |

10

┃해설┃

실사금액 3,540,000 + (1) 담보재고 600,000[주1] + (2) 재매입약정 0[주2] + (3) 할부판매 0[주3] + (4) 선적지인도기준 매입 230,000 + (5) 시용판매 100,000 × (1 − 40%) = 4,430,000

> [주1] 담보로 제공한 경우는 팔린 것이 아니므로 기말재고자산에 가산한다.
> [주2] 콜옵션 상태라면 기말재고에 가산해야하지만, 20x1년 12월 말에 행사하지 않았으므로(매각) 매출원가로 인식한다.
> [주3] 할부판매의 경우 인도시점에 판매된 것으로 본다.

11

┃해설┃

실사금액 1,500,000 − (1) 수탁판매 80,000 + (2)할부판매 0 + (3) 위탁판매 200,000 × 40% + (4) 선적지인도조건 매입 100,000 + (5) 재매입약정 50,000 = 1,650,000

12

┃해설┃

매출액 15,000,000 − 매출원가 11,300,000[주1] = 37,000,000

> [주1] 기초재고자산 4,000,000 + 매입액 11,500,000 − 기말재고자산 3,500개 × Min(1,500 − 300, 1,250) = 11,300,000

13

▌해설▌

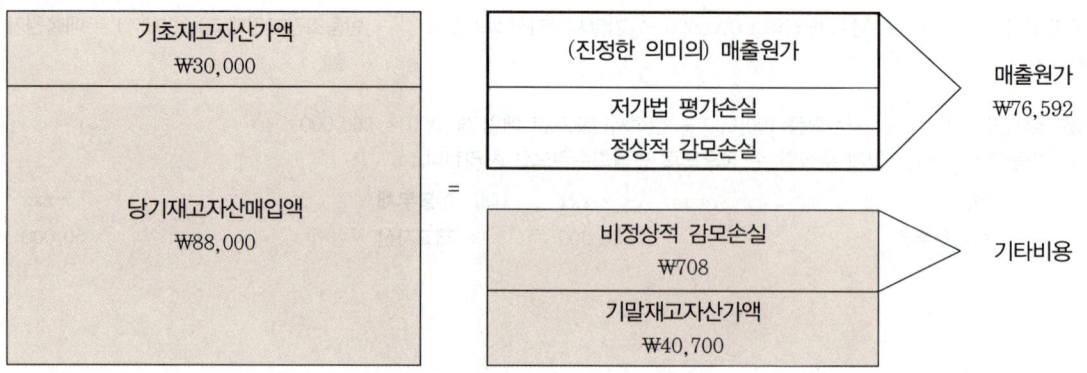

(1) 기초 : 300개 × 100 = 30,000(20x1년 초 설립되었으므로 충당금은 0)

(2) 매입 : (300개 × 120) + (400개 × 130) = 88,000

(3) 기 말
 ① 장부 : 400개 × 118 = 47,200
 ② 실지 : x개 × 118
 ③ 저가 : x개 × Min(110, 118)
 ※ x개의 계산
  (118 − 110) × x = 2,960
∴ x = 370

(4) 감 모
 (400개 − 370개) × 118 = 3,540(이중 80%는 정상감모로 매출원가 처리, 20%는 비정상감모로 기타비용 처리)

∴ 20x1년도 재무제표에 보고할 매출원가
 기초 30,000 + 매입 88,000 − 비정상적 감모손실 3,540 × 20% − 기말재고자산가액 370개 × 110 = 76,592

해설

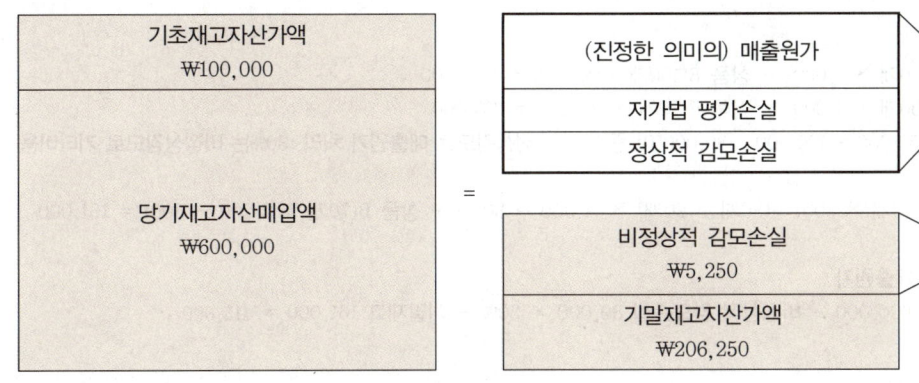

(1) 기초 : 400개 × Min(300, 250) = 100,000(20x1년 초 기말재고)

(2) 매입 : 600,000

(3) 기 말
　① 장부 : 650개 × 350 = 227,500
　② 실지 : 625개 × 350 = 218,750
　　⇒ 감모손실 : (650개 − 625개) × 350 = 8,750(이 중 10개는 정상감모로 매출원가 처리, 15개는 비정상감모로 기타비용
　　처리)
　③ 저가 : 625개 × Min(350, 330) = 206,250

∴ 20x1년도 재무제표에 보고할 매출원가
　기초재고 100,000 + 매입 600,000 − 비정상적 감모손실 15개 × 350 − 기말재고 625개 × 330 = 488,500

15

해설

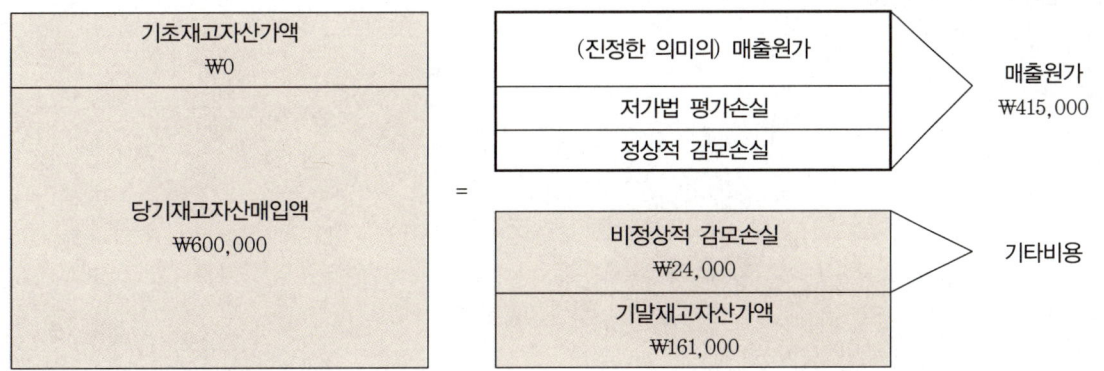

(1) 기초 : 0(20x1년 초에 설립)

(2) 매입 : 상품 A (200개 × 1,000) + 상품 B(200개 × 2,000) = 600,000

(3) 기 말
    ① 장부 : 상품 A(50개 × 1,000) + 상품 B(100개 × 2,000) = 250,000
    ② 실지 : 상품 A(30개 × 1,000) + 상품 B(70개 × 2,000) = 170,000
      ⇒ 감모손실 : 250,000 − 170,000 = 80,000(이 중 70%는 정상감모로 매출원가 처리, 30%는 비정상감모로 기타비용
       처리)
    ③ 저가 : 상품 A[(20개 × 900) +(30개 − 20개) × (1,300 − 300)] + 상품 B(70개 × 2,200 − 300) = 161,000

∴ 20x1년도에 인식할 매출원가
    기초재고 0 + 매입 600,000 − 비정상적 감모손실 80,000 × 30% − 기말재고 161,000 = 415,000

16

┃해설┃

기초재고자산가액 ₩x		(진정한 의미의) 매출원가	₩989,400
당기재고자산매입액 **₩850,000**	=	저가법 평가손실	₩450,000
		정상적 감모손실	
		비정상적 감모손실	
		기말재고자산가액	

기초재고자산 + 매입 850,000(주1) − 장부상 매출원가 989,400 = 기말재고 450,000(주2)

> 주1 800,000 + 60,000 − 10,000 = 850,000
> 주2 500개 × 900(문제에서 정상적인 수량부족과 평가손실을 반영하지 않은 매출원가가 주어져있으므로 기말재고자산은 '장부수량 × 장부단가'를 이용)

∴ 기초재고자산 : 589,400

17

┃해설┃

(1) 기말재고자산
   ① 종목별기준 저가법
   (140개 × 900) + (180개 × 450) + (190개 × 650) + (400개 × 1,200) = 810,500
   ② 조별기준 저가법
   • Ⅰ : Min(140개 × 1,000 + 180개 × 500, 140개 × 900 + 180개 × 450) = 207,000
   • Ⅱ : Min(190개 × 750 + 400개 × 1,200, 190개 × 650 + 400개 × 1,300) = 622,500
   ∴ 207,000 + 622,500 = 829,500

(2) 매출원가
   조별기준 기말재고자산이 종목별기준 기말재고자산보다 19,000만큼 크므로 매출원가는 19,000만큼 작다. 따라서
   8,000,000 − 19,000 = 7,981,000이다.

18

┃해설┃

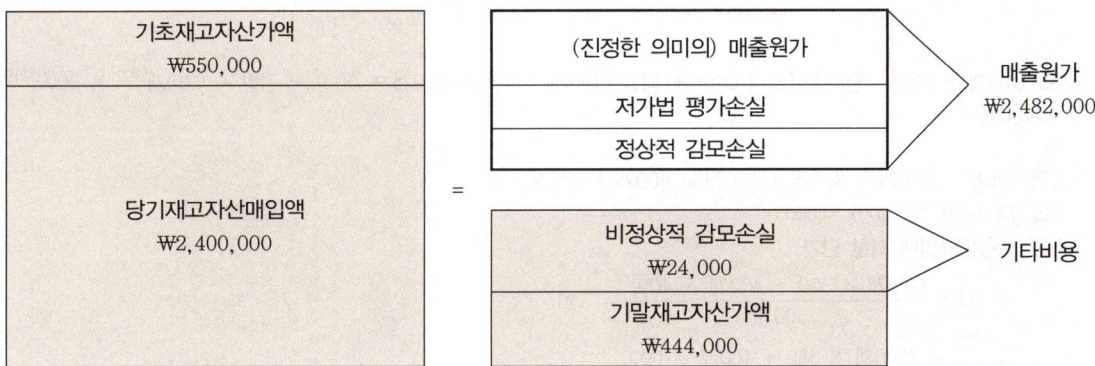

(1) 기초 : 550,000(충당금 0)

(2) 매입 : 2,400,000

(3) 기 말
   ① 장부 : (110개 × 900) + (150개 ×1,000) + (160개 × 800) + (150개 × 1,100) = 542,000
   ② 실지 : (90개 × 900) + (124개 × 1,000) + (140개 × 800) + (150개 × 1,100) = 482,000
   ⇒ ① − ②감모손실 : 542,000 − 482,000 = 60,000(이 중 40%는 비정상감모로 기타비용으로 처리)
   ③ 저가 : (90개 × 800) + (124개 × 1,000) + (140개 × 700) +(150개 × 1,000) = 444,000

∴ 20x1년도에 인식할 매출원가
   기초재고 550,000 + 매입 2,400,000 − 비정상적 감모손실 24,000 − 기말재고 444,000 = 2,482,000

19

┃해설┃

(1) 매출액

$(300개 \times 600) + (200개 \times 500) = 280,000$

(2) 매출원가

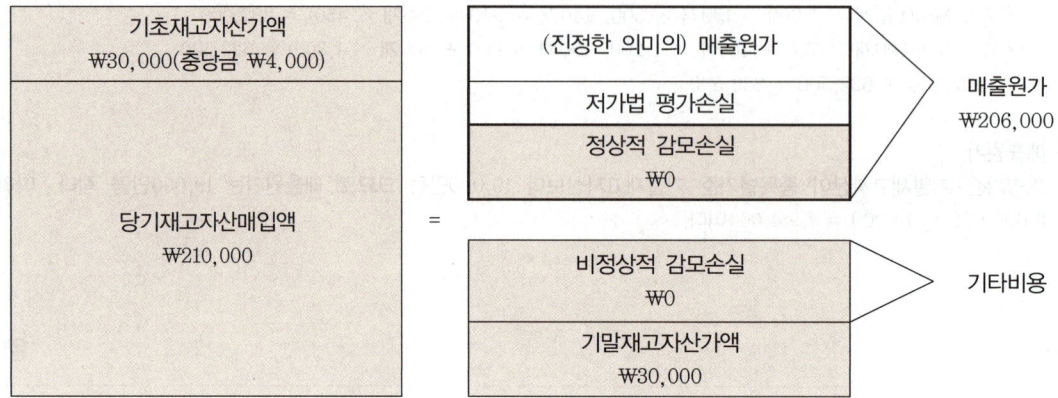

※ 문제에서 기말재고자산의 실제 재고수량은 장부수량과 일치하였다고 하였으므로 감모손실은 없으며, 재고자산평가손실은 매출원가로 분류한다고 하였으므로 관련 총비용은 모두 평가손실임을 알 수 있다.

기초 $(100개 \times 300 - 평가충당금\ 4,000) + 매입\ (400개 \times 400 + 100개 \times 500) - 기말 - (100개^{(주1)} \times 300^{(주2)})$
$= 206,000$

> 주1 $100개 + 400개 - 300개 + 100개 - 200개 = 100개$
> 주2 $Min(420^{(주3)},\ 300) = 300$
> 주3 이동평균법에 의한 단가
>
> ① 7/1 : $\dfrac{(100개 \times 300 + 400개 \times 400)}{500개} = 380$
>
> ② 10/1 : $\dfrac{(200개 \times 380 + 100개 \times 500)}{300개} = 420$

(3) 매출총이익

매출액 $280,000 - 매출원가\ 206,000 = 74,000$

20

┃해설┃

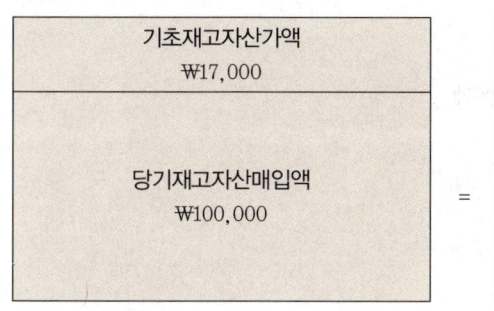
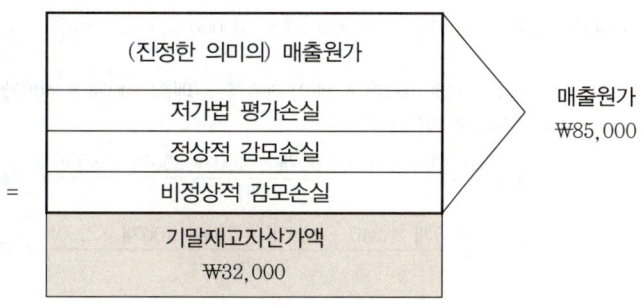

(1) 판매가능원가 : ① + ② = 117,000
  ① 기초 : 100개 × 200 − **충당금** 3,000 = 17,000
  ② 매입 : 200개 × 200 + 200개 × 300 = 100,000
   ※ 9/1 : 도착지 인도조건으로 12월 말 현재 운송중이므로 매입액에 포함하지 않는다.)

(2) 기말재고(저가)
  160개$^{(주1)}$ × Min(240$^{(주2)}$, 200) = 32,000

> **주1** 실제수량 : 300개 − 200개 × 80% + 20개 = 160개
> **주2** 장부상 단가 : (100개 × 200 + 200개 × 200 + 200개 × 300) ÷ 500개 = 240

(3) 매출원가
  판매가능원가 117,000 − 기말재고(저가) = 32,000 = 85,000
  ※ 문제에서 재고자산감모손실과 재고자산평가손실(환입)을 모두 매출원가에서 조정하고 있다고 하였으므로, 감모손실의
   정상감모와 비정상감모 구분 없이 바로 기말재고(저가)를 구해서 매출원가를 구할 수 있다.

21

답 ①

∥ 해설 ∥

(1) 기말재고(실지) : 300개$^{(주1)}$ × 270$^{(주2)}$ = 81,000

> 주1 실제수량 : 기초 100개 + 매입 600개 − 매출 400개 = 400개
>
> 주2 이동평균법에 의한 단가
>
> ① 8/1 : $\dfrac{(100개 \times 300 + 200개 \times 400 + 200개 \times 300)}{500개}$ = 340
>
> ② 10/1 : $\dfrac{(200개 \times 340 + 100개 \times 200 + 100개 \times 200)}{400개}$ = 270

(2) 기말재고(저가) : 300개 × Min(270, 200) = 60,000

※ 문제에서 기말재고자산의 장부수량과 실지재고수량은 일치한다고 하였으므로 재고자산감모손실은 없다.

∴ 81,000 − 60,000 = **21,000**

22

답 ③

∥ 해설 ∥

(1) 원가흐름

	판매가능상품		=	COG +기말재고	
	원 가	매 가			매 가
기초재고	80,000	100,000		순매출액	$^{(주2)}$1,026,000
순매입액	$^{(주1)}$756,000	1,000,000		정상파손	50,000
순인상액		95,000		기말재고	x
순인하액		(50,000)			
비정상파손	(10,000)	(15,000)			
	826,000	1,130,000			1,130,000

> 주1 806,000 − 50,000 = 756,000
>
> 주2 1,050,000 − 24,000 = 1,026,000

∴ 기말재고 x = 1,130,000 − 1,026,000 − 50,000

　　⇒ x = 54,000

(2) 저가기준, 가중평균법
　① 원가율 : 826,000 ÷ (1,130,000 + 50,000) = 70%
　② 기말재고원가 : 54,000(기말재고매가) × 70% = 37,800
　③ 매출원가 : 판매가능원가 826,000 − 기말재고원가 37,800 = 788,200

　∴ 매출총이익 : 매출액 1,026,000 − 매출원가 788,200 = **237,800**

23

┃해설┃

(1) 원가흐름

	판매가능상품		=	매출원가 + 기말재고	
	원 가	매 가		매 가	
기초재고	12,000	14,000	순매출액	[주2]999,500	
순매입액	[주1]650,000	999,500	정상파손	200	
순인상액		500	기말재고	x	
순인하액		(300)			
	662,000	1,013,700		1,013,700	

주1 649,700 + 300 = 650,000
주2 1,000,000 − 500 = 999,500

∴ 기말재고 x = 1,013,700 − 999,500 − 200
　　⇒ x = 14,000

(2) 저가기준, 선입선출법
　① 원가율 : (662,000 − 12,000) ÷ (1,013,700 − 14,000 + 300) = 65%
　② 기말재고원가 : 14,000(기말재고매가) × 65% = 9,100
　③ 매출원가 : 판매가능원가 662,000 − 기말재고원가 9,100 = 652,900

24

┃해설┃

(1) 원가흐름

	판매가능상품		=	매출원가 + 기말재고	
	원 가	매 가		매 가	
기초재고	9,000	8,950	순매출액	98,000	
순매입액	[주1]64,600	94,100	종업원할인	2,000	
순인상액		900	정상파손		
순인하액		(700)	기말재고	x	
	73,600	103,250		103,250	

주1 64,410 + 420 − 230 = 64,600

∴ 기말재고 x = 103,250 − 98,000 − 2,000
　　⇒ x = 3,250

(2) 저가기준, 선입선출법

① 원가율 : $(73,600 - 9,000) \div (103,250 - 8,950 + 700) = 68\%$

② 기말재고원가 : $3,250(기말재고매가) \times 68\% = 2,210$

③ 매출원가 : 판매가능원가 $73,600 -$ 기말재고원가 $2,210 = 71,390$

25 답 ①

┃해설┃

(1) 기초 + 매입 : $100,000 + 0 = 100,000$

(2) 매출 × 원가율 : $1,000,000 \times (1 - 0.15) = 850,000$

(3) 기말재고 : 재고자산회전율을 이용하여 추정

$$\frac{매출원가\ 850,000}{(기초\ 100,000 + 기말\ x) \div 2} = 6.8회$$

$\therefore$ 기말 : $150,000$

26 답 ②

┃해설┃

(1) 기초 + 매입 : $150,000 + 12,000,000 = 12,150,000$

(2) 매출원가 : 매출액 $11,545,000^{(주1)} \times$ 원가율 $(1 - 40\%) = 6,927,000$

> 주1 기초매출채권 $80,000$ + 매출액 = 매출채권 현금회수액 $11,500,000$ +대손확정 $5,000^{(주2)}$ + 기말매출채권 $120,000$, $\therefore$ 매출액 : $11,545,000$
>
> 주2 손실충당금 차감 전의 매출채권 총액을 이용할 경우 대손상각비 자료는 고려하지 않고 대손확정액을 고려 ⇒ 기초 충당금 $8,000$ - 대손확정 $5,000$ + 당기 대손상각비 설정 $7,000$ = 기말 충당금 $10,000$

(3) 기말 : $12,150,000 - 6,927,000 = 5,223,000$

$\therefore$ 20x1년 재고자산의 추정 손실금액 : 장부상 재고자산 $5,223,000 \times 90\% = 4,700,700$

27 답 ①

┃해설┃

매출원가 $31,500^{(주1)} \div$ 평균재고자산 $6,300^{(주2)} = 5회$

① 매출액 : 외상매출액 34,000[*] + 현금매출액 11,000 = 45,000

$\quad$ [*]기초매출채권 1,000 + 매출액 = 당기매출채권 회수 33,000 + 기말매출채권 2,000

$\quad\quad$ ∴ 매출액 34,000

$\quad$ ② 매출원가 : 매출액 45,000 × 원가율 70% = 31,500

주2 (기초재고자산 7,050 + 기말재고자산 5,550[*]) ÷ 2 = 6,300

$\quad$ [*]기초재고액 7,050 + 당기매입액 30,000 − 매출원가 31,500 = 5,550

28 답 ④

∥해설∥

(1) 누락된 회계처리 : 재고자산 과소계상, 매입채무 과소계상

$\quad$ (차) 재고자산 $\quad\quad\quad\quad\quad\quad\quad\quad$ xxx $\quad\quad$ (대) 매입채무 $\quad\quad\quad\quad\quad\quad\quad\quad$ xxx

(2) 오류를 수정하지 않았을 경우 재무비율에 미치는 영향 분석

$\quad$ ① 매출원가율 $= \dfrac{\text{매출원가}}{\text{매출액}}$: 영향 없음

$\quad$ ② 총자산회전율 ↑ $= \dfrac{\text{매출액}}{\text{평균자산} \downarrow}$: 과대계상

$\quad$ ③ 당좌비율 ↑ $= \dfrac{\text{당좌자산}}{\text{유동부채} \downarrow}$: 과대계상

$\quad$ ④ 부채비율 ↓ $= \dfrac{\text{부채} \downarrow}{\text{자본}}$: 과소계상

$\quad$ ⑤ 총자산이익률 ↓ $= \dfrac{\text{당기순이익}}{\text{총자산} \downarrow}$: 과대계상

29 답 ①

∥해설∥

(1) 외상매출액

$\quad$ 당기 매출채권 회수액 250,000 + 기말 매출채권 105,000 − 기초 매출채권 60,000 =외상매출액 295,000

(2) 매출원가

$\quad$ 외상매출액 295,000 + 현금매출액 45,000 − 매출총이익 106,000 = 매출원가 234,000

(3) 기말재고

$\quad$ 기초 상품재고 150,000 + 당기 상품매입액 194,000 − 매출원가 234,000 = 기말재고 110,000

(4) 재고자산평균보유기간

$\quad$ ① 재고자산회전율 : $\dfrac{\text{매출원가 } 234,000}{(\text{기초 } 150,000 + \text{기말 } 110,000) \div 2} = 1.8$회

$\quad$ ② 재고자산평균보유기간 : 360일 / 1.8회 = 200일

01

답 ③

┃해설┃

(1) 20x2년 1월 1일 사채장부금액 : 1,962,366

　　2,000,000 × 0.9246(4%) + 60,000 × 1.8861(4%) = 1,962,366

(2) 20x2년 1/1 ~ 9/30 이자비용 : 29,435 + 39,247 = 68,682

　　1,962,366 × 4% × 50% × 9/12 = 29,435

　　1,962,366 × 4% × 50% = 39,247

(3) 사채상환손익 : 1,010,577[주1] − 1,000,000 = 10,577 (사채상환이익)

> 주1 1,962,286 × 50% × (1 + 4% × 9/12) = 1,010,577

(4) 20x2년 당기순이익에 미치는 영향 : (−)68,682 + 10,577 = (−)58,105(단수차이)

실전풀이		
	1,962,286	(x2초 사채 장부금액)
−	1,000,000	(사채상환 시 현금지급액)
−	30,000	(기말 현금지급액)
−	990,388	(x2말 사채 장부금액)
(−)	58,102	

▌해설▐

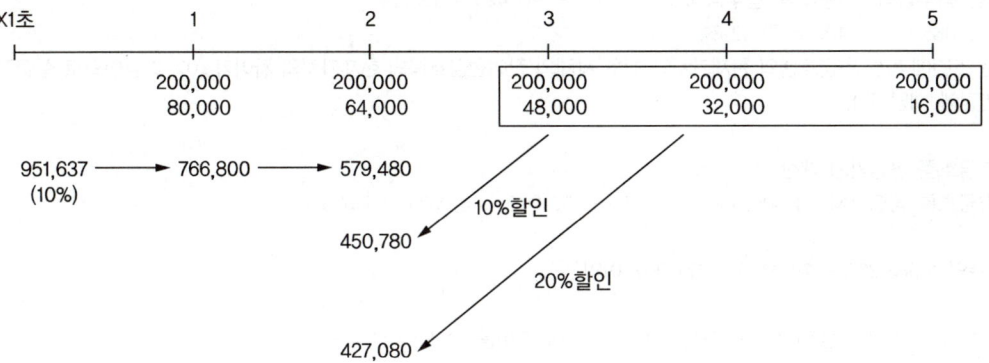

(1) 발행금액 : 951,637

$280,000 \times 0.9091 + 264,000 \times 0.8265 + 248,000 \times 0.7513 + 232,000 \times 0.6830 + 216,000 \times 0.6209 = 951,637$

(2) x2년 말 사채 장부금액 : 579,481

$(951,637 \times 1.1 - 280,000)^{(주1)} \times 1.1 - 264,000 = 579,481$

> 주1 x1년 말 사채 장부금액: 766,801
>
> 　　 x2년 이자비용: $766,801 \times 10\% = 76,680$

(3) 실질적 조건 변경 여부 판단

① 변경된 현금흐름의 현재가치(최초유효이자율 10%)로 할인 : 450,780

$600,000 \times 0.7513 = 450,780$

② 변경 전 장부금액 − 변경 후 장부금액 : $579,481 - 450,780 = 128,701$

$128,701/579,481 \times 100 = 약\ 22.2\%$

∴ 새로운 조건에 따른 현금흐름의 현재가치와 최초 사채의 잔여현금흐름의 현재가치의 차이가 10% 이상이므로 실질적 조건변경에 해당한다.

(4) 변경된 현금흐름 공정가치 계산

변경된 현금흐름 공정가치 : $600,000 \times 0.7118 = 427,080$

(5) 조건변경손익 : $579,481 - 427,080 = 152,401$ 이익

03　　　　　　　　　　　　　　　　　　　　　　　　　　　　　　　　　📋 ⑤

▌해설▐

(1) x2년 초 사채 장부금액 : $950,252 \times 1.1 - 80,000 = 965,277$

(2) 실질적 조건 변경 여부 판단

    ① 변경된 현금흐름의 현재가치(최초유효이자율 10%)로 할인 : 841,495

      $50,000 \times 3.1699 + 1,000,000 \times 0.6830 = 841,495$

    ② 변경 전 장부금액 − 변경 후 장부금액 : $965,277 - 841,495 = 123,782$

      $123,782/965,277 \times 100 = $ 약 12.8%

    ∴ 새로운 조건에 따른 현금흐름의 현재가치와 최초 사채의 잔여현금흐름의 현재가치의 차이가 10% 이상이므로 실질적 조건변경에 해당한다.

(3) 변경된 현금흐름 공정가치 계산

    변경된 현금흐름 공정가치 : $1,000,000 \times 0.6355 + 50,000 \times 3.0374 = 787,370$

(4) 조건변경손익 : $965,277 - 787,370 = 177,907$ 이익

(5) 당기손익 : $177,907$(조건변경이익) $- 787,370 \times 12\%$ (이자비용) $= $ 83,423 증가

04

┃해설┃

(1) 사채 발행금액 : $1,900,504 - 92,604$(사채 발행비) $= 1,807,900$

    ∴ 사채 발행비가 존재하므로 유효이자율이 변경된다.

(2) 유효이자율 : 12%

    $216,948$(이자비용)$/1,807,900 = 12\%$

(3) x2년 말 사채 장부금액 : 1,928,630

    $(1,807,900 \times 1.12 - 160,000) \times 1.12 - 160,000 = 1,928,630$

(4) 사채 상환이익 : $1,928,630 - (2,000,000 - 160,000)$ (경과이자 제외) $= $ 88,630

05

┃해설┃

(1) x1년 1월 1일 사채 현재가치 (12%) : 903,944

    $1,000,000 \times 0.7118 + 80,000 \times 2.4018 = 903,944$

(2) x1년 4월 1일 현금 수령액 : 931,062

    $903,944 \times (1 + 12\% \times 3/12) = 931,062$

(3) x1년 4월 1일 시채 발행가액 :

    $931,062 - 80,000 \times 3/12 = $ 911,062

※ FVPL 금융부채 발행비용은 금융부채 발행금액에서 차감하지 않고 당기손익 처리 한다.

06

해설

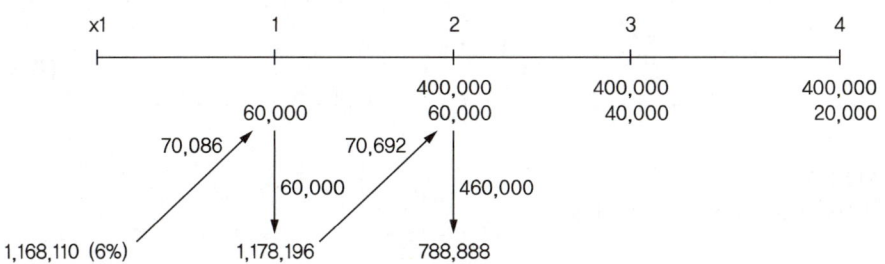

(1) x1년 1월1일 사채 발행금액 : 1,168,110

60,000 × 0.9434 + 460,000 × 0.8900 + 440,000 × 0.8396 + 420,000 × 0.7921 = 1,168,110

(2) x2년 말 장부금액 : 788,888

(1,168,110 × 1.06 − 60,000) × 1.06 − 460,000 = 788,888(단수차이)

07

해설

(1) x1년 1월 1일 사채 발행금액 : 875,657

1,000,000 × 0.7938 + 50,000 × 2.5771 − 46,998 = 875,657

(2) 유효이자율 : 10%

87,567/875,657 = 10%

(3) x2년 말 장부금액 : 954,545

(875,657 × 1.1 − 50,000) × 1.1 − 50,000 = 954,545

08

해설

(1) x2년 말 사채 상각후원가 : 500,000

유효이자율(5%)과 표시이자율(5%)이 일치하므로 사채의 상각후원가는 500,000이다.

(2) 실질적 조건 변경 여부 판단

① 변경된 현금흐름의 현재가치(최초유효이자율 5%)로 할인 : 435,045

500,000 × 0.7835 + 10,000 × 4.3295 = 435,045

② 변경 전 장부금액 − 변경 후 장부금액 : 500,000 − 435,045 = 64,955

64,955/500,000 × 100 = 약 13%

∴ 새로운 조건에 따른 현금흐름의 현재가치와 최초 사채의 잔여현금흐름의 현재가치의 차이가 10% 이상이므로 실질적 조건변경에 해당한다.

(3) 변경된 현금흐름 공정가치 계산

변경된 현금흐름 공정가치: $500,000 \times 0.6806 + 10,000 \times 3.9927 = 380,227$

09 답 ④

┃해설┃

(1) 사채 A의 장부금액 : 913,175

$50,000 \times 1.7355 + 1,000,000 \times 0.8264 = 913,175$

(2) 사채 B의 공정가치 : 910,799

$30,000 \times 1.7833 + 1,000,000 \times 0.8573 = 910,799$

(3) 사채상환손익 : 2,376 이익

$913,175 - 910,799 = 2,376$ 이익(단수차이)

10 답 ②

┃해설┃

(1) x2년 1월 1일 상환한 사채의 장부금액 : 639,184

(차)	① 사채	639,184	(대)	② 현금	637,000
				③ 사채상환이익	2,184

(2) 조기 상환한 사채 비율 : 70%

① x2년 1월 1일 사채의 장부금액 : $875,645 \times 1.1 - 50,000 = 913,210$

② 사채 상환 비율 : $639,184/913,210 = 70\%$

(3) x2년 말 사채 장부금액 : 286,359

① 미상환 가정시 x2년 말 사채 장부금액: 954,530

$(875,645 \times 1.1 - 50,000) \times 1.1 - 50,000 = 954,530$

② $954,530 \times 30\%$ (상환되지 않은 비율) $= 286,359$

11 답 ①

┃해설┃

(1) x1년 말 사채 장부금액 : 82,000

$84,000 - 2,000 = 82,000$

(2) 유효이자율 : 10%

$8,200/82,000 = 10\%$

(3) x3년 말 사채 장부금액 : 86,200

84,000 × 101 −6,200 (표시이자) = 86,200

12

 답 ③

┃해설┃

(1) 연도별 현금흐름

① x1년도 현금흐름 : 460,000

사채 상환액 : 400,000, **이자 비용** 1,200,000 × 5% = 60,000

② x2년도 현금흐름 : 440,000

사채 상환액 : 400,000, **이자 비용** 800,000 × 5% = 40,000

③ x3년도 현금흐름 : 420,000

사채 상환액 : 400,000, **이자 비용** 400,000 × 5% = 20,000

(2) x1년 초 사채 발행금액 : 1,178,196

460,000 × 0.9434 + 440,000 × 0.8900 + 420,000 × 0.8396 = 1,178,196

(3) x1년 12월 31일 사채 장부금액 : 788,888

1,178,196 × 1.06 − 460,000 = 788,888

13

 답 ⑤

┃해설┃

(1) x1년 초 사채 발행가액 : 922,650

50,000 × 2.5770 + 1,000,000 × 0.7938 = 922,650

(2) x1년 사채 상환손실 : 8,796

① 장부 금액 : 922,650 (1 + 8% × 9/12) × 40% = 391,204

② 상환 금액 : 400,000

③ 사채상환손익 : 391,204 − 400,000 = (−)8,796

(3) x1년 이자비용 : 66,431

922,650 × 8% × 9/12 × 40% + 922,650 × 8% × 12/12 × 60% = 66,431

(4) x1년 당기순이익에 미치는 영향 : (−)75,277

(−)8,796 − 66,431 = 75,227

실전풀이

	922,650	(x1초 사채 장부금액)
−	400,000	(사채상환 시 현금지급액)
−	30,000	(기말 현금지급액)
−	567,877	(x1말 사채 장부금액)
(−)	75,227	

14

┃해설┃

(1) x1년 1월 1일 사채의 발행금액 : 1,946,500

　　2,000,000 × 0.8396 + 100,000 × 2.6730 = 1,946,500

(2) x1년 말 사채 상각후원가 : 1,963,290

　　1,946,500 × 1.06 − 100,000 = 1,963,290

(3) 실질적 조건 변경 여부 판단

　① 변경된 현금흐름의 현재가치(최초유효이자율 6%)로 할인 : 1,732,660

　　　20,000 × 2.6730 + 2,000,000 × 0.8396 = 1,732,660

　② 변경 전 장부금액 − 변경 후 장부금액 : 1,963,290 − 1,732,660 = 230,630

　　　230,630/1,963,290 × 100 = 약 12%

　∴ 새로운 조건에 따른 현금흐름의 현재가치와 최초 사채의 잔여현금흐름의 현재가치의 차이가 10% 이상이므로 실질적 조건변경에 해당한다.

(3) 변경된 현금흐름 공정가치 계산

　변경된 현금흐름 공정가치 : 20,000 × 2.5570 + 2,000,000 × 0.8396 = 1,639,140

(4) 조건변경이익 : 324,150

　　1,963,290 − 1,639,140 = 324,150

(5) 이자비용 : 1,639,140 × 8% = 131,131

15

┃해설┃

(1) x2년 초 사채 상각후원가 : 1,037,766

　　1,000,000 × 0.9246 + 60,000 × 1.8861 = 1,037,766

(2) x2년 사채 상환이익 : 18,886
  ① 장부 금액 : 1,037,766 (1 + 4% × 3/12) × 60% = 628,886
  ② 상환 금액 : 610,000
  ③ 사채상환손익 : 628,886 − 610,000 = 18,886

(3) x2년 이자비용 : 22,831
  41,510 × 40% × 12/12 + 41,510 × 60% × 3/12 = 22,831

(4) x2년 당기순이익에 미치는 영향 : (−)3,945
  18,886 − 22,831 = (−) 3,945 (단수차이)

실전풀이

	1,037,766	(x2초 사채 장부금액)
−	610,000	(사채상환 시 현금지급액)
−	24,000	(기말 현금지급액)
−	407,711	(x2말 사채 장부금액)
(−)	3,945	

16
답 ①

│ 해설 │

(1) x1년 말 사채 상각후원가 : 966,218

(2) 실질적 조건 변경 여부 판단
  ① 변경된 현금흐름의 현재가치(최초유효이자율 12%)로 할인 : 807,872
    40,000 × 2.4018 + 1,000,000 × 0.7118 = 807,872
  ② 변경 전 장부금액 − 변경 후 장부금액 : 966,218 − 807,872 = 158,346
    158,346/966,218 × 100 = 약 16%
  ∴ 새로운 조건에 따른 현금흐름의 현재가치와 최초 사채의 잔여현금흐름의 현재가치의 차이가 10% 이상이므로 실질적 조건변경에 해당한다.

(3) 변경된 현금흐름 공정가치 계산 (현행시장이자율 15%로 할인)
  변경된 현금흐름 공정가치 : 40,000 × 2.2832 + 1,000,000 × 0.6575 = 748,828

(4) 조건변경이익 : 217,390 이익
  807,872 − 748,828 = 217,390 이익

17

┃해설┃

(1) x1년 1월 1일 사채의 발행금액 : 4,742,100

  $5,000,000 \times 0.7938 + 300,000 \times 2.5770 = 4,742,100$

(2) x1년 1월 1일 사채의 장부금액 : 4,692,100

  $4,742,100 - 50,000 = 4,692,100$

(3) 유효이자율의 계산 : 9%

  $4,692,100 \times x - 300,000 = 4,814,389$

  $\therefore x = 1.09$

(4) 4,814,389(x1말 상각후원가) $\times$ 9% = 433,295

18

답 ④

┃해설┃

(1) 사채 발행일의 현재가치 계산

  ① 사채 실제 발행일의 유효이자율이 연 8%인 경우

    x1년 1월 1일 사채 현재가치 : $3,000,000 \times 0.7938 + 180,000 \times 2.5770 = 2,845,260$

    x1년 3월 1일 현금 수취액 : $2,845,260 (1 + 8\% \times 2/12) = 2,883,197$

  ② 사채 실제 발행일의 유효이자율이 연 7%인 경우

    x1년 1월 1일 사채 현재가치 : $3,000,000 \times 0.8163 + 180,000 \times 2.6243 = 2,921,274$

    x1년 3월 1일 현금 수취액 : $2,921,274 (1 + 7\% \times 2/12) = 2,955,356$

(2) (A) $-$ (B) $= 2,883,197 - 2,955,356 = (-)72,159$

19

답 ②

┃해설┃

(1) x1년 초 사채의 상각후원가 : 2,845,260

  $3,000,000 \times 0.7938 + 180,000 \times 2.5770 = 2,845,260$

(2) x2년 초 사채의 상각후원가 : 2,892,881

  $2,845,260 \times 1.08 - 180,000 = 2,892,881$

(3) x3년 초 사채의 상각후원가 : 2,944,311

  $2,892,881 \times 1.08 - 180,000 = 2,944,311$

(4) x4년 4월 1일 사채 상환손익 : (-)14,041
  ① x4년 4월 1일 사채의 장부금액 : 900,959
    2,944,311 (1 + 8% × 3/12) × 30% = 900,959
  ② x4년 4월 1일 상환 금액 : 915,000
  ③ 사채 상환손익 : (-)14,041(단수차이)

20

답 ⑤

┃해설┃

① 새로운 제도와 물류체계의 구축에 대한 투자원가는 구조조정충당부채에 포함되지 않는다.
② 구조조정의 일환으로 자산의 매각을 계획하는 경우 구조조정과 관련하여 예상되는 자산 처분이익은 충당부채를 발생시킨 사건과 밀접하게 관련되어 있더라도 충당부채를 측정하는데 고려하지 않는다.
③ 기업의 계속적인 활동과 관련한 지출은 구조조정충당부채로 인식할 수 있는 지출에 포함되지 않는다.
④ 구조조정에서 생기는 간접비용은 구조조정충당부채로 인식할 수 있는 지출에 포함하지않는다. (직접원가만 포함, 간접비용은 지출 시 비용인식)

21

답 ②

┃해설┃

(1) x2년 예상 제품보증비 : 1,800 × 20% + 3,000 × 50% + 7,000 × 30% = 3,960

(2) x3년 예상 제품보증비 : 3,000 × 30% + 4,000 × 60% + 5,000 × 10% = 3,800

(3) 제품보증충당부채 : 3,960 × 0.9091 + 3,800 × 0.8264 = 6,740
  (1,000원의 예상영업손실은 고려하지 않는다.)

22

답 ④

┃해설┃

④ 당초에 다른 목적으로 인식된 충당부채를 그 목적이 아닌 다른 지출에 사용할 수 없다.

23

답 ①

┃해설┃

① 법률에 따라 항공사의 항공기를 3년에 한 번 씩 정밀하게 정비하도록 하는 것은 기업이 사업을 매각하는 등의 형태로 회피 가능한 원가이므로 충당부채로 인식하지 않는다.

24

답 ⑤

┃해설┃

$(3,000 + 4,000 + 6,000) \times 5\% \times 200 - (20,000 + 30,000 + 40,000) = 40,000$

25

답 ①

┃해설┃

① 어떤 의무를 제삼자와 연대하여 부담하는 경우에 이행하여야 하는 전체 의무 중에서 제삼자가 이행할 것으로 예상되는 정도까지만 <u>우발부채</u>로 처리한다.

26

답 ②

┃해설┃

(1) 20x3년 잔여 충당부채 : 21,000
    600개 $\times$ 5% $\times$ 1,200 - 15,000 = 21,000

(2) 20x4년 잔여 충당부채 : 30,000
    800개 $\times$ 5% $\times$ 1,500 - 30,000 = 30,000
    (x3년 분 충당부채는 보증기간 종료로 환입)

27

답 ②

┃해설┃

1,000개 $\times$ 3% $\times$ 730 - 8,000 = 13,900

01

답 ①

❚ 해설 ❚

(1) x1말 AC금융자산 장부금액 : 1,000,000
    표시이자율(5%)과 유효이자율(5%)이 동일하므로 액면금액이 된다.

(2) x1말 최초 유효이자율 5%로 계산한 변경된 현금흐름의 현재가치 : 929,080
    30,000 × 3.5460 + 1,000,000 × 0.8227 = 929,080

(3) x1말 변경된 현금흐름과 수수료를 반영한 AC금융자산의 장부금액 : 1,029,080
    1,000,000 + 100,000(주1) − 70,920 = 1,029,080

> 주1 제거조건을 충족하지 못하는 금융자산의 계약상 현금흐름 변경의 경우 계약상 현금흐름의 변경과 관련하여 발생한 수수료는 상각후원가에 가산한다.
>
> | (차) | ① AC금융자산 | 100,000 | (대) | ② 현금(수수료) | 100,000 |
> | | ④ 조건변경손실 | 70,920 | | ③ AC금융자산 | 70,920 |

(4) x1년도 당기순이익에 미치는 영향 : (−)20,920
    50,000(이자수익) − 70,920(조건변경손실) = (−)20,920

02

답 ②

❚ 해설 ❚

x1년도와 x2년도의 당기순이익에 미치는 영향 : 421,800 증가

x1년 12월 1일	수수료	(−)8,000
	평가이익	100,000
x1년 12월 31일	공정가치 500,000	−
x2년 3월 15일	현금배당 주식배당은 주식 수만 증가	15,000
x2년 7월 1일	처분이익	102,800(주1)
x2년 10월 1일	무상증자는 주식 수만 증가	−
x2년 12월 31일	평가이익	212,000(주2)

03

답 ③

해설

(1) x1년 말 AC금융자산의 장부금액 : 951,949
  939,240 × 1.12 − 100,000 = 951,949

(2) x1년 말 신용손실 : 285,563
  (70,000 × 2.4018 + 700,000 × 0.7118) − 951,949 = (−)285,563

(3) x1년 이자수익 : 112,709
  939,240 × 0.12 = 112,709

(4) x1년 당기순이익에 미치는 영향 : (−)285,563 + 112,709 = (−)172,854

04

답 ②

해설

ㄴ. 계약상 현금흐름의 수취와 금융자산의 매도 둘다를 통해 목적을 이루는 사업모형 하에서 금융자산을 보유하고, 금융자산의 계약 조건에 따라 특정일에 원금과 원금잔액에 대한 이자 지급만으로 구성되어 있는 현금흐름이 발생하는 금융자산은 기타포괄손익-공정가치 로 측정한다.

ㄹ. 금융자산을 기타포괄손익-공정가치 측정 범주에서 당기손익-공정가치 측정 범주로 재분류하는 경우에 계속 공정가치로 측정한다. 재분류 전에 인식한 기타포괄손익누계액은 재분류일에 재분류조정으로 자본에서 당기손익으로 재분류한다.

05

답 ⑤

해설

(1) x1년 말 총장부금액 : 965,277
  950,252 × 1.1 − 80,000 = 965,277

(2) x1년 말 FVOCI 평가손익
  932,408[주1] − (965,277 −10,000[주2]) = (−)22,869

  주1 공정가치
  주2 손상차손

(3) x2년 당기순이익에 미치는 영향 : **106,551 증가**

　　① x2년 재분류 조정 : (−) 22,869

　　② x2년 이자수익 : 80,000

　　③ x2년 FVPL 평가손익 : 981,828 − 932,408 = 49,420

20x2.1.1.	(차)	FVPL금융자산	932,408	(대)	FVOCI금융자산	932,408
		재분류손실	22,869		FVOCI금융자산평가손실	22,869
20x2.12.31.	(차)	현금	80,000	(대)	이자수익	80,000
		FVPL금융자산	49,420		FVPL금융자산평가이익	49,420

　　※ 금융자산의 재분류는 재분류를 초래하는 사업모형의 변경 후 첫 번째 보고기간의 첫 번째 날에 수행한다.

06
답 ⑤

┃해설┃

① 20x1년 기중 FVOCI 취득원가는 ₩100,500이다.

② 20x1년 기말 FVOCI 평가이익은 ₩9,500이다.

③ 20x2년 기말 FVOCI 평가손실이 ₩12,000 발생된다.

④ 20x3년 처분 직전 FVOCI 평가손실 잔액은 ₩2,500이다.

20x1년 취득시	(차)	FVOCI지분상품	100,500	(대)	현금	100,000
					현금(거래원가)	500
20x1년 말	(차)	FVOCI지분상품	9,500	(대)	FVOCI지분상품평가이익	9,500
20x2년 말	(차)	FVOCI지분상품평가이익	9,500	(대)	FVOCI지분상품	12,000
		FVOCI지분상품평가손실	2,500			
20x3년 처분시	(차)	FVOCI지분상품	1,000	(대)	FVOCI지분상품평가손실	1,000
		현금	99,000		FVOCI지분상품	99,000
		수수료비용	200		현금	200

07
답 ④

┃해설┃

(1) 계정분류별 총포괄손익

> [AC금융자산]
>
> 기말 상각후원가 (x1년 말 사채 장부금액)
>
> + 40,000 (표시이자 현금 수령액)
>
> − (896,884 + 1,200) (AC금융자산 취득원가)
>
> ---
>
> 기말 상각후원가 − 858,084

```
┌──────────────────────────────────────────────────────────────┐
│  [FVOCI금융자산]                                                  │
│                                                                │
│  1,000,000 (기말 공정가치)                                        │
│                                                                │
│  + 40,000 (표시이자 현금 수령액)                                    │
│                                                                │
│  − (896,884 + 1,200) (FVOCI금융자산 취득원가)                      │
│  ──────────────────────────────────────────                    │
│  141,916                                                       │
└──────────────────────────────────────────────────────────────┘

┌──────────────────────────────────────────────────────────────┐
│  [FVPL금융자산]                                                   │
│                                                                │
│  1,000,000 (기말 공정가치)                                        │
│                                                                │
│  + 40,000 (표시이자 현금 수령액)                                    │
│                                                                │
│  − 896,884 (FVPL금융자산 취득원가)                                 │
│                                                                │
│  − 900 (취득 수수료)                                              │
│  ──────────────────────────────────────────                    │
│  142,216                                                       │
└──────────────────────────────────────────────────────────────┘
```

(2) 회사 별 총포괄이익 크기

기말 상각후원가는 거래원가로 인해 유효이자율이 변경되어 8%보다 낮아진다.[주1]

따라서 기말공정가치보다 기말 상각후원가가 작으므로, FVOCI금융자산이 총포괄손익에 미치는 영향이 AC금융자산이 총포괄손익에 미치는 영향보다 크다.

따라서 회사별 총포괄손익에 미치는 영향은 (주)한국 > (주)민국 > (주)대한 순이다.

> **주1** 거래원가가 발생하면, 채권의 실제 취득금액은 액면가보다 커지게 되고, 이 경우 동일한 액면이자와 상환액을 받게 되므로, 투자자의 입장에서 실질 수익률이 낮아진다.

08 ①

┃해설┃

(1) x1년 AC금융자산 취득가액 : 867,484

$1,000,000 \times 0.7350 + 40,000 \times 3.3121 = 867,484$

(2) x1년 당기순이익에 미치는 영향 : 69,399 − 50,000 = 19,399

① $867,484 \times 0.08 = 69,399$ (이자수익)

② (−)50,000 (손상차손)

(3) x2년 당기순이익에 미치는 영향 : 71,750 − 278,522 = (−)206,772 (단수차이)

① x2년 말 사채 총장부금액 : 928,632

$40,000 \times 1.7833 + 1,000,000 \times 0.8573 = 928,632$

② 신용손실 : 328,525

$928,632 - (700,000 \times 0.8573) = 328,522$

③ 손상차손 : 278,522

$328,522$ (x2말 기대신용손실) $- 50,000$(x1말 기대신용손실) $= 278,522$

④ 이자수익 : 71,750

$(867,484 \times 1.08 - 40,000) \times 0.08 = 71,750$

09

┃해설┃

③ 기타포괄손익-공정가치측정금융자산을 당기손익-공정가치측정금융자산으로 재분류할 경우 계속 공정가치로 측정하고, 재분류 전에 인식한 기타포괄손익누계액은 <u>재분류일에 재분류조정으로 자본에서 당기손익으로 재분류한다</u>.

10

답 ①

┃해설┃

① 당기손익-공정가치 측정범주의 금융자산은 <u>손실충당금을 인식하지 않는다</u>.
FVPL 금융자산은 이미 공정가치 변동이 즉시 손익에 반영되므로, 별도로 기대신용손실충당금을 설정하지 않는다.

11

답 ⑤

┃해설┃

⑤ 기타포괄손익-공정가치측정금융자산으로 분류한 경우, 20x2년 당기순이익은 <u>₩80,741 증가</u>한다.

(1) FVPL금융자산일 때 x1년 말 당기순이익에 미치는 영향 : 162,090 증가
  ① 이자수익 : 100,000 (표시이자)
  ② 평가손익 : 62,090
    990,000 − 927,910 = 62,090

(2) FVOCI금융자산일 때 x1년 말 당기순이익에 미치는 영향 : 162,090 증가
  ① 이자수익 : 111,349
    927,910 × 12% = 111,349
  ② 평가손익 : 990,000 − 939,259^(주1) = 50,741

> **주1** x1년 말 상각후원가 927,910 × 1.12 − 100,000 = 939,529

(3) FVPL금융자산일 때 x2년 당기순이익에 미치는 영향 : 30,000 증가
  ① 이자수익 : 100,000 × 3/12 = 25,000
  ② 처분손익 : 1,020,000 − 25,000(경과이자) − 990,000 = 5,000

(4) FVOCI금융자산일 때 x2년 당기순이익에 미치는 영향 : 80,741 증가
  ① 이자수익 : 939,259 × 12% × 3/12 = 28,178
  ② 처분손익 : 1,020,000 − 25,000(경과이자) − 942,437 = 52,563

12

답 ④

┃해설┃

(1) AC금융자산 취득금액 : 1,000,000

　　유효이자율(8%)와 표시이자율(8%)가 동일하므로 액면금액이 된다.

(2) 이자수익 : 1,000,000 × 8% × 3/12 = 20,000

(3) 기말 장부금액 : 1,000,000

(4) 합계 : 1,000,000 + 20,000 = 1,020,000

13

답 ④

┃해설┃

④ 금융자산의 최초 인식 시 거래가격과 공정가치가 다를 경우 공정가치로 측정한다.

14

답 ④

┃해설┃

(1) x1초 상각후원가 : 95,198

　　10,000 × 2.4018 + 100,000 × 0.7118 = 95,198

(2) x1년 말 상각후원가 : 96,622

　　95,198 × 1.12 - 10,000 = 96,622

(3) x2년 이자수익 : 11,595

　　96,622 × 0.12 = 11,595

(4) x2년 말 재무상태표상 자본에 표시할 FVOCI금융자산 평가손익 : (-)217

　　① x2년 말 공정가치 : 98,000

　　② x2년 말 상각후원가 : 96,622 × 1.12 - 10,000 = 98,217

15

답 ⑤

┃해설┃

⑤ 금융자산을 재분류하기 위해서는 그 재분류를 중요도에 따라 구분하는 것이 아니고, 재분류는 재분류일부터 전진적으로 적용한다.

16

┃해설┃

(1) x1년 A사채가 당기순이익에 미치는 영향 : 207,218 증가
    ① 20x1년 A사채 이자수익 : 2,000,000 × 6% = 120,000
    ② 20x1년 A사채 평가이익 : 1,888,234 − 1,801,016 = 87,218

(2) x1년 B사채가 당기순이익에 미치는 영향 : 142,537
    ① 20x1년 B사채 이자수익 : 1,425,366 × 10% = 142,537
    ② 평가손익은 OCI로 당기순이익에 영향을 미치지 않는다.

(3) x1년 C사채가 당기순이익에 미치는 영향 : 50,000
    ① 500,000 × 10% = 50,000
    ② 평가손익은 OCI로 당기순이익에 영향을 미치지 않는다.

(4) x1년 포괄손익계산서의 당기순이익에 미치는 영향 : 399,755 증가
    207,218 + 142,537 + 50,000 = **399,755 증가**

17

┃해설┃

(1) x1년 FVOCI금융자산 취득금액 : 946,520

(2) x1년도 총포괄이익에 미치는 영향 : 56,791 − 251,311 − 12,000 = **(−)206,520**
    ① 이자수익 : 946,520 × 6% = 56,791
    ② x1년 말 총장부금액 : 946,520 × 1.06 − 40,000 = 963,311
    ③ x1년 말 상각후원가 : 800,000 × 0.8900 = 712,000
    ④ x1년 말 총장부금액 − 상각후원가 = 손상차손 = 251,311
    ⑤ x1년 말 기타포괄손익에 미치는 영향 : (−)12,000
       700,000(공정가치) − 712,000(상각후원가) = (−)12,000

(3) x2년도 당기순이익에 미치는 영향 : 42,720 + 188,680 = **231,400 증가**
    ① 이자수익 : 712,000 × 6% = 42,720
    ② x2년 말 상각후원가 : 1,000,000 × 0.9434 = 943,400
    ③ x2년 말 장부금액 : 712,000 × 1.06 = 754,720
    ④ x2년 말 상각후원가 − 장부금액 = 손상차손환입 = 188,680

18

답 ①

┃해설┃

(1) x1년 변경 전 총장부금액 : 965,268

  950,244 × 1.1 − 80,000 = 965,268

(2) x1년 변경 후 총장부금액 : 875,640

  1,000,000 × 0.7513 + 50,000 × 2.4868 = 875,640

(3) x1년 말 AC금융자산 장부금액 : 875,640 + 124,360 = 1,000,000

(4) x2년도에 인식할 이자수익 : 1,000,000 × 5% = 50,000

  ※ 변경 후 총장부금액에 수수료를 가산하면 액면금액이 되어, 액면이자율과 유효이자율이 동일해지므로 액면이자가 이자수익이 된다.

19

답 ②

┃해설┃

(1) x1년 AC금융자산 취득원가 : 946,520

  40,000 × 2.6730 + 1,000,000 × 0.8396 = 946,520

(2) x1년 말 AC금융자산 상각후원가 : 963,311

  946,520 × 1.06 − 40,000 = 963,311

(3) 금융자산처분손익 : 6,004 이익

  610,000(경과이자 포함) − (963,311 + 57,799 × 9/12) × 60% = 6,004 이익

20

답 ④

┃해설┃

(1) x1년 AC금융자산 취득금액 : 474,210

  30,000 × 2.5770 + 500,000 × 0.7938 = 474,210

(2) x2년 말 AC금융자산 총장부금액 : 490,727

  500,000 × 0.9259 + 30,000 × 0.9259 = 490,727

(3) x2년 말 변경 후 총장부금액 : 464,314

  500,000 × 0.8573 + 20,000 × 1.7832 = 464,314

(4) 변경 손익 : 464,314 − 490,727 = (−)26,413(단수차이)

21

답 ③

■ 해설 ■

(1) 회계처리

20x2년 말	(차)	현금	5,000	(대)	이자수익	5,000
		금융자산손상차손	3,000		손실충당금	3,000
20x3년 초	(차)	손실충당금	3,000	(대)	AC금융자산	50,000
		FVPL금융자산[주1]	45,000			
		FVPL평가손실	2,000			
20x3년 말	(차)	현금	5,000	(대)	이자수익	5,000
		FVPL금융자산	1,000		FVPL평가이익	1,000

> **주1** 금융자산의 재분류는 재분류를 초래하는 사업모형의 변경 후 첫 번째 보고기간의 첫 번째 날에 수행한다.

(2) x3년 당기순이익에 미치는 영향 : 4,000 증가

(−)2,000(평가손실) + 5,000(이자수익) + 1,000(평가이익) = 4,000 증가

22

답 ⑤

■ 해설 ■

(1) 유효이자율법에 의한 상각표

일 자	상각후원가	유효이자(12%)	액면이자	상각액
x1년 초	95,198			
x1년 말	96,622	11,424	10,000	1,424
x2년 말	98,216	11,594	10,000	1,594
x3년 말	100,000	11,784	10,000	1,784
계		34,802	30,000	4,802

(2) FVOCI로 분류 시 회계처리

20x1년 초	(차)	FVOCI금융자산	95,198	(대)	현금	95,198
20x1년 말	(차)	현금	10,000	(대)	이자수익	11,424
		FVOCI금융자산	1,424			
	(차)	FVOCI평가손실	3,205	(대)	FVOCI금융자산	3,205
20x2년 말	(차)	현금	10,000	(대)	이자수익	11,594
		FVOCI금융자산	1,594			
	(차)	FVOCI금융자산	4,088	(대)	FVOCI평가손실	3,205
				(대)	FVOCI평가이익	883
20x3년 초	(차)	현금	99,099	(대)	FVOCI금융자산	99,099
		FVOCI평가이익	883	(대)	금융자산처분이익	883

(3) AC금융자산으로 분류 시 회계처리

20x1년 초	(차)	AC금융자산	95,198	(대)	현금		95,198
20x1년 말	(차)	현금	10,000	(대)	이자수익		11,424
		AC금융자산	1,424				
20x2년 말	(차)	현금	10,000	(대)	이자수익		11,594
		AC금융자산	1,594				
20x3년 초	(차)	현금	99,099	(대)	AC금융자산		98,216
					금융자산처분이익		883

※ AC금융자산으로 분류한 경우와 FVOCI금융자산으로 분류한 경우 처분이익은 같다.

23

 답 ⑤

▌해설▐

(1) 관련 회계처리

매출채권제거	(차)	현금	480,000	(대)	매출채권	500,000
		처분손실	40,000		지급보증부채	20,000
지속적 관여	(차)	지속적관여자산	100,000	(대)	지속적관여부채	100,000

(2) 부채인식액 : 지급보증부채 20,000 + 지속적관여부채 100,000 = 120,000

24

 답 ②

▌해설▐

(1) 은행계정조정표

수정 전 은행측 잔액	12,800
미인출 수표	(7,500)
기입되지 않은 예금	2,800
올바른 금액	8,100

(2) 현금 및 현금성자산

우편환증서	4,000
소액현금	300
배당금지급통지서	1,500
은행예금	8,100
현금 및 현금성자산 금액	13,900

※ 당좌개설 보증금 : 장기성 금융자산 / 당좌 차월 : 단기 차입금 / 차용증, 종업원 가불증서 : 대여금 / 타인발행약속어음
　　 : 매출채권

25

┃해설┃

(1) 어음의 만기 가치 : 166,000

160,000(액면금액) + 160,000 × 9% × 5/12 = 166,000

(2) 어음의 할인료 : 4,482

166,000 − 161,518(수령한 금액) = 4,482

(3) 할인율 : 10.8%

166,000 × x% × 3(할인기간)/12 = 4,482

x = 10.8%

26

┃해설┃

(1) 은행계정조정표

수정 전 은행측 잔액	700,000
미인출 수표	(200,000)
기입되지 않은 예금	300,000
올바른 금액	800,000

(2) 현금 및 현금성자산

소액현금	100,000
공채이자표	200,000
타인발행당좌수표	100,000
은행예금	800,000
현금 및 현금성자산 금액	1,200,000

27

┃해설┃

(1) 어음의 만기 가치 : 2,480,000

2,400,000(액면금액) + 2,400,000 × 10% × 4/12 = 2,480,000

(2) 어음의 할인료 : 62,000

2,480,000 × 15% × 2/12 = 62,000

(3) 현금 수령액 : 2,480,000 - 62,000 = 2,418,000

(4) 장부금액 : 2,400,000 + 2,400,000 × 10% × 2/12 = 2,440,000

(5) 어음의 처분손실 : 2,418,000 - 2,440,000 = (-) 22,000

(6) 20x1년도 당기순이익에 미치는 영향 : 18,000 증가

40,000(이자수익) - 22,000(처분손실)

(7) 관련 회계처리

	(차) 미수이자	40,000	(대) 이자수익	40,000
	(차) 현금	2,418,000	(대) 매출채권	2,400,000
	처분손실	22,000	미수이자	40,000

01

답 ②

┃해설┃

(1) 전환사채의 상환할증금 : 62,432

$20,000 \times 1.04^2 + 20,000 \times 1.04 + 20,000 = 62,432$

(2) 전환사채 총 공정가치 : 972,193

$20,000 \times 2.7232 + (1,000,000 + 62,432) \times 0.8638 = 972,193$

(3) 전환사채 부채요소 발행금액 : 945,478

$20,000 \times 2.6730 + (1,000,000 + 62,432) \times 0.8396 = 945,478$

(4) 전환사채 자본요소 발행금액 : 26,715

$972,193 - 945,478 = 26,715$

02

답 ④

┃해설┃

(1) 전환사채 부채요소 발행금액 : 988,335

$50,000 \times 2.4868 + 1,150,000 \times 0.7513 = 988,335$

(2) 전환사채 자본요소 발행금액 : $1,000,000 - 988,335 = 11,665$

(3) 전환사채 재매입시 부채요소 상환금액 : $1,001,285 \times 50\% = 500,642$

$50,000 \times 1.6901(2년, 12\%) + 1,150,000 \times 0.7972(2년, 12\%) = 1,001,285$

(4) 전환사채 재매입시 자본요소 상환금액 : $550,000 - 500,642 = 49,358$

(5) x2년 초 전환사채 부채요소 장부금액 : 1,037,168

$988,335 \times 1.1 - 50,000 = 1,037,168$

(5) 전환사채 상환손익 : 17,944 증가

$1,037,168 \times 50\% - 500,642 = 17,942$ 증가(단수차이)

03

답 ⑤

┃해설┃

(1) 전환사채 부채요소 발행금액 : 95,015

  6,000 × 2.4018 + 113,240 × 0.7118 = 95,015

(2) 전환사채 자본요소 발행금액 : 100,000 − 95,015 = 4,985

(3) x2년 초 전환사채 부채요소 장부금액 : 100,417

  95,015 × 1.12 − 6,000 = 100,417

(4) x2년 전환사채 상각액 : 6,050

  100,417 × 12% − 6,000 = 6,050

(5) 행사 시 전환권대가 감소액 : 4,985 × 40% = 1,994

(6) x3년 초 전환사채 부채요소 장부금액 : 106,467

  100,417 × 1.12 − 6,000 = 106,467

  전환권 대가 장부금액 : 4,985

  부채와 전환권대가 장부금액 합계액 : 106,467 + 4,985 = 111,452

  부채요소와 자본요소의 상환손익으로 나누어지기 때문에 <u>11,452가 모두 사채 상환손익으로 인식되는 것은 아니다.</u>

04

답 ⑤

┃해설┃

(1) 전환사채 부채요소 발행금액 : 896,914

  40,000 × 2.57710 + 1,000,000 × 0.79383 = 896,914

(2) 전환사채 자본요소 발행금액 : 1,000,000 − 896,914 = 103,086

(3) x2년 초 전환사채 장부금액 : 928,667

  896,914 × 1.08 − 40,000 = 928,667

(4) x2년 초 부채요소 공정가치 : 821,168

  40,000 × 1.62571 + 1,000,000 × 0.75614 = 821,168

(5) 사채상환손익 : 928,667 − 821,168 = **107,499 이익**

(6) 관련 회계처리

(차)	사채(순)	928,667	(대)	현금	821,168
				사채상환이익	107,499
(차)	전환권대가(자본)	103,086	(대)	현금	248,832
	자본조정	145,746			

05

┃해설┃

⑤ 전환권을 행사할 가능성이 변동하더라도 <u>전환상품의 부채요소와 자본요소의 분류를 수정하지 않는다</u>.

06

답 ③

┃해설┃

(1) 상환할증금 : 31,525
   $(5\%-4\%) \times 1,000,000 \times (1.05^2 + 1.05 + 1) = 31,525$

(2) 전환사채 부채요소 발행금액 : 921,905
   $40,000 \times 2.5770 + 1,031,525 \times 0.7938 = 921,905$

(3) 전환사채 자본요소 발행금액 : $1,000,000 - 921,905 = 78,095$

(4) 총 이자비용 : ① + ② + ③ = 181,953
   ① x1년 이자비용 : $921,905 \times 8\% = 73,752$
   ② x2년 이자비용 : $(921,905 \times 1.08 - 40,000) \times 8\% = 76,453$
   ③ x3년 이자비용 : $(955,657 \times 1.08 - 40,000) \times 8\% \times 40\% = 31,748$

07

답 ⑤

┃해설┃

(1) 전환사채 부채요소 발행금액 : 944,508
   $40,000 \times 2.5770 + 1,060,000 \times 0.7938 = 944,508$

(2) 전환사채 자본요소 발행금액 : $980,000 - 944,508 = 35,492$

(3) x1년 말 전환사채 장부금액 : 980,069
   $944,508 \times 1.08 - 40,000 = 980,069$

(4) x2년 말 전환사채 장부금액 : 407,390
   $(980,069 \times 1.08 - 40,000) \times 40\% = 407,390$

(5) x2년 말 전환권대가 장부금액 : $35,492 \times 40\% = 14,197$

08

답 ④

┃ 해설 ┃

(1) 전환사채 부채요소 발행금액 : 965,147

40,000 × 2.5770 + 1,086,000 × 0.7938 = 965,147

(2) x2년 초 전환사채 장부금액 : 965,147 × 1.08 − 40,000 = 1,002,359

(3) x2년 초 전환 시 자본증가액 : 1,002,359 × 40% = 400,944

09

답 ②

┃ 해설 ┃

(1) x3년 초 전환사채 장부금액 : 625,538

(40,000 × 0.9259 + 1,086,000 × 0.9259) × 60% = 625,538

(2) x3년 초 부채요소 공정가치(10%) : 614,188

(40,000 × 0.9091 + 1,086,000 × 0.9091) × 60% = 614,188

(3) 사채상환이익 : 625,538 − 614,188 = 11,350 증가(단수차이)

10

답 ⑤

┃ 해설 ┃

(1) 신주인수권부사채 부채요소 발행금액 : 988,340

50,000 × 2.4869 + 1,150,000 × 0.7513 = 988,340

(2) 신주인수권부사채 자본요소 발행금액 : 1,000,000 − 988,340 = 11,660

(3) x1년도 이자비용 : 988,340 × 10% = 98,834

(4) x2년 초 행사시 자본증가액 : 449,590

[1,000,000(납입된 현금액) + 123,975(상환할증금의 현가)] × 40% = 449,590

(5) 행사 직후 사채 장부금액 : 987,584

1,037,174 − 123,975 × 40%(행사된 상환할증금 현가) = 987,584

(6) x2년 이자비용 : 987,584 × 10% = 98,758

11

답 ②

┃해설┃

(1) 신주인수권부사채 행사시에 자본증가액은 현금 수령액과 행사비율만큼의 상환할증금 현재가치 감소액의 합계액으로 나타낼 수 있다.

(2) 자본증가액 : 62,670
(100,000(현금 수령액) + 5,000 × 0.8900(상환할증금의 현가)) × 60% = 62,670

12

답 ②

┃해설┃

(1) 신주인수권부사채 부채요소 발행금액 : 976,019
70,000 × 2.4018 + 1,135,000 × 0.7118 = 976,019

(2) 이자비용 : 976,019 × 12% = 117,122

13

답 ④

┃해설┃

(1) 상환할증금 : $100,000 × (6\% - 4\%) × (1.06^2 + 1.06 + 1) = 6,367$

(2) 신주인수권부사채 부채요소 발행금액 : 94,742
4,000 × 2.5770 + 106,367 × 0.7938 = 94,742

(3) 신주인수권부사채 자본요소 발행금액 : 100,000 − 94,742 = 5,258

(4) 주식발행초과금 증가액 : 24,286
(100,000(현금 수령액) + 6,367 × 0.8573[주1] + 5,258 −100,000/10,000 × 5,000) × 40% = 24,286

> **주1** x2년초 상환할증금의 현재가치

14

답 ②

┃해설┃

(1) 신주인수권부사채 부채요소 발행금액
40,000 × 2.5770 + 1,100,000 × 0.7938 = 976,260

(2) 신주인수권부사채 자본요소 발행금액 : 1,000,000 − 976,260 = 23,740

┃해설┃

자본변동액 : 현금납입액과 행사비율에 해당하는 상환할증금의 현재가치의 합계액

(50주 × 20,000 + 100,000 × 0.8573) × 40% = 434,292 증가

01

답 ③

┃**해설**┃

(1) 우선주A는 상환할 수 있는 권리가 (주)세무에게 있으므로 자본으로 분류되고, 우선주 B는 (주)세무가 의무적으로 상환해야 하므로 부채로 분류된다.

(2) x3년 말 우선주B의 현가 - x1년 초 우선주B의 현가 = 15,564 감소(단수차이)
   ① x3년 말 우선주B의 현가 : 120,000 × 0.9524 = 114,288
   ② x1년 초 우선주B의 현가 : 120,000 × 0.8227 = 98,724
   ※ x1년도, x2년도, x3년도의 당기순이익에 영향을 미치는 항목은 부채로 분류된 우선주B의 이자비용이므로 x3년말 우선주 B의 현가에서 x1년 초 우선주B의 현가를 차감하면 3개년도의 이자비용이 산출된다.

02

답 ②

┃**해설**┃

(1)

	x1	x2	x3	추가적배당	
보통주			(주2)160,000	220,000	
우선주	(주1)60,000	60,000	60,000	(주3)40,000	
계	60,000	60,000	220,000	260,000	600,000

> **주1** 우선주는 누적적 배당이므로 x1, x2, x3년도에 60,000씩 배분된다.
> 2,000,000 × 3%(배당률) = 60,000
> **주2** 8,000,000 × 2%(배당률) = 160,000
> **주3** 잔여배당액 : 600,000 - (60,000 × 3 + 160,000) = 260,000
> 260,000/(8,000,000 + 2,000,000) = 2.6%
> 우선주는 5%까지 부분참가적이므로 추가적인 2%만 더 배분한다. 8,000,000 × 2% = 40,000

(2) 보통주에 배분된 배당금 : 160,000 + 220,000 = **380,000**

03

┃해설┃

⑤ 보유자가 발행자에게 특정일이나 그 후에 확정되었거나 결정 가능한 금액으로 상환해 줄 것을 청구할 수 있는 권리가 있는 우선주는 <u>금융부채로 분류한다.</u>

　※ 확정되었거나 결정가능한 미래의 시점에 확정되었거나 결정가능한 금액을 발행자가 보유자에게 의무적으로 상환해야하는 우선주나 보유자가 발행자에게 특정일이나 그 후에 확정되었거나 결정가능한 금액으로 상환해줄 것을 청구할 수 있는 권리가 있는 우선주는 금융부채이다.

04

답 ⑤

┃해설┃

x1년 말 자본총계

3,000,000(x1초 **자본총계**) + 100주 × ₩12,000 − 200,000(중간배당) − 20주 × ₩11,000(자기주식 취득) + 10주 × ₩13,000 (자기주식 재발행) + 850,000(당기순이익) + 130,000(기타포괄손익) = **4,890,000**

※ 자기주식소각은 자본총계에 변화가 없다. 상법상 이익준비금 적립역시 자본계정간의 이체이므로 자본총계에 영향을 미치지 않기 때문에 고려할 필요가 없다.

05

답 ⑤

┃해설┃

(1) 회계처리

20x1.2.1.	(차)	현금	420,000	(대)	자본금	300,000
					주식발행초과금	120,000
	(차)	주식발행초과금	30,000	(대)	현금	30,000
20x1.3.10	(차)	자본금	300,000	(대)	이월결손금	250,000
					감자차익	50,000
20x1.5.2	(차)	현금	40,000	(대)	보험이익	40,000
		손상차손	400,000		유형자산	400,000
20x1.8.21	(차)	이익준비금	200,000	(대)	자본금	200,000
20x1.9.30	(차)	현금	80,000	(대)	정부보조금	80,000
20x1.11.17	(차)	현금	350,000	(대)	자기주식	325,000
					자기주식처분이익	25,000

(2) 자본잉여금

　100,000(기초 자본잉여금) +120,000 − 30,000 + 50,000 + 25,000 = **265,000**

답 ①

▎해설▎

(1)

	x1	x2	x3	추가적배당	
보통주			(주2)120,000	312,000	
우선주	(주1)120,000	120,000	120,000	(주3)208,000	
계	120,000	120,000	240,000	520,000	1,000,000

주1 우선주는 누적적 배당이므로 x1, x2, x3년도에 60,000씩 배분된다.
   2,000주 × 1,000(액면금액) × 6%(배당률) = 120,000

주2 3,000주 × 1,000(액면금액) × 4%(배당률) = 120,000

주3 잔여배당액 : 1,000,000 − (120,000 × 3 + 120,000) = 520,000
   520,000/(2,000주 × 1,000 + 3,000주 × 1,000) = 10.4%
   우선주는 완전참가적이므로 추가적으로 배분한다.
   2,000,000 × 10.4% = 208,000

(2) 보통주에 지급할 배당금 : 120,000 + 312,000 = 432,000

답 ①

▎해설▎

회계처리

3.1	(차)	자기주식	(주1)340,000	(대)	현금		340,000
4.1	(차)	자기주식	(주2)112,000	(대)	현금		112,000
4.21	(차)	현금	(주3)207,000	(대)	자기주식		(주4)204,000
					자기주식처분이익		3,000
4.30	(차)	현금	(주5)48,000	(대)	자기주식		(주6)68,000
		자기주식처분이익	3,000				
		자기주식처분손실	17,000				

주1 50주 × ₩6,800 = 340,000
주2 20주 × ₩5,600 = 112,000
주3 30주 × ₩6,900 = 207,000
주4 30주 × ₩6,800 = 204,000
주5 10주 × ₩4,800 = 48,000
주6 10주 × ₩6,800 = 68,000

08

답 ④

┃해설┃

(1) 자본 변동액

구 분	자본 변동
유상증자	500,000
무상증자^(주1)	–
현금배당	(800,000)
주식배당^(주2)	–
자기주식취득	(600,000)
OCI평가이익	400,000
x1년 당기순이익	?
자본 변동	6,000,000 증가

주1 주2 자본잉여금과 이익잉여금을 자본금에 전입하여 액면가로 주식을 발행하므로 순자산 변동없음

(2) 당기순이익 : 6,000,000 − 400,000 + 600,000 + 800,000 − 500,000 = 6,500,000

답 ④

┃해설┃

자본 변동액

구 분	자본 변동
유상증자	200주 × ₩1,500
자기주식취득	(50주 × ₩1,000)
자기주식소각	–
무상감자	–
유상감자	(100주 × ₩800)
FVOCI평가손실	150주×(₩1,200 − ₩1,500)
자본 변동	125,000 증가

10

┃해설┃

(1) 자본 총계 변동

구 분	자본 변동
x1년도 기초 자본	1,000,000
현금배당	(100,000)
FVOCI 평가손실	(30,000)
재평가잉여금	50,000
자기주식재발행	45,000
당기순이익	(주1)280,000
x1년도 말 자본총계	1,245,000

(2) 이익잉여금 변동

구 분	자본 변동
x1년도 기초 이익잉여금	320,000
현금배당	(100,000)
주식배당	(100,000)
당기순이익	(주1)280,000
x1년도 말 이익잉여금	400,000

주1				
총포괄이익 300,000	당기순이익 280,000			280,000
	기타포괄이익 20,000	FVOCI평가손실		(30,000)
		재평가잉여금		50,000

11

┃해설┃

(1) 우선주가 누적적, 5% 부분참가적인 경우

	x1	x2	x3	추가적배당	
보통주			(주2)200,000	340,000	
우선주	(주1)120,000	120,000	120,000	(주3)180,000	
계	120,000	120,000	320,000	520,000	1,080,000

주1 우선주는 누적적 배당이므로, x1, x2, x3년도에 120,000씩 배분된다.

6,000,000 × 2%(배당률) = 120,000

주2 10,000,000 × 2%(배당률) = 200,000

주3 잔여배당액 : 1,080,000 - (120,000 × 3 + 200,000) = 520,000

520,000/(10,000,000 + 6,000,000) = 3.25%

우선주는 5% 부분참가적이므로 3%(5%-2%)까지만 추가적으로 배분한다.

6,000,000 × 3% = 180,000

(2) 보통주에 배분될 배당금액 : 200,000 + 340,000 = 540,000

(3) 우선주가 비누적적, 완전참가적인 경우

	x1	x2	x3	추가적배당
보통주			(주2)200,000	475,000
우선주	–	–	(주1)120,000	(주3)285,000
계	–	–	320,000	760,000	1,080,000

주1 우선주는 비누적적 배당이므로 x3년도 에 120,000을 배분한다.

6,000,000 × 2%(배당률) = 120,000

주2 10,000,000 × 2%(배당률) = 200,000

주3 잔여배당액 : 1,080,000 - (120,000 + 200,000) = 760,000

760,000/(10,000,000 + 6,000,000) = 4.75%

우선주는 완전참가적이므로 4.75%까지 추가로 배분한다.

6,000,000 × 4.75% = 285,000

(4) 보통주에 배분될 배당금액 : 200,000 + 475,000 = 675,000

12
답 ⑤

해설

(1) 상환우선주는 x2년 12월 31일에 의무적으로 상환해야하므로 부채이다.

(2) x1년 초 상환우선주 부채요소의 현재가치 : 112,300

120,000(주1) × 0.8900 + 3,000(주2) × 1.8334 = 112,300

주1 200주 × ₩600 = 120,000

주2 ₩500(액면금액) × 3%(배당률) × 200주 = 3,000

(3) x1년 말 이자비용 : 112,300 × 6% = 6,738

CHAPTER 10 | 고객과의 계약에서 생기는 수익

01

 답 ①

┃ 해설 ┃

(1) 거래가격의 배분

구 분	개별판매가격	비 율	거래가격 배분
기계장치	1,500,000	75%	1,350,000
5년간 유지보수용역	500,000	25%	450,000
합 계	2,000,000	100%	1,800,000

(2) 수익인식금액

① x1년 수익인식금액 : 1,350,000(기계장치 매출액) + 450,000/5년 = 1,440,000

② x2년 수익인식금액 : 200,000/4년(잔여기간) = 50,000

※ 구별되는 재화나 용역이 추가되는 것이 아니므로 별도계약으로 회계처리하는 것이 아니다.

02

 답 ①

┃ 해설 ┃

(1) 할인권의 개별판매가격 : 240

1,500(평균구매금액) × (30% −10%)(할인비율) × 80%(행사가능성) = 240

(2) 거래가격의 배분

구 분	개별판매가격	비 율	거래가격 배분
제 품	2,000	89.28%	1,786
할인권	240	10.72%	214
합 계	2,240	100%	2,000

03

답 ⑤

┃해설┃

x1년도 수익인식액 : 1,950,000

1,500,000(설비고정대가) + (7,000,000 + 8,000,000) × 3%$^{(주1)}$ = 1,950,000

주1 기업이 고객과의 계약에서 라이선스를 이전하는 대가로 판매나 사용에 기초한 로열티를 받을 권리를 가지는 경우, 기업은 고객의 후속 판매나 사용이 발생할 때까지 관련 로열티를 수익으로 인식하지 아니한다.

04

답 ⑤

┃해설┃

회계처리

20x1.12.15.	(차)	계약자산	$^{(주1)}$8,000	(대)	매출	8,000
20x2.1.10.	(차)	수취채권	10,000	(대)	매출	2,000
					계약자산	8,000
20x2.1.15	(차)	현금	10,000	(대)	수취채권	10,000

주1 제품 B를 인도해야 대금을 받을 권리가 생기기 때문에 20x1년 말에는 대가를 수령할 무조건적인권리가 존재하지 않아 계약자산으로 인식한다.

05

답 ②

┃해설┃

(1) 거래가격의 배분

구 분	개별판매가격	비 율	거래가격 배분
제 품	1,000,000	80%	800,000
포인트	$^{(주1)}$250,000	20%	200,000
합 계	1,250,000	100%	1,000,000

주1 500,000p × ₩0.5(포인트 당 개별 판매가격) = 250,000

(2) x2년 누적 수행의무 비율 : 90%

(180,000 + 252,000)/480,000 = 90%

(3) x2년 누적 수행의무 인식액 : 980,000

800,000 + 200,000 × 90% = 980,000

(4) x2년 계약부채 잔액 : 1,000,000 − 980,000 = 20,000

06

┃해설┃

	20x1	20x2
누적발생원가	120,000	300,000
총 예상원가	–	(주2)500,000
누적진행률	–	60%
누적 계약수익	(주1)120,000	(주3)360,000
누적 계약원가	120,000	300,000
누적이익		60,000
당기이익		60,000

> 주1 진행률을 추정할 수 없을 때 발생원가 중에서 회수가능한 범위 내에서의 금액만을 수익으로 인식한다. min[120,000, 120,000] = 120,000
>
> 주2 120,000(x1년 발생공사원가) + 180,000(x2년 발생공사원가) + 200,000(추정추가소요원가)
>
> 주3 600,000(계약금액) × 60% = 360,000

07

┃해설┃

③ 변동대가(금액)는 기댓값 또는 가능성이 가장 높은 금액 중에서 기업이 받을 권리를 갖게 될 대가(금액)를 더 잘 예측할 것으로 예상하는 방법을 사용하여 추정한다.

08

┃해설┃

	20x1	20x2
누적발생원가	432,000	580,000
총 예상원가	720,000	725,000
누적진행률	60%	80%
누적 계약수익	(주1)510,000	(주2)680,000
누적 계약원가	432,000	580,000
누적이익	78,000	100,000
당기이익	78,000	22,000
미성공사	510,000	680,000
청구금액	390,000	700,000
미청구공사	120,000	(20,000)

09

▌해설▐

회계처리

20x1.12.31	(차)	매출채권	20,000	(대)	매출	19,000
					환불부채	(주1)1,000
	(차)	매출원가	14,250	(대)	재고자산	15,000
		반환재고회수권	(주2)750			

주1 100개 × 5%(반품률) × ₩200 = 1,000
주2 100개 × 5%(반품률) × ₩150 = 750

① 20x1년 인식할 매출액은 ₩19,000이다.
② 20x1년 인식할 이익은 ₩4,750(19,000 − 14,250)이다.
③ '환불이 발생할 경우 고객으로부터 제품을 회수할 권리'(반환재고회수권)를 20x1년 말 자산으로 인식하며, 그 금액은 ₩750 이다.
④ 동거래의 거래가격은 변동대가에 해당하기 때문에 받을 권리를 갖게 될 금액을 추정하여 수익으로 인식한다.
⑤ 20x1년 말 인식할 부채는 ₩1,000이다.

10

▌해설▐

(1) 20x1년 4월 1일 기존제품에 대한 수익 인식 : 30개 × ₩1,000 = 30,000

(2) 구별되는 수행의무가 추가되었지만 계약금액이 개별판매가격을 반영하지 않으므로 이미 이행된 수행의무에 대한 기존계약을 종료하고 새로운 계약으로 본다.
  ① 170개(잔여부분) × ₩1,000 + 100개 × ₩800 = 250,000
  ② 250,000 × 108개(이전수량)/270개 = 100,000

(3) 20x1.1.1. ~ 20x1.6.30. 수익인식금액 : 30,000 + 100,000 = 130,000

11

┃해설┃

(1) 고객이 풋옵션을 보유하고 있는 상태에서 풋옵션의 행사가능성이 유의적이라면 제품의 판매로 보지 않는다. 또한 판매가격보다 풋옵션의 행사가격이 높으므로 해당거래는 금융약정이다.

(2) (주)세무의 회계처리

20x1.1.1.	(차)	현금	200,000	(대)	단기차입금	200,000
20x1.6.30.	(차)	이자비용	10,000	(대)	단기차입금	10,000
	(차)	단기차입금	210,000	(대)	매출액	210,000
	(차)	매출원가	100,000	(대)	재고자산	100,000

⑤ 20x1년 6월 30일 (주)세무는 매출액 ₩210,000을 인식한다.

12

┃해설┃

	20x1	20x2	20x3
누적발생원가	280,000	960,000	1,280,000
총 예상원가	1,400,000	1,600,000	1,600,000
누적진행률	20%	60%	80%
누적 계약수익	(주1)400,000	(주2)800,000	(주3)1,600,000
누적 계약원가	280,000	960,000	1,280,000
누적이익	120,000	(160,000)	320,000
당기이익	120,000	(280,000)	480,000

주1 2,000,000(계약금액) × 20%(누적진행률) = 400,000
주2 진행률을 추정할 수 없을 때 발생원가 중에서 회수가능한 범위 내에서의 금액만을 수익으로 인식한다. min[960,000, 800,000] = 800,000
주3 2,000,000(계약금액) × 80%(누적진행률) = 1,600,000

│ 해설 │

	20x5	20x6	20x7
누적발생원가	(주1)210,000	(주2)432,000	(주3)750,000
총 예상원가	700,000	720,000	750,000
누적진행률	30%	60%	100%
누적 계약수익	(주4)300,000	(주5)600,000	1,000,000
누적 계약원가	210,000	432,000	750,000
누적이익	90,000	168,000	250,000
당기이익	120,000	78,000	82,000

주1 x1년 발생원가 : 90,000(x1년 건설자재 취득원가) − 10,000(기말 미사용) + 120,000(노무원가) + 10,000(감가상각비) = 210,000

주2 ① x2년 발생원가 : 10,000(기초 미사용) + 100,000(x2년 건설자재 취득원가) − 40,000(기말 미사용) + 140,000(노무원가) + 12,000(감가상각비) = 222,000

    ② x1년 + x2년 = 210,000 + 222,000 = 432,000

주3 ① x3년 발생원가 : 40,000(기초 미사용) + 50,000(x3년 건설자재 취득원가) − 40,000(기말 미사용) + 250,000(노무원가) + 18,000(감가상각비) = 318,000

    ② x1년 + x2년 + x3년 = 210,000 + 222,000 + 318,000 = 750,000

주4 1,000,000(계약금액) × 30%(누적진행률) = 300,000

주5 1,000,000(계약금액) × 60%(누적진행률) = 600,000

14

┃ 해설 ┃

(1) 라이선스 A에 고정금액 ₩200과 라이선스 B에 변동대가 ₩1,800을 배분하는 것은 라이선스 A와 B의 개별판매가격인 ₩900과 ₩1,100을 반영하지 못하는 것이므로 개별판매가격에 기초하여 배분하는 것이 타당하다.

(2) 거래가격의 배분

구 분	개별판매가격	비 율	x1.11.1.	x1.12.31.	x2.12.31.
라이선스 A	900	45%	(주1)90	(주3)180	(주5)405
라이선스 B	1,100	55%	(주2)110	(주4)220	(주6)495
합 계	2,000	100%	200	400	900

> 주1 200 × 45% = 90 , 라이선스 A의 x1년 수령분은 x1년에 수익을 인식한다.
> 주2 200 × 55% = 110 , 라이선스 B는 판매기준 로열티이므로 의무이행과 대가의 확정시기 중 나중의 사건이 일어날 때 인식하므로 x2년에 인식한다.
> 주3 400 × 45% = 180 , 라이선스 A의 x1년 수령분은 x1년에 수익을 인식한다.
> 주4 400 × 55% = 220 , 라이선스 B는 판매기준 로열티이므로 의무이행과 대가의 확정시기 중 나중의 사건이 일어날 때 인식하므로 x2년에 인식한다.
> 주5 900 × 45% = 405 , 라이선스 A의 x2년 수령분은 x2년에 수익을 인식한다.
> 주6 900 × 55% = 495 , 라이선스 B는 판매기준 로열티이므로 의무이행과 대강되 확정시기 중 나중의 사건이 일어날 때 인식하므로 x2년에 인식한다.

(3) x2년도에 인식할 수익 : 110 + 220 + 405 + 495 = 1,230

15

┃ 해설 ┃

(1) 거래가격의 배분

구 분	개별판매가격	비 율	거래가격 배분
AI로봇	260,000	26/30	234,000
방문서비스	10,000 × 4회 = 40,000	4/30	(주1)36,000
합 계	300,000	100%	270,000

> 주1 방문 1회당 거래가격은 36,000/4 = 9,000이다.

(2) x2년도 인식할 수익 : 90회 × 9,000 + 30대 × 234,000 = 7,830,000

16

┃해설┃

(1) 계약 개시시점에 용역의 개별판매가격은 1,000,000이다. 그러나 x2년초 계약의 변경으로 수수료가 900,000으로 감액되었고, 4년을 연장하였으나 변경된 용역의 가격은 개별판매가격을 반영하지 못하므로 별도의 계약이 아닌 기존계약이 종료되고 새로운 계약이 체결된 것으로 회계처리 한다.

(2) x2년 초부터 x6년 말까지 기존계약의 잔여금액 1,000,000과 변경된 계약의 금액 3,600,000(= 900,000 × 4년)을 합한 4,600,000을 수익으로 인식한다. 따라서 매년 4,600,000/5 = 920,000을 수익으로 인식한다.

(3) x3년에 인식할 수익 금액 : 920,000

17

┃해설┃

	20x1	20x2
누적발생원가	1,000,000	3,000,000
총 예상원가	4,000,000	4,000,000
누적진행률	25%	75%
누적 계약수익	(주1)1,250,000	(주2)3,750,000
누적 계약원가	1,000,000	3,000,000
누적이익	250,000	750,000
당기이익	250,000	500,000

주1 5,000,000(계약금액) × 25% = 1,250,000
주2 5,000,000(계약금액) × 75% = 3,750,000

별해

① x1년 공사손익 : (5,000,000 − 4,000,000) × 25% = 250,000
② x2년 공사손익 : (5,000,000 − 4,000,000) × 75% − 250,000 = 500,000이익

18

┃해설┃

(1) x1년 회계처리

상품권 판매시　(차) 현금　　　　　　　　　500,000　　(대) 선수금　　　　　　　500,000

상품권 사용시　(차) 선수금　　　(주1)420,000　　(대) 매출　　　　　　　　389,000
　　　　　　　　　　　　　　　　　　　　　　　　　　　현금　　　　　　　　　31,000

기간 경과 이후　(차) 선수금　　　(주2)8,000　　(대) 상품권기간경과이익　　8,000

(2) x2년 회계처리

상품권 판매시　(차) 현금　　　　　　　1,000,000　　(대) 선수금　　　　　　1,000,000

상품권 사용시　(차) 선수금　　　(주3)900,000　　(대) 매출　　　　　　　　823,000
　　　　　　　　　　　　　　　　　　　　　　　　　　　현금　　　　　　　　　77,000

현금 상환시　　(차) 선수금　　　(주4)45,000　　(대) 현금　　　　　　　　45,000

기간 경과 이후　(차) 선수금　　　(주5)10,000　　(대) 상품권기간경과이익　10,000
　　　　　　　　　　　선수금　　　(주6)27,000　　　　상품권기간경과이익　27,000

> | 주1 | 42매 × 10,000 = 420,000 |
> |---|---|
> | 주2 | 8매 × 10,000 × 10%(상품권 현금상환의무 없는 비율) = 8,000 |
> | 주3 | 90매 × 10,000 = 900,000 |
> | 주4 | 5매 × 10,000 × 90% = 45,000 |
> | 주5 | 10매 × 10,000 × 10%(상품권 현금상환의무 없는 비율) = 10,000 |
> | 주6 | 3매 × 10,000 × 90% = 27,000 |

(3) x2년도 포괄손익계산서에 인식할 수익 : 860,000

823,000(매출수익) + 10매 × 10,000 × 10%(상품권 기간경과이익) + 3매 × 10,000 × 90%(상품권 기간경과이익) = 860,000

19

┃해설┃

(1) 개별판매가격을 반영하여 책정된 경우 x1년 수익 : ① + ② = 106,000
　① x1년 10월 31일 : 50개 × 1,000 = 50,000
　② x1년 11월 1일 ~ x1년 12월 31일 : 40개 × 1,000 + 20개 × 800 = 56,000
　※ 구별되는 재화가 추가되었고 계약변경시점의 개별판매가격이 반영되었으므로, 별도 계약으로 회계처리한다.

(2) 개별판매가격을 반영하지 않고 책정된 경우 x1년 수익 : ① + ② = 106,400
　① x1년 10월 31일 : 50개 × 1,000 = 50,000
　② x1년 11월 1일 ~ x1년 12월 31일 : 60개 × (70개 × 1,000 + 30개 × 800)/100개 = 56,400
　※ 구별되는 재화가 추가되었고 계약변경시점의 개별판매가격이 반영되지 않았으므로 기존계약을 종료하고 새로운 계약으로 수익을 인식한다.

20

┃해설┃

고객에게 약속한 재화나 용역, 즉 자산을 이전하여 수행의무를 이행할 때(또는 기간에 걸쳐 이행하는 대로) 수익을 인식한다. 자산은 고객이 그 자산을 통제할 때(또는 기간에 걸쳐 통제하게 되는 대로) 이전된다. 식별한 각 수행의무를 기간에 걸쳐 이행하는지 또는 한 시점에 이행하는지를 계약 개시시점에 판단한다. <u>수행의무가 기간에 걸쳐 이행되지 않는다면, 그 수행의무는 한 시점에 이행되는 것이다.</u>

21

┃해설┃

(1) x1년도 (주)대한의 수익 : ① + ② = 229,000
　　① 제품 A : 150개 × 1,500(판매가격) = 225,000
　　② 제품 B : 80개 × 50(판매수수료) = 4,000
　　※ (주)대한이 최소 200개의 판매를 보장하였으므로 (주)대한은 200개까지 본인으로서 참여하고 200개 초과분은 대리인으로 참여하는 것이다. 따라서 민국은 200개까지 대한에게 직접판매한 것이고 50개는 위탁판매를 하는 것이므로 민국은 200개까지 수익을 인식할 수 있다.

(2) x1년도 (주)민국의 수익 : ① + ② = 350,000
　　① 제품 A : 200개 × 1,350((주)대한에게 판매한 가격) = 270,000
　　② 제품 B : 80개 × 1,000(판매가격) = 80,000

22

┃해설┃

(1) 청소용역의 공정가치가 40,000인 경우
　　① 고객에게 지급할 대가(50,000)가 청소용역의 공정가치(40,000)를 초과하므로 초과액(10,000)을 거래가격에서 차감한다.
　　② 600,000 − 10,000 = 590,000

(2) 청소용역의 공정가치를 합리적으로 추정할 수 없는 경우
　　① 고객이 제공한 재화나 용역의 공정가치를 합리적으로 추정할 수 없다면, 고객에게 지급할 대가 전액을 거래가격에서 차감한다.
　　② 600,000 − 50,000 = 550,000

23

답 ①

┃ 해설 ┃

(1) 거래가격의 배분

구 분	개별판매가격	비 율	거래가격 배분
중장비	481,000	92.5%	462,500
하자보증	39,000	7.5%	37,500
합 계	520,000	100%	500,000

(2) x1년에 인식할 총수익 금액 : 475,000

462,500(중장비 판매) + 37,500 × 10,000/30,000 = **475,000**

(3) x1년 말 재무상태표에 인식할 계약부채 : 37,500 − 12,500 = **25,000**

24

답 ④

┃ 해설 ┃

(1) (주)대한이 콜옵션을 보유하면서 기업이 자산을 원래 판매가격 이상의 금액으로 다시 재매입할 수 있거나 재매입해야하는 경우에는 금융약정으로 회계처리 한다.

(2) 회계처리

20x1.12.1.	(차)	현금	1,000,000	(대)	단기차입금	1,000,000
20x1.12.31.	(차)	이자비용	(주1)25,000	(대)	미지급이자	25,000
20x2.3.31	(차)	이자비용	(주2)75,000	(대)	매출	1,100,000
		미지급이자	25,000			
		단기차입금	1,000,000			
		매출원가	500,000		재고자산	500,000

> 주1 100,000 × 1/4 = 25,000
> 주2 100,000 × 3/4 = 75,000

(3) x2년 당기순이익에 미치는 영향 : 1,100,000 − 500,000 − 75,000 = **525,000 증가**

25

답 ①

┃해설┃

① 유형자산의 처분은 계약상대방이 기업회계기준서 제1115호에서 정의하고 있는 <u>고객에 해당되므로 유형자산 처분손익에 포함되는 대가(금액)를 산정함에 있어 처분유형에 관계없이 동 기준서의 거래가격 산정에 관한 요구사항을 적용할 수 있다.</u>

〈한국채택국제회계기준(K-IFRS) 제1115호 「고객과의 계약에서 생기는 수익」 〉

이 기준서는 다음을 제외한 고객과의 모든 계약에 적용한다.

(1) 기업회계기준서 제1116호 '리스'의 적용범위에 포함되는 리스계약

(2) 기업회계기준서 제1117호 '보험계약'의 적용범위에 포함되는 계약. 다만 기업회계기준서 제1117호 문단 8에 따라 고정된 요금으로 서비스를 제공하는 것을 주된 목적으로 하는 보험계약에는 이 기준서를 적용할 수 있다.

(3) 기업회계기준서 제1109호 '금융상품', 제1110호 '연결재무제표', 제1111호 '공동약정', 제1027호 '별도재무제표', 제1028호 '관계기업과 공동기업에 대한 투자'의 적용범위에 포함되는 금융상품과 그 밖의 계약상 권리 또는 의무

(4) 고객이나 잠재적 고객에게 판매를 쉽게 하기 위해 행하는 같은 사업 영역에 있는 기업 사이의 비화폐성 교환. 예를 들면 두 정유사가 서로 다른 특정 지역에 있는 고객의 수요를 적시에 충족하기 위해, 두 정유사끼리 유류를 교환하기로 합의한 계약에는 이 기준서를 적용하지 않는다.

01
답 ①

┃해설┃

① 단기종업원급여에 해당하는 누적 유급휴가의 예상원가는 종업원이 <u>근무용역을 제공할 때</u> 인식한다.

02
답 ②

┃해설┃

(1) 변동 금액

	기초	+	증가요인	–	감소요인	=	기말
확정급여채무	305,000		190,000 (당기근무원가)		150,000 (현금지급)		373,000
			(주1)30,500 (이자비용)		2,500 (재측정요소 OCI)		
	기초	+	증가요인	–	감소요인	=	기말
사외적립자산	300,000		180,000 (출연금)		150,000 (현금지급)		375,000
			(주2)48,000 (이자수익)		3,000 (재측정요소 OCI)		
	기초	+	증가요인	–	감소요인	=	기말
자산인식상한효과			1,000 (재측정요소 OCI)				(주3)1,000

주1 305,000 × 10%(할인율) = 30,500
주2 (300,000 + 180,000) × 10%(할인율) = 48,000
주3 자산인식상한효과 : (375,000 – 373,000) – 1,000(자산인식상한) = 1,000
※ x2년 초에 현금 180,000을 사외적립자산에 출연하였으므로 180,000에 대한 이자수익도 계산해야한다.

(2) 퇴직 급여 : 172,500
190,000(당기근무원가) + 30,500(이자비용) – 48,000(이자수익) = 172,500

(3) 기타포괄손익 : 2,500 – 3,000 – 1,000 = (–)1,500

┃해설┃

(1) 변동 금액

	기초	+	증가요인	−	감소요인	=	기말
확정급여채무	1,000,000		240,000		100,000		1,200,000
			(당기근무원가)		(현금지급)		
			[주1]100,000		40,000		
			(이자비용)		(재측정요소 OCI)		

	기초	+	증가요인	−	감소요인	=	기말
사외적립자산	600,000		300,000		100,000		850,000
			(출연금)		(현금지급)		
			[주2]60,000		10,000		
			(이자수익)		(재측정요소 OCI)		

> [주1] 1,000,000(기초 확정급여채무) × 10%(할인율) = 100,000
> [주2] 600,000(기초 사외적립자산) × 10%(할인율) = 60,000

(2) 기타포괄이익에 미치는영향 : 40,000 − 10,000 = 30,000 증가

┃해설┃

(1) 변동 금액

	기초	+	증가요인	−	감소요인	=	기말
확정급여채무	600,000		450,000		150,000		1,050,000
			(당기근무원가)		(현금지급)		
			[주1]90,000				
			(이자비용)				
			60,000				
			(재측정요소 OCI)				

	기초	+	증가요인	−	감소요인	=	기말
사외적립자산	560,000		400,000		150,000		920,000
			(출연금)		(현금지급)		
			[주2]84,000				
			(이자수익)				
			26,000				
			(재측정요소 OCI)				

> [주1] 600,000(기초 확정급여채무) × 15%(할인율) = 90,000
> [주2] 560,000(기초 사외적립자산) × 15%(할인율) = 84,000

(2) 퇴직급여 : 456,000

　　450,000(당기근무원가) + 90,000(이자비용) − 84,000(이자수익) = 456,000

(3) 기타포괄손익 : (−)60,000 + 26,000 = (−)34,000

05

답 ②

┃ 해설 ┃

(1) 변동 금액

	기초	+	증가요인	−	감소요인	=	기말
확정급여채무	900,000		120,000 (당기근무원가) (주1)87,000 (이자비용)		90,000(9/1) (현금지급)		1,017,000
사외적립자산	720,000		60,000(10/1) (출연금) (주2)70,500 (이자수익)		90,000(9/1) (현금지급)		760,500

> 주1 900,000(기초 확정급여채무) × 10%(할인율) × 8/12 + (900,000 − 90,000) × 10% × 4/12 = 87,000
> 주2 720,000(기초 사외적립자산) × 10%(할인율) × 8/12 + 630,000 × 10% × 1/12 + 690,000 × 10% × 3/12 = 70,500

(2) 순확정급여부채 : 1,017,000 − 760,500 = 256,500

06

답 ②

┃ 해설 ┃

퇴직급여관련비용 : 33,000
25,000(당기근무원가) + 15,000(이자비용) + 5,000(과거근무원가) − 12,000(이자수익) = 33,000

07

답 ③

┃ 해설 ┃

(1) 20명만이 평균 9.5일의 유급병가를 사용할 것으로 예상되므로 2.5(9.5일 − 7일)의 유급병가를 지급해야할 것으로 예상된다.

(2) x1년말 재무상태표에 인식할 부채 : 2.5일 × 20명 × 1,500 = 75,000

08

┃해설┃

⑤ 확정급여제도에서 순확정급여부채(자산)를 재측정하는 경우가 아닌 일반적인 순확정급여부채(자산)의 순이자는 <u>연차보고기간 초의 순확정급여부채(자산)와 할인율</u>을 사용하여 결정한다.

09

답 ③

┃해설┃

③ 확정급여제도에서 확정급여채무와 사외적립자산에 대한 순확정급여부채(자산)의 순이자는 당기손익으로 인식하고, <u>자산인식상한효과에 대한 순확정급여부채(자산)의 순이자도 당기손익으로 인식</u>한다.

10

답 ①

┃해설┃

(1) 변동 금액

	기초	+	증가요인	−	감소요인	=	기말
확정급여채무	1,200,000		300,000 (당기근무원가)		240,000(5/1) (현금지급)		1,400,000
			(주1)104,000 (이자비용)				
			36,000 (재측정요소 OCI)				

	기초	+	증가요인	−	감소요인	=	기말
사외적립자산	900,000		120,000(9/1) (출연금)		240,000(5/1) (현금지급)		920,000
			(주2)78,000 (이자수익)				
			62,000 (재측정요소 OCI)				

> **주1** 1,200,000(기초 확정급여채무) × 10%(할인율) × 4/12 + (1,200,000 − 240,000) × 10% × 8/12 = 104,000
> **주2** 900,000(기초 사외적립자산) × 10%(할인율) × 4/12 + (900,000 − 240,000) × 10% × 4/12 + (900,000 − 240,000 + 120,000) × 10% × 4/12 = 78,000

(2) 총포괄이익에 미치는 영향 : 300,000 감소
　(−)300,000(당기근무원가) − 104,000(이자비용) − 36,000(재측정요소) + 78,000(이자수익) + 62,000(재측정요소) = 300,000 감소

420 세무사 1차 객관식 재무회계

※ 총포괄이익을 묻는 문제이므로 이자비용이나 이자수익을 따로 계산하지 않고 변동액만으로 계산하면 빠르다.
　　① 확정급여채무의 변동액 NI 와 OCI ： (−)440,000
　　　　1,200,000(기초) − 240,000(현금지급) − 1,400,000(기말) = 변동 440,000
　　② 사외적립자산의 변동액 중 NI 와 OCI ： 140,000
　　　　900,000(기초) + 120,000(출연금) − 240,000(현금지급) − 920,000(기말) = 변동 140,000
　　③ 총포괄이익 변동액 ： (−)440,000 + 140,000 = (−)300,000

11
답 ③

해설

(1) 변동 금액

	기초	+	증가요인	−	감소요인	=	기말
확정급여채무	500,000		650,000 (당기근무원가)		40,000 (현금지급)		1,150,000
			30,000 (이자비용)				
			10,000 (재측정요소 OCI)				

	기초	+	증가요인	−	감소요인	=	기말
사외적립자산	460,000		380,000 (출연금)		40,000 (현금지급)		850,000
			27,600 (이자수익)				
			22,400 (재측정요소 OCI)				

(2) 총포괄이익에 미치는 영향 ： 640,000 감소
　　(−)650,000(당기근무원가) − 30,000(이자비용) − 10,000(재측정요소) + 27,600(이자수익) + 22,400(재측정요소)
　　= (−)640,000

※ 총포괄이익을 묻는 문제이므로 이자비용이나 이자수익을 따로 계산하지 않고 변동액만으로 계산하면 빠르다.
　　① 확정급여채무의 변동액 NI 와 OCI ： (−)690,000
　　　　500,000(기초) − 40,000(현금지급) − 1,150,000(기말) = 변동 690,000
　　② 사외적립자산의 변동액 중 NI 와 OCI ： 50,000
　　　　460,000(기초) + 380,000(출연금) − 40,000(현금지급) − 850,000(기말) = 변동 50,000
　　③ 총포괄이익 변동액 ： (−)690,000 + 50,000 = (−)640,000

┃해설┃

(1) 변동 금액

	기초	+	증가요인	−	감소요인	=	기말
확정급여채무	1,000,000		900,000		100,000		2,100,000
			(당기근무원가)		(현금지급)		
			80,000				
			(이자비용)				
			220,000				
			(재측정요소 OCI)				

	기초	+	증가요인	−	감소요인	=	기말
사외적립자산	1,100,000		1,000,000		100,000		2,300,000
			(출연금)		(현금지급)		
			88,000				
			(이자수익)				
			212,000				
			(재측정요소 OCI)				

	기초	+	증가요인	−	감소요인	=	기말
자산인식상한효과	40,000		3,200				50,000
			(이자비용)				
			6,800				
			(재측정요소 OCI)				

(2) 기타포괄이익에 미치는 영향 : (−)220,000 + 212,000 − 6,800 = 14,800 감소

01

┃해설┃

④ 가득기간 이후에 현금결제형 주식기준보상거래의 조건이 변경되어 주식결제형으로 변경되는 경우, 그 주식결제형 주식기준 보상거래에서 지분상품은 <u>조건변경일을 기준으로</u> 공정가치를 측정하여 자본으로 회계처리한다.

02
답 ②

┃해설┃

(1) 주식보상비용 계산

연 도	종업원 수 × 수량		×	내재가치	×	n	=	누 적	당 기
x1	(100 − 5 − 12)	× 10개	×	(53 − 50)	×	1/3	=	830	830
x2	(100 − 5 − 8 − 7)	× 10개	×	(55 − 50)	×	2/3	=	2,667	1,837
x3	(100 − 5 − 8 − 15)	× 10개	×	(60 − 50)	×	3/3	=	7,200	4,533

(2) x4년 말 주식선택권 : 6,400

(720개 − 400개)(잔여수량) × (70 − 50)(내재가치) = 6,400

03

┃해설┃

① 현금결제형 주식기준보상거래의 경우에 제공받는 재화나 용역과 그 대가로 부담하는 부채를 부채의 공정가치로 측정하며, 부채가 결제될 때까지 매 보고기간 말과 결제일에 부채의 공정가치를 <u>재측정한다</u>.

② 주식결제형 주식기준보상거래로 가득된 지분상품이 추후 상실되거나 주식선택권이 행사되지 않은 경우에는 종업원에게서 제공받은 근무용역에 대해 인식한 금액을 <u>환입하지 아니한다</u>.

③ 부여한 지분상품의 공정가치를 신뢰성 있게 추정할 수 없어 내재가치로 측정한 경우에는 부여일부터 가득일까지 내재가치 변동을 재측정하여 당기손익으로 인식하고, 가득일 이후의 <u>내재가치 변동을 재측정한다</u>.

④ 시장조건이 있는 지분상품을 부여한 경우, <u>시장조건의 충족 여부와 관계없이 거래상대방으로부터 재화나 용역을 제공받는 경우에 그 재화나 용역을 인식한다</u>.

┃해설┃

(1) 기존의 주식보상비용 계산

연 도	종업원 수 × 수량			×	주선권 공정가치	×	n	=	누 적	당 기
x1	300 × 80%	×	10개	×	200	×	1/4	=	120,000	120,000
x2	300 × 90%	×	10개	×	200	×	2/4	=	270,000	150,000

(2) 증분공정가치 계산

연 도	종업원 수 × 수량			×	증분 공정가치	×	n	=	누 적	당 기
x1										
x2	300 × 90%	×	10개	×	20	×	1/3	=	18,000	18,000

(3) x2년 주식보상비용 : 150,000 + 18,000 = 168,000

┃해설┃

(1) 주식보상비용 계산

연 도	종업원 수 × 수량			×	공정가치	×	n	=	누 적	당 기
x1	(100 − 10 − 15)	×	10개	×	1,000	×	1/3	=	250,000	250,000
x2	(100 − 10 − 12 − 8)	×	10개	×	1,260	×	2/3	=	588,000	338,000
x3	(100 − 10 − 12 − 5)	×	10개	×	1,400	×	3/3	=	1,022,000	434,000

(2) x3년 말 회계처리

가득시	(차) 주식보상비용	434,000	(대) 장기미지급비용	434,000
행사시	(차) 장기미지급비용	(주1)392,000	(대) 현금	(주2)336,000
			주식보상비용환입	56,000

주1 1,400 × 280개 = 392,000
주2 1,200 × 280개 = 336,000

(3) x3년도 당기비용 : 378,000
　　434,000(x3년 주식보상비용) − 56,000(주식보상비용환입) = 378,000

06

▌해설▌

(1) 주식기준보상 A

종업원에게 지급되는 경우이므로 부여한 지분상품의 공정가치로 측정한다.

90명 × 20주 × 300 × 9/12 = 405,000

(2) 주식기준보상 B

기계장치의 공정가치를 신뢰성 있게 측정할 수 없으므로 부여한 지분상품의 공정가치로 측정한다.

200주 × 320 = 64,000

(3) 주식기준보상 C

제공받는 재화나 용역의 공정가치를 신뢰성 있게 측정할 수 있으므로 제공받는 재화나 용역의 공정가치로 측정한다.

80,000 + 50,000 = 130,000

(4) 자본증가액 : 405,000 + 64,000 + 130,000 = 599,000

07

▌해설▌

(1) 행사가격 현금 유입액이 행사시 증가되는 자본이다.

(2) 가득된 주식선택권 개수 : (40 − 2 − 4 − 1)명 × 40개 = 1,320개

(3) 현금유입액 : 1,320개 × 50% × 600(행사가격) = 396,000

08

▌해설▌

(1) x3년 말 주식선택권 : 100명 × 10개 × (350 − 200)* = 150,000

> *부여일 현재 주식선택권의 공정가치를 신뢰성 있게 추정할 수 없으므로 내재가치로 측정하고, 보고기간말과 최종결제일에 내재가치를 재측정한다.

(2) 행사 전 x4년 말 주식선택권 : 100명 × 10개 × (400 − 200) = 200,000

(3) 회계처리

x4년 말	(차)	주식보상비용	50,000	(대)	주식선택권	50,000
	(차)	현금	170,000	(대)	자본금	340,000
		주식선택권	170,000			
	(차)	주식선택권	(주3)30,000	(대)	주식보상비용환입	30,000

주1 $200,000 - 150,000 = 50,000$

주2 $850개 \times 200 = 170,000$

주3 $150개 \times 200 = 30,000$

(4) x4년 당기순이익에 미치는 영향 : $(-)50,000 + 30,000 = $ **20,000감소**

09

답 ②

∥해설∥

② 현금결제형 주식기준보상거래의 경우에 제공받는 재화나 용역과 그 대가로 부담하는 부채를 부채의 공정가치로 측정한다. 또 부채가 결제될 때까지 매 보고기간 말과 결제일에 부채의 공정가치를 재측정하고, 공정가치의 변동액은 <u>당기손익으로 인식한다</u>.

10

답 ④

∥해설∥

(1) 회계처리

x3년	(차)	주식보상비용	(주1)2,000,000	(대)	주식선택권	2,000,000
	(차)	주식선택권	(주2)6,000,000	(대)	현금	(주3)6,600,000
		주식선택권중도청산손실	600,000			
	(차)	주식보상비용	(주4)400,000	(대)	현금	400,000

주1 $100명 \times 100개 \times 600 \times 1/3 = 2,000,000$

주2 $100명 \times 100개 \times 600 = 6,000,000$

주3 $100명 \times 100개 \times 660 = 6,600,000$

주4 $100명 \times 100개 \times (700 - 660) = 400,000$

(2) x3년도 당기순이익에 미치는 영향 : $(-)2,000,000 - 400,000 = $ **2,400,000감소**

11

답 ⑤

∥해설∥

주식보상비용 계산

연 도	종업원 수	×	수량	×	공정가치	×	n	=	누 적	당 기
x1	100	×	200개	×	300	×	1/3	=	2,000,000	2,000,000
x2	100	×	*150개	×	300	×	2/3	=	3,000,000	1,000,000
x3	100	×	*0개	×	300	×	3/3	=	0	3,000,000 환입

*성과조건이 비시장조건이므로 추정치를 변경한다.

12

답 ②

▍해설▍

② 부여한 지분상품의 공정가치에 기초하여 거래를 측정하는 때에는, <u>시장가격을 구할 수 있다면 시장가격을 기초로 하되 지분상품의 부여조건을 고려하여 측정기준일 현재 공정가치를 측정한다.</u>

만일 시장가격을 구할 수 없다면 가치평가기법을 사용하여 부여한 지분상품의 공정가치를 추정하며, 이때 가치평가기법은 합리적 판단력과 거래의사가 있는 독립된 당사자 사이의 거래에서 측정기준일 현재 지분상품 가격이 얼마인지를 추정하는 가치평가기법이어야 한다. 이 가치평가기법은 일반적으로 인정된 금융상품 가치평가방법과 일관되어야 하며 합리적 판단력과 거래의사가 있는 시장참여자가 가격을 결정할 때 고려할 모든 요소와 가정을 포함하여야 한다.

13

답 ④

▍해설▍

(1) 주식보상비용 계산

연 도	종업원 수 × 수량			×	공정가치	×	n	=	누 적	당 기
x1	30	×	30개	×	100	×	1/5	=	18,000	18,000
x2	30	×	30개	×	110	×	2/5	=	39,600	21,600

(2) 회계처리

x1년 말   (차) 주식보상비용   18,000   (대) 장기미지급비용   18,000

x2년 말   (차) 주식보상비용   21,600   (대) 장기미지급비용   21,600

            (차) 장기미지급비용   39,600   (대) 주식선택권   46,800

                주식보상비용   *7,200

*주식기준보상거래관련 회계처리가 x2년 당기순이익을 28,800만큼 감소시킨다고 하였으므로 28,800 − 21,600 = 7,200임

(3) x2년 말 주식선택권의 1개당 공정가치 : 130

30명 × 30개 × x × 2/5 = 46,800

∴ x = 130

01
 ③

┃해설┃

③ 당기법인세자산과 부채는 기업이 인식된 금액에 대한 법적으로 집행가능한 상계권리를 <u>가지고 있고</u> 순액으로 결제하거나, 자산을 실현하고 부채를 결제할 의도가 있는 경우에 상계한다.

02
 ①

┃해설┃

① 자산의 세무기준액은 자산의 장부금액이 회수될 때 기업에 유입될 과세대상 경제적효익에 세무상 <u>차감될</u> 금액을 말한다.

03
 ③

┃해설┃

(1) 20x1년 이연법인세 자산·부채 계산

20x1년	금 액	20x2년 이후
법인세비용차감전 순이익	₩1,000,000	
자기주식처분이익	20,000	
재고자산평가손실	30,000	(30,000)
접대비한도초과액	50,000	
토지	(100,000)	100,000
재평가잉여금	100,000	
과세소득	1,100,000	70,000
법인세율	20%	20%
법인세부담액	220,000	14,000
		(이연법인세부채)

(2) 20x1년 회계처리

			차변				대변
x1년 말	(차)	자기주식처분이익	(주1)4,000	(대)	미지급법인세		220,000
		법인세비용	216,000				
	(차)	재평가잉여금	(주2)20,000	(대)	이연법인세부채		14,000
					법인세비용		6,000

주1 20,000(자기주식처분이익) × 20%(법인세율) = 4,000
주2 100,000(재평가잉여금) × 20%(법인세율) = 20,000

(3) 법인세비용 : 216,000 − 6,000 = 210,000

04

 답 ③

해설

(1) 20x2년 이연법인세 자산·부채 계산

20x2년	금 액	20x3년	20x4년
법인세비용차감전 순이익	₩500,000		
감가상각비(유보)	(80,000)	(80,000)	(80,000)
접대비한도초과액	130,000		
과세소득	550,000	(80,000)	(80,000)
법인세율	20%	20%	20%
법인세부담액	110,000	(16,000)	(16,000)
		(이연법인세자산)	(이연법인세자산)

(2) 20x2년 회계처리

			차변			대변
x2년 말	(차)	법인세비용	110,000	(대) 미지급법인세		110,000
	(차)	법인세비용	16,000	(대) 이연법인세자산		*16,000

*32,000(기말이연법인세자산) − 48,000(기초이연법인세자산) = 16,000

(3) 법인세비용 : 110,000 + 16,000 = 126,000

답 ②

▌해설▌

(1) 20x1년 이연법인세 자산·부채 계산

20x1년	금 액	20x2년
법인세비용차감전 순이익	₩700,000	
FVPL 평가손실	100,000	(100,000)
접대비한도초과액	100,000	
미수수익	(20,000)	20,000
과세소득	880,000	(80,000)
법인세율	20%	18%
법인세부담액	176,000	(14,400)
		(이연법인세자산)

(2) 20x1년 회계처리

x1년 말	(차) 법인세비용	176,000	(대) 미지급법인세	176,000
	(차) 이연법인세자산	14,400	(대) 법인세비용	14,400

(3) 법인세비용 : 176,000 - 14,400 = 161,600

답 ④

▌해설▌

(1) 20x0년 이연법인세자산 : 160,000(기초유보잔액) × 20% = 32,000

(2) 20x1년 당기법인세자산 및 이연법인세자산
   ① 당기법인세부채 : 40,000
      70,000(법인세부담액) - 30,000(선급법인세) = 40,000(당기법인세부채)
   ② 이연법인세자산 : 170,000(기말유보잔액) × 20% = 34,000

(3) 20x1년 회계처리

x1년 말	(차) 법인세비용	70,000	(대) 선급법인세	30,000
			당기법인세부채	40,000
	(차) 이연법인세자산	*2,000	(대) 법인세비용	2,000

*34,000(x1년말 이연법인세자산) - 32,000(x0년말 이연법인세자산)

(3) 법인세비용 : 70,000 - 2,000 = 68,000

┃해설┃

(1) 20x1년 이연법인세 자산·부채 계산

20x1년	금 액	20x2년
법인세비용차감전 순이익	₩1,000,000	
미수이자	(200,000)	200,000
접대비한도초과액	150,000	
벌과금	70,000	
감가상각비(유보)	50,000	(50,000)
과세소득	1,070,000	150,000
법인세율	20%	20%
법인세부담액	214,000	30,000
		(이연법인세부채)

(2) 20x1년 회계처리

x1년 말	(차) 법인세비용	214,000	(대) 미지급법인세	294,000
	(차) 법인세비용	30,000	(대) 이연법인세자산	30,000

(3) 법인세비용 : 214,000 + 30,000 = 244,000

┃해설┃

(1) 20x2년 이연법인세 자산·부채 계산

20x2년	금 액	20x3년 이후
법인세비용차감전 순이익	₩1,000,000	
감가상각비(유보)	(20,000)	(80,000)
접대비	20,000	
미수이자	(5,000)	5,000
자기주식처분손실	(10,000)	
FVOCI금융자산	10,000	(10,000)
FVOC금융자산 평가손실	(10,000)	
과세소득	985,000	(85,000)
법인세율	20%	20%
법인세부담액	197,000	(17,000)
		(이연법인세자산)

(2) 이연법인세 자산·부채
  ① 20x1년 말 이연법인세자산 : 100,000 × 20% = 20,000
  ② 20x2년 말 이연법인세자산 : (80,000 − 5,000 + 10,000) × 20% = 17,000

(3) 회계처리

x2년 말	(차)	법인세비용	200,000	(대)	미지급법인세	197,000
					이연법인세자산	3,000
	(차)	법인세비용	2,000	(대)	자기주식처분손실	(주1)2,000
	(차)	법인세비용	2,000	(대)	FVOCI금융자산평가손실	(주2)2,000

주1 10,000 × 20% = 2,000
주2 10,000 × 20% = 2,000

(4) 법인세비용 : 200,000 + 2,000 + 2,000 = 204,000

(5) 20x2년 총포괄손익

법인세비용차감전순이익	₩1,000,000
법인세비용	(204,000)
당기순이익	796,000
기타포괄손익	10,000 × (1 − 20%)
총포괄손익	788,000

09

 답 ③

┃해설┃

(1) 20x2년 이연법인세 자산·부채 계산

20x2년	금 액	20x3년	20x4년 이후
법인세비용차감전 순이익	₩1,200,000		
한도초과	(50,000)		
FVPL금융자산평가손실	90,000	(90,000)	
접대비한도초과	30,000		
퇴직급여한도초과	(20,000)	(20,000)	(40,000)
과세소득	1,250,000	(110,000)	(40,000)
법인세율	24%	22%	20%
법인세부담액	300,000	(24,200)	(8,000)
		(이연법인세자산)	(이연법인세자산)

(2) 이연법인세 자산·부채
  ① 20x1년 말 이연법인세자산 : 31,200
  ② 20x2년 말 이연법인세자산 : 24,200 + 8,000 = 32,200

(3) 회계처리

x2년 말	(차)	이연법인세자산	1,000	(대)	미지급법인세	300,000
		법인세비용	299,000			

(4) x2년 법인세 비용 : 300,000 - 1,000 = 299,000

10
답 ④

해설

(1) 20x2년 이연법인세 자산·부채 계산

20x1년	금 액	20x2년	20x3년이후
법인세비용차감전 순이익	₩815,000	₩600,000	
감가상각비(유보)	6,000	(2,000)	(4,000)
FVPL평가이익	(2,000)	2,000	–
제품보증충당부채	–	3,000	(3,000)
미수이자	–	(4,000)	4,000
과세소득	–	599,000	(3,000)
법인세율	–	30%	25%
법인세부담액	–	179,700	(750)
			(이연법인세자산)

(2) 이연법인세 자산·부채
① 20x1년 말 이연법인세자산 : 4,000 × 25% = 1,000
② 20x2년 말 이연법인세자산 : 3,000 × 25% = 750

(3) 회계처리

x2년 말	(차)	법인세비용	179,950	(대)	미지급법인세	179,700
					이연법인세자산	250

(4) x2년 법인세 비용 : 179,700 + 250 = 179,950

11
답 ①

해설

② 과세대상수익의 수준에 따라 적용되는 세율이 다른 경우에는 일시적차이가 소멸될 것으로 예상되는 기간의 과세소득(세무상 결손금)에 적용될 것으로 기대되는 평균세율을 사용하여 이연법인세 자산과 부채를 측정한다.
③ 일시적차이는 재무상태표상 자산 또는 부채의 장부금액과 세무기준액의 차이이다.
④ 재평가모형을 적용하고 있는 유형자산과 관련된 재평가잉여금은 법인세효과를 차감한 후의 금액으로 기타포괄손익에 표시하고 법인세효과는 이연법인세부채로 인식한다.
⑤ 이연법인세 자산과 부채는 할인하지 않는다.

┃해설┃

(1) 20x1년 이연법인세 자산·부채 계산

20x1년	금 액	20x2년 이후
법인세비용차감전 순이익	₩500,000	
접대비 한도초과액	20,000	
재고자산평가손실	5,000	(5,000)
자기주식처분이익	10,000	
FVOCI금융자산	20,000	(20,000)
FVOCI평가손실	(20,000)	
토지	(20,000)	20,000
재평가잉여금	20,000	
과세소득	535,000	(5,000)
법인세율	20%	20%
법인세부담액	107,000	(1,000)
		(이연법인세자산)

(2) 이연법인세 자산·부채
   ① 20x1년 말 이연법인세자산 : 5,000 × 20% = 1,000
   ② 20x0년 말 이연법인세자산 : 0

(3) 회계처리

x1년 말	(차) 이연법인세자산	1,000	(대) 당기법인세부채	107,000
	법인세비용	106,000		
	(차) 자기주식처분이익	2,000	(대) 법인세비용	2,000
	(차) 법인세비용	4,000	(대) FVOCI평가손실	4,000
	(차) 재평가잉여금	4,000	(대) 법인세비용	4,000

(4) x2년 법인세 비용 : 106,000 − 2,000 + 4,000 − 4,000 = 104,000

14 | 주당이익

01   답 ②

∥해설∥

(1) 가중평균유통보통주식수

날 짜	사 건		월 수	
1/1	기초주식	10,000주	× 12/12	
9/1	신주인수권	600주	× 4/12	
가중평균유통보통주식수				10,200*

*10,000 × 12/12 + 600 × 4/12 = 10,200

(2) 신주인수권
  ① 잠재적보통주식수 : 80 +80 = 160주
    ㉠ 기행사분 : [600 − 600 × 4,000(행사가격)/5,000(평균주가)] × 8/12 = 80
    ㉡ 미행사분 : [400 − 400 × 4,000(행사가격)/5,000(평균주가)] × 12/12 = 80
  ② 잠재적보통주 이익 : 없음

(3) 옵션
  ① 잠재적보통주식수 : (1,470,000 − 1,050,000)/3,000 = 140주
  ② 잠재적보통주 이익 : 없음
    ※ 20x1년의 당기순이익이 1,470,000이고 20x2년의 당기순이익을 아직 알 수 없더라도 20x1년과 비슷할 것이라고 가정한다.

(4) 희석주당이익 : ₩140/주
  1,470,000/(10,200주 + 160주 +140주) = ₩140/주

02

답 ①

해설

(1) 가중평균유통보통주식수

날 짜	사 건		사 건		사 건		월 수	
1/1	기초주식	10,000주	주식배당	8,000	무상증자	× 1.1^(주1)	× 12/12	
3/1	주식배당	8,000						
4/1	유상증자	2,000주	무상증자	× 1.1^(주1)			× 9/12	
9/1	자기주식	(4,350)주					× 4/12	
12/31	전환우선주	5,000주					0	
가중평균유통보통주식수								20,000주^(주2)

주1 공정가치 유상증자 주식수 : (4,000주 × 5,000)/10,000 = 2,000주
무상증자 비율 : [4,000주 − 2,000(공정가치로 증자한 주식수)]/(10,000 + 8,000 + 2,000)
주2 가중평균유통보통주식수 : 19,800 × 12/12 + 2,200 × 9/12 − 4,350 × 4/12 = 20,000주

(2) 기본주당이익 : ₩375/주
  ① 10,000,000 − 5,000주 × 5,000(액면가) × 10%(배당률) = 7,500,000
  ② 기본주당이익 : 7,500,000/20,000주 = ₩375/주

03

답 ②

해설

(1) 기본주당이익 : 693,600/10,200주 = ₩68/주
  ① 가중평균유통보통주식수 : 10,000 × 12/12 + 2,000주/5주 × 6/12 = 10,200주
  ② 보통주당기순이익 : 993,600 − (5,000주 − 2,000주) × 1,000주 × 10% = 693,600

(2) 전환우선주 주당이익 : 300,000/800주 = ₩375/주
  ① 잠재적보통주식수 : 800주
    5000주/5주 × 40%(행사분) × 6/12 + 5,000/5주 × 60%(미행사분) × 12/12 = 800주
  ② 잠재적보통주 이익 : 300,000
    (5,000주 − 2,000주) × 1,000 × 10% = 300,000(전환되지 않은 전환우선주 배당금)

(3) 신주인수권 주당이익
  ① 잠재적보통주식수
    10,000개 − 10,000개 × 3,000(행사가격)/5,000(평균주가) = 4,000주
    4000주 × 9/12 = 3,000주
  ② 잠재적보통주 이익 : 없음

(4) 희석효과 판단 : ₩53/주

구 분	이 익	주식수	주당이익
보통주	693,600	10,200	₩68/주
신주인수권	0	3,000	
계	693,600	13,200	₩53/주
전환우선주	~~300,000~~	~~800~~	~~₩375/주~~(반희석)

04

 ⑤

┃해설┃

(1) 가중평균유통보통주식수

날 짜	사 건		사 건		월 수	
1/1	기초주식	800주	무상증자	× 1.1(주1)	× 12/12	
4/1	유상증자	200주	무상증자	× 1.1(주1)	× 9/12	
10/1	자기주식	60주			× 3/12	
가중평균유통 보통주식수						1,030주(주2)

> 주1 공정가치 유상증자 주식수 : (300 × 1,000)/1,500 = 200주
> 무상증자 비율 : [300주 - 200(공정가치로 증자한 주식수)]/(800 + 200)
> 주2 가중평균유통보통주식수 : 880 × 12/12 + 220 × 9/12 - 60 × 3/12 = 1,030주

(2) 기본주당이익 : ₩510/주
 ① 보통주당기순이익 : 575,300 - 50,000(우선주 배당금) = 525,300
 ② 기본주당이익 : 525,300/1,030주 = ₩510/주

05

 ③

┃해설┃

(1) 가중평균유통보통주식수

날 짜	사 건		월 수	
1/1	기초주식	10,000주	× 12/12	
4/1	전환사채	160주(주1)	× 9/12	
7/1	자기주식	250주	× 6/12	
10/1	전환우선주	500주(주2)	× 3/12	
가중평균유통 보통주식수				10,120주(주3)

주1 ₩20,000/50 × 40%
주2 1,000주/2주
주3 10,000 × 12/12 + 160 × 9/12 − 250 × 6/12 + 500 × 3/12

(2) 기본주당이익 : ₩130/주
① 보통주당기순이익
1,335,600 − 2000주(잔여우선주) × 100(액면가) ×10%(배당률) = 1,315,600
② 기본주당이익 : 1,315,600/10,120주 = ₩130/주

06 답 ④

해설

(1) 가중평균유통보통주식수

날 짜	사 건		사 건		월 수	
1/1	기초주식	8,000주	무상증자	× 1.1(주1)	× 12/12	
4/1	유상증자	2,000주	무상증자	× 1.1(주1)	× 9/12	
9/1	자기주식	300주			× 4/12	
가중평균유통 보통주식수						10,350주(주3)

주1 공정가치 유상증자 주식수 : (3,000 × 400)/600 = 2,000주
무상증자 비율 : [3,000주 − 2,000(공정가치로 증자한 주식수)]/(8,000 + 2,000)
주2 가중평균유통보통주식수 : 8,800 × 12/12 + 2,200 × 9/12 − 300 × 4/12 = 10,350주

(2) 잠재적보통주식수
① 옵션 : 60주
[600개 − 600개 × 300(행사가격)/500(평균주가)] × 3/12 = 60주
② 전환사채 : 500,000/10,000 = 50주

(3) 합계 : 10,350주 + 60주 + 50주 = 10,460주

07 답 ③

해설

(1) 가중평균유통보통주식수 : 900주
1,000 × 12/12 − 200 × 9/12 + 100 × 6/12 = 900주

(2) 신주인수권 잠재적보통주식수 : 120주
600 − 600 × 8,000(행사가격)/10,000(평균주가) = 120주

(3) 보통주당기순이익 : ₩840 × (900주 + 120주) = 856,800

(4) 기본주당순이익 : 856,800/900주 = ₩952/주

08

답 ③

┃해설┃

희석효과의 계산

구 분	이 익	주식수	주당이익
보통주	1,500,000	2,000	₩750/주
전환사채	120,000 × (1-20%)	50,000/100 × 9/12	₩256/주
계	1,596,000	2,375	₩672(희석 효과)

09

답 ⑤

┃해설┃

가중평균유통보통주식수의 계산

날 짜	사 건		사 건		월 수	
1/1	기초주식	15,000주	주식배당	× 1.1	× 12/12	
2/1	유상증자	3,000주	주식배당	× 1.1	× 11/12	
9/1	자기주식	1,800주			× 4/12	
11/1	자기주식재발행	900주			× 2/12	
가중평균유통 보통주식수						19,075주

15,000 × 1.1 × 12/12 + 15,000 × 20% × 1.1 × 11/12 − 1,800 × 4/12 + 900 × 2/12 = 19,075주

10

답 ③

┃해설┃

(1) 공정가치로 유상증자한 주식수 : 200주
   300주 × 40,000(발행금액)/60,000(공정가치) = 200주

(2) 무상증자비율 : (300주-200주)/(1,800주 + 200주) = 5%

(3) 가중평균유통보통주식수 : 1,960주
   1,800 × 1.05 × 12/12 + 200 × 1.05 × 4/12 = 1,960주

(4) 기본주당순이익 : 2,450,000/1,960 = ₩1,250/주

11

▍해설▍

(1) 공정가치로 유상증자한 주식수 : 200주

 300주 × 1,000/1,500 = 200주

(2) 무상증자비율 : (300주 − 200주)/(800주 +200주) = 10%

(3) 가중평균유통보통주식수 : 800 × 1.1 × 12/12 + 200 × 1.1 × 6/12 = 990주

(4) 기본주당순이익 : 514,800/990주 = ₩520/주

(5) 신주인수권 희석효과 : 400주 − 400주 × 1,000(행사가격)/1,250(평균시장가격) = 80주

(6) 희석주당순이익 : (514,800 + 0)/(990주 + 80주) = ₩481/주

12

답 ③

▍해설▍

③ 희석주당이익을 계산할 때 희석효과가 있는 옵션이나 주식매입권은 행사된 것으로 가정한다. 이 경우 권리행사에서 예상되는 현금유입액은 보통주를 회계기간의 평균시장가격으로 발행하여 유입된 것으로 가정한다. 그 결과 권리를 행사할 때 발행하여야 할 보통주식수와 회계기간의 평균시장가격으로 발행한 것으로 가정하여 환산한 보통주식수의 차이는 무상으로 발행한 것으로 본다.

13

답 ①

▍해설▍

(1) 가중평균유통보통주식수 : 105,000주

날 짜	사 건		월 수	
1/1	기초주식	100,000주	× 12/12	
5/1	영업점 개설	5,000주	× 8/12	
9/1	영업점 개설	5,000주	× 4/12	
가중평균유통 보통주식수				105,000주

100,000 × 12/12 + 5,000 × 8/12 + 5,000 × 4/12 = 105,000주

(2) 기본주당이익 : 42,000,000/105,000주 = ₩400/주

(3) 조건부발행잠재적보통주 : 5,000주

 5,000주 × 4/12 + 5,000주 × 8/12 = 5,000주

(4) 희석주당이익 : 42,000,000/(105,000주 + 5,000주) = ₩382/주

┃해설┃

(1) 가중평균유통보통주식수 : 34,200주

날 짜	사 건		사 건		월 수	
1/1	기초주식	30,000주	무상증자	× 1.1(주1)	× 12/12	
7/1	유상증자	2,000주	무상증자	× 1.1(주1)	× 6/12	
9/1	무상증자	3,200주			× 4/12	
10/1	전환사채전환	400주(주2)			× 3/12	
가중평균유통 보통주식수						34,200주(주3)

주1 3200주(무상증자)/(30,000주 + 2,000주) = 10%
주2 1,000,000 × 20%/500
주3 33,000 × 12/12 + 2,200 × 6/12 + 400 × 3/12 = 34,200주

(2) 보통주당기순이익 : 10,260,000
15,260,000 − 20,000주 × 5,000(액면가) × 5%(배당률) = 10,260,000

(3) 전환사채 희석효과 : 136,800/1,900주 = ₩72/주(희석효과 있음)
① 잠재적보통주식수 : 1,900주
1,000,000 × 20%(행사분)/500 × 9/12 + 1,000,000 × 80%(미행사분)/500 × 12/12 = 1,900주
② 잠재적보통주 이익 : 136,800
171,000(이자비용) × (1 − 20%) = 136,800

(4) 희석주당순이익 : (10,260,000 + 136,800)/(34,200주 + 1,900주) = ₩288/주

15

답 ④

┃해설┃

(1) 가중평균유통보통주식수

날짜	사건		사건		월수	
1/1	기초주식	6,400주(주1)	무상증자	× 1.05(주2)	× 12/12	
3/1	유상증자	1,600주	무상증자	× 1.05(주2)	× 10/12	
7/1	전환사채전환	250주(주3)			× 6/12	
10/1	전환우선주전환	200주(주4)			× 3/12	
가중평균유통 보통주식수						8,295주(주5)

주1 7000주 − 600주(자기주식)
주2 공정가치 유상증자 주식수 : (2,000 × 2,000)/2,500 = 1,600주
　　무상증자 비율 : 2,000주 − 1,600주(공정가치로 증자한 주식수)/(6,400 + 1,600)
주3 500,000/500 × 25% = 250주
주4 600주/3주 = 200주
주5 가중평균유통보통주식수
　　6,400 × 1.05 × 12/12 + 1,600 × 1.05 × 10/12 + 250 × 6/12 + 200 × 3/12 = 8,295주

(2) 보통주당기순이익 : 2,334,600 − 300주 × 200(액면금액) × 20%(배당률) = 2,322,600

(3) 기본주당순이익 : 2,322,600/8,295주 = ₩280/주

16

답 ③

┃해설┃

(1) 보통주당기순이익 : 205,000,000

(2) 가중평균유통보통주식수 : 200,000 × 12/12 + 20,000 × 3/12 = 205,000

(3) 기본주당순이익 : 205,000,000/205,000주 = ₩1,000/주

(4) 주식매입권 잠재적보통주식수 : 3,000주 + 2,000주 = 5,000주
　① 기행사 : (20,000주 − 20,000주 × 20,000/25,000) × 9/12 = 3,000주
　② 미행사 : (10,000주 − 10,000주 × 20,000/25,000) × 12/12 = 2,000주

(5) 희석주당순이익 : 205,000,000/(205,000주 + 5,000주) = ₩976/주

x

y

z

w

v

01

답 ③

┃해설┃

(1) 리스채권 : $500,000 \times 2.4869(10\%) + 50,000 \times 0.7513(10\%) = 1,281,015$

(2) 리스 회계처리

판매시	(차)	리스채권	1,281,015	(대)	매출	1,281,015
		매출원가	1,000,000		재고	1,000,000
	(차)	매출	(주1)15,026	(대)	매출원가	15,026
	(차)	수수료비용	1,000	(대)	현금	1,000
x1년말	(차)	현금	500,000	(대)	리스채권	500,000
		현금	(주2)128,102		이자수익	128,102

> 주1 $20,000(무보증잔존가치) \times 0.7513 = 15,026$
> 주2 $1,281,015 \times 10\% = 128,102$

(3) x1년 당기순이익에 미치는 영향 : 408,117
   ① 매출 : $1,281,015 - 15,026(무보증잔존가치현가) = 1,265,989$
   ② 매출원가 : $1,000,000 - 15,026(무보증잔존가치현가) = 984,974$
   ③ 수수료 비용 : 1,000
   ④ 이자수익 : 128,102
      $1,265,989 - 984,974 - 1,000 + 128,102 = $ **408,117**

02

답 ③

┃해설┃

고정리스료가 A일 때 A값 : 683,373
$A \times 2.4869 + 400,000 \times 0.7513 = 2,000,000$
$A = 683,373$

03

답 ④

┃해설┃

(1) x1년 말 리스부채 - 감소한 기간에 대한 리스부채 : 178,327

　　257,707 - 100,000 × 0.7938 = 178,327

(2) 변경후 리스부채 : 100,000 × 1.7355(10%) = 173,550

(3) 리스부채 변동 : 173,550 - 178,327 = (-)4,777

(4) x1년말 사용권자산에 대한 축소 : 248,408 × 2/3 = 165,605

(5) 변경후 사용권 자산 : 165,605 - 4,777(리스부채 변동) = 160,828

　　[리스변경시 회계처리]

리스범위좁힘	(차) 리스부채	79,380	(대) 사용권자산	82,803
	변경손실	3,423		
리스변경	(차) 리스부채	4,777	(대) 사용권자산	4,777

(6) 당기순이익에 미치는 영향 : (-)3,423 - 17,355 - 80,414 = **(-)101,192**

　　① 리스변경손익 : 100,000 × 0.7938 - 248,408 × 1/3 = (-)3,423

　　② 이자비용 : 173,550 × 10% = 17,355

　　③ 감가상각비 : 160,828/2년 = 80,414

04

답 ①

┃해설┃

① 리스부채의 최초 측정시 리스료의 현재가치는 리스이용자의 <u>내재이자율</u>을 사용하여산정한다. 다만, <u>내재이자율</u>을 쉽게 산정할 수 없는 경우에는 리스의 <u>증분차입이자율</u>로 리스료를 할인한다.

05

답 ②

┃해설┃

(1) x4년 초 리스부채와 사용권자산

　　① x1년 초 리스부채 : 30,000 × 4.3295 = 129,885

　　② x4년 초 리스부채 장부금액 : 30,000 × 1.8594 = 55,782

　　③ x4년 초 사용권자산 장부금액 : 129,885 × 2/5 = 51,954

(2) 리스의 범위를 좁히는 효과 인식

　　① 리스부채의 감소 : 55,782 × 1/3 = 18,594

　　② 사용권자산의 감소 : 51,954 × 1/3 = 17,318

(3) 그 외의 리스변경의 효과 계산
　　① 새로운 리스부채의 현재가치 : 23,000 × 1.7833(8%) = 41,016
　　② 리스변경으로 인한 효과 : 41,016 − 55,782 × 2/3 = 3,828(증가)

(4) x4년 말 사용권자산의 장부금액 : 19,232
　　① 리스변경 직후 사용권자산 장부금액 : 51,954 × 2/3 + 3,828 = 38,464
　　② x4년 말 사용권자산의 장부금액 : 38,464 × 1/2 = 19,232

06 답 ②

┃해설┃

(1) x3년 초 리스채권의 손상 후 장부금액 : 5,574,640
　　2,000,000 × 2.4868 + (600,000 + 200,000) × 0.7513 = 5,574,640

(2) x3년 이자수익 : 5,574,640 × 10% = 557,464

07 답 ③

┃해설┃

① 제조자 또는 판매자인 리스제공자의 운용리스 체결은 운용리스 체결 시점에 매출이익을 인식하는 것이 아니다.
② 금융리스로 분류되는 경우 리스제공자는 자신의 리스순투자 금액에 일정한 기간수익률을 반영하는 방식으로 리스기간에 걸쳐 금융수익을 인식한다.
④ 기초자산의 소유에 따른 위험과 보상의 대부분을 이전하는 리스는 금융리스로 분류하고, 기초자산의 소유에 따른 위험과 보상의 대부분을 이전하지 않는 리스는 운용리스로 분류한다.
⑤ 제조자 또는 판매자인 리스제공자의 금융리스 체결은 금융리스 체결 시점에 기초자산의 원가(원가와 장부금액이 다를 경우에는 장부금액)에서 무보증잔존가치를 뺀 금액을 매출원가로 인식한다.

15

08 답 ③

┃해설┃

(1) 기초자산A : 변동리스료이므로 변동리스료를 유발하는 사건 또는 조건이 생기는 기간의 리스부채 측정치에 포함되지 않는 변동리스료는 당기손익으로 인식한다.

(2) 기초자산B : 리스료를 산정할 때 사용한 지수나 요율변동으로 생기는 미래 리스료에 변동이 있는 경우 현금흐름에 변동이 있을 경우에만 수정리스료를 반영하여 리스부채를 다시 측정한다. 다만, 수정할인율이 아닌 기존의 내재이자율을 적용한다.

(3) 리스부채의 변동 : 5,778
　　① 재측정 전 x1 말 리스부채 : 30,000 + 30,000 × 0.9259 = 57,777
　　② x1년 말 재측정 후 리스부채 : 63,555
　　　　30,000 × 132/120 + 30,000 × 132/120 × 0.9259 = 63,555
　　③ 리스부채의 변동액 : 63,555 − 57,777 = 5,778

09

답 ③

┃해설┃

(1) 리스부채 : 500,000 + 500,000 × 1.7355 + 300,000 × 0.7513 = 1,593,140

(2) 사용권자산 : 1,593,140(리스부채) + 30,000(리스개설직접원가) = 1,623,140

(3) 리스이용자의 x1년 이자비용과 사용권자산의 상각비 합계 : 433,942
    ① 이자비용 : (1,593,140 − 500,000) × 10% = 109,314
    ② 감가상각비 : 1,623,140(사용권자산 취득원가)/5년 = 324,628
    ③ 이자비용 + 감가상각비 : 109,314 + 324,628 = 433,942

10

답 ②

┃해설┃

(1) 리스료 수익 : (100,000 + 120,000 + 140,000)/3년 × 3/12 = 30,000

(2) 감가상각비 : 800,000/10년 × 3/12 = 20,000

(3) 당기순이익 : 30,000 − 20,000 = 10,000 증가

11

답 ③

┃해설┃

(1) 고정리스료를 A라고 할 때 고정리스료 : 5,000,000
    A × 3.7908 + 100,000(추정잔존가치) × 0.6209 = 19,016,090
    ∴ A = 5,000,000

(2) 지급예상액을 B라고 할 때 지급예상액 : 60,000
    5,000,000 × 3.7908 + 지급예상액 × 0.6209 = 18,991,254
    ∴ B = 60,000

12

답 ②

┃해설┃

(1) x1년 말 재평가 전 리스부채 : 1,000,000 × 1.7832 = 1,783,200

(2) x1년 초 사용권자산 : 2,577,000

(3) x1년 말 사용권 자산 : 2,577,000 × 2/3 = 1,718,000

(4) x1년 말 리스부채 재평가 : 1,000,000 × 1.7832 + 50,000 × 0.8573 = 1,826,065

(5) x2년 초 리스부채와 사용권자산 증가액 : 1,826,065 − 1,783,200 = 42,865

(6) x1년 초 재평가된 사용권자산 : 1,718,000 + 42,865 = 1,760,865(단수차이)

13

┃해설┃

② 계약 자체가 리스인지, 계약이 리스를 포함하는지는 <u>계약의 약정시점에</u> 판단한다. 계약에서 대가와 교환하여, 식별되는 자산의 사용 통제권을 일정 기간 이전하게 한다면 그 계약은 리스이거나 리스를 포함한다.

14 답 ①

┃해설┃

(1) x1년 초 리스부채 : 743,823 × 2.4868 + 200,000 × 0.7513 = 2,000,000

(2) x1년 말 리스부채 : 2,000,000 × 1.1 − 743,823 = 1,456,177

15

┃해설┃

(1) x1년 초 리스부채 재평가 전 장부금액 : 2,000,000 × 2.5770 = 5,154,000

(2) x3년 초 리스부채 재평가 전 장부금액 : 2,000,000 × 0.9259 = 1,851,800

(3) x3년 초 리스부채의 재측정금액 : 5,289,140
2,000,000 × 0.9091(10%) + 2,200,000 × 0.8264(10%) + 2,200,000 × 0.7513(10%) = 5,289,140

(4) x3년 초 리스부채의 증가액 : 5,289,140 − 1,851,800 = 3,437,340

(5) x1년 초 사용권자산 장부금액 : 5,154,000 + 246,000 = 5,400,000

(6) x3년 초 재평가 전 사용권자산 장부금액 : 5,400,000 × 1/3 = 1,800,000

(7) x3년 초 재평가 후 사용권자산의 장부금액 : 1,800,000 + 3,437,340 = 5,237,340

(8) x3년 말 사용권자산의 장부금액 : 5,237,340 × 2/3 = 3,491,560

16

답

┃해설┃

(1) 기초자산의 공정가치 + 300,000(리스개설직접원가) = 3,000,000 × 2.4868 + 10,000,000 × 0.7513

∴ 기초자산의 공정가치 = 14,973,400 − 300,000 = **14,673,400**

(2) 손실 금액 : 3,000,000

보증잔존가치가 7,000,000이므로 손실금액은 10,000,000 − 7,000,000 = **3,000,000** 이다.

17

답

┃해설┃

(1) ㈜대한리스의 x1년도 당기순이익에 미치는 영향 : 3,800,000 증가

① 운용리스료수익 : (6,000,000 + 8,000,000 + 10,000,000)/3년 = 8,000,000

② 취득원가에 대한 감가상각비 : 40,000,000/10년 = 4,000,000

③ 리스개설직접원가에 대한 감가상각비 : 600,000/3년 = 200,000

④ 8,000,000 − 4,000,000 − 200,000 = **3,800,000 증가**

(2) ㈜민국의 x1년도 당기순이익에 미치는 영향

① 이자비용 : 1,628,144

  (6,000,000 × 0.9259 + 8,000,000 × 0.8573 + 10,000,000 × 0.7938) × 8% = 1,628,144

② 감가상각비 : (20,351,800 + 300,000)/3년 = 6,883,933

③ 당기순이익에 미치는 영향 : 1,628,144 + 6,883,933 = **8,512,077 감소**

18

답 ③

┃해설┃

(1) 매출액 : Min[50,000 × 2.4019 + 8,000 × 0.7118 = 125,789, 130,000] = 125,789

(2) 매출원가 : 100,000

(3) 수수료비용(리스개설직접원가) : 1,0000

(4) 이자비용 : 125,789 × 12% = 15,095

(5) x1년도 당기순이익에 미치는 영향 : 39,884 증가

125,789 − 100,000 − 1,000 + 15,095 = **39,884 증가**

19

┃해설┃

⑤ 리스이용자는 하나 이상의 기초자산 사용권이 추가되어 리스의 범위가 <u>넓어지고</u> 개별 가격에 적절히 상응하여 리스대가가 증액된 경우에 리스변경을 별도 리스로 회계처리한다.

※ 리스이용자는 다음 조건을 모두 충족하는 리스변경을 별도 리스로 회계처리한다.
   ① 하나 이상의 기초자산 사용권이 추가되어 리스의 범위가 넓어진다.
   ② 넓어진 리스 범위의 개별 가격에 상응하는 금액과 특정한 계약의 상황을 반영하여 그 개별 가격에 적절히 조정하는 금액만큼 리스대가가 증액된다.

20

답 ③

┃해설┃

(1) x1년 초 리스부채 : $3,000,000 \times 2.5770 = 7,731,000$

(2) x2년 말 리스부채 : 2,777,438
   $(7,731,000 \times 1.08 - 3,000,000) \times 1.08 - 3,000,000 = 2,777,438$

(3) x2년 말 리스부채 재측정 : 3,181,850
   $3,000,000 \times 0.9091(10\%) + 500,000 \times 0.9091(10\%) = 3,181,850$

(4) x2년 말 리스부채 증가액 : $3,181,850 - 2,777,438 = 404,412$

(5) x2년 말 재평가 전 사용권자산 장부금액 : $7,731,000 \times 1/3 = 2,577,000$

(6) x2년 말 재평가 후 사용권자산 장부금액 : $2,577,000 + 404,412 = 2,981,412$

(7) x3년 말 감가상각비 : $2,981,412/2년 = 1,490,706$

01 답 ④

┃해설┃

(1) x2년의 오류수정

구 분	x1	x2
재고자산	(10,000)	10,000
재고자산		5,000
미지급이자	(7,000)	7,000
미지급이자		(3,000)
지분법이익		$^{(주1)}$114,000
계		133,000

> 주1 지분법투자주식 평가 : 400,000 × 30% − 6,000(배당) = 114,000

(2) 오류수정 후 당기순이익 : 500,000 + 133,000 = **633,000**

(3) 지분법 오류수정
[회사 회계처리]

(차) 현금	6,000	(대) 배당수익	6,000

[올바른 회계처리]

(차) 현금	6,000	(대) 관계기업투자주식	6,000
(차) 관계기업투자주식	120,000	(대) 지분법이익	120,000

[오류수정분개]

(차) 배당수익	6,000	(대) 지분법이익	120,000
관계기업투자주식	114,000		

02

답 ④

▌해설▐

(1) 오류수정

구 분	x1
사채발행비 취소	9,500
이자비용 취소	(주1)27,400
올바른 이자비용 인식	(주2)(31,740)
계	

> 주1 274,000 × 10% = 27,400
> 주2 (274,000 − 9,500) × 12% = 31,740

(2) 올바른 당기순이익 : 100,000 + 9,500 + 27,400 − 31,740 = 105,160

03

답 ①

▌해설▐

(1) 오류수정

구 분	x1	x2
선급보험료비용 취소	1,200,000	
올바른 비용 계상	*(100,000)	(400,000)
계	1,100,000	(400,000)

> *1,200,000 × 1/3 × 3/12

(2) x2년 말의 오류수정분개

(차) 선급보험료	1,100,000	(대) 이익잉여금	1,100,000
(차) 보험료	400,000	(대) 선급보험료	400,000

② 당기 비용이 ₩400,000 발생한다.
③ 기말 이익잉여금이 ₩700,000 증가한다.
④ 기말 자산항목이 ₩700,000 증가한다.
⑤ 기말 순자산이 ₩700,000 증가한다.

04

┃해설┃

(1) 오류수정

구 분	x1	x2
정액법 이자비용 취소	(주1)9,145	9,145
올바른 비용 계상	(주2)(8,757)	(주3)(9,132)
계	388	13

주1 $(100,000 + 5,000 \times 3 - 87,565)/3 = 9,145$

주2 $87,565 \times 10\% = 8,757$

주3 $(87,565 \times 1.1 - 5,000) \times 10\% = 9,132$

(2) x1년 말의 오류수정분개

(차) 사채	388	(대) 이익잉여금	388
(차) 사채	13	(대) 이자비용	13

05

┃해설┃

(1) 오류수정

구 분	x1	x2	x3
재고자산 과소	2,000	(2,000)	
재고자산 과소		3,000	(3,000)
재고자산 과소			4,000
계	2,000	1,000	1,000

(2) x3년 말의 오류수정분개

(차) 재고자산	3,000	(대) 이익잉여금	3,000
(차) 재고자산	1,000	(대) 매출원가	1,000

① 매출원가 : $70,000 - 1,000 = 69,000$

② 기말이익잉여금 : $600,000 + 3,000 + 1,000 = 604,000$

06

┃해설┃

(1) 210,000(가중평균법을 적용했을 때 당기순이익) + x(기초재고의 선입선출법 − 가중평균법) + 8,000(기말재고의 선입선출법 − 가중평균법) = 212,000

∴ x = (−)6,000

(2) 선입선출법을 적용한 x1년 말 재고자산 금액 : 48,000 + 6,000 = 54,000

07

답 ④

┃해설┃

(1) x1년 초 회계처리

(차) 기계장치	6,000,000	(대) 현금	6,000,000

(2) x1년 말 회계처리

(차) 감가상각비	(주1)550,000	(대) 감가상각누계액	550,000
(차) 감가상각누계액	550,000	(대) 기계장치	1,000,000
재평가손실	450,000		

주1 (6,000,000 − 500,000)/10년 = 550,000

(3) x2년 말 회계처리

(차) 감가상각비	(주2)500,000	(대) 감가상각누계액	500,000
(차) 감가상각누계액	500,000	(대) 재평가이익	450,000
기계장치	500,000	재평가잉여금	550,000

주2 (5,000,000 − 500,000)/9년 = 500,000

(4) x3년 말 회계처리

(차) 감가상각비	(주3)980,000	(대) 감가상각누계액	980,000
(차) 감가상각누계액	980,000	(대) 기계장치	2,000,000
재평가잉여금	550,000		
재평가손실	470,000		

주3 (5,500,000 − 600,000)/5년 = 980,000

(5) x3년도 당기순이익에 미치는 영향 : 980,000 + 470,000 = 1,450,000

▮해설▮

(1) 오류수정

구분	x0	x1	x2
x0말 기말재고 과소	100,000	(100,000)	
x1말 기말재고 과소		150,000	(150,000)
x1년 수선유지비 취소		60,000	
올바른 수선유지비		(15,000)	(15,000)
사채 이자비용		(주1)(1,587)	(주2)(1,714)
계	100,000	93,413	(166,714)

> 주1 94,842 × 8% − 6,000 = 1,587
> 주2 (94,842 × 1.08 − 6,000) × 8% − 6,000 = 1,714

(2) x2년 전기이월이익잉여금에 미치는 영향 : 100,000 + 93,413 = 193,413 증가

(3) x2년 당기순이익에 미치는 영향 : 166,714 감소

▮해설▮

(1) 오류수정

구 분	x1	x2
x1년 재고자산 과대	(10,000)	10,000
계	(10,000)	10,000

(2) x1년 말의 이익잉여금 : 150,000 + 60,000 − 10,000 = 200,000

(3) x2년 말의 이익잉여금 : 340,000
150,000 + 60,000 + 130,000 − 10,000 + 10,000 = 340,000

10

답 ④

┃해설┃

(1) 오류수정

구 분	x1	x2	x3
x1말 기말재고 과소	20,000	(20,000)	
x1말 기말재고 과대		(30,000)	30,000
x3말 기말재고 과대			(35,000)
x2말 선급보험료 과소		15,000	(15,000)
x1초 수선유지비 취소	50,000		
올바른 수선유지비	(10,000)	(10,000)	(10,000)
계	60,000	(45,000)	(30,000)

(2) x3년 전기이월이익잉여금에 미치는 영향 : 60,000 − 45,000 = 15,000증가

(3) x3년 당기순이익에 미치는 영향 : 30,000감소

제16장 ┃ 회계변경과 오류수정 **455**

CHAPTER

17 | 현금흐름표

01

답 ①

▌해설▐

② 현금흐름정보는 동일한 거래와 사건에 대하여 서로 다른 회계처리를 적용함에 따라 발생하는 영향을 제거하고, 영업성과에 대한 기업 간의 비교가능성은 <u>높아진다</u>.

③ 현금및현금성자산을 구성하는 항목 간 이동은 영업활동, 투자활동 및 재무활동의 일부이므로 이러한 항목 간의 변동은 현금흐름에 <u>포함되지 않는다</u>.

④ 역사적 영업현금흐름의 특정 구성요소에 대한 정보를 다른 정보와 함께 사용하면, 미래 영업현금흐름을 예측하는 데 <u>유용하다</u>.

⑤ 기업은 단기매매목적으로 유가증권을 보유할 수 있으며, 이 때 유가증권은 판매를 목적으로 취득한 재고자산과 보유목적이 다르므로, 단기매매목적으로 보유하는 유가증권의 취득과 판매에 따른 현금흐름은 <u>영업활동으로</u> 분류한다.

02

답 ②

▌해설▐

간접법 현금흐름표

당기순이익	x
법인세비용	50,000
감가상각비	25,000
사채이자비용	40,000
토지처분이익	(30,000)
매출채권증가액	(15,000)
영업에서 창출된 현금흐름	185,000
이자지급액	(주1)(40,000)
법인세지급액	(주2)(45,000)
영업활동 순현금흐름	100,000

주1	(차)	미지급이자	10,000	(대)	현금	40,000
		사채이자비용	30,000			
주2	(차)	법인세비용	50,000	(대)	법인세부채	5,000
					현금	45,000

$$\therefore x = 115,000$$

03

┃해설┃

간접법 현금흐름표

법인세차감전순이익	1,000,000
이자비용	30,000
건물관련손익	(주1)10,000
매출채권	(10,000)
재고자산	(35,000)
영업에서 창출된 현금흐름	995,000
이자지급액	(주2)(25,000)
법인세지급액	(120,000)
영업활동 순현금흐름	850,000

주1	(차)	감가상각누계액	10,000	(대)	건물	50,000
		현금	30,000			
		건물관련손익	10,000			
주2	30,000(이자비용) − 5,000(사할차상각액) = 25,000					

04

답 ⑤

┃해설┃

⑤ 단기매매목적으로 보유하는 유가증권의 취득과 판매에 따른 현금흐름은 <u>영업활동으로</u> 분류한다.

05

❚ 해설 ❚

(1) 현금 변동액

(차)	현금	284,000	(대)	대손충당금	1,000
	매출채권	10,000		매입채무	20,000
	재고자산	20,000		매출	1,800,000
	매출원가	1,500,000			
	손상차손	7,000			

(2) x1년 말 현금 : 300,000 + 284,000 = 584,000

06

답 ①

❚ 해설 ❚

간접법 현금흐름표

당기순이익	500,000
법인세비용	60,000
감가상각비	40,000
상각후원가측정금융자산처분손실	3,500
사채상환이익	(5,000)
유형자산처분손실	50,000
매출채권	30,000
재고자산	(17,000)
매입채무	13,000
영업에서 창출된 현금흐름	674,500
법인세지급액	^(주1)(47,000)
영업활동 순현금흐름	627,500

주1	(차)	법인세비용	60,000	(대)	이연법인세부채	15,000
		당기법인세부채	2,000		현금	47,000

458 세무사 1차 객관식 **재무회계**

07

┃ 해설 ┃

간접법 현금흐름표

당기순이익	200,000
법인세비용	40,000
이자수익	(20,000)
이자비용	35,000
감가상각비	50,000
기계장치처분이익	(8,000)
재고자산 증가	(25,000)
매출채권 감소	15,000
매입채무 감소	(12,000)
미지급급여 증가	6,000
영업에서 창출된 현금흐름	281,000
이자지급	(26,000)
이자수취	18,000
법인세납부	(42,000)
영업활동 순현금흐름	231,000

08

┃ 해설 ┃

(1) **투자활동 순현금흐름 : (−)200,000**

(−)600,000(유형자산의 취득) + 400,000(유형자산의 처분)(주1) = (−)200,000

주1	(차)	감가상각누계액	500,000	(대)	유형자산	800,000
		현금	400,000		처분이익	100,000

(2) **재무활동 순현금흐름 : 350,000**

250,000(유상증자) + 300,000(장기차입금차입) − 200,000(배당금 지급) = 350,000

09

┃해설┃

(차)	매출원가	240,000	(대)	재고자산	2,000
	현금	228,000		매입채무	1,000
				외환이익	4,000
				선급금	5,000

10

┃해설┃

간접법 현금흐름표

당기순이익	9,000
법인세비용	1,000
이자비용	2,000
감가상각비	1,300
유형자산처분이익	(800)
매입채무 감소	(1,200)
선급급여 증가	(1,200)
매출채권 증가	(3,100)
재고자산 감소	800
영업에서 창출된 현금흐름	7,800
이자지급	(주1)(1,200)
법인세지급	(주2)(900)
영업활동 순현금흐름	5,700

주1 2,000(이자비용) + 500(미지급이자 증가) + 300(사채할인액) = 2,800
주2 1,000(법인세 비용) + 100(당기법인세부채 증가) = 1,500

11

┃해설┃

(차)	매출원가	921,000	(대)	재고자산	130,000
	재고자산평가손실	3,000		재고자산평가충당금	3,000
				외환차익	11,000
				매입채무	120,000
				현금	660,000

12

┃ 해설 ┃

(1) 간접법 현금흐름표

법인세비용차감전순이익	2,150,000
이자비용	30,000
감가상각비	77,000
매출채권 감소	38,000
재고자산 증가	(15,000)
매입채무 감소	(8,000)
영업에서 창출된 현금흐름	2,272,000
이자지급	(주1)(32,500)
법인세지급	x
영업활동 순현금흐름	1,884,900

> **주1** 30,000(이자비용) + 2,500(미지급이자 감소) = 32,500

∴ x = 354,600

(2) 법인세 비용 : 356,200

(차) 법인세비용	356,200	(대) 당기법인세부채	3,000
이연법인세부채	1,400	현금	354,600

(3) 당기순이익 : 2,150,000 − 356,200 = 1,793,800

13

┃ 해설 ┃

(1) 고객으로부터 유입된 현금

매출액	x
손상차손	(20,000)
매출채권관련 외환차익	200,000
매출채권 감소	35,000
손실충당금 감소	(10,000)
고객으로부터 유입된 현금	730,000

∴ x = 525,000

(2) 공급자에 대한 현금유출

매출원가	y
재고자산감모손실	(15,000)
매입채무관련 외환차익	300,000
매입채무 증가	20,000
재고자산 증가	(30,000)
공급자에 대한 현금유출	(580,000)

$$\therefore \ y = (855,000)$$

14

 ③

┃ 해설 ┃

이자지급으로 인한 현금 유출액

포괄손익계산서상 이자비용	(48,191)
사채할인발행차금 상각액	(주1)2,349
사채할증발행차금 상각액	(주2)(3,358)
미지급이자 증가	5,000
공급자에 대한 현금유출	(44,200)

주1 97,345 − 94,996 = 2,349
주2 107,334 − 110,692 = (3,358)

01
답 ④

┃해설┃

④ 매각예정으로 분류된 비유동자산(또는 처분자산집단)은 공정가치에서 처분부대원가를 뺀 금액과 장부금액 중 <u>작은 금액</u>으로 측정한다.

02
답 ④

┃해설┃

구분	매각예정으로 분류하기 직전에 재측정한 장부가액	손상적용 후
재고자산	₩1,000	1,000
기타포괄손익-공정가치 측정 금융자산	1,000	1,000
유형자산 Ⅰ(재평가액으로 표시)	1,000	(주1)500
유형자산 Ⅱ(원가로 표시)	3,000	(주2)1,500
영업권	1,000	0
합 계	₩7,000	4,000

주1 $1,000 \times 2,000/4,000 = 500$
주2 $3,000 \times 2,000/4,000 = 1,500$

※ 재고자산과 기타포괄손익-공정가치 측정 금융자산에는 손상을 배분하지 않는다. 손상은 영업권에 먼저 배분하고 비율대로 나머지에 배분한다.

03
답 ②

┃해설┃

② 중간재무보고서에 포함해야 하는 최소한의 구성요소는 요약재무상태표, 요약된 하나 또는 그 이상의 포괄손익계산서, 요약자본변동표, 요약현금흐름표, <u>선별적 주석</u>이다.

04

┃해설┃

① 보고기간 후에 발생한 상황을 나타내는 사건을 반영하기 위하여, 재무제표에 인식된 금액을 <u>수정하지 않는다</u>.

② 보고기간 말과 재무제표 발행승인일 사이에 투자자산의 공정가치가 하락한다면, 재무제표에 투자자산으로 인식된 금액을 <u>수정하지 않는다</u>.

④ 보고기간 말에 존재하였던 상황에 대한 정보를 보고기간 후에 추가로 입수한 경우에도 그 정보를 반영하여 공시 내용을 <u>수정한다</u>.

⑤ 경영진이 보고기간 후에, 기업을 청산하거나 경영활동을 중단할 의도를 가지고 있거나, 청산 또는 경영활동의 중단 외에 다른 현실적 대안이 없다고 판단하는 경우에도 계속기업의 기준에 따라 재무제표를 작성할 수 <u>없다</u>.

05

┃해설┃

① 한국채택국제회계기준에 따라 중간재무보고서를 작성한 경우, 그 사실을 <u>공시해야한다</u>.

② 중간재무보고서상의 재무상태표는 당해 중간보고기간 말과 <u>직전 연차보고기간말</u>을 비교하는형식으로 작성한다.

④ 중간재무보고서를 작성할 때 인식, 측정, 분류 및 공시와 관련된 중요성의 판단은 <u>해당 중간기간의 재무자료</u>에 근거하여 이루어져야 한다.

⑤ 중간재무보고서상의 재무제표는 연차재무제표보다 더 <u>적은</u> 정보를 제공하므로 신뢰성은 높고, 적시성은 낮다.

06

┃해설┃

① 매각만을 목적으로 취득한 종속기업의 경우에는 <u>이미 처분되었거나 매각예정으로 분류</u>된다면 중단영업에 해당한다.

② '세후 중단영업손익'과 '중단영업에 포함된 자산이나 처분자산집단을 순공정가치로 측정하거나 처분함에 따른 세후 손익'을 <u>구분하지 않고</u> 포괄손익계산서에 단일금액으로 표시한다.

③ 중단영업의 영업활동, 투자활동 및 재무활동으로부터 발생한 순현금흐름은 <u>주석이나 재무제표 본문에</u> 표시한다.

⑤ 중단영업의 정의를 충족하지 않더라도 매각예정으로 분류된 처분자산집단과 관련하여 발생한 평가손익은 <u>계속영업손익에</u> 포함한다.

07

┃해설┃

수정을 요하는 보고기간후사건의 예는 다음과 같다. 이러한 사건의 영향으로 재무제표에 이미 인식한 금액은 수정하고, 재무제표에 인식하지 아니한 항목은 새로 인식하여야 한다.

(1) 보고기간말에 존재하였던 현재의무가 보고기간 후에 소송사건의 확정에 의해 확인되는 경우. 소송사건과 관련하여 기업회계기준서 제1037호 '충당부채, 우발부채, 우발자산'에 따라 이전에 인식하였던 충당부채를 수정하거나 새로운 충당부채를 인식한다. 소송사건의 확정은 기업회계기준서 제1037호의 문단 16에 따라 고려하여야 할 추가적인 증거를 제공하므로 단순히 우발부채로 공시하는 것은 적절하지 아니하다.

(2) 보고기간말에 이미 자산손상이 발생되었음을 나타내는 정보를 보고기간 후에 입수하는 경우나 이미 손상차손을 인식한 자산에 대하여 손상차손금액의 수정이 필요한 정보를 보고기간 후에 입수하는 경우. 다음과 같은 예를 들 수 있다.
   (가) 보고기간 후의 매출처 파산은 일반적으로 보고기간말에 고객의 신용이 손상되었음을 확인해준다.
   (나) 보고기간 후의 재고자산 판매는 보고기간말의 순실현가능가치에 대한 증거를 제공할 수 있다.

(3) 보고기간말 이전에 구입한 자산의 취득원가나 매각한 자산의 대가를 보고기간 후에 결정하는 경우

(4) 보고기간말 이전 사건의 결과로서 보고기간말에 종업원에게 지급하여야 할 법적 의무나 의제의무가 있는 이익분배나 상여금지급 금액을 보고기간 후에 확정하는 경우(기업회계기준서 제1019호 '종업원급여' 참조)

(5) 재무제표가 부정확하다는 것을 보여주는 부정이나 오류를 발견한 경우

08

┃해설┃

④ 중간재무보고서를 작성할 때 인식, 측정, 분류 및 공시와 관련된 중요성의 판단은 <u>중간기간의 재무자료에 근거하여</u> 이루어져야 한다. 중요성을 평가하는 과정에서 중간기간의 측정은 연차 재무자료의 측정에 비하여 추정에 의존하는 정도가 크다는 점을 고려하여야 한다.

09

┃해설┃

⑤ 보고기간 후에 지분상품 보유자에 대해 배당을 선언한 경우, 그 배당금은 보고기간말의 부채로 <u>인식하지 않는다.</u>

10

┃해설┃

③ 특정 중간기간에 보고된 추정금액이 최종 중간기간에 중요하게 변동하였지만 최종 중간기간에 대하여 별도의 재무보고를 하지 않는 경우에는, 추정의 변동 성격과 금액을 해당 회계연도의 연차재무제표에 주석으로 <u>공시하여야 한다.</u>

11

┃해설┃

④ 비유동자산이 매각예정으로 분류되거나 매각예정으로 분류된 처분자산집단의 일부이면 그 자산은 감가상각(또는 상각)하지 아니하며, 매각예정으로 분류된 처분자산집단의 부채와 관련된 이자와 기타 비용은 <u>계속해서 인식한다.</u>

2026 시대에듀 세무사 1차 객관식 재무회계

초 판 발 행	2026년 01월 15일(인쇄 2025년 11월 20일)
발 행 인	박영일
책 임 편 집	이해욱
편 저	시대세무회계연구회
편 집 진 행	박현지
표 지 디 자 인	김도연
편 집 디 자 인	김기화 · 고현준
발 행 처	(주)시대고시기획
출 판 등 록	제10-1521호
주 소	서울시 마포구 큰우물로 75 [도화동 538 성지 B/D] 9F
전 화	1600-3600
팩 스	02-701-8823
홈 페 이 지	www.sdedu.co.kr
I S B N	979-11-434-0352-0 (13320)
정 가	25,000원

시대에듀 회원만을 위한

특별한 혜택

회원 가입만 해도 누릴 수 있는 다양한 프리미엄 혜택!

01 무료 회원 혜택

- 전문가와 1:1 무료 상담 서비스 제공
- 자격증/공무원/취업 관련 무료 특강 제공
- 월별 이슈 & 상식 특강 제공
- 인적성 검사 및 면접 특강 지원

02 유료 회원 혜택

- 750명 교수진의 고품질 명품 강의 제공
- 무제한 반복 수강 가능
- 모바일 강의 다운로드 및 스트리밍
- Full HD 고화질 강의 시청

03 추가 제공 서비스

- 교재 및 동영상 구매 시 적립금 3,000원 제공
- 강의 수강료 5% 할인 쿠폰 제공
- 원격지원 서비스를 통한 빠른 문제 해결

※ 모의고사 및 무료특강은 일부 상품에 한해 제공되며, 상품에 따라 제공 여부가 달라질 수 있습니다. 또한, 상품 정책에 따라 서비스 내용은 사전 예고 없이 변경될 수 있습니다.

합격을 위한 최고의 선택! 시대에듀 회원 혜택!
합격을 위한 첫 걸음, 지금 바로 QR코드로 확인하세요!

세무사 1차 시험

기출문제해설 도서로 단기간 합격을 안내합니다.

1차 시험 이렇게 준비하라!

회독과 반복	선택과 집중(8-8-4-4 전략)	오답 + 암기노트

- 생소한 개념, 어려운 용어 반복적 학습
- 계산문제는 반드시 손으로 풀어보기

- 선택과목과 재정학에서 80점 이상 득점
- 세법학개론과 회계학개론에서 40점 이상 득점

- 시험 전날 꼭 봐야 할 암기사항 정리
- 자주 틀리는 오답사항 정리

시대에듀 세무사 1차 시험 기출문제도서가 합격을 안내합니다.

연도별 문제풀이
최근 10년간 연도별
기출문제로 실전연습

상세한 해설
혼자서도 학습이 가능한
정확하고 상세한 해설

동영상 강의 예정
전문강사의 기출문제해설
유료 동영상 강의

1차 시험 합격을 안내하는 시대에듀 객관식 문제집

2026 시대에듀 세무사 1차
재무회계 객관식 문제집

주요 핵심이론 + 기출문제 + 상세한 해설

- 2026년 제63회 세무사 시험 대비
- 주요 핵심이론 및 상세한 해설
- CTA 기출문제 챕터별 수록

세무사 1차 시험
시험의 처음과 끝

시대에듀 세무사 1차 시험 기출문제해설 도서

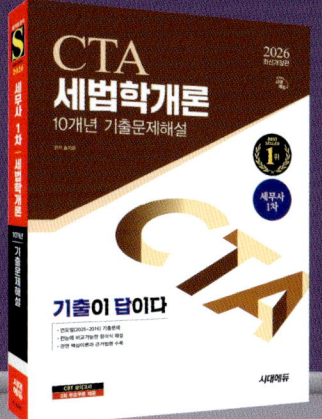

세무사 1차 회계학개론
기출문제해설(4×6배판)

세무사 1차 세법학개론
기출문제해설(4×6배판)

세무사 1차 재정학
기출문제해설(4×6배판)

세무사 1차 행정소송법
기출문제해설(4×6배판)

세무사 1차 상법(회사법)
기출문제해설(4×6배판)

※ 본 도서의 이미지는 변경될 수 있습니다.